National Security Studies and A Holistic Approach to National Security

国家安全学与总体国家安全观

对若干重点领域的思考

赵

磊

著

中国民主法制出版社

图书在版编目（CIP）数据

国家安全学与总体国家安全观：对若干重点领域的
思考 / 赵磊著 . —北京：中国民主法制出版社，
2024.3

ISBN 978-7-5162-3571-3

Ⅰ. ①国… Ⅱ. ①赵… Ⅲ. ①国家安全—研究—中国
Ⅳ. ① D631

中国国家版本馆 CIP 数据核字（2024）第 058579 号

图书出品人：刘海涛
总 策 划：贾兵伟
策 划 统 筹：张 涛
责 任 编 辑：陈 偲 翟 锦

书 名 / 国家安全学与总体国家安全观——对若干重点领域的思考
作 者 / 赵 磊 著

出版・发行 / 中国民主法制出版社
地址 / 北京市丰台区右安门外玉林里 7 号（100069）
电话 /（010）)63055259（总编室） 83910658 63056573（人大系统发行）
传真 /（010）)63055259
http: // www.npcpub.com
E-mail: mzfz@npcpub.com
经销 / 新华书店
开本 / 16 开 710 毫米 ×1000 毫米
印张 / 35.5 字数 / 416 千字
版本 / 2024 年 3 月第 1 版 2024 年 3 月第 1 次印刷
印刷 / 三河市宏图印务有限公司

书号 / ISBN 978-7-5162-3571-3
定价 / 128.00 元

Preface / 序言

2024 年是总体国家安全观提出十周年、中央国家安全委员会成立十周年。在新时代更好维护与塑造国家安全，必须从理论与实践两个维度入手，要以国家安全学作为坚实的理论支撑。

全面推进中华民族伟大复兴需要分别实现"站起来"、"富起来"以及"强起来"三个阶段。"站起来"阶段的关键任务是解决落后挨打的问题，中心工作是维护安全；"富起来"阶段的关键任务是解决贫穷挨饿的问题，中心工作是推动发展；"强起来"阶段的关键任务是全面建成社会主义现代化强国，中心工作是统筹发展与安全，实现高质量发展和高水平安全的良性互动，以新安全格局保障新发展格局。

2014 年 4 月 15 日，习近平总书记在中央国家安全委员会第一次会议上，创造性提出总体国家安全观，为新时代国家安全工作提供了强大思想武器。总体国家安全观是我们党历史上第一个被确立为国家安全工作指导思想的重大战略思想，是习近平新时代中国特色社会主义思想的重要组成部分，是当代中国对世界的重要思想理论贡献。

党的二十大报告的亮点之一是首次就国家安全工作列专章作战略部署，强调国家安全体系和能力现代化。在 3.26 万字的报告中，"安全"一词出现 91 次，"斗争"一词出现 22 次。社会主义现代化强国建设，必然充满各种挑战，必然会面临风高浪急甚至惊涛骇浪的重大考验，为此必须坚定不移贯彻总体国家安全观，敢于斗争、善于斗争，把维护国家安全贯穿党和国家工作各方面全过程，确保国家安全和社会稳定。国家安全是民族复兴的根基，社会稳定是国家强盛的前提。

国家安全学有极强的跨学科属性。2021年1月13日，国务院学位委员会、教育部宣布，设置"交叉学科"门类（门类代码为"14"），以及"集成电路科学与工程"一级学科（学科代码为"1401"）和"国家安全学"一级学科（学科代码为"1402"）。2021年10月，国务院学位委员会下发《关于同意增列国家安全学一级学科学位授权点的通知》，北京大学、清华大学等10家单位获批国家安全学一级学科博士学位授权点，中共中央党校（国家行政学院）、外交学院等4家单位获批国家安全学一级学科硕士学位授权点，成为全国首批国家安全学建设单位。

国家安全学需要中国特色国家安全理论研究。在国家安全学领域，目前实践对理论的影响很可能高于理论对实践的影响。某种程度而言，安全政策丰富了学术研究，而学术研究却没有为安全政策作出相匹配的积极贡献。没有专业知识的储备就很难有学科理论的升华。因此，需要加强国家安全学科建设，需要真正提升国家安全学的跨学科研究，构建国家安全学术共同体。

国家安全学究竟需要研究什么，如何搭建其研究框架，是一个特别重要的问题。刘跃进主编的《国家安全学》较早界定了国家安全学的研究对象、任务、研究方法和学科性质。刘胜湘等著的《国家安全：理论、体制与战略》系统分析了安全理论、安全体制、安全战略等三个紧密关联的问题。余潇枫强调，国家安全不仅要关注安全技术、安全事件、安全威胁和安全危机，也要关注安全价值、安全结构、安全趋势和安全方略。张宇燕和冯维江提出了较为全面的国家安全学研究框架，包括五个"安全基本假定"：国家和其他可能影响国家安全的博弈者是追求自身利益最大化的理性行为体；安全是一种利益，是让其他具体利益得到保障从而免于损失威胁的元利益，安全利益是国家的第一需要；安全不是无成本或零代价的，支付成本来投资并生产安全能力时，一般遵循边际产出不变或下降的规律；世界范围内不存在可以裁断不同国家之间全部分歧或冲突的单一权威，换言之，不存在世界政府；信息不完备或不对称广泛存在。

总体来看，学科要素一般包括基本假定、核心概念、特定问题、运行机理、元理论、本体论认识论方法论定位、学科边界等，首先要明晰核心概念以及核心概念之间的关系。具体来说，国家安全与国际关系，国家安全与个人安全，人民安全与人类安全，安全化与去安全化，威胁与恐惧，脆弱性、安全感与安全困境，绝对安全与相对安全，积极安全与消极安全，等等，都是国家安全学需要重点厘清的概念。

本书认为，安全概念天然是一个综合性概念，国家安全问题天然是系统性问题。因此，国家安全要关注个人、国家以及国际体系之间的复杂互动，且互动的背景和条件表现为政治、经济、文化、社会等诸多领域的交互交织（这些领域彼此有干扰、有促进）。

国家安全体系与国家安全能力是国家安全学的研究重点。党的二十大报告首次明确了国家安全的"七大体系"建设，即国家安全战略体系、政策体系、法治体系、风险监测预警体系、国家应急管理体系、重点领域安全保障体系和重要专项协调指挥体系。

除上述七大体系之外，还需要积极构建国家安全学术与理论体系。长期以来，"西方主义"主导了安全学研究的话语权，如威尔士学派、哥本哈根学派和巴黎学派等，涌现出"和平学之父"约翰·加尔通、英国学派代表性人物巴里·布赞等巨擘；美国学派的代表人物如托马斯·谢林的"讨价还价"

理论，代表作有《冲突的战略》《武器与影响》等；彼得·卡赞斯坦的安全文化理论，代表作有《国家安全的文化：世界政治中的规范与认同》等。没有学术自信，就难有持久的思想引领和话语引领，故此亟须构建安全学研究的"中国学派"，需要推动中国的国家安全研究与学科建设进入理论化、制度化阶段。"国家安全学"成为一级学科，这是国家安全学建设的一个重要里程碑。"一带一路"倡议、全球伙伴关系、全球发展倡议、全球安全倡议，推动树立共同、综合、合作、可持续的全球安全观以及共商共建共享的全球治理观等不断充实着中国特色国家安全战略体系的理论内涵。

维护和塑造国家安全的落脚点是能力建设，特别是重点领域的能力建设。各领域安全是新时代国家安全的主阵地主战场。巴里·布赞在《人、国家与恐惧——后冷战时代的国际安全研究议程》一书中专门谈及安全研究议程表的问题。他指出，虽然"国家安全"的中心是政治和军事领域（它们是国家大厦的主梁），但若没有虑及来自社会、经济和环境领域的行为体和机理，就很难充分理解此概念。总体国家安全观的关键是"总体"，强调大安全理念，涵盖政治、军事、国土、经济、金融、文化、社会、科技、网络、粮食、生态、资源、核、海外利益、太空、深海、极地、生物、人工智能、数据等诸多领域，并且将随着国家安全环境的变化而不断动态调整。未来还需要思考重点领域的退出机制，从某种程度而言，重点领域不是越多越好，需要集中资源、精准发力。本书特别强调，安全研究不仅应着眼于安全问题是如何产生的，更应思考能否让被安全化的问题去安全化，将议题从安全议题、政治议题回归社会议题、普通议题。

本书没有一一罗列各领域安全，而是重点选择了政治安全，经济安全，网络、人工智能、数据安全，文化安全，社会安全，生物安全等若干重点领域进行深入剖析。专门对粮食安全、金融安全等党的二十大报告特别强调的领域进行专章分析。特别是加入了民族冲突与管理内容，一是因为我国是统一的多民族国家，中华民族多元一体是我国的一个显著特征，但是依然需要防范民族领域的重大风险隐患，需要坚决遏制和打击境内外敌对势力利用民族问题进行的分裂、渗透、破坏活动。二是冷战结束之后，国内武装冲突取代国际武装冲突（主权国家之间的冲突）成为国际冲突的主要表现形式，而国内武装冲突的主要诱因是民族冲突。即使英国、加拿大等西方发达国家也面临苏格兰独立、魁北克独立等十分严峻尖锐的挑战。

本书最后一章是新安全环境下的国际传播。国际传播原本可以放到文化安全一章，但是中国在国际社会面临的安全问题越来越是"失语挨骂"的问题，故将国际传播单独成章。2021年5月31日，中共中央政治局就加强我国国际传播能力建设进行第三十次集体学习。习近平总书记强调，中国在世界上的形象很大程度上仍是"他塑"而非"自塑"，我们在国际上有时还处于有理说不出、说了传不开的境地，存在着信息流进流出的"逆差"、中国真实形象和西方主观印象的"反差"、软实力和硬实力的"落差"。在笔者看来，大国竞争的胜负不仅取决于谁的军队会赢，而且取决于谁的"世界叙事"会赢。就综合国力而言，软实力＝（文化＋价值观＋外交政策）×国际传播能力。

此外，在重点领域的剖析中，本书侧重选择"小切口"的问题作深入分析，希望能够以小见大、见微知著。党的二十大报告先后五次谈到粮食安全，对中国而言，保障粮食和重要农产品稳定安全供给始终是建设农业强国的头等大事，强国必先强农，农强方能国强。对国际社会而言，2022年11月15日，联合国宣布，全球人口达到80亿。在1945年第二次世界大战结束的时候，全球人口只有26亿。此后，1960年全球人口达到30亿，1975年全球人口达到40亿，1987年全球人口达到

50亿，1999年全球人口达到60亿，2011年全球人口达到70亿。可见，平均每十年全球人口涨10亿，解决26亿或40亿人口的吃饭同解决80亿人口的吃饭不是一个量级的问题，而安全学的基本假设是资源稀缺必然导致冲突。因此，粮食安全是"国之大者"，对中国适用，对国际社会同样适用。

当大家热议网络、人工智能、数据安全等新领域安全的时候，生物安全始终同人类社会如影随形。公共卫生危机延伸了国家安全的边界，同时弱化了国家主权。新发传染病接踵而来，模糊、淡化了传统的国家边界，甚至削弱了主权国家的能力，很多国家出现了前所未有的"无助感"。历史学家威廉·麦克尼尔在《瘟疫与人》中警告："才智、知识和组织都无法改变人们在面对寄生性生物入侵时的脆弱无助，自从人类出现，传染性疾病便随之出现，什么时候人类还存在，传染病就存在。传染病过去是，而且以后也一定会是影响人类历史的一个最基础的决定因素。"

最后需要强调的是，重视国家安全，绝对不是"眼里只有安全"，一方面，对任何一个国家而言，从理论上讲完全不存在绝对安全，因此，为了安全，导致对其他事情都不管不顾，这种做法本身就是不安全的。今天，特别需要用先进的安全理论指导安全实践，政治上的坚定、党性上的坚定都离不开理论上的坚定。从某种程度而言，不发展是最大的不安全，安全面临的问题需要在发展中得到解决。另一方面，大国竞争越来越成为统筹发展和安全能力的竞争，发展和安全是一体之两翼、驱动之双轮，需要兼顾，需要补短板、强弱项、固底板、扬优势。中华民族的伟大复兴需要强大的物质力量，也需要强大的精神力量；需要强大的发展能力，也需要强大的安全能力。

赵　磊

2024年1月17日

Contents / 目录

第一章

国家安全相关理论

　　国家安全研究有几个基本问题：安全是什么？谁的安全？如何获得或提供安全？如何衡量安全不安全？

　　在中国，"安全"一词最早出现于汉代焦赣《易林·小畜之无妄》："道里夷易，安全无恙。"意思是：道路平整了，就不用担心安全了。其实在中国古籍里，"安"字多表达着现代汉语中"安全"的意义。例如，《周易·系辞》是孔子阐释易理的文字。《周易·系辞下》说："是故君子安而不忘危，存而不忘亡，治而不忘乱，是以身安而国家，可保也。"这里的"安"是与"危"相对的，无危则安，无亡则存，无乱则治。

　　在国家安全研究中，"安全"一直是一个"十分重要又敏感棘手"的研究对象。国家安全的"安全"一词，在英文中对应的是 security，其含义强调两个方面：一方面是指安全的状态，即免于危险，没有恐惧，避免冲突；另一方面是指对安全的维护，指安全措施或安全机制，落脚点是国家安全能力建设。

　　就定义而言，安全意味着外部没有或很少威胁、内心没有或很少恐惧、主体间没有或很少冲突的状态。有学者在努力明确安全以及国家安全的定义，但也有学者如巴里·布赞（Barry Buzan）认为，不存在清晰的安全概念，安全范围极具争议性，安全的本质决定了寻求统一安全定义的努力将会徒劳无功，一个综合性安全概念的缺乏并不能阻碍安全研究取得进展，因为人们十分清楚安全究竟指代什么，而且"宽泛的安全概念更有优势"。[①]

　　安全研究既强调客观（Objective）安全（客观威胁的存在），

① [英]巴里·布赞：《人、国家与恐惧——后冷战时代的国际安全研究议程》，闫健、李剑译，中央编译出版社，2009 年版，第 25 页。

又强调主观（Subjective）安全（对威胁的认知：威胁是客观的，对威胁的认识和判断却是主观的），也强调"话语安全"（主体间建构的言语行为）。

表 1　国家安全的类型

客观安全	主观安全	话语安全
是否存在确切的安全威胁； 通常从物质方面来界定安全	是否具有被威胁的感觉； 强调社会情境、恐惧心理和认知（错误知觉）	安全是一种主体间建构的言语行为； 话语是人类独有的、最强大的、最可怕的枷锁

一、国家安全概念

安全理论（security theory）是旨在理解或管理安全议题的理论。[①]学者们常常将安全理论同国际关系理论放到一起进行研究，但是两者并不完全等同，两者有不同的学科边界。西方国际关系理论的研究焦点是权力与利益，而安全理论的研究焦点是威胁与恐惧。

安全研究始终是问题导向的。安全理论首先要界定关键概念：这些概念是否足够严谨以便操作？是否能够在内涵清晰的基础上被具体衡量？自 20 世纪 40 年代末期国际安全研究兴起之后，关于国际安全研究的主要争论是：安全最重要的指涉对象是什么？安全问题的驱动力是内在的还是外在的？安全边界是限制在国防内还是可拓展到国防外？安全研究的国际政治学的思想基础是什么？安全研究该选择怎样的认识论与方法论？[②]

---

① ［丹麦］奥利·维夫、［英］巴里·布赞：《回到理论之后：安全研究的过去、现在和未来》，载《国外理论动态》2014 年第 1 期，第 63 页。

② ［英］巴里·布赞：《论非传统安全研究的理论架构》，载《世界经济与政治》2010 年第 1 期，第 119 页。

这些争论一直延续至今。除此之外，相关的问题还有国家安全与国际安全是什么关系，国家安全与人的安全是什么关系，等等。

（一）国家利益

国家利益是多种多样的，以不同的标准为尺度，国家利益可以分成不同的类型。1992年，美国三家著名的智库——贝尔福科学与国际事务中心、尼克松中心和兰德公司发起成立了美国国家利益委员会（the Commission on Americas National Interests），并于1996年和2000年出台了两份《美国的国家利益》报告。1996年，美国国家利益委员会发布的报告对美国国家利益进行了详细的层次划分，分为"生死攸关的利益"（vital national interests）、"极端重要的利益"（extremely important interests）、"一般重要利益"（just important interests）和"次要利益"（less important or secondary interests）四个层级。

2006年，小布什政府时期美国发布的《国家安全战略》报告确认的核心利益包括：1. 保卫国土安全，打击恐怖主义以及庇护和支持恐怖主义的国家，防止大规模杀伤性武器的扩散；2. 重视对地区盟友的安全承诺，维持美国的军事优势，防止地区霸权和匹敌竞争者的崛起，实现其主导下的世界和平和安全；3. 在全球范围内推广美国式的自由和有效的民主政治；4. 推动美国经济繁荣，确保全球经济通过自由市场和自由贸易实现稳定增长。

安全、繁荣、价值观和国际秩序是奥巴马政府界定的美国核心国家利益。2010年5月，奥巴马政府发布的美国《国家安全战略》报告明确指出了美国必须应用战略手段来维护四大国家利益，即安全、经济、"普世价值"和国家秩序。

2017年12月，特朗普公布任内首份《国家安全战略》报告。报告基于"有原则的现实主义"，共强调了"四个核心国家利益"，其中包括保护美国人民和国土安全、促进美国繁荣、以力量求和平以及增加美国影响力。

国家安全工作的出发点就是要维护国家利益，但是维护国家利益的方式千差万别。2011 年，国务院新闻办公室发布的《中国和平发展》白皮书，第一次明确提出，中国的核心国家利益有六项：国家主权、国家安全、领土完整、国家统一、国家政治制度和社会大局稳定以及经济社会可持续发展的基本保障。2015 年实施的新版《中华人民共和国国家安全法》规定，"国家政权、主权、统一和领土完整、人民福祉、经济社会可持续发展和国家其他重大利益"是中国的核心国家利益。

国家安全与国家利益紧密相关，由于国家利益常常受到多方面的威胁，所以产生了多方面的安全问题。一般而言，国家利益可分为生存、物质（财富与发展水平等）与精神（权力、身份等）三个层面。相应地，安全也可以分为生存安全（如领土完整，维护主权、政权安全以及国民的生存）、物质安全（资源安全、金融安全、环境安全等）和精神安全（社会安全，如身份的维持、文化安全、国际权力地位等）。[①] 这三个层面的安全可能同时面临"存在性威胁"（existential threat），也可能是依次或递进式地面临不同威胁。如果是后者，即依次解决生存、物质、精神等安全问题，也被称为"安全阶梯"，其中生存安全主要解决国家与国民的生存问题，物质安全主要解决国家与国民的发展问题，精神安全主要解决国家与国民的认同、尊重、话语权等价值观类问题（内部有凝聚力，外部有对其的欣赏、认同）。

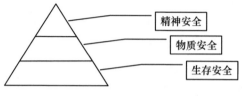

图 1　国家安全层次之"安全阶梯"

---

① 李开盛：《"去安全化"理论的逻辑与路径分析》，载《现代国际关系》2015 年第 1 期，第 58—59 页。

（二）脆弱性与威胁

不安全是脆弱性与威胁的"综合"反映。国家可以通过两种方式降低自身的不安全感——要么减轻自身的脆弱性，要么防止或减轻威胁。换言之，国家安全政策或者是内向的，以减弱国家自身的脆弱性，或者是外向的，以通过调整自身资源减弱外部威胁。[①]

脆弱性是经济、政治、社会、环境和地缘因素共同作用的结果，是一个国家应对各种内外挑战的适应性和灵活性受实力和能力所限而形成的综合状态。这种性质意味着行为主体难以承受、防范、抵御、缓解各种内外风险、冲击及其带来的各种负面影响，"抗击打能力"相对缺失，国家便很难从各种挑战中恢复到正常状态。脆弱性具体表现在各种领域之中：1. 物质脆弱性（physical vulnerability），如生态环境系统面临的危险与威胁；2. 经济脆弱性（economic vulnerability），指经济发展领域面临的危险与威胁；3. 社会脆弱性（social vulnerability），指个体和社会群体面临民生、疫情以及社会失序所带来的危险与威胁；4. 政治脆弱性（political vulnerability），指国家政权、主流意识形态以及内部团结所面临的各类危险与威胁。

在国际社会中，脆弱性总是同弱国或小国形影相随。生存是国家安全的第一要素，国家实力的不足导致小国在国际社会"人微言轻"，常常成为"易碎品"。在国家与体系的关系中，小国往往是体系的"服从者"而不是"建构者"、安全的"消费者"而不是"供应者"、经济的"依赖者"而不是"自主者"。[②]一国力量的弱小是相对于体系内其他国家的实力而言的，尤其

---

① [英]巴里·布赞：《人、国家与恐惧——后冷战时代的国际安全研究议程》，闫健、李剑译，中央编译出版社 2009 年版，第 114—115 页。

② 韦民：《规模、体系与小国脆弱性》，载《国际政治研究》2013 年第 1 期，第 67 页。

是其邻国为当时的大国，这种弱小经常源于这样一个事实，即规模的相对弱小与（或）组织化水平的低下。弱国通常只能够通过专攻经济而获得繁荣，正如瑞士、卢森堡、新加坡、文莱等许多欧洲或亚洲小国所做的那样，但随之而来的对国际贸易以及对强国的依赖，则会带来一系列脆弱性问题。

瑞士苏黎世大学汉斯·戈塞尔（Hans Geser）教授以"三维度论"来界定小国，即"实质性的小""相对规模的小""主观认识的小"。"实质性的小"（substantial smallness）指的是领土面积、人口规模、经济体量等因素可以通过具体数据进行量化分析之后得出的"小"；"相对规模的小"指的是量化出来的指标与本地区其他国家相比之后得出的"小"，也被称为"关系概念的小"（relational concept smallness）；"主观认识的小"指的是国家表现出强烈的危机意识，始终认为其生存环境不够安全，如以色列等。

大国或强国能够调动更多的资源以适应、"消化"或抵御诸多威胁，但是这些国家同样也会面对脆弱性问题。2021年1月25日，美国智库布鲁金斯学会发布《4+1：生物、核、气候、数字和内部威胁》报告，分析美国目前面临的主要威胁，特别指出美国社会自身凝聚力日渐减弱，应从根本上重新思考美国在世界范围内的角色，制定具体的政策来增强美国内部凝聚力。在教育、基础设施和非国防研究与发展等方面增加GDP投资。

《国家不安全：恐惧时代的美国领导地位》一书是美国著名国际时政刊物《外交政策》主编戴维·罗特科普夫的著作，作者对100多位各国政要与官员进行了独家采访，勾勒出美国重大外交、安全决策过程。书中的核心内容是处于危机中的超级大国如何适应急速变化的世界，有时会表现出强大的恢复能力，但通常会因为一系列错误而前功尽弃，如顶层领导人并非完人、整个体系运转不良、权力过度集中在白宫一小部分人手中、不愿意从过去汲取教训等。

脆弱性是相对具体的，威胁却很难衡量，这是出于两方面原因。其一是与个人相关的主客观问题。由于难以测量，一些现实的威胁可能不为人们所察觉；而被许多人"深信不疑"的威胁实际上或许并不符合客观现实。恐惧是一种"挥发性"（volatile）的政治商品，容易在人群之间广泛传播。[1]因为，恐惧不是理性评估或缜密决策所能解决的问题。其二是鉴别的困难，即如何将危及国家安全的威胁同某些"常态的"威胁区分开来。国家生存在竞争性的国际环境中，因此不能随意地将所有威胁都界定为国家安全问题。在实践中，安全门槛设置得太低或太高都是不安全的，前者容易招致资源浪费、侵略政策以及对国内其他正常工作的干扰；后者又有可能导致错过解决严峻问题的最佳时机。

一个威胁何时才能成为一个国家安全问题，不仅取决于威胁的类型、威胁的程度，也取决于被威胁国家如何认知威胁。

二、安全化理论

哥本哈根学派的安全化理论是安全研究领域中一次范式意义上的革命。20 世纪 90 年代初，哥本哈根学派的代表人物巴瑞·布赞、奥利·维夫等学者借助建构主义理论，提出安全是行为体基于对威胁的主观认知与判断而产生的一种"政治选择"与"社会建构"，安全威胁是一种主体间的社会认同建构。[2]

安全化理论的关键概念有"安全化"与"去安全化"。无论

---

[1] [英]巴里·布赞：《人、国家与恐惧——后冷战时代的国际安全研究议程》，闫健、李剑译，中央编译出版社 2009 年版，第 117 页。

[2] 布赞借用了哈贝马斯交往理性的"主体间性"概念，将其引入安全分析，剖析安全的政治选择性与社会建构性，强调"安全最终保持着既不是主体又不是客体，而是存在于主体中间这样一种特质"。参见[英]巴瑞·布赞、[丹麦]奥利·维夫、[丹麦]迪·怀尔德：《新安全论》，朱宁译，浙江人民出版社 2003 年版，第 43 页。

是"安全化"还是"去安全化",都是为了更好地解决安全问题本身。①

(一)"安全化"

哥本哈根学派认为,"安全化"(securitization)是将公共问题转化或上升为安全议题,是一种特殊政治或更为激进的"政治化"。安全化的实质是"安全议题化","当一项议题被表述为对某一特定参照对象构成威胁,它就是安全议题"。②要完整地分析一项"安全化"或"安全议题化"的实践,应当包括以下要素:

第一,指涉对象(参照对象)。拥有合法生存权利的对象,并且,这种生存权利被认为受到了威胁。确定指涉对象即弄清楚是"谁受到了威胁"。

第二,安全化行为体(安全施动者,常常为权力或政治精英,也包括资本精英和知识精英)。安全化行为体是安全化过程的推动者,是通过宣称指涉对象受到威胁而将议题安全化的行为体。换言之,安全化行为体意味着"谁"宣布指涉对象受到了威胁。有学者将安全化主体分为"启动行为体"、"催化行为体"和"实施行为体"三类。③

第三,安全领域。指涉对象受到了"什么"威胁,或指涉对象在哪一具体领域受到了威胁。

第四,功能性主体。即在安全领域具有实际影响力的行为

① 余潇枫、张伟鹏:《基于话语分析的广义"去安全化"理论建构》,载《浙江大学学报(人文社会科学版)》2019年第4期,第21页。

② Barry Buzan, Ole Wæver and Jaap de Wilde, *Security: A New Framework for Analysis*, Boulder: Lynne Rienner, 1998, p.21.

③ [新加坡]梅利·卡拉贝若-安东尼、[美]拉尔夫·埃莫斯、[加拿大]阿米塔夫·阿查亚编著:《安全化困境:亚洲的视角》,段青编译,浙江大学出版社2010年版,第43—71页。

体，如经济安全领域的企业、军事安全领域的军队等等。

第五，威胁与脆弱性的逻辑。在"言语行动"中，安全化行为体必须阐明存在性威胁对指涉对象的生存会造成十分严重的后果。威胁与脆弱性的逻辑必须是合理的，才能被指涉对象所接受。

一旦进入"安全化"程序，就意味着安全化行为体给某事物贴上了一个安全标签，就自动获得了使用"非常手段"的权力，可以动用各种资源来抵御和消除威胁。对于安全化行为体来说，之所以要推动"安全化"进程，在西方学者看来，是因为可以借此掌控更多资源和权力，并且使得该议题摆脱正常的政治程序，从而可能获得更大的权力空间。这常常被看作是"安全化"的动力机制。议题优先，往往代表着权力优先以及利益优先。而且，"安全化"一旦启动，就会形成惯性，从而导致决策者试图干预已经启动的安全化进程往往比推动新的安全化进程更加困难。

"安全化"强调社会建构以及互动进程，认为安全是一种主体间建构，成功的"安全化"必须被听众（指涉对象）或社会所接受。对存在性威胁的感知或安全形势的界定不应被认为是先验、客观甚至是单纯物质实在的，而是主体间基于差异化认知形成的相对"存在性"的观念产品。[①] 特殊的"威胁"之所以能够演化为政治议程上的安全问题，其根本原因在于特定行为体的持续推动和行为体之间观念共识的达成。

在"安全化"理论机制的建构中，应重点关注施动者与受众围绕安全议题展开的话语互动，特别是对施动者如何将自身的安全利益与潜在的威胁相链接，进而构建"他者"如何威胁"自我"的安全化叙述逻辑，如何通过操纵话语来引发受众共鸣

---

① 岳圣淞：《再论安全化：理论困境与对外政策话语分析的新探索》，载《国际关系研究》2021年第3期，第5页。

以争取其对安全化进程的支持，如何通过持续的话语资源投入以维护安全化的合法性主导地位，以及如何在出现竞争性话语时采取相应的话语策略防止安全化话语被解构以及安全化进程被逆转等问题。①

所以，在"安全化"的过程中，拥有话语权的安全化行为体提出"存在性威胁"只是起点，下一步则是进行社会动员，在这个环节中，安全化行为体利用各种手段和资源对听众进行诱导、说服，必要时甚至夸大威胁，制造紧急事态。如果得不到回应，"安全化"就会失败。② 可见，听众（指涉对象）接受是"安全化"的重要指标。

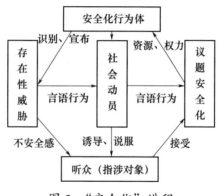

图 2 "安全化"进程

安全研究的难点在于，判断一个问题是否应当被安全化是困难的。在实践中，常常出现"泛化"与"缺失"的问题。

"过度安全化"（over-securitization）：某个公共问题刚出现尚不足以成为安全议题时被过度夸大从而上升为安全问题，造

---

① Lene Hansen and Ole Wæver, *European Integration and National Identity: the Challenge of the Nordic States*, New York: Routledge, 2002, pp.47–89.

② Paul Roe, "Securitization and Minority Rights Security: Conditions of Desecuritization", *Security Dialogue*, Vol.35, No.3, September 2004, p.281.

成资源浪费、民众恐慌并导致政策实践的混乱。[①] 有学者将安全场域同市场进行类比，当安全的施动权已被安全专家垄断，安全专家如同贩卖"安全"与"不安全"的商家，遵循争夺各种资本的逐利逻辑。这不利于解决最迫切的安全威胁。安全并非越多越好，"安全专家"将所有议题都视为安全议题，每一位"安全专家"都同其他领域的"安全专家"展开竞争，将自己选择的特定议题安全化，必将造成"过度安全化"。

安全化行为体有可能为达到其特定目的，制造敌人、夸大威胁，使本不该安全化的议题被安全化了，造成国家权力的滥用以及矛盾的加剧。例如，美国等西方国家在将恐怖主义问题安全化的同时，还将伊斯兰教或穆斯林问题安全化，因此加剧了西方文明与伊斯兰文明的冲突。也有学者提出"超安全化"（hypersecuritization）概念，即"安全话语依赖于假想的灾难情境，使安全意象的严重性和紧迫性远高于现实安全威胁"。[②] 无论是"过度安全化"还是"超安全化"，都不利于国家安全的维护。

"安全化欠缺"（absence of securitization）：某个公共问题本应上升为安全议题，却因为缺乏应有的认知和判断而仍然置于公共议题范畴，从而无法得到应有的人力、物力和财力投入。在决策过程中，安全化行为体把安全问题作为公共问题来处理，在一定程度上轻视甚至忽视了安全问题的存在。所以，安全也并非越少越好，"安全专家"仅仅片面依赖自身安全网络所掌握的信息和数据库，并不能从社会整体情况出发对所有的安全威胁进行评估和排序，这可能导致本应安全化的问题因"安全化

---

① 余潇枫、谢贵平：《"选择性"再建构：安全化理论的新拓展》，载《世界经济与政治》2015 年第 9 期，第 109 页。

② 刘杨钺：《国际政治中的网络安全：理论视角与观点争鸣》，载《外交评论》2015 年第 5 期，第 117—132 页。

欠缺"无法得到解决。① 安全的高度敏感性决定了安全决策往往成为少部分有权势者把控用以维护其私利的工具。安全议题更多反映当权者的安全利益，而非那些被边缘化的个人和群体的安全利益。② 这些群体本身处于弱势地位且缺乏表达安全诉求的渠道，涉及其利益的公共问题往往难以上升为安全议题，遭遇着"安全化欠缺"的困境。

过度安全化或安全化欠缺，均是安全化困境的表现，前者导致安全"偏执"，后者导致安全"回避"。"过度安全化"是安全化行为体将任何公共议题都视作"存在性威胁"并将其安全化。同时，"安全化欠缺"是安全化行为体未能及时将本应上升为安全问题的公共议题安全化。③ 国家安全中的"偏执"与"回避"并非仅仅显露于安全化初期，即安全化的启动阶段，而是贯穿于安全化的全过程。

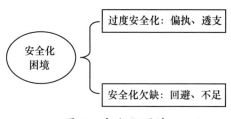

图 3　安全化困境

总体看，西方国家安全理论特别是哥本哈根学派忽视了对"存在性威胁"本身的研究与关注，而是将精力放到了"言语行为""观念建构"上。甚至认为，"当所谓的威胁被重要行为体

---

① 魏志江、卢颖琳：《"偏执"与"回避"：安全化困境的形成研究》，载《世界经济与政治》2022 年第 1 期，第 32 页。

② Richard Wyn Jones, *Critical Theory and World Politics*, Boulder: Lynne Rienner, 2001, p.71.

③ 魏志江、卢颖琳：《"偏执"与"回避"：安全化困境的形成研究》，载《世界经济与政治》2022 年第 1 期，第 28 页。

接受时，威胁就是存在性的，而并非因为他们具有天生的威胁性"。^①哥本哈根学派过度强调言语，刻意排斥了现实安全问题中的物质因素，或直接对其进行"主观化"处理，否认物质的客观实在性，认为物质因素在特定安全情境下的存在合法性须经过行为体的"主观认定"，无限夸大了言语或叙事的重要性。因此，在研究对象上更多强调主观安全、话语安全，而非客观安全。同时，其理论前提是认为安全化行为体同指涉对象（民众）的利益是矛盾的、根本不同的，这也是其理论逻辑的最大瑕疵。

（二）"去安全化"

在哥本哈根学派中，"安全化"与"去安全化"（desecuritization）是一对孪生的概念，"安全化"本质是突出"存在性威胁"的重要性、特殊性或例外性的言语行为，而"去安全化"则是对"存在性威胁"的重新定义，以淡化甚至完全消除指涉对象因其产生的威胁感知。前者意味着把常规议题提升到安全议程中加以紧急和优先处理，后者则意味着把那些已经"安全化"的议题挪出安全议程。^②奥利·维夫认为，"安全研究不仅应着眼于安全问题是如何产生的，更应思考能否让被安全化的问题去安全化"。^③奥利·维夫强调，安全应该被视作消极的，安全化只能表明正常解决途径（常规政治途径等）的失败。因此，应该对安全化进行解构并通过去安全化恢复安全的本来面目。^④因为，

① Lene Hansen, "A Case for Seduction? Evaluating the Poststructualist Conceptualization of Security", *Cooperation and Conflict*, Vol.32, No.4, 1997, pp.369–397.

② Ole Wæver, "Securitization and Desecuritization", in Barry Buzan and Lene Hansen eds., *International Security* (Volume Ⅲ), Los Angeles: Sage Publications, 2007, p.75.

③ Ole Wæver, "Identity, Integration and Security: Solving the Sovereignty Puzzle in E.U. Studies", *Journal of International Affairs*, Vol.48, No.2, 1995, p.389.

④ Barry Buzan, Ole Wæver and Jaap de Wilde, *Security: A New Framework for Analysis*, Boulder: Lynne Rienner, 1998, p.29.

只有去安全化的完成才是成功安全化的终点。

但是，在实践中，"安全化"成为普遍现象/常态，而"去安全化"则成为理想目标。被列入安全议程的问题越来越多，如恐怖主义、移民、跨国流行性疾病、气候变化、金融危机、失败国家等等。国际社会受困于越来越多的安全议程，似乎离"去安全化"这一理想目标越来越远。① 总体看，对决策者而言，"安全化"和"去安全化"的交替、交叉甚至并行，成为决策者获得政策自主性和灵活性的关键手段。

与"安全化"相比较，"去安全化"通常被认为是比"安全化"更理想的过程或状态，这种认知偏好源于学者们对"安全化"成本的担忧，以及认为"去安全化"可以将安全问题降为公共问题，通过正常路径（而非紧急措施）予以解决同样可以减少安全风险。狭义的"去安全化"是指将安全议题移出安全领域而置于常态政治领域的过程，而广义的"去安全化"则包括防止尚未被"安全化"的问题被"安全化"或"过度安全化"，以及防止已经被"安全化"了的议题被"超安全化"。② 但是，学界对"去安全化"的研究明显不足，往往只是将"去安全化"作为"安全化"的一个衍生概念，或者是将"去安全化"作为"安全化"的逆向政治进程。

此外，是"安全化"还是"去安全化"往往不是绝对的，如果价值判断不同，风险评估以及安全选择也不会相同。以跨境移民问题为例，如果以国家至上的范式为参照，即按照安全化路径进行考虑，跨境移民对移民接纳国有重大威胁；如果以生命至上的范式为参照，即按照去安全化路径进行审视，则跨境移民可被解释为人类跨境寻求美好生活的努力。

① 李开盛：《"去安全化"理论的逻辑与路径分析》，载《现代国际关系》2015年第1期，第55页。

② 余潇枫、张伟鹏：《基于话语分析的广义"去安全化"理论建构》，载《浙江大学学报（人文社会科学版）》2019年第4期，第19页。

在实践中，"去安全化"的难度比"安全化"更大。休伯特·齐默尔曼（Hubert Zimmermann）从组织行为学和认知心理学视角出发，指出鉴于社会化环境中的行为体普遍存在"群体紧张情绪趋向"，特定群体的紧张情绪往往更容易被调动，而说服其降低对某一问题的心理预期和威胁感知则需花费更大的精力和采取更复杂的策略。因此，决策者通常需要采取和"安全化"相比更多的政策资源才能最终实现"去安全化"。[①] 要推动"去安全化"必须解决两个关键问题：第一，作为一项规范进程，必须确定何种安全议题应被"去安全化"；第二，作为一项实践进程，必须找到启动并推动"去安全化"进程的动力。[②]

一般情况下，往往缺乏"去安全化"的动力，从而不愿意启动"去安全化"。这是因为，将一个议题从"安全化"退为政治化，甚至是进一步的非政治化，其结果是安全化行为体可能失去对原有资源的掌控，原来在紧急状态下可以行使的超常权力可能会被收回。另一方面，听众（指涉对象）的弱势地位使其缺乏能力推动"去安全化"进程。

实现"去安全化"，有赖于以下三个方面：其一，理性主义安全观被安全施动者和听众所认识与接受，从而有利于制约安全施动者的行为，促使听众意识到自身的利益，并通过这两方面启动和推动"去安全化"进程；其二，对安全施动者的改良，抑制其追求自身权力、利益的冲动，从而进一步减少"去安全化"的阻力；其三，使听众变得更有质地、更有力量，从而在安全施动者与听众之间建立更加平衡的互动关系，为"去安全

---

① Hubert Zimmermann, "Exporting Security: Success and Failure in the Securitization and Desecuritization of Foreign Military Interventions", *Journal of Intervention and Statebuilding*, Vol. 11, No. 2, 2017, pp.225–244.

② 李开盛：《"去安全化"理论的逻辑与路径分析》，载《现代国际关系》2015年第1期，第56页。

化"进程提供更多动力。① 总之,应以一种"进化"而非静态的视角看待"安全化"或"去安全化"进程。

在中国,"安全化"与"去安全化"是不存在矛盾的,因为党和人民的利益是高度一致的,安全化行为体同指涉对象(人民群众)的利益是高度一致的。对中国而言,国家安全工作归根结底是保障人民利益,一切为了人民,一切依靠人民。坚持人民安全、政治安全、国家利益至上的有机统一,人民安全是国家安全的宗旨,政治安全是国家安全的根本,国家利益至上是国家安全的准则,实现人民安居乐业、党的长期执政、国家长治久安。

理论上,无论是"安全化"还是"去安全化",都关涉安全研究的目标:是将"去安全化"作为目标,还是接受"安全常态化"作为目标,或是"不安全常态化"作为目标,还是三者兼而有之。需要强调的是,无论是"安全化"还是"去安全化",都是维护国家安全的重要手段,从识别存在性威胁到启动安全化,再到威胁解除(去安全化),都是维护国家安全的重要环节。

三、安全文化

文化是社群性共识。安全文化是一个社群就怎样界定安全和安全威胁、怎样保障和实现安全所达成的主体间理解和共同知识。② 虽然安全文化与国家行为之间不是简单的线性因果关系,但作为背景性或条件性要素,它对国家的安全认知以及战略取向必然产生重要影响。在国际社会,至少包括国家层面以

---

① 李开盛:《"去安全化"理论的逻辑与路径分析》,载《现代国际关系》2015 年第 1 期,第 60 页。

② 秦亚青:《新冠肺炎疫情与全球安全文化的退化》,载《国际安全研究》2021 年第 1 期,第 4 页。

及体系层面的安全文化。

自安全研究出现社会学转向以来，安全文化越来越多地受到研究人员的重视。彼得·卡赞斯坦（Peter J. Katzenstein）所著《国家安全的文化：世界政治中的规范与认同》《文化规范与国家安全——战后日本警察与自卫队》等，开创了国家安全研究的文化视角。在中国，秦亚青教授提出了要构建世界政治的文化理论，并厘清了同文化理论紧密关联的三个概念，即文化结构、文化单位和文化力。[①] 余潇枫教授强调"安全是行为体间的优态共存"，是"你安全我才安全，或我安全你才安全"的目标达成。[②]

（一）国家层面的安全文化

美国哈佛大学教授江忆恩（Alastair Iain Johnston）从单位层面界定文化，将文化视为共同的决策规则、标准的行为程序、惯常的决策方式。此外，文化不像国际体系的物质性权力结构那样基本呈静态形式，文化是习得的、进化的、动态的。[③]

1. 寻求权力的西方安全文化

总体来看，中西方国家对安全文化有不同的理解，不同国家有迥异的安全文化惯习。"权力政治学派"的缔造者汉斯·摩根索（Hans J. Morgenthau）认为，所有政治问题都可以归结为权力问题，呼吁美国的外交应抛弃道德幻想，关注权力建设。摩根索论述的国家利益可以简约化为国家权力利益。对于国家而言，最重要的利益就是国家的生存，在这一利益的驱动下，国家会不断地获取权力以确保生存无虞。

---

① 秦亚青：《世界政治的文化理论——文化结构、文化单位与文化力》，载《世界经济与政治》2003 年第 4 期，第 4—9 页。

② 余潇枫、谢贵平：《"选择性"再建构：安全化理论的新拓展》，载《世界经济与政治》2015 年第 9 期，第 117 页。

③ Alastair Iain Johnston, *Cultural Realism*, Princeton: Princeton University Press, 1995, p.35.

教育部"长江学者"特聘教授王晓德的《美国文化与外交》《文化的帝国：20世纪全球"美国化"研究》，北京大学历史系王立新教授的《意识形态与美国外交政策：以20世纪美国对华政策为个案的研究》《踌躇的霸权：美国崛起后的身份困惑与秩序追求（1913—1945）》等著作有助于深入了解美国的民族性格与安全文化。王晓德教授认为，很多美国人认为，作为上帝选择的一个特殊国度，美国对人类历史的发展和命运承担着一种特殊的责任，负有把世界从"苦海"中拯救出来的"使命"。这种使命是把美国与世界其他国家区别开来的主要标志，是"美国例外论"产生的基础。王立新教授指出，美国是当代世界意识形态色彩最强的国家之一。美国并非传统意义上的现代民族国家，在一定程度上可以说是一个理念国家（idea-nation），美国人没有共同的血缘、共同的祖先和共同的历史记忆，团结美国人的是意识形态，即经典自由主义。美国以"自由捍卫者"作为其在国际社会中区别于其他国家的独特身份。

2018年10月，美国布鲁金斯学会举行了意识形态与中美竞争的研讨会，与会者普遍认为，纵观美国历史，"与其他主要大国的竞争一直是意识形态方面的竞争"；美国倾向于"神权化"地缘政治，美国的外交政策非常类似于世俗版的新教末世论，将美国同相关国家的关系看作是正义与邪恶的对决。

《菊与刀》的作者是美国文化人类学家鲁斯·本尼迪克特（Ruth Benedict），是日本文化研究的开山者之一，也是民族心理学/文化心理学的奠基人。"二战"期间，他从事对罗马尼亚、荷兰、德国、泰国等国家民族性的考察。本尼迪克特建立的民族心理学强调这样的观点：民族的文化模式对其中个体的行为起到相当的制约作用，民族文化对民众的人格有极大影响。本尼迪克特在其著作中，首次提出日本文化是一种耻感文化，和美国的罪感文化差异极大。罪感文化影响下的西方人受内心道德和负罪感的约束，他们需要时时忏悔和悔悟，以在全知全能的上帝面前减轻自己的罪孽。而成长于耻感文化中的日本人多受外在约束力的影响，他们在乎别人的眼光以及评价，在外人面前谨言慎行，以免遭羞辱和嘲笑。

"菊"是日本皇室家徽，"刀"是武士道文化的象征。菊与刀象征着日本极为矛盾的民族性格，即日本文化的双重性，"爱美而又黩武，尚礼而又好斗，喜新而又顽固，服从而又不训，忠贞而易于叛变，勇敢而又懦弱，保守而又求新。"

总体来看，葡萄牙、西班牙、荷兰、英国、法国、德国、日本、美国等西方国家深受海洋文化以及基督教文化的影响，其安全文化有很强的进攻性。在这些国家看来，国家安全唯一可以凭借的只有获取更多权力，强者才有生存之道。

2. 和合文化是中国安全文化的精髓

"晚清怪杰"辜鸿铭于 1915 年出版用全英文写成的《中国人的精神》。他指出，美国人博大、纯朴，但不深沉；英国人深沉、纯朴，却不博大；德国人博大、深沉，而不纯朴；法国人没有德国人天然的深沉，不如美国人心胸博大和英国人心地纯朴，却拥有这三个民族所缺乏的灵敏；只有中国人全面具备了这四种优秀的精神特质。辜鸿铭说，中国人给人留下的总体印象是"温良"——"那种难以言表的温良"，真正的中国人具有成年人的理性，却具有孩童的心灵，即善解人意和通情达理。

中华民族不仅追求强大，更追求伟大。现代化强国要不断增强硬实力与软实力。过去，有很多人认为，综合国力＝硬实力＋软实力，认为硬实力强了，软实力自然会强，但是两者不是一快一慢、一大一小的关系，不是"拔出萝卜带出泥"的关系，软实力不是硬实力的附属。事实上，综合国力＝硬实力 × 软实力，需要同步推进，硬实力是确保国家强大的，软实力是确保国家伟大的。

党的十九届五中全会指出，要繁荣发展文化事业和文化产业，提高国家文化软实力。坚持马克思主义在意识形态领域的指导地位，坚定文化自信，坚持以社会主义核心价值观引领文化建设，加强社会主义精神文明建设，围绕举旗帜、聚民心、育新人、兴文化、展形象的使命任务，促进满足人民文化需求和增强人民精神力量相统一，推进社会主义文化强国建设。要提高社会文明程度，提升公共文化服务水平，健全现代文化产业体系。

党的十九届五中全会对文化建设高度重视，从战略和全局上作了规划和设计。其中，最重要的就是明确提出到2035年建成文化强国。这是党的十七届六中全会提出建设社会主义文化强国以来，党中央首次明确了建成文化强国的具体时间表。的确，现代化强国必然基于强大的文化力量。拿破仑有一句名言，只要理解了一国的地理，就能判断出一国的外交政策。从某种程度上讲，了解了一个国家的文化与历史，便了解了这个国家的外交政策和安全政策，有什么样的安全文化底蕴便会呈现出什么样的安全战略取向。

国际关系的永恒主题是战争与和平、冲突与合作。是什么导致了冲突？有人认为，是利益、资源。经济学有一个基本假设：资源的稀缺必然改变利益格局、导致冲突。是"资源的稀缺"导致冲突，而不是资源导致冲突。"冲突"一词的英文拼写是"rivalry"，这个单词的词根"riv-"就来源于拉丁语名词"rivus（河流）"，在古人看来是"人们共用一条河流"导致了冲突。从社会学和心理学角度来讲，有人认为是"差异"导致了冲突，强调现在中美关系紧张的原因是两国之间的"巨大差异"：不一样的道路、不一样的制度、不一样的意识形态、不一样的思维方式。其实，这个答案也不准确，不是差异导致冲突，而是人们对待差异的态度导致冲突。

2019年5月15日，亚洲文明对话大会在北京举行。会上，习近平主席指出，"人类只有肤色语言之别，文明只有姹紫嫣红之别，但绝无高低优劣之分。认为自己的人种和文明高人一等，执意改造甚至取代其他文明，在认识上是愚蠢的，在做法上是灾难性的！如果人类文明变得只有一个色调、一个模式了，那这个世界就太单调了，也太无趣了！"这几句话的针对性很强，其具体针对的，显然是西方国家所谓的"范式性力量"：强调西方价值观是国际社会的"标准"，要成为国际社会的范式，各国要向美欧看齐，要向西方中心看齐，否则就是"非我族类，其心必异，虽远必诛"。典型的理论如"民主和平论""文明冲突论"等。

差异是天然存在的。中美之间是有差异、有不同，但导致冲突的不是差异本身，冲突产生的根源是人们如何看待差异。当西方国家强势推行其普世价值的时候，有一种强烈的道义上的优越感，认为自己的人种高人一等、自己的文明高人一等。这种道义上的优越感使得西方国家将改造"非西方国家""非民主国家"作为其天赋使命。但这一改造的过程，反倒给国际社会带来生灵涂炭。2017年以来，美国哈佛大学政治学教授约瑟夫·奈多次指出，美国的软实力正在削弱，美国领导人提出"美国优先"意味着把国际社会放到第二位，这就预示着美国不再伟大了。

中国人在国内进行社会主义核心价值观建设，在国际社会提出了全人类共同价值，但中国人强调文化与价值不是要"输出"，而是要在不同文明之间构建相互欣赏、相互理解、相互尊重的人文格局。在实践中，中国倡导"一带一路"，积极推动构建人类命运共同体，是希望世界更美好。总体来看，过去五百年，西方价值观是求同的，而几千年来，中国或东方价值观是求通的，即和而不同、美美与共。西方是典型的范式性力量，而中国是典型的文明型力量。在大变局中，经济、科技、制度的作用在凸显，文明的作用更加关键，什么样的文明观就会产生什么样的安全环境。应对共同挑战、迈向美好未来，既需要经济科技力量，也需要文化文明力量。

大国关系是国家安全以及国际安全的重中之重。构建总体稳定、均衡发展的大国关系框架，需要从"帕累托改进"演进到"共同体改进"。在中国外交布局中，大国是关键，中美关系是关键中的关键。从学理上讲，什么算是稳定、均衡？在经济学领域，有"帕累托改进"，即个人受益，但别人不受损，不存在负外部性。1978 年改革开放之初，中国的发展水平低，同美国有很强的互补性，在美国看来：中国受益，美国不受损。但今天，中国的发展水平越来越高，同美国等西方国家的竞争性大于互补性。在美国看来：中国受益，美国直接受损，即中美之间的均衡被打破了。在经济学领域，也存在"卡尔多改进"，为福利经济学的一个著名的准则，即如果一个人的境况由于变革而变好，因而他能够补偿另一个人的损失而且还有剩余，那么整体的效益就改进了。核心思想是允许个人受损，因为可以拿集体收益来补个人受损。但是在国际社会中，"卡尔多改进"难以适用，国际关系的基本假设是无政府状态，因为不存在最高权威，常常是"损不足以奉有余"。

对此，有中国学者提出"孔子改善"和"孟子最优"。其中，中国社会科学院哲学研究所赵汀阳教授提出"孔子改善"，强调自我利益的改善必然要使他者的利益同时获得改善。"孔子改善"包含了三层意思：其一，承认个体的自我利益。其二，自我利益的改善是在与他人的关系中实现的。其三，自我利益的实现是在他者利益的实现中完成的。

如果说"孔子改善"的目的是解决自我利益和他者利益之间的关系问题，那么，对于命运共同体而言，还有一个自我和群体之间的关系。外交学院原院长秦亚青教授提出"孟子最优"，其基本含义是，只有在足够合作的群体中，群体成员个人的自我利益才会得到最佳的实现。"孟子最优"有三层含义：其一，个体和群体是共存共生的。其二，个体利益和群体利益也是共存共生共同促进的。其三，只有群体处于和谐状态的时候，个体的自我利益才能得到充分的实现。正是在这个意义上，亨利·基辛格在

《论中国》一书中指出，中国围棋"共存共活"的安全思维在战略层次上远比国际象棋的"全胜全败"来得高远与博大。[①]

有人说，2020年疫情大暴发，使人类社会真正进入命运共同体元年。那么存在不存在"共同体改进"，即个人受益，群体会增益；个人受损，群体会俱损。命运共同体的建设能够促进共同体成员的个体利益和共同体群体的整体利益。中华文化强调利他（在利他中实现利己）、强调集体，但也尊重差异、重视个体、重视长远。因此，中美两国不存在谁取代谁的问题，而是要摒弃冷战思维、零和博弈，要努力实现不冲突、不对抗，相互尊重，合作共赢。对大国关系而言，要推动中美、中俄、中欧关系稳定均衡发展，在大国关系中坚持"多边而不选边"。

表2　中美、中俄、中欧双边关系情况

	战略互需	战略互疑	经贸合作	人文交流	文明互鉴	全球治理
中美	★★	★★★	★★★	★★★	★★	★★★
中俄	★★★	★	★	★	★	★☆
中欧	★☆	★★	★★☆	★★	★★★	★★

备注：★表示相关指标的强度，☆表示相关指标有上升的潜力

中美两国的真正敌人不是对方，而是人类社会所面临的共同挑战，如公共卫生危机、恐怖主义、信任缺失、全球治理失序等。其实，对中国而言，没有什么"百年马拉松"，[②] 中华民族不以塑造敌人或消灭对手作为成功的衡量指标，而是以中华民

---

① [美]亨利·基辛格：《论中国》，胡利平等译，中信出版社，2012年版，第18—26页。

② 美国中国问题专家白邦瑞曾在2015年出版《百年马拉松——中国取代美国成为全球超级强国的秘密战略》一书。书中写道，中国有一个百年的秘密战略，即在2049年取代美国成为"全球霸主"。

族对人类文明进步作出重大贡献为责、为荣。

（二）体系层面的安全文化

秦亚青教授将安全文化划分为两种理想类型——大同文化和丛林文化。如果社群成员共同认为，安全从根本上是零和博弈，安全只能用暴力手段才可以获得和维护，那么这就是一种丛林文化。如果社群成员的共同认知是：安全从根本上不是零和博弈，安全可以通过合作的手段获得和维护，那么这就是一种大同文化。丛林安全文化境域中社群成员的行为趋于冲突，而大同安全文化境域中社群成员的行为趋于合作。[①] 其中，大同文化是一种完全合作型安全文化，而丛林文化则是一种完全冲突型安全文化。大同文化和丛林文化是两种极端形态，表示完全合作或是完全冲突，属于理想类型。在现实世界中，安全文化一般处于两个极端之间。

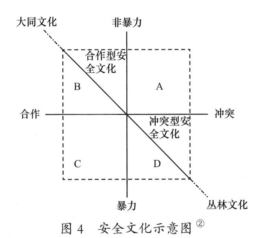

图 4　安全文化示意图[②]

---

① 秦亚青：《新冠肺炎疫情与全球安全文化的退化》，载《国际安全研究》2021 年第 1 期，第 9 页。

② 其中，B 区内表示以合作为主导的安全文化，但同时竞争也是存在的。D 区表示以竞争为主导的安全文化，同时合作也是存在的。相关论述见秦亚青：《新冠肺炎疫情与全球安全文化的退化》，载《国际安全研究》2021 年第 1 期，第 10 页。

美国教授亚历山大·温特（Alexander Wendt）对文化的定义是："社会共有知识"，并提出了三种理想类型的文化结构：霍布斯文化（Hobbesian Culture）、洛克文化（Lockean Culture）和康德文化（kantian Culture）。其中，霍布斯文化结构的逻辑是"所有人反对所有人"的丛林法则状态，是一种零和关系，其核心共识就是"你死我活""强权即公理"；洛克文化结构的逻辑是"生存和允许生存"的有序竞争状态，是竞争与合作并存的安全文化；康德文化结构的逻辑是"一人为大家，大家为一人"的和谐状态。霍布斯文化表述敌对关系，洛克文化表述竞争关系，康德文化表述友谊关系。

表3　三种文化结构及其与国际冲突的关系①

文化结构	霍布斯文化	洛克文化	康德文化
结构逻辑	"所有人反对所有人"的战争状态	"生存和允许生存"的竞争状态	"一人为大家，大家为一人"的和谐状态
核心内容	敌对	竞争	友谊
行为体间关系	敌人	竞争对手	朋友
行为原则	彼此不承认生存权利	彼此承认生存权利	互助行为下的共同生存权
行为取向	1. 时刻把对方意图向最坏处考虑，力图摧毁、消灭对方 2. 军事方式被认为是唯一可以解决问题的手段 3. 无限制使用暴力	1. 相互尊重主权，重视绝对收益、未来效应 2. 军事方式只是解决问题的手段之一 3. 暴力受到限制	1. 集体身份、高度的利益认同 2. 不使用军事和战争威胁方式解决冲突 3. 一方受到威胁的时候另一方将予以帮助

---

① 赵磊:《国际冲突的要素与宏观层次分析》，载《国际关系学院学报》2011年第6期，第58页。

续表

文化结构	霍布斯文化	洛克文化	康德文化
同国际冲突的关系	必然导致国际冲突	不一定导致国际冲突	不导致国际冲突

体系层面的主导文化结构塑造了国家的身份，确定了国家的角色，因而也就界定了国家的利益以及国家的安全环境。例如，在冷战初期，中国选择向苏联"一边倒"，1950 年 2 月 14 日同苏联签署《中苏友好同盟互助条约》，这是在当时"霍布斯文化"约束下的无奈之举，是别无选择的选择。条约签订后，毛泽东说，"帝国主义者如果准备打我们的时候，我们就请了一个好帮手"，"中苏两国的合作就是为了反对帝国主义的侵略计划的合作"。正如保罗·肯尼迪（Paul Kennedy）所言，"自由主义和共产主义是两个世界性的思想体系，互相'排斥'，水火不容"，"一个国家不站在美国领导的阵营内，便站在苏联领导的阵营内，不存在中间道路。在斯大林和乔·麦卡锡时代，那种走中间道路的想法是很不明智的"。

冷战之后，全球化推动了一个全球社会的初步形成，因之也催生了一种以开放安全、共同安全与合作安全为基本内容的合作型全球安全文化的雏形，此时各国既谈论竞争，也谈论合作，体系层面的安全文化可以概括为"洛克文化"。但是由于全球治理失灵，不断出现且日益积累的全球性威胁得不到有效应对，民粹现实主义强势兴起，合作型全球安全文化屡遭重创，开始向以封闭安全、孤立安全、零和安全的冲突型安全文化转变，明显降低了国际安全合作的概率。在一个冲突型安全文化中，无论安全威胁的消除多么需要合作，国际社会成员更易于呈现以不合作为主导的行为取向。抗击新冠肺炎疫情中的全球公共安全合作的失败就是一个明显的例证。[①] 由此，全球安全

---

① 秦亚青：《新冠肺炎疫情与全球安全文化的退化》，载《国际安全研究》2021 年第 1 期，第 4 页。

文化出现严重的退化迹象，国家内向化现象也越来越明显，体系层面的安全文化可以概括为"霍布斯文化"，即各国将安全利益置于发展利益之上，竞争性明显大于合作性，冲突性明显强于和谐性，即使有合作也不是制度性合作、友谊性合作，而是权力主导的强制性合作，或是利益主导的趋利性合作（利尽则散）。各国都有强烈的"安全焦虑"，对自身安全和他者同时存在强烈的不信任。

在冲突型安全文化影响下，全球治理进入瓶颈期。瓶颈期表现在G7-G20-G2-G0等治理模式均不稳定。2008年全球金融危机之前，主要游戏规则是G7来制定，但是2008年这一轮危机不同以往：过去美欧是"习惯于给别人开药方的医生，而现在医生也生病了"。所以，G20模式应运而生。当20国集团领导人在2008年首次会晤时，他们面临一个紧迫任务，即将全球经济从二战后最糟糕的金融危机中拯救出来。但是很快西方国家公开质疑这一模式，他们认为，一辆车子由20个轮子驱动，具有代表性，但车子的速度便是由最慢的轮子来制约，极大地影响治理的效率，所以提出了G2概念，即"中美国"（Chimerica），强调中美共治。

但是不久，外国学者又提出了"G0"概念，认为全球处于一个更加动荡且充满不确定性的环境中，全球问题的政策协调早已被抛诸脑后；没有绝对的领袖，在G0世界里，大国和小国均感到不安，没有哪个单独的国家或国家联盟有意愿并有能力提供持续的全球领导力。G20不行、G7不行，美国和欧洲不行，中国这样的新兴大国也不行。各国都在忙于应对国内的各种挑战和危机，难以提出一致的议事日程。

全球治理的意义在于国际社会要共同应对全球性问题，全球治理的权威来源是国际共识，但是疫情之下，诸多共识被颠覆、被重塑。未来，各种风险相互交织，形成一个个风险综合体。有些国际危机是自然突发的，如传染病疫情，有些国际危机是人为导致的，如"政治疫情"、战争等。2020 年 7 月 7 日，美国国会正式收到特朗普政府关于退出世界卫生组织的通知，这意味着全球卫生健康治理遭遇人为干扰的重大挑战。2022年，俄乌冲突是全球安全治理困境的典型案例，表明全球安全治理正从合作转向对抗。

2022 年 9 月 11 日，联合国开发计划署（UNDP）发布《不确定的时代，不稳定的生活：在转型的世界中塑造我们的未来》报告，指出各种不确定性正在层层累积、相互作用，以前所未有的方式动摇生活根基。全球人类发展指数（HDI）首次出现了连续两年的倒退下降，超过 90% 的国家在 2020 年或 2021 年下降；而连续两年下降者，更占 40% 以上。在过去两年，新冠肺炎疫情、全球性冲突、粮食与能源短缺以及极端天气事件给全世界数十亿人带来灾难性的经济及社会影响。世界正陷入一场"救火式循环"——忙于补救、疏于预防、弱于合作。

在未来比较长的一段时间内，全球安全文化的裂解会持续发展，国际秩序会呈现合作型和冲突型全球安全文化两种力量的艰苦较量。但是，全球化作为一种发展趋势不会完全逆转，合作型全球安全文化的支柱性内涵——开放安全、共同安全、合作安全——也不会全然消失。[①] 客观地说，当今世界，霸权主义、强权政治、冷战思维、零和博弈等因素还有一定市场，但是人类主义、全球主义、世界主义、合作主义思想也深入人心，和平与发展仍然是时代主题。

四、安全研究的美国学派、欧洲学派

安全研究在 20 世纪 40 年代首先兴起于美国，50、60 年代

[①] 秦亚青：《新冠肺炎疫情与全球安全文化的退化》，载《国际安全研究》2021 年第 1 期，第 27 页。

步入黄金时期，随后又出现了短暂的衰落期。经过了几十年的发展，安全研究在20世纪90年代进入新的理论生产高峰期，美国学派和欧洲学派共同推进安全研究学科的发展。

（一）安全研究的"美国学派"

安全研究的美国学派始于20世纪40年代，此时它与战略研究同义。20世纪50年代到60年代，安全研究又被等同于战略与威慑研究。时至70年代，和平研究进入安全研究领域，形成了和平研究与战略研究并存的局面。[①]

20世纪40年代，美国将安全研究等同于战略研究（战略基本同军事战略画等号），有其特定的时代背景，即美国认为其安全威胁主要来源于核武器以及苏联在意识形态、经济和军事方面对美国构成全方位挑战。专家学者以及决策者清晰地意识到核武器将如此深刻地改变"安全等式"，同时核武器和冷战的结合，意味着国家安全需要更紧密地进行军事以及非军事因素的考虑。这也是美国于1947年通过《国家安全法案》的缘由，那就是必须增进不同部门之间的密切配合并开展情报改革。

在20世纪50—60年代，安全研究取得了丰硕的成果，最典型的就是博弈论与核战略威胁理论。前者的典型代表如兰德公司对博弈论的发展以及托马斯·谢林（Thomas Schelling）的"讨价还价"理论。谢林的理论著作包括《冲突的战略》（1960年）、《武器与影响》（1966年）等。

1960年，谢林出版其经典著作《冲突的战略》一书。在书中，谢林运用博弈论对讨价还价和冲突管理理论作了非常细致的分析。谢林认为，"在讨价还价的过程中，势弱的一方通

---

① 李明月、刘胜湘:《安全研究中的巴黎学派》，载《国际观察》2016年第2期，第39页。

常会成为强者。"对此也可以理解为，将自己固定在特殊的谈判地位是有利的，当任何一方认为对方不会作出进一步的让步时，协议就达成了。因此可以认为，谈判的实力就在于让对方相信你不会再让步了。为此，谢林还进一步描述了能够把自己锁定在有利地位的三个战略，即不可逆转的约束、威胁和承诺。

20 世纪 70 年代，出现了和平研究与安全研究并行的发展轨迹。和平研究的形成主要源于社会学和心理学这类更"软"或者更人文主义的社会科学，美国哈佛大学心理学家赫伯特·凯尔曼（Herbert Kelman）和挪威社会学家、奥斯陆和平研究所的主要创始人约翰·加尔通（Johan Galtung）成为该领域的先驱。[①] 一个有趣的现象是，和平研究认为安全研究 / 战略研究本身就是问题所在。相关学者并不以安全的名义写作，经常以和平的名义将"安全"描述成为一种破坏性诉求。[②]

在 20 世纪 80—90 年代，一个有趣的现象就是在大西洋两岸同时出现并沿着不同轨迹发展得越来越抽象而且雄心勃勃的理论化趋势。美国主流安全研究关注进攻性现实主义和防御性现实主义的辩论，建构主义和民主和平论的某些讨论，以及构建帝国与秩序方面权力相对于制度的辩论。在欧洲，一系列带有批判性的理论之间展开了争论，包括批判安全研究、女性主义、哥本哈根学派、巴黎学派与后结构主义（poststructuralism）。[③]

---

① ［丹麦］奥利·维夫、［英］巴里·布赞：《回到理论之后：安全研究的过去、现在和未来》，载《国外理论动态》2014 年第 1 期，第 69 页。

② 自 20 世纪 80 年代开始，和平研究有了新的转向。例如，哈坎·威伯格（Hakan Wiberg）提出"新的和平研究运动"。这导致大部分北欧和平研究转向了"现实主义"，和平研究变得亲安全而又亲欧洲，此前它以和平的名义反对安全，以第三世界的名义反欧洲。

③ ［丹麦］奥利·维夫、［英］巴里·布赞：《回到理论之后：安全研究的过去、现在和未来》，载《国外理论动态》2014 年第 1 期，第 70 页。

美国学者重视基于数据或历史案例进行因果关系归纳，以协助决策者制定或完善政策。欧洲学者更倾向于政策反思，学者扮演的角色更像公共"知识分子"而非"专家"。可见，美国学派有强烈的"解决问题"导向，欧洲学派有强烈的"反思批评"导向。

从20世纪90年代开始，建构主义在美国安全研究中开始占据重要地位，其中的重要作品是卡赞斯坦篇幅厚重的《国家安全的文化：世界政治中的规范与认同》（1996年）。该书收集了大批从文化与规范角度探讨国家安全的论文，引起学界的强烈反响。卡赞斯坦等学者指出其安全分析视角不同于传统安全研究的两点理论假设：第一，国家的安全环境（国际和国内）主要是文化的和制度的，而不仅仅是物质的；第二，国际文化环境不仅影响不同类型国家行为的动机，而且影响国家的基本特征，即国家认同。[①]卡赞斯坦等学者强调文化环境、规范认同、国家利益、安全政策的互构。

在21世纪的第一个十年，恐怖主义与秩序是美国学者在安全领域研究的最首要的问题。第三个，甚至第四个十年，权力更迭、意识形态等传统安全以及气候变化、公共卫生危机等非传统安全将是美国学者以及中国学者共同关切的问题，这些问题不仅是重要的理论问题，也是极为重要的现实问题。特别是中国崛起在美国学者以及官员看来严重威胁到美国的单极霸权地位，这已经并将长期成为美国安全研究的核心关切。

总体来看，美国学者长期固执地讨论有关"衰落"（decline）的问题，并且认为这种衰落是不守规矩的他者导致的；而欧洲安全研究则主要关注欧洲自身，讨论与"欧洲城堡"有关的移民威胁、战略自主等问题。

---

① 李格琴：《西方国际安全研究的社会学视角——欧洲学派与美国学派比较探析》，载《国外社会科学》2007年第4期，第36—37页。

（二）安全研究的"欧洲学派"

安全研究的"欧洲学派"有三大理论分支，即哥本哈根学派、威尔士学派、巴黎学派。

1. 哥本哈根学派（Copenhagen School）

该学派的突出特色是，强调安全是一种"话语形态"，认为特定问题被人为贴上威胁的标签、通过言辞以一种威胁的形式被提出的过程就是安全化过程。通过安全言语的表达，"以国家为代表的安全行为体就可以在特定领域推动特殊的政治进程，并声称拥有特殊的权力，从而可以动用一切可能的手段遏制威胁产生"。[①] 哥本哈根学派形成于哥本哈根和平研究所（Copenhagen Peace Research Institute，COPRI）1985 年的正式成立，当时确立的研究主题就是欧洲非军事领域的安全问题。

哥本哈根学派的主要代表人物有巴瑞·布赞、奥利·维夫、莫顿·凯尔斯特拉普（Morten Kelstrup）、皮埃尔·利梅特（Pierre Lemaitre）、迪·怀尔德（De Wilde）等等。巴瑞·布赞的"古典复合安全理论"，以及奥利·维夫的"去安全化"理论奠定了这一学派的学术基石。

布赞在 1983 年出版的《人、国家与恐惧——后冷战时代的国际安全研究议程》一书中首次提出"古典复合安全理论"，将"安全复合体"定义为："一组主要安全事务非常紧密地联系在一起的国家，他们现实的国家安全不能彼此分开考虑。"[②]

奥利·维夫指出，"存在性威胁"（existential threat）不

---

① Barry Buzan and Lene Hansen, "Beyond the Evolution of International Security Studies?", *Security Dialogue*, Vol.41, No.6, 2010, pp.659–667.

② [英]巴里·布赞：《人、国家与恐惧——后冷战时代的国际安全研究议程》，闫健、李剑译，中央编译出版社，2009 年版，第 192 页。

但存在于军事领域，还可以存在于政治、经济、社会、环境等领域。① 安全是"一种所有政治之上的特殊政治"，实际上不存在什么既定的安全，当某事物被认定为是一种存在性威胁，它就是一个安全问题。安全本质上是一种"主体间性（intersubjective）"的社会认知，即"一个共享的、对某种威胁的集体反应和认识过程"。② 维夫进一步指出，由主体之间的认知互动而形成的安全话语，经过渲染，一个问题以具有最高优先权而被提出，并被贴上了安全标签，这个过程就是"安全化"。这样，"不安全"不仅仅是因为存在真正的威胁，而是某些问题被认知为一种威胁。基于此，维夫将"安全化"形容为一种"言语—行为"（speech act）的过程。③

维夫反对在解释国家安全这一概念时过于泛化。因为国家的安全化运作会造成这样一种后果：为了压制反对派，以"威胁"为借口来寻求更多的权力，使国家被少数人的力量统治。所以，并非"安全越多就越好"。维夫主张，不要随意将所有的新问题都视为安全问题。安全理论与安全实践的目标是逐步缩小安全的范围。

哥本哈根学派的安全化理论借鉴了语言学中的"言语—行为"理论（speech act theory），进行安全的客观判断既不可能，也无必要，安全威胁的"被判断"和安全议题的"被提出"是典型的言语—行为过程。强调言语是"催化条件"，有助于人们对"存在性威胁"的认知；强调安全是一种社会和主体间建

---

① ［英］巴瑞·布赞、［丹麦］奥利·维夫、［丹麦］迪·怀尔德：《新安全论》，朱宁译，浙江人民出版社，2003 年版，第 30—31 页。

② ［英］巴瑞·布赞、［丹麦］奥利·维夫、［丹麦］迪·怀尔德：《新安全论》，朱宁译，浙江人民出版社，2003 年版，第 37 页。

③ 李格琴：《西方国际安全研究的社会学视角——欧洲学派与美国学派比较探析》，载《国外社会科学》2007 年第 4 期，第 35 页。

构，可以是被宣称为安全的任何东西。① 在"言语—行为"理论
框架下，话语安全（discourse security）与认同安全（identity
security）成为安全研究的核心论题。

言语要基于专业性和权威性，比如像在社会领域谈论"认
同"（Identity），在政治领域谈论"主权"（Sovereignty）、"承
认"（Recognition），以及在环境领域谈论"可持续发展"
（Sustainability）等。言论和权力是结合在一起的，有了权力才
可以动议安全。

哥本哈根学派的另一特色是提出了著名的地区安全复合体
理论（Regional Security Complex Theory，RSCT）。布赞指出，
安全的最佳分析层次不是国家层次，也不是全球层次，而是连
接它们两者的地区层次。地区安全复合体的结构和动力，通常
来自复合体内各单元对安全的认知互动，也包括外部压力。② 布
赞把安全问题作为一种关系来处理，认为安全是一种"关系性
现象"，是一种源于威胁和脆弱性之间的相互依存关系，因为近
距离的威胁容易被感知，因此布赞强调由相邻国家组成的地区
安全复合体是安全研究的理想单元。

2. 威尔士学派（Welsh School）

以肯·布斯（Ken Booth）和理查德·魏恩·琼斯（Richard
Wyn Jones）为代表的威尔士学派，是典型的"批判安全研究"。
威尔士学派也称"阿伯里斯特维斯学派"，是指英国威尔士阿
伯里斯特维斯大学（Aberystwyth University）的批判安全研究
学者。

首先，威尔士学派批判传统安全研究本体论上的"国家主

---

① Rita Taureck, "Securitization Theory and Securitization Studies", *Journal of
International Relations and Development*, Vol.9, No.1, 2006, pp.54–55.

② 李格琴：《西方国际安全研究的社会学视角——欧洲学派与美国学派比较探析》，
载《国外社会科学》2007 年第 4 期，第 35 页。

义"，认为国家成为其民众不安全的主要源泉。① 具体来说，威尔士学派认为现实主义"国家中心"的世界观对国家的盲目崇拜产生了如下的严重后果：对建立在主权概念之上的所谓内部与外部的两分法（即国家/体系互动的二元层次）结构加以具体化，而无视次国家和超国家/跨国家分析层次的互动；民族国家成为安全话语的指涉对象，而对民族国家的威胁则来自其他国家尤其是邻国。甚至认为，国家主义非但不是良好生活的必要条件和安全问题的解决办法，它还是不安全的一部分。② 为此，威尔士学派提出"深化安全"（deepening security）概念，强调研究政治之外的安全，研究国家主义之外的安全。威尔士学派强调"延伸安全"（extending security），即将安全的指涉对象从国家延伸到个人乃至整个人类。肯·布斯提出了"个体的人是安全的最后指涉对象"的著名论断。在他看来，国家虽是可以提供安全的工具，但最终它只有在涉及个人时，安全的意义才会显得重要。③

其次，威尔士学派批判传统安全研究认识论上的客观主义。传统安全研究强调客观主义或物质主义，这种明确区分事实与价值、客观与主观的认识论导致安全研究对权力尤其是军事实力的过分重视，甚至将安全研究等同于军事战略研究。据此，威尔士学派提出"拓宽安全"（broadening security）概

---

① 这些不安全的因素包括贫困、环境破坏、人权限制等。相关论述见李格琴：《西方国际安全研究的社会学视角——欧洲学派与美国学派比较探析》，载《国外社会科学》2007 年第 4 期，第 36 页。

② Richard Wyn Jones, "'Message in a Bottle'? Theory and Praxis in Critical Security Studies", *Contemporary Security Policy*, Vol.16, No.3, 1995, pp.299-319; Richard Wyn Jones, *Security, Strategy, and Change*, London: Frank Cass Publishers, 2000, pp.95-100.

③ 郑先武：《人的解放与"安全共同体"——威尔士学派的"批判安全研究"探析》，载《现代国际关系》2004 年第 6 期，第 57 页。

念，强调安全研究要开放知识边界，安全议题除关注军事外也要关注经济、社会、性别、环境、移民、种族、人权等不同领域的议题。

威尔士学派的核心观点是"综合安全共同体"以及"人的解放"，即将人的解放当作安全理论与实践的核心，人的安全以人的解放为终极追求。安全意味着威胁的消除。安全和解放是同一个硬币的两面，人的解放产生真正的安全，是经由"综合安全共同体"通向解放的道路。

威尔士学派把安全的边界扩展或者还原到个人主体，以此来区分被传统安全研究掩盖了的国家安全与个人安全在安全认知上的差异。国家安全往往关注边界的军事安全、政权体制的稳固等，而个体安全还关系到国际社会普通民众社会生活的"存在性威胁"，如失业、贫富分化、环境恶化、社会暴力、文化认同、人权问题等，而这些都是传统安全研究忽视甚至排除在外的议题。[①] 在威尔士学派看来，安全的终极意义并非体现政治集团的利益和诉求，而是体现社会群体中个人的利益与诉求。

3. 巴黎学派（Paris School）

受法国本土社会学发展的启发，巴黎学派以社会学为基础，关注社会安全、安全进程、内部安全与外部安全的融合，即"莫比乌斯安全带"（Mobius ribbon of security）等问题。代表人物有迪迪尔·彼戈（Didier Bigo）、杰夫·胡斯曼（Jef Huysmans）等。巴黎学派尤其关注有关融合的社会安全问题，如移民、人口流动、边界控制以及社会监控治理等。

巴黎学派的一个重要论断，即安全并不是不安全的对立面，

---

① 李格琴：《西方国际安全研究的社会学视角——欧洲学派与美国学派比较探析》，载《国外社会科学》2007 年第 4 期，第 36 页。

"安全与不安全同时生成"。[①]巴黎学派强调，"安全化是一个政治选择，而不仅仅是某种理性行为者对事件和感觉的反应"。巴黎学派拒绝安全研究中的"国内"与"国际"二元分裂，认为国内政治和国际政治的界限正变得越来越难以厘清，由此内部安全与外部安全的界限也变得越来越模糊。过去，在欧洲，内部安全与外部安全之间的界限一向泾渭分明：警察负责国家内部的安全，军队一般负责外部安全。但是，现在内部安全与外部安全日益融合成为一个互联的网络，如移民同边境管理问题正是二者有机融合的极好例证。

美欧国家大多是将边界管理同移民融合等工作同步推进的。例如，澳大利亚成立了移民、公民、移民服务和多元文化事务部（Immigration, Citizenship, Migrant Services and Multicultural Affairs），加拿大成立有移民、难民和公民事务部（Immigration, Refugees and Citizenship Canada）。[②]巴黎学派关注融合问题，认为这是对国家安全的最大威胁。

巴黎学派反对将安全视作一种例外的观点，认为它就是日常实践。哥本哈根学派将安全视作日常实践的例外，而巴黎学派更倾向于将其视为业已标准化的日常实践，或者说是"例外

---

① Didier Bigo, "International Political Sociology", in Paul D. Williams ed., *Security Studies: An Introduction*, New York: Routledge, 2008, p.124.

② 2018 年 4 月 2 日，公安部召开国家移民管理局成立大会。根据国务院机构改革方案，为加强对移民及出入境管理的统筹协调，更好形成移民管理工作合力，将公安部的出入境管理、边防检查职责整合，建立健全签证管理协调机制，组建国家移民管理局（加挂出入境管理局牌子），由公安部管理。其主要职责是，协调拟定移民政策并组织实施，负责出入境管理、口岸证件查验和边民往来管理，负责外国人停留居住和永久居留管理、难民管理、国籍管理，牵头协调"三非"（非法入境、非法居留、非法就业）外国人治理和非法移民遣返，负责中国公民因私出入国（境）服务管理，承担移民领域国际合作等。

变成了常态"。① 巴黎学派认为，安全和解放是对立的。这显然与威尔士学派的观点相悖。巴黎学派提出，安全在某种程度上是一种控制和主导的压迫装置。② 安全实践中，国家创建并维持着一个结构紧密的工作机制以从事监督和惩戒。因此，如若要保障安全，便必须舍弃一些自由和解放。

巴黎学派并不认为安全是必需的，而视其为政府进行治理的技术或手段。国家希望使民众处于一种普遍的恐惧状态，随即便可运用安全化技术对之进行治理。在这里，安全并不是目的，而仅是一种手段，治理才是目的。监控并不会带来安全，甚至会造成民众的恐惧和不安，但政府却可以通过这一手段获得对政治进程的控制。③

对于欧洲学派和美国学派的未来发展而言，很可能欧洲理论将主要试图阐释环境安全、健康安全、认同和性别问题等，而美国理论将会在大规模杀伤性武器扩散和全球军事稳定方面更具解释力。两套理论都在研究恐怖主义和反恐实践（欧洲人相比之下更关注国内实践，而美国人更关注国际行动）；同样，它们都将继续关注移民、安全与自由之间的联系，包括例外主义逻辑。双方都会致力于研究技术、全球化、风险社会、国际经济秩序的作用和性质。④ 总体来看，美国学派服务于其"无所不能主义"（can-do-ism）以及"美国领导世界"。美国更加注重理性主义，而欧洲更加注重反思主义。

---

① 李明月、刘胜湘：《安全研究中的巴黎学派》，载《国际观察》2016年第2期，第40页。

② Claudia Aradau, "Security and the Democratic Scene: Desecuritization and Emancipation", *Journal of International Relations and Development*, Vol.7, No. 4, 2004, pp.388–413.

③ 李明月、刘胜湘：《安全研究中的巴黎学派》，载《国际观察》2016年第2期，第42页。

④ [丹麦]奥利·维夫、[英]巴里·布赞：《回到理论之后：安全研究的过去、现在和未来》，载《国外理论动态》2014年第1期，第74页。

五、安全研究的中国视野

在学术研究方面，从 2000 年开始，我国学者刘跃进教授在国家安全研究方面著书立说，形成了一系列研究成果，并呼吁成立"国家安全学"一级学科。其主要成果包括：1. 刘跃进主编:《国家安全学》，中国政法大学出版社，2004 年版；2. 刘跃进著:《为国家安全立学：国家安全学科的探索历程及若干问题研究》，吉林大学出版社，2014 年版；等等。

党的十八大以来，国家安全已经日益成为治国理政的重要议题。1982 年，党的十二大报告中有 1 次提到"安全"，即"祖国安全"；1987 年，党的十三大报告中没有 1 次提及"安全"或"国家安全"；1992 年，党的十四大报告中 4 次提到"安全"，"国家安全"首次出现；1997 年，党的十五大报告中 6 次提到"安全"，其中 3 次为"国家安全"；2002 年，党的十六大报告中 14 次提到"安全"，其中 3 次为"国家安全"；2007 年，党的十七大报告中 24 次提到"安全"，其中 5 次为"国家安全"；2012 年，党的十八大报告中 36 次提到"安全"，其中 4 次为"国家安全"；2017 年，党的十九大报告中 55 次提到"安全"，其中 18 次为"国家安全"。

2022 年，党的二十大报告的最大亮点是首次就国家安全工作列专章作战略部署，强调国家安全体系和能力现代化。在 3.26 万字报告中，"安全"一词出现 91 次，其中"国家安全"一词出现 29 次；此外，"斗争"一词出现 22 次。社会主义现代化强国建设，必然充满各种挑战，必然会面临风高浪急甚至惊涛骇浪的重大考验，为此必须坚定不移贯彻总体国家安全观，敢于斗争、善于斗争，把维护国家安全贯穿党和国家工作各方面全过程，确保国家安全和社会稳定。国家安全是民族复兴的根基，社会稳定是国家强盛的前提。

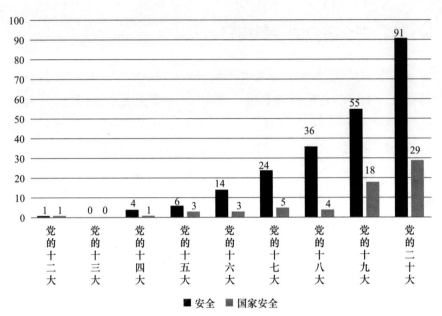

图 5　党的十二大报告到党的二十大报告有关
"安全""国家安全"的词频

2018 年 4 月，教育部印发《关于加强大中小学国家安全教育的实施意见》，要求设立国家安全学一级学科。2018 年 8 月，教育部、财政部和国家发展改革委联合印发的《关于高等学校加快"双一流"建设的指导意见》要求加强国家安全等急需学科专业人才培养。2019 年 1 月，教育部通过了国家安全学的一级学科论证。

国家安全学有极强的跨学科属性。2021 年 1 月 13 日，国务院学位委员会、教育部宣布，设置"交叉学科"门类（门类代码为"14"），以及"集成电路科学与工程"一级学科（学科代码为"1401"）和"国家安全学"一级学科（学科代码为"1402"）。

2017 年 8 月，国防大学国家安全学院成立，以国防大学原国防安全学院、战略教研部、马克思主义教研部 3 个正军级单位为主调整组建，编制等级为副军级。国家安全学院是国防大学编制序列第一的学院，处在全军军事人才培养体系的顶端，对建设世界一流军队、建设世界一流综合性联合指挥大学具有重要支撑作用。

2021 年 4 月 14 日，总体国家安全观研究中心挂牌成立，秘书处设在中国现代国际关系研究院，成为中央授权成立的国内首家总体国家安全观研究的专门机构。2022 年 4 月 14 日，在第七个"全民国家安全教育日"来临之际，总体国家安全观研究中心在中国现代国际关系研究院举办"总体国家安全观系列丛书"（第二辑）和《国家安全研究》创刊号学术研讨会。其中，综合性学术双月刊《国家安全研究》，致力于打造成为研究宣介总体国家安全观的学术阵地，建设国家安全学一级学科的学术平台，加强和深化国家安全理论前沿和现实问题研究的学术窗口。

2021 年 10 月，国务院学位委员会下发《关于同意增列国家安全学一级学科学位授权点的通知》，北京大学、清华大学、北京师范大学、中国人民公安大学、国防大学、中国现代国际关系研究院、吉林大学、复旦大学、南京大学和西南政法大学 10 家单位获批国家安全学一级学科博士学位授权点，中共中央党校（国家行政学院）、外交学院、国际关系学院和陕西师范大学 4 家单位获批国家安全学一级学科硕士学位授权点，成为全国首批国家安全学建设单位。

一般来说，学科专业化的标志之一是美国政治学家塞缪尔·亨廷顿所讲的"内部团结"（corporateness），即一个职业的从业者感到他们是一个有机统一体，具有"我们"与"外行"的区别意识。但是，国家安全学有极强的跨学科属性。因此，国家安全之学术共同体倾向于游走在各个学科之间，而不是泾渭分明。

（一）"命运与共"而非"霸权稳定"

中国共产党的初心和使命，不仅是为中国人民谋幸福、为中华民族谋复兴，而且还包含为世界谋大同。中国共产党关注人类前途命运，同世界上一切进步力量携手前进，中国始终是世界和平的建设者、全球发展的贡献者、国际秩序的维护者。中国国家安全学强调，人民安全、国家安全同国际安全是相统一的，而不是对立冲突的。

西方国家安全学重点研究霸权利益以及权力，甚至不惜通过战争来获取权力。《君主论》是意大利政治家尼可罗·马基雅维利（Niccolò Machiavelli）创作的政治学著作，1532年首次出版，被西方评论界列为和《圣经》《资本论》等相提并论的影响人类历史的十部著作之一。该书的主要观点是，君主为了达到自己的事业或统治目的，不要怕留下恶名，应该大刀阔斧。可以使用暴力手段，不必要守信义，伦理道德可以抛弃不管，因为目的高于手段。因此，君主必须像狮子一样勇猛，像狐狸一样狡猾。

美国政治学家汉斯·摩根索是国际政治学界现实主义学派的大师，其作品《国家间政治——权力斗争与和平》所概括的现实主义六项原则，成为诸多西方领导人的政治信条，即政治是根植于人性的客观规律；以权力界定利益是国际政治的标志性特征；权力界定利益的概念具有普遍性、客观性；普遍的道德原则不适用于国际政治；不应把具体国家的道德扩展为普遍标准；权力政治具有独立性（政治行为必须用政治标准来衡量）。

中国国家安全学重点研究人心向背以及和平，强调"仁义是和平的前提"。"仁义是和平的前提"出自《孟子·告子章句下》，强调和平的前提是仁义，而不是利害关系。如果用利害关系去换得一时的和平，早晚也会失去和平；不仅失去和平，还会失去国家，失去天下。在《孟子·梁惠王下》中，齐宣王问曰："交邻国有道乎？"孟子对曰："有。惟仁者为能以大事小，惟智者为能以小事大。以大事小者，乐天者也；以小事大者，畏天者也。乐天者保天下，畏天者保其国。"在中国圣贤看来，大国对待小国，要施以仁义，而非霸道。

有专家认为，中美之间的博弈竞争，归根到底，还是王道和霸道之争。践行"王道"者，注重"修己"，强调"内省"，做到"近悦远来"，坚持"己所不欲勿施于人"，在处理彼此间关系时讲究"和而不同"、提倡"美美与共"；固守"霸道"者则不然，他们信守"丛林法则"，秉持"零和博弈"，"本国优先""穷兵黩武""赢者通吃"是"霸道"者的最典型特征。

从源头看，"普世价值"是西方国家的主流意识形态，是其国家安全学说的重要思想来源。"普世"一词源于西方基督教，既有"全世界范围"的意思，也有"全基督教"的含义，强调基督教已经成为普世性质的宗教，只有信仰上帝才能得救，为此作为"山巅之城"的西方国家拥有"天赋使命"，要以"拯救世界"为天职。与之形成鲜明对比，全人类共同价值坚持主权平等原则、坚持真正的多边主义，积极捍卫"命运与共"的共同体精神，反对以意识形态划界来分裂世界，以团结共建美好世界为己任。

"普世价值"是"西方中心论""霸权稳定论"的思想基础和哲学基础。北京大学历史系钱乘旦教授指出，文明从一开始就是多种多样的，并且文明并不由一种固定的价值指导。文明有两个载体，一是政治的载体即国家；二是精神的载体即意识形态。在公元 1500 年前后，人类进入一个新时代，它以西方崛起为标志，翻转了东方"先进"、西方"落后"的布局。从那个时候起，西方就成了世界的牵引机，"西方中心论"从那个时候开始成为主流，"普世"之说也由此而来。普世主义的真正含义是将西方等同于整个世界，甚至将美国等同于整个世界，由此一来，文明的多样性就不复存在。普世主义只承认单一性，不承认文明发展的多样性，"文明冲突"成为自我实现的预言。

"普世价值"重在维护西方霸权，代表的是国际垄断资本的利益，目标是将全世界纳入资本主义的发展轨道。"普世价值"具有极强的迷惑性和欺骗性，从字面上强调"一视同仁""人人平等"，实则强调价值优越，服务于"西方优先"以及"西方例外"。法国学者托克维尔在其《论美国的民主》一书中首次提出"美国例外论"。此后，美国政治学家和社会学家李普塞特在《美国例外主义：一柄双刃剑》中对构成"美国例外主义"的价值观、社会制度等作了深入的分析，将自由、平等、个人主义以及自由放任的市场经济定义为"美国信条"，同时揭露出美国社会不平等、犯罪率高等各种问题，将"美国例外主义"形容为善恶一体的"双刃剑"。

"普世价值"是西方国家道德优越感的自然流露，成为西方国家规范、限制其他国家的枷锁，西方国家内部以文明的方式对待彼此，外部却以整体怀疑以及敌视的态度发动帝国战争。

"美式民主"更像是极端宗教，如果不认同美国价值或道路选择、同美国不一致，就被贴上"不民主"的标签，美国等西方国家就会打着"捍卫民主"的旗号发动战争以改造这些国家。西方国家标榜"人权高于主权"，实质却引发了更为严重的人权问题，将不少国家打乱了、将发展打没了、将人心打散了，导致政治极化、民族分裂、信任稀缺。2022年3月17日，塞尔维亚球迷在看台上打出六条巨大横幅，按年份细数美国、北约入侵的20多个国家，有一条横幅则写着："我们想说的是，给和平一个机会！"

国际社会越来越厌倦、反感美国的霸权主义和颐指气使。作为大国，中国不仅要有"解构能力"，要让国际社会知道中国不喜欢什么、反对什么，中国反对霸权主义和强权政治，反对干涉别国内政、输出意识形态、长臂管辖等"强权即真理"的逻辑，更要有"建构能力"，要让国际社会知道中国喜欢什么、推崇什么。为此，2015年9月28日，习近平主席出席第70届联合国大会一般性辩论并发表重要讲话，郑重提出全人类的共同价值。其中，和平与发展是人类的共同事业，公平与正义是人类的共同理想，民主与自由是人类的共同追求。

全人类共同价值是人类命运共同体的思想基础和哲学基础。

全人类共同价值的 12 个字，即和平、发展、公平、正义、民主、自由，同"自由、平等、博爱"或"自由、民主、人权"等西方价值观在文字表述上相差不多，但是内涵以及实现路径差异极大。民主对西方国家而言特指"宪政民主"，而中国强调"全过程人民民主"。在实现路径上，中国不"输入"外国模式，也不"输出"中国模式，不会要求别国"复制"中国的做法，强调发展是解决一切问题的基础和关键。贫瘠的土地上长不成和平的大树，连天的烽火中结不出发展的硕果。放眼世界，可持续发展是各方的最大利益契合点和最佳合作切入点，是破解全球性问题的"金钥匙"。

全人类共同价值强调共商共建共享，而非"独断专行"；强调构建相互欣赏、相互理解、相互尊重的文明互鉴格局，而非"文明冲突"；强调硬联通、软联通、心联通相统一的全球互联互通，而非"脱钩筑墙"；强调"众行远"的平等伙伴关系建设，而非热衷于搞排他性"小圈子""小集团"、分裂世界的军事盟友体系或"意识形态十字军"。

无论是人类命运共同体，还是全人类共同价值，均深刻彰显中国的国家安全学说致力于从人类文明的角度解决各类安全问题，底色是"亲仁善邻""天下一家"等中华优秀传统文化，本色是马克思主义"自由人的联合体"。

表 4　中国同美西方国家安全研究的具体差异

	中国	美西方国家
研究起点	人心向背 / 和平	霸权利益 / 权力
奋斗目标	人类命运共同体	霸权稳定
思想基础	全人类共同价值	普世价值
实现方式	发展、结伴	战争、结盟
底色	优秀传统文化、马克思主义	宗教 / 资本

（二）"统筹之道"而非"二元对立"

中国特色国家安全学，最重要的两个词汇，一个是统筹，一个是塑造。国家安全学不是要在安全与发展两者之间二选其一，而是要统筹发展与安全。这是总体国家安全观的精神实质以及魅力所在。具体来说，要做到五大统筹，即统筹发展和安全，统筹开放和安全，统筹传统安全和非传统安全，统筹自身安全和共同安全，统筹维护国家安全和塑造国家安全。

统筹发展和安全。安全是发展的前提，发展是安全的保障，统筹发展和安全需要高超的本领和能力。一个不恰当的比喻是，国家安全学如同司机开车，发展是踩油门，安全是踩刹车，两者缺一不可，但有的时候，安全也需要踩油门，油离配合得快速与准确很重要。发展是中国共产党执政兴国的第一要务，是解决中国一切问题的关键。在党的二十大报告中，"发展"一词出现高达 239 次。没有经济社会发展，就不可能实现国家长治久安、社会安定有序、人民安居乐业。国家安全是国家生存发展的基本前提，是安邦定国的重要基石。没有国家安全，就不可能实现经济社会可持续发展，已经取得的成果也会失去。事实证明，发展和安全相辅相成、不可偏废。纵览世界大国兴衰历史，大国兴起时，往往能够较好地统筹发展和安全，而衰落则与没有统筹好发展和安全密切相关。没有发展作为支撑的安全，必然难以长久；没有安全作为保障的发展，必然不可持续。发展和安全合则兴、离则弱、悖则亡，这是历史留给我们的深刻启示。

统筹开放和安全。习近平总书记指出，"越是开放越要重视安全，统筹好发展和安全两件大事，增强自身竞争能力、开放监管能力、风险防控能力。"构建以国内大循环为主体、国内国际双循环相互促进的新发展格局，需要处理好自立自强与开放合作的关系，没有高水平的开放就很难有高质量的发展。中国的改革开放实践充分证明，开放可以带动创新，开放可以倒逼改革，逐渐推动中国由商品要素流动型开放向制度型开放转变。开放就是站在世界地图面前规划中国的发展，从而充分调动国际资源以补国家安全的短板。"长江黄河不会倒流"，中国改革开放 45 年始终在开放中壮大，只要是有利于扩大高水平开放的事，都要积极去做，而且要坚定地维护多边贸易体制。中国改革开放 45 年，发展了自己也壮大了别人，这是个机遇的大门，中国绝不会也不能让它关上。

统筹传统安全和非传统安全。当前，我国国家安全的内涵和外延比历史上任何时候都要丰富，时空领域比历史上任何时候都要宽广，内外因素比历史上任何时候都要复杂。总体看，政治、军事、国土安全仍然是国家安全的重中之重，任何时候都必须抓住不放。同时，在中国这样一个快速发展的国家，我们面临的非传统安全威胁越来越多，需要统筹兼顾、综合施策。突如其来的新冠肺炎疫情，是对我国应对非传统安全威胁能力的一次考验。当前和今后一个时期是我国各类矛盾和风险易发期，各种可以预见和难以预见的风险因素明显增多。金融、科技、网络、数据、粮食、能源、生态、生物、海外利益等安全随时可能出现新问题、新挑战，为此要深入掌握各类危害国家安全的新趋向、新特征，积极推进非传统安全领域国家安全立法，加强风险预警、防控机制和能力建设，全面应对各领域安全风险和挑战。

统筹自身安全和共同安全。中国高举合作、创新、法治、共赢旗帜，推动树立共同、综合、合作、可持续的全球安全观，加强国际安全合作，完善全球安全治理体系，共同构建普遍安全的人类命运共同体。共同，就是要尊重和保障每一个国家安全。安全应该是普遍的，不能一个国家安全而其他国家不安全，一部分国家安全而另一部分国家不安全，更不能牺牲别国安全谋求自身所谓绝对安全。

统筹维护国家安全和塑造国家安全。维护国家安全是一个持续的过程，塑造是更高层次、更具有前瞻性的维护。需要强调的是，提升塑造力离不开话语权，不仅要有国家安全的学科建设，更要能够产出影响世界的学术成果，打造学术高原上的学术高峰。要加强对世界安全热点问题的调研力度，客观地说，中国学者很少到冲突地区，所讲的安全不够"接地气"，要鼓励中国学者离开办公室、离开舒适区，深入"前线""火线"，对安全问题有体验、有感受，才能增强思想的洞察力以及学术话语的"锐度"。要加强对国家安全相关重点领域的跟踪力度，不能今天研究这个、明天研究那个，要持续发力从而挺进"无人区"。总之，提升塑造力不仅要有危机应对能力，更要有战略预判能力，要孵化出一流的国家安全学术期刊、一流的国家安全研究团队，要真正夯实国家安全中国学派的理论自信、学术自信。

（三）"斗争本领"而非"委曲求全"

中华民族历史上经历过很多磨难，但从来没有被压垮过，而是愈挫愈勇，不断在磨难中成长、从磨难中奋起。今天，面对来自外部的各种围堵、打压、捣乱、颠覆活动，必须发扬不信邪、不怕鬼的精神，同企图颠覆中国共产党领导和我国社会主义制度、企图迟滞甚至阻断中华民族伟大复兴进程的一切势力斗争到底，一味退让只能换来得寸进尺的霸凌，委曲求全只能招致更为屈辱的境况。

"共产党人讲党性、讲原则，就要讲斗争。"在2021年秋季学期中央党校（国家行政学院）中青年干部培训班开班式上，习近平总书记明确要求年轻干部坚持原则、敢于斗争，指出"在原则问题上决不能含糊、决不能退让，否则就是对党和人民不负责任，甚至是犯罪"，强调"共产党人任何时候都要有不信邪、不怕鬼、不当软骨头的风骨、气节、胆魄"。

习近平总书记强调,"当前,世界百年未有之大变局加速演进,中华民族伟大复兴进入关键时期,我们面临的风险挑战明显增多,总想过太平日子、不想斗争是不切实际的。"要深刻认识到,中华民族伟大复兴,绝不是轻轻松松、敲锣打鼓就能实现的,实现伟大梦想必须进行伟大斗争。在前进道路上,我们面临的风险考验只会越来越复杂,甚至会遇到难以想象的惊涛骇浪。我们面临的各种斗争不是短期的而是长期的,至少要伴随我们实现第二个百年奋斗目标全过程。要充分认识这场伟大斗争的长期性、复杂性、艰巨性,坚定斗争意志,发扬斗争精神,提高斗争本领,骨头要硬,敢于出击,敢战能胜。

要有斗争精神,更要有斗争本领。国家安全学需要重点研究如何用好国家安全政策工具箱。美国国家安全政策的工具箱有很多霸权利器,对此要知己知彼,百战不殆。

表5 美国国家安全政策的工具箱

领域	具体工具
军事	北约、军事基地、航母战斗群、核武器
经济	创新、跨国公司、贸易战、长臂管辖
外交	价值观外交、盟友体系、国际组织
金融	美元、SWIFT、CHIPS
政治	安理会常任理事国、三权分立、非政府组织
文化、意识形态	普世价值、宗教、颜色革命

表6 中国国家安全政策的工具箱

领域	具体工具
军事	现代化的人民军队、联合国维和、核武器
经济	庞大的市场、人口最多的中等收入群体、"一带一路"

续表

领域	具体工具
外交	独立自主、全球伙伴关系
金融	人民币国际化、CIPS
政治	安理会常任理事国、党的领导与全过程人民民主、基层治理
文化、意识形态	中华文化、中国精神、马克思主义

　　未来，要进一步加强中国特色国家安全理论研究。在国家安全学领域，目前实践对理论的影响很可能高于理论对实践的影响。某种程度而言，安全政策丰富了学术研究，而学术研究却没有为安全政策作出相匹配的积极贡献。因此，需要真正加强国家安全学的跨学科研究，构建国家安全学术共同体。没有专业知识的储备就很难有学科理论的升华。

　　总体来看，无论是欧洲学派还是美国学派，始终都彰显了"西方中心主义"倾向。西方学者即使在主观上努力做到价值中立和判断公正，但其研究的立足点，仍是对欧洲经验或是美国经验的理论化总结。这就迫切需要中国学者的学术贡献，与其总是站在角落里批判他人的西方中心立场，不如拿出有分量的研究成果，夯实中国经验的学术建树，实现学术中心、话语中心的置换。

第二章

国家安全战略体系构建

　　国家安全是安邦定国的重要基石，各国都在努力构建各具特色的国家安全战略体系，如颁布国家安全法、成立国家安全委员会、发布《国家安全战略》报告等。其中，国家安全委员会是相关国家进行国家安全决策和国家安全治理的制度平台，是国家安全战略体系中最核心的机构，展现了国家安全不再局限于传统的国防事务、情报工作，而是要应对更加复杂的综合威胁。《国家安全战略》报告是相关国家在国家安全领域最高层次的战略性文件，往往可以据此判断该国在安全领域的战略认知与行为取向，可以全面洞悉一国之核心国家利益界定、安全风险评估、安全能力建设等重点内容。

　　从大国实践来看，构建国家安全战略体系基本是为了应对来自国际层面的冲突与挑战，例如1947年成立的美国国家安全委员会主要是应对当时苏联的军事威胁，之后该委员会的功能不断拓展，被看作是"世界上最有权力的委员会"以及"操纵世界的手"。

一、国际冲突的宏观层次分析

　　战争与和平、冲突与合作始终是国家安全以及国际关系学者最为关注的核心议题。联合国文件《一个更安全的世界：我们的共同责任》认为，"任何事件或进程，倘若造成大规模死亡或缩短生命机会，损坏国家这个国际体系中基本单位的存在，那就是对国际安全的威胁。"根据这一定义，联合国将各种威胁归纳成六组：经济和社会威胁，包括贫穷、传染病及环境退化；国家间冲突；国内冲突，包括内战、种族灭绝和其他大规模暴行；核武器、放射性武器、化学和生物武器；恐怖主义；跨国有组织犯罪。上述威胁不仅来自国家，也来自非国家行为体，威胁的不仅是国家安全，也威胁到人类安全。要根除上述威胁，必须首先要了解国际安全威胁或国际冲突产生的根源。

国际冲突产生的原因十分复杂。从宏观层面来看，国际体系的无政府状态、资源的稀缺性、信任的稀缺性等因素是导致国际冲突的主要原因。从中观层面来看，地缘因素、国家性质、文明或宗教因素、民族主义等因素往往是引发冲突的导火索。从微观层面来看，冲突和战争与人的本性、决策者个性等密切相关，人的私念和权欲使冲突与战争同人类历史如影随形。本文主要从宏观层次分析导致国际冲突的要素和原因。

导致国际冲突的宏观因素是冲突产生的国际系统因素，是指在结构方面影响、制约国家行为的要素。这些要素是影响国际关系行为体态度取向和行为倾向的社会环境，客观因素包括国际体系的无政府状态、资源稀缺性，主观因素包括国家行为体之间的信任稀缺。

（一）无政府状态与国际冲突

无政府状态（anarchy）是国际体系的主要特征，指没有凌驾于民族国家之上的超国家权威或世界政府，国家主要依靠自己的力量维持生存和发展。由于没有强制力的超国家力量维持国际秩序，国家的安全常常受到威胁，迫使国家时时为生存而斗争。在这种情况下，马基雅维利的国家安全至上说不仅是合理的，而且是政治家必须首先予以考虑的、关系到国家生死存亡的头等大事。[①] 现实主义认为，国际关系的根本特征是无政府状态，国家之间关系的根本性质是冲突，合作是有限的、脆弱的、难以持续的。肯尼斯·沃尔兹（Kenneth Waltz）指出，国

---

① 秦亚青：《西方国际关系学的现实主义与新现实主义理论》，载《外交学院学报》1996年第2期，第40页。

际关系与国内关系的根本区别在于系统中各个单位之间的关系不同。国内社会这一系统中各个单位之间存在着不等同关系，依其社会功能不同而有高低之分，国内社会中的权力集中在社会最高权威手中，所以，各个单位之间的冲突可以在上一级权威处得到解决，必要时可以通过强制方式解决。国际社会系统中各个单位——民族国家——之间是等同关系，每个单位的功能是相似的，而国际社会又缺少集中的权力，它既无世界政府，又无国际警察，国际组织是空中楼阁，或是大国工具，所以，各个单位之间的冲突只能自行解决。这就决定了国际系统只能是自助性系统，也就是说，组成系统的单位——国家——只能依靠自我保护以求生存。[1] 自助系统要求系统中的每一个成员要在危机四伏的无政府状态下保护自己的生存，解决冲突的关键因素是依靠实力，根本机制是大国间的实力分配。

与现实主义强调权力结构，特别是强调物质性权力结构对国际体系稳定与国家安全维护的决定性作用不同，自由主义则将国际制度等非物质性权力用以解释国家之间的冲突与合作行为。新自由主义理论认为，虽然国际冲突是国际体系无政府状态的产物，但冲突是可以抑制的，国际关系行为体可以通过国际制度达成合作。国际制度是"连贯一致并相互关联的（正式或非正式的）成套规则，这些规则规定行为角色，限定行为活动，并影响期望的形成"。[2] 从理论上讲，新自由主义学者强调，世界的相互依存程度不断增加，各国交往的频率也就不断增加，合作和冲突的可能性都会随之增加。如果在同样既有利益冲突又有利益趋同的情况下，国家拒绝政策协调，结果就是国家之

---

① Kenneth N. Waltz, *Theory of International Politics*, Readings, Mass: Addison-Wesley, 1979, pp.79–128.

② Robert O. Keohane, *International Institutions and State Power*, Boulder: Westview, 1989, p.3.

间的争端。①

以亚历山大·温特为代表的建构主义理论认为，无政府状态是国家造就的，无政府状态是观念的体现，不是不可更变的客观事实，主体间的互动活动形成共有观念，共有观念造就了文化结构，文化结构决定行为体的身份、利益和行为。文化结构有着多种形式，国家不仅可以造就一种从根本上趋于冲突的国际政治文化，也可以造就从根本上趋于合作的国际政治文化。温特提出了三种差异性的国际体系结构：霍布斯文化、洛克文化和康德文化。这三种政治文化或安全文化导致国家截然不同的外交与安全政策取向。

（二）资源稀缺与国际冲突

危机、冲突或战争，都是对有价值东西的争夺，是对稀缺的资源、地位和权力的争夺。这些东西在各国之间的分配具有冲突性和排他性。一块土地、一处油田、一个国际体系中有特定影响的或有支配性作用的地位，一个国家占有了，其他国家就不能染指。因此，有学者认为，对资源等稀缺利益的争夺导致国际冲突。资源是人力资源、自然资源和人工资源的统称。作为一种数量有限而又分布不均的物质财富，资源对经济、军事和社会发展有着十分重要的作用，直接关系到国家的安全与发展。②

从古至今，人类历史上大大小小的战争，大部分都与争夺土地、黄金、钻石、河流、石油等资源密切相关。其中，争夺土地和水资源的战争从远古时代持续到了今天。航海时代与地理大发现的主要动力依然是获取资源。对此，恩格斯作过十分

---

① Robert O. Keohane, *After Hegemony: Cooperation and Discord in the World Economy*, Princeton: Princeton University Press, 1986, pp.51–52.

② 郑艳平：《资源、战争与资源战争》，载《太平洋学报》2005年第4期，第65页。

精辟的论述:"葡萄牙人在非洲海岸、印度和整个远东寻找的是黄金;黄金一词是驱使西班牙人横渡大西洋到美洲去的咒语;黄金是白人刚踏上一个新发现的海岸时所要的第一件东西。"[1] 今天,在很多学者看来,美国发动伊拉克战争的主要目的也是为了争夺石油等有限资源的控制权。

在国际关系中,正是由于资源的稀缺性才导致了国家之间的冲突和各种各样的国际问题:各个国家的资源总量是一定的,随着人口增加、气候变化、自然灾害等影响,资源的稀缺度越来越高。当资源的稀缺度高到进行侵略他国或占有全球公共资源有利可图时,某些国家就可能采取行动,变更国际体系。因此,"国际政治多是资源政治的倒影","资源的绝对有限性与发展的绝对无限性的矛盾,决定了现实世界只能是一个各国不断博弈的世界"。[2] 此外,世界资源的稀缺性不仅表现在资源总量难以满足人类日益增加的各类需求,还表现在资源在时间和空间意义上的分布不均,即所谓资源的不平衡性。"这种不平衡的发展,并不是完全由于某些国家比另一些国家拥有更伟大的天才和更多的精力。在很大的程度上,这是地球表面资源和战略机会分布不均的结果。换句话说,自然界中根本没有各国机会均等这回事。"[3] 例如,原油的分布从总体上来看极端不平衡:从东西半球来看,约 3/4 的石油资源集中于东半球,西半球占 1/4;从南北半球看,石油资源主要集中于北半球;从纬度分布看,主要集中在北纬 20°—40° 和 50°—70° 两个纬度带内。波斯湾及墨西哥湾两大油区和北非油田均处于北纬 20°—40° 内,该带集中了 51.3% 的世界石油储量;50°—70° 纬度带内有著名的

① [德]恩格斯:《论封建制度的瓦解和民族国家的产生》,《马克思恩格斯全集(第21卷)》,人民出版社,1975年版,第450页。
② 张文木:《全球视野中的中国国家安全战略》,山东人民出版社,2008年版,第2—3页。
③ [英]麦金德:《民主的理想与现实》,武原译,商务印书馆,1965年版,第14页。

北海油田、俄罗斯伏尔加及西伯利亚油田和阿拉斯加湾油区。

《资源战争》的作者迈克尔·克拉雷（Michael T. Klare）认为，在21世纪的头几十年中，战争将不是围绕着意识形态，而是围绕着资源进行，各国将为争夺对日渐减少的重要资源的控制权而战斗。一个显著的例子是"北极冷战"。北极曾长期宁静地徜徉在人们的视野之外，但由于气候变化原因，北极圈内永久冻土开始解冻，冰盖下的资源就会曝光，这会给人类带来富饶的矿产资源、渔业资源和战略通道资源。北极地区资源储量丰富，原油储量大概为2500亿桶，相当于目前被确认的世界原油储量的25%。同时，北极地区天然气的储量估计为80万亿立方米，相当于全世界天然气储量的45%。2007年8月2日，俄罗斯科考队员在北极点下的北冰洋洋底插上了一面用钛合金制造的俄罗斯国旗。8月6日，美国"希利"号重型破冰船拔锚启航，从位于美国西北部的西雅图港驶往北极海域。8月8日，加拿大总理哈珀前往北极地区并发表声明，加拿大将在北极地区建立两个军事基地。此外，丹麦和挪威等国家也相继宣称对邻近的北极地区拥有主权。这些北冰洋周边国家是在环境保护领域有很高国际声誉的"绿色国家"，它们很清楚在北极地区频繁的人类活动将损害本已十分脆弱的生态环境，但现实情况是这些国家对北极的争斗会愈演愈烈，因为它们实在难以抵挡资源的诱惑。

"资源的诅咒"是由资源问题引发冲突的另一种表现形式。资源诅咒现象的第一层含义指，丰富的自然资源长期对经济发展有着极强的抑制作用。这使得资源丰裕的国家或地区的经济增长速度要慢于资源贫乏的国家或地区，即丰富的自然资源反而会拖累国民经济。[①]徐康宁等学者以97个发展中国家为样本，

---

① 刘贞、程勇军、杨武、任丽芸：《从演化制度经济学角度分析资源诅咒现象》，载《能源研究与利用》2009年第1期，第7页。

研究了在 1970—1989 年期间这些国家年均增长率与自然资源出口之间的关系。结果表明，资源禀赋与经济增长之间具有明显的负相关性，那些严重依赖资源发展的国家均已成为经济发展方面的失败者。[①] 经济发展的失败必然引发国家内部的各种政治或社会问题，甚至会爆发不同利益集团之间的冲突，导致民众对政府的信任度下降，极端情况下国家会通过对外战争以转移国内矛盾。另一方面，丰富的资源让可怕的浪费成为一种习惯，同时资源的过度开采往往伴随着环境的进一步破坏。干涸的河流、污浊的道路、大面积的采空区往往成为能源走廊或资源富足地区的"副产品"。特别是，环境恶化进一步导致饮用水等基本生存资源的缺乏，随即又引发相关资源的争夺战，这一恶性循环在世界的很多国家和地区不断反复上演。

资源诅咒现象的第二层含义是指，资源富足的国家并不必然意味着安定祥和，在很多情况下反而成为大国角逐和利益博弈的角斗场，"分而治之""破碎"等场景多次在这类地区上演，因为这些国家所拥有的富足资源正是其他资源稀缺国家所觊觎的目标。中东、非洲等地区连绵不绝的战火很大原因就来自所谓的"资源的诅咒"。中东海湾地区地处欧、亚、非三洲的枢纽位置，原油资源非常丰富，被誉为"世界油库"。在世界原油储量排名的前十位中，中东国家占了五位，依次是沙特阿拉伯、伊朗、伊拉克、科威特和阿联酋。非洲是近几年原油储量和石油产量增长最快的地区，被誉为"第二个海湾地区"，主要分布于西非几内亚湾地区和北非地区。利比亚、尼日利亚、阿尔及利亚、安哥拉和苏丹排名非洲原油储量前五位。然而，到目前为止，对中东和非洲国家而言，充裕的石油资源带给它们更多的不是和平与稳定而是冲突与战争。上述十个国家中，至少有

[①] 徐康宁、王剑:《自然资源丰裕程度与经济发展水平关系的研究》，载《经济研究》2006 年第 1 期，第 78—79 页。

七个国家曾经或正在因石油问题而陷入战争，几乎十个国家全部都成为区域外力量争夺的焦点。

进入 21 世纪，资源稀缺的内涵发生了新的变化，因为全球气候变暖、公共卫生危机等问题导致淡水、粮食、能源等稀缺资源状况进一步恶化。

（三）信任稀缺与国际冲突

信任是"社会中最重要的综合力量之一"，"没有人们相互间享有的普遍的信任，社会本身将瓦解"。[①] 关于信任的研究已经超越范式之间的"不可通约性"，成为心理学、社会学、经济学、行为学、伦理学、政治学、安全学等不同学科的研究对象，并逐渐跨越了各自学科的边界，正在形成一种多学科视野的互动研究趋势。目前，对信任还没有一个共同认可的定义，但就信任的内涵已达成了大体一致的意见，认为信任应包含 5 个方面的内容：1. 信任是正向的价值判断，"信任是合作的前提条件，也是成功合作的产物。"[②] 2. 信任有两个基本的组成要素：信心和承诺。3. 信任隐含着对潜在利益的关注，也涉及对对方行为、动机的预测。4. 信任与不确定性、风险性等概念紧密相关。[③] 5. 信任强度是能够变化的。在国际舞台上，信任的"出席"与"缺场"，都决定着交往的质量。信任关系的强度决定着合作的深度，即"弱信任支持弱合作，强信任造就强合作"。就像一些学者所说的那样，"信任是合作的润滑剂"。[④] 同时，信任

---

① [德]齐美尔：《货币哲学》，陈戎女等译，华夏出版社，2002 年版，第 179 页。

② 岳晋、田海平：《信任研究的学术理路——对信任研究的若干路径的考查》，载《南京社会科学》2004 年第 6 期，第 19 页。

③ 向长江、陈平：《信任问题研究文献综述》，载《广州大学学报（社会科学版）》2003 年第 5 期，第 39 页。

④ P. Dasgupta, "Trust as a Commodity", in D. Gambetta, ed., *Trust Making and Breaking Cooperative Relations*, Oxford: Basil Blackwell, 1988, p.49.

稀缺是国际冲突的重要诱因。

　　信任是最重要、最稀缺的社会资源。从更高的层次上讲，国家之间的战略合作始于战略互信的确立。"战略互信"主要是指国家之间为了减少战略误断，降低双方在重大利益上的冲突风险，而在双边关系关键领域采取的共同持久努力以及由此形成的关于对方的积极预期。就内涵而言，战略互信是一种关于彼此战略利益的计算，是一种相互强化的心理态度，是一种长期的制度安排。[①] 就作用而言，战略互信的建立是化解结构性矛盾的必要前提，也是防止危机发生的最有效防波堤。[②] 从本质上讲，战略互信是一种"非零和博弈"，是一种高层次的国际合作模式。然而，在实际操作中，大多数战略互信刚开始的时候都是雄心壮志，但是合作过程中总是成功者不多。究其原因，猜疑使信任难以为继。在"丛林法则"影响下，大家普遍认为，"怀疑值得信任的人固然不好，但信任值得怀疑的人则更糟。"但也正因为如此，建立战略互信的意义更显重大，尤其是对国家安全而言。

　　在国际关系中，建立信任关系的基本要素主要包括四方面内容：

　　首先，共同利益是相互信任的基础，也是相互信任的产品。博弈经济学家认为，信任是个体的理性计算，也是个体获得利益最大化的最优途径。因此，依据"经济人"假定，国家做任何事情都是为了增进自己的福祉。那么，国家在决定是否给予别国信任时会权衡两点：双方的利益基础，自身获益的概率。

　　其次，信任不仅与理性计算有关，也与国民心理、民族性格等文化因素有关。正如波兰著名社会学家什托姆普卡（Piotr

---

① 刘庆：《"战略互信"概念辨析》，载《国际论坛》2008 年第 1 期，第 42—43 页。

② 袁鹏：《战略互信与战略稳定——当前中美关系面临的主要任务》，载《现代国际关系》2008 年第 1 期，第 35 页。

Sztompka）所指出的，对信任的"文化层次的探讨在以前的信任研究和信任理论中相对来说被忽视了。正是文化规则在共同决定某个社会在某一确定的历史时刻的信任或不信任程度时，可能扮演一个强有力的角色"。[①]的确，历史与现实的经验也都证明了这样一个事实，即有些社会萌发了强有力的信任文化，而有些社会却始终被不信任文化所笼罩。[②]

　　信任是民族文化基因的组成部分，会像基因一样世代相传。福山（Francis Fukuyama）认为信任来自"遗传的伦理习惯"，是本社会共享的道德规范的产物。因此，信任文化是历史的产物，也是集体记忆的产物。国家彼此都拥有较强的信任文化是国家之间建立并维持信任关系的有益因素。

　　再次，相对易损性是影响信任关系的重要变量。影响信任的重要变量还在于，甲对乙失信所可能带来的损失有多大的承受能力，也就是甲的相对易损性（Relative Vulnerability）。相对易损性＝潜在损失的绝对值/潜在受损者所拥有的总资源。[③]一个国家如果占有大量资源，可以使其具有一种更加开放、更加乐观、更加豁达的国家品格，而这种国家品格可以增强其对别国的信任度。反过来说，缺乏资源可能使其对他者充满戒备。这是因为对他们来说，他者失信的潜在损失可能是灾难性的。因此，"灾难线"（Disaster Threshold）的高低与具体国家所拥有的资源多寡有关。一般而言，国家掌握的资源越少，其"灾难线"越低，相对易损性越高，越不愿意冒险信任他者。反之，国家掌握的资源越多，其"灾难线"越高，相对易损性越低，

---

① ［波兰］彼得·什托姆普卡：《信任——一种社会学理论》，程胜利译，中华书局，2005 年版，第 134 页。

② ［波兰］皮奥特·斯托姆卡：《信任、不信任与民主制的悖论》，载《经济社会体制比较》2007 年第 5 期，第 72 页。

③ 王绍光、刘欣：《信任的基础：一种理性的解释》，载《社会学研究》2002 年第 3 期，第 31 页。

认为信任他者不算冒险。此外，一个国家的信任度与这个国家的经济发展程度是高度相关的。也就是说，信任度与经济发展水平有很大关系，收入越高的地方信任度越高。[①] 因此，全球或地区大国普遍具有较强的承受能力与较低的相对易损性，而这有利于"投资"信任。

最后，认识发生论是建立信任的历史基础。根据认识发生论，人们（国家）的信任度都是从自身以往的经验里学习来的。信任的认识发生理论特别强调幼年心理发育阶段的经验。如果幼年生长在恶劣的社区环境里，目睹暴力和犯罪，见惯了弱肉强食，信任他人是十分危险的。相反，成长于和谐美满的氛围，沉浸在关爱与被关爱的幸福状态，信任感便很容易产生。在这个意义上，高信任感是幸福体验的副产品。就双边关系而言，国家之间的交往经验会极大程度地影响国家的信任偏好、信任倾向，也就是说不同的国家有不同的"信任存量"。信任存量一般源于个体在早期社会化过程中所受的环境影响，同时它也与个体后天的成长经历息息相关。作为一种心理因素，信任倾向无疑会影响个体对他者可信度的估测。在某些极端的情况下，信任倾向的影响力甚至会超过理性预期。

如果把新中国比作个人，则此人的幼年极其坎坷。新中国诞生及成长的环境使中国往往对外部世界充满疑虑，尤其对政权安全、领土完整等议题高度敏感，这是客观事实。自 1949 年新中国成立至今，中国曾多次经历过大的战争，如 1950—1953 年抗美援朝战争、1962 年中印边境反击战、1965—1973 年抗美援越战争、1969 年中苏珍宝岛之战、1974 年中越（南越）西沙之战、1979 年中越边境自卫反击战等等。在这些战争中，中国的对手分别是超级大国美国、社会主义老大哥苏联、南亚霸主

---

① 张维迎、柯荣住：《信任及其解释：来自中国的跨省调查分析》，载《经济研究》2002 年第 10 期，第 42—43 页。

印度、中南半岛强国越南。其中，中美交战最早、持续时间最长、伤亡人数最多。因此，美国基本上给新中国留下了完全负面的印象，也使中国感到危机四伏，同时促成了新中国长期对外界的低信任感。所以，"解铃还需系铃人"，美国应在中美战略互信建设中作出更多有利于缓解中国紧张情绪的贡献。

建立信任的基本路径主要包括两点：第一，通过明确的战略目标实现互信的可持续性。一般来说，合作伙伴在交往过程中只追求各自视野中的利益，只履行那些对自己有益的义务，结果由于目标的分歧而使得互信建设"流产"。所以建立互信，首先要明确目标。一般来说，国际关系行为体互信建设应包含三个依次递进的目标定位：维护和平、全面合作、构建共同体。和平是最低层次的战略目标，这并不意味着没有冲突、摩擦，而是要尽量避免因战略误判而导致的战争。合作是中级层面的战略目标，要求双方在不断接触中相互了解、彼此尊重，实现共同发展。构建共同体是最高层面的战略目标，要求双方拥有一定的情感认同、集体身份。第二，通过高度的互信文化增强双方的亲密性。信任文化具有循环效应：信任促进信任。当信任和实现信任的惯例变成信任者和被信任者双方都遵守的标准与规则时，它产生了相互信任的文化。的确，在国家安全领域，在一次性交往中，利益给予的运作方法较为有效，而在长期合作中，加深情感的运作方法更为根本。

在建立信任的过程中，要注重自我约束：信任是一种对称性的关系，也是一种拒绝任何控制和支配行为的关系。因此，自我约束要求一方在与他者的交往中不追求不合理的利益，也不应试图改变对方。要注重换位思考：换位思考的最大好处是使双方彼此熟悉，不仅认识了对方，更认清了自己。正如吉登斯所言，熟悉是信任的根本。[①] 此外，换位思考离不开履行承

---

① 廖小平：《论信任的几个问题》，载《哲学动态》2007 年第 12 期，第 43 页。

诺，履行承诺是对别人信任的回报。

在移动互联网时代，社交媒体和民间社会的言论，打破了官方机构的信息垄断。这既是一个积极的发展，因为透明度能够增加信任，但这可能也是一个危险的发展，当谣言通过社交网络传播时，它的危害是不容小觑的，谣言满天飞必然会加重人们之间以及国家之间的疑虑，即不知道该信任谁，不知道什么是真实的。

二、剖析美国国家安全战略体系

美国是世界上第一个成立国家安全委员会的国家，是国家安全战略体系高度成熟的国家。具体来说，美国的国家安全战略体系可以概括为"2+3+N"，即两大支柱、三大战略文件以及一系列支撑或补充性的战略文件。两大支柱是《国家安全法》加国家安全委员会，三大战略文件依次为:《国家安全战略》（NSS）、《国防战略》（NDS）以及《国家军事战略》（NMS）。

三大战略文件是分层次的，自上而下分别是《国家安全战略》、《国防战略》以及《国家军事战略》。这些战略文件相互关联，上层战略指导下层战略的制定，下层战略是对上层战略的进一步细化和落实。

1947年2月26日，美国杜鲁门总统正式向国会提交《国家安全法》建议案，要求重组国家安全体系，加强具体部门的沟通协调，设置国防部部长一职，成立国家安全委员会、中央情报局等重要部门。1947年7月，《美国国家安全法》（National Security Act of 1947）正式诞生，这是世界上第一部专门就国家安全问题制定的法律。法案授权国家安全委员会作为美国总统在国家安全领域的跨部门咨询协调机构，成员包括总统、副总统、国务卿、财政部部长、国防部部长、能源部部长。此外，国家安全委员会的非固定成员包括司法部部长、国土安全部部长、美国常驻联合国代表、白宫办公厅主任、总统国家安全事务助理（国家安全事务顾问）、总统科技助理兼白宫科技政策办公室主任和美国国际开发署署长。国家情报总监、参谋长联席会议主席以及中央情报局局长以顾问身份出席国家安全委员会会议。

美国国家安全委员会是美国政府对安全、外交、国防等重大战略问题进行讨论和决策的核心机构，这一委员会的外向型明显，是美国从自身安全利益出发"管控"全球事务、塑造全球安全态势的指挥部。小布什时期，美国还成立了国土安全委员会，以加强美国的国内安全工作。2009 年，奥巴马上台后将国土安全委员会并入国家安全委员会。

为弥补总统在安全事务上的知识短板，美国于 1953 年设立总统国家安全事务助理（或称为国家安全事务顾问）一职，开始只是担任国家安全委员会的行政秘书角色，之后这一职务的专业化得到加强，成为美国总统在国家安全事务方面的首席顾问。拥有专业知识的总统国家安全事务助理很大程度上弥补了总统在国际事务及外交政策方面知识的不足，成为总统外交决策的主要助手。历史上，亨利·基辛格、布伦特·斯考克罗夫特、兹比格涅夫·布热津斯基等先后担任这一职务，现任美国总统国家安全事务助理是杰克·沙利文。

三大战略文件中，《国家安全战略》（National Security Strategy，NSS）的法律基础是 1986 年正式通过的《戈德华特-尼科尔斯国防部重构法案》（Goldwater-Nichols Act）。其中第 603 款明确规定，要求美国总统每年发布一项国家安全战略报告。每一份国家安全战略报告均应同时提交保密和非保密的版本。据此，发布《国家安全战略》成为每任美国总统的法定职责。截至 2022 年底，共有 7 位总统、10 届政府向国会提交了 18 份美国《国家安全战略》报告。

其中包括罗纳德·里根政府的 2 份（1987 年、1988 年），乔治·赫伯特·沃克·布什（老布什）政府的 3 份（1990 年、1991 年、1993 年），克林顿政府的 7 份（1994 年、1995 年、1996 年、1997 年、1998 年、1999 年、2000 年），乔治·沃克·布什（小布什）政府的 2 份（2002 年、2006 年），奥巴马政府的 2 份（2010 年、2015 年），特朗普政府的 1 份（2017 年），拜登政府的 1 份（2022 年）。

《国家安全战略》由白宫制定，由总统发布，并由国家安全委员会协调完成。《国家安全战略》处于美国安全战略文件体系的最高层次，是综合运用和发展各方面力量、为实现国家安全目标而进行的全局性筹划。2021 年 3 月，拜登政府发布《更新美国优势：临时国家安全指南》，是一份简化版的美国国家安全战略报告，初步勾勒出拜登政府国家安全战略的大体框架。2022 年 10 月 12 日，拜登政府发布其首份《国家安全战略》报告。报告称"唯一既具有战略意图，又拥有不断增长能力来重塑国际秩序的竞争对手"（China which is the only competitor with both the intent and, increasingly, the capability to reshape the international order）。此外，该新版报告声称"未来十年是美国与中国竞争的决定性十年"。

《国防战略》是美国国防部对《国家安全战略》的落实和具体化。《国防战略》由国防部制定，由国防部部长发布，明确提出国防建设的战略目标以及实现这些目标的手段和能力。

1949 年，美国国会通过《国家安全法》修正案，增设参谋长联席会议主席职位。参谋长联席会议主席是美国总统和国防部部长的首席军事顾问。目前，第 20 任参谋长联席会议主席是马克·米利陆军上将。参谋长联席会议主席需不定期发布《国家军事战略》，这一战略报告为机密文件，包含一个非机密概要。《国家军事战略》是执行《国家安全战略》和《国防战略》在军事层面的指导性文件。

其实，美国的国家安全战略体系还不仅如此，跨国公司、智库、基金会、非政府组织等不同主体都积极参与，总体看美国国家安全战略体系的"进攻性"很强，国家安全政策的工具箱也颇丰富、颇锐利。

三、其他国家的国家安全战略体系

1948 年，英国政府颁布实施了《国民防务法案》，明确界定了国民防务和紧急状态的范围，但是英国中央政府和地方政府之间始终缺乏安全事务的有效协调机制。2010 年 5 月，时任英国首相戴维·卡梅伦推动成立英国国家安全委员会，由此有了国家安全的中枢领导系统。国家安全委员会主席由首相担任，成员有副首相、外交和联邦事务大臣、财政大臣、国际发展大臣、内政大臣、国防大臣、政府政策内阁部长、财政部首席大臣、能源和气候变化大臣等 9 人，在必要时，内阁其他成员、情报机构首长、军方高层可以列席会议。英国国家安全委员会同内阁紧急状况委员会等，共同负责保护英国免受从恐怖袭击、非法移民到气候变化等一系列安全事件的威胁。英国也仿效美国设立了国家安全顾问一职，其同时担任国家安全委员会的行政秘书。

在战略文件方面，英国于 2008 年颁布首份《国家安全战略》报告，2010 年出台了保障《国家安全战略》实施的《战略防务与安全评估》报告，2015 年开始将两份报告合二为一。特蕾莎·梅于 2016 年 7 月接替因英国"脱欧"公投辞职的卡梅伦担任英国新一任首相。特蕾莎·梅政府对国家安全委员会进行了改革，特别是加强了英国情报机构的权力，以确保英国国家安全委员会获取更及时的情报。英国国家安全战略体系非常高效、务实且十分灵活。例如，2011 年利比亚危机爆发后，英国国家安全委员会迅速作出反应，认为"英国在该地区存在着广泛的安全利益"。为此，英国国家安全委员会下设专门处理利比亚危机的利比亚委员会。

英国政府在构建自己的国家安全法律体系过程中针对国民防务与国家紧急状态、反恐怖主义、国家安全机构等方面都进行了立法，将维护国家安全的各类规定具体细化到各部门法和专门性法律中。例如，1986 年英国议会通过了《和平时期国民防务法案》，进一步明确了中央政府与地方政府在应急安全管理方面的责任范围。1989 年，英国议会颁布了《国家安全机构法》，首次将情报机构的活动纳入法治轨道，明确了各相关机构的职责权限和管辖归属。根据 1994 年《情报机构法》，英国成立了情报和安全委员会，负责审查安全局、秘密情报局和政府通信总部的财政支出、行政行为和政策制定。2004 年 11 月，英国议会通过《国民紧急应变法》，界定了紧急事态，授予政府紧急事态权力。2011 年 12 月，英国议会通过《恐怖主义预防和侦察措施法》。此外，英国于 2000 年 7 月出台《2000 年反恐怖主义法令》后，根据恐怖主义发展形势，频繁对该法进行修订。

日本首相安倍早在 2006 年第一次执政期间，就提出以美国国家安全委员会为范本，建立日本国家安全保障会议。但由于在野党普遍反对，未获国会通过。安倍第二次执政后于 2013 年 11 月 7 日，日本众议院通过了设立国家安全保障会议的法案。2013 年 12 月 4 日，日本国家安全保障会议正式启动，即日本版的国家安全委员会。日本安保领域的最高文件是《国家安全保障战略》，一般以 10 年为期限进行更新，2013 年 12 月，安倍内阁出台日本历史上首份《国家安全保障战略》。2022 年 12 月 16 日，日本政府正式通过新版《国家安全保障战略》《国家防卫战略》《防卫力量整备计划》等三份安保政策文件。总体看，日本的国家安全战略体系存在高度的依赖性或非自主性，即直接受美国安全与外交政策的影响。为了有效运用国家安全保障会议这一机制，日本开通专线与美、英两国安保系统保持密切的热线联系。

1992 年 3 月 5 日，俄罗斯颁布《俄罗斯联邦安全法》。据此，1992 年 6 月 3 日，俄罗斯联邦安全会议成立，是为国家元首在安全决策方面提供咨询、明确国家安全方针、出台国家安全政策的机构，其前身为 1990 年成立的苏联安全会议。安全会议下设独联体问题委员会、军事安全委员会、公共安全委员会、经济与社会领域安全问题委员会、信息安全委员会、生态安全委员会和战略计划问题委员会等七个跨部门委员会，此外还创新性地成立了学术委员会。1994 年 1 月，俄罗斯设置了总统国家安全事务助理这一职位。2020 年 1 月 16 日，俄罗斯总统普京签署命令，增设俄联邦安全会议副主席一职，并任命梅德韦杰夫担任此职。俄罗斯《国家安全战略》报告的前身是《国家安全构想》，1997 年 5 月，叶利钦总统签署了第一份《国家安全构想》，之后俄罗斯分别于 1999 年、2009 年、2015 年和 2021 年修订和出台了 4 个版本。其中，2009 年首次将"构想"调整为"战略"并使用至今。

1990 年，印度成立国家安全委员会，作为其内阁专业性国家安全咨询机构，但是至今没有为印度勾画出任何有关国家安全战略的官方文件。以色列于 1999 年成立国家安全委员会，于 2008 年通过《国家安全法》，进一步改组并加强了国家安全委员会。法国于 2008 年成立国防与国家安全委员会，《国防与国家安全白皮书》是其安全领域的最高文件。

总体来看，构建国家安全战略体系是大国标配，大国的竞争是统筹发展与安全的竞争，其中，发展是矛，安全是盾。有了成熟的国家安全战略体系才能保障机制化、可持续地维护与塑造国家安全。

四、打造中国特色国家安全战略体系

"安而不忘危，存而不忘亡，治而不忘乱"的忧患意识是中华民族的一个重要精神特质。无论身处顺境还是逆境，中华民族都有强烈的忧患意识以及国家安全意识。

党的十八大以来，国家安全得到全面加强，经受住了来自政治、经济、意识形态、自然界等方面的风险挑战考验，为党和国家兴旺发达、长治久安提供了有力保证。党着力推进国家安全体系和能力建设，设立中央国家安全委员会，完善集中统一、高效权威的国家安全领导体制，完善国家安全法治体系、战略体系和政策体系，建立国家安全工作协调机制和应急管理机制。党把安全发展贯穿国家发展各领域全过程，注重防范化解影响我国现代化进程的重大风险，坚定维护国家政权安全、制度安全、意识形态安全，加强国家安全宣传教育和全民国防教育，巩固国家安全人民防线，推进兴边富民、稳边固边，严密防范和严厉打击敌对势力渗透、破坏、颠覆、分裂活动，顶住和反击外部极端打压遏制，开展涉港、涉台、涉疆、涉藏、涉海等斗争，加快建设海洋强国，有效维护国家安全。

中国特色国家安全战略体系的思想精髓是总体国家安全观。思想是行动的先导，理论是实践的指南。为统筹发展和安全，建设更高水平的平安中国，2014 年 4 月 15 日，习近平总书记在中央国家安全委员会第一次全体会议上，创造性提出总体国家安全观，为新时代国家安全工作提供了强大思想武器。总体国家安全观是我们党历史上第一个被确立为国家安全工作指导思想的重大战略理论，是习近平新时代中国特色社会主义思想的重要组成部分，是新时代国家安全工作的根本遵循和行动指南。

总体国家安全观的关键是"总体"，强调大安全或系统安全理念，涵盖政治、军事、国土、经济、金融、文化、社会、科技、网络、粮食、生态、资源、核、海外利益、太空、深海、极地、生物、人工智能、数据等诸多领域。

表 1　新时代国家安全的重点领域

时间	重点领域	备注
2014 年 4 月	政治安全、国土安全、军事安全、经济安全、文化安全、社会安全、科技安全、信息安全（网络安全）、生态安全、资源安全、核安全	2014 年 2 月 27 日，中央网络安全和信息化领导小组成立。2018 年 3 月，改为中央网络安全和信息化委员会
	海外利益安全、深海安全、太空安全、极地安全	深海、太空、极地被看作是新型领域安全，即安全新边疆
2020 年 2 月	生物安全	2020 年 10 月出台生物安全法
	人工智能安全、数据安全、金融安全、粮食安全	从趋势看，要研究重点领域的进入机制与退出机制

总体国家安全观强调统筹协调，既重视外部安全，又重视内部安全；既重视国土安全，又重视国民安全；既重视传统安全，又重视非传统安全；既重视发展问题，又重视安全问题；既重视自身安全，又重视共同安全。

中国特色国家安全战略体系的不竭动力在于理论底色、中国特色。"政治上的坚定、党性上的坚定都离不开理论上的坚定。"总体国家安全观是马克思主义国家安全理论中国化的最新成果，其内涵是以人民安全为宗旨，以政治安全为根本，以经济安全为基础，以军事、科技、文化、社会安全为保障，以促进国际安全为依托，走出一条中国特色国家安全道路。

长期以来，"西方主义"主导了安全学研究的话语权，如威尔士学派、哥本哈根学派和巴黎学派等，涌现出"和平学之父"约翰·加尔通、英国学派代表性人物巴里·布赞等。没有学术自信，就难有持久的思想引领，故此亟须构建安全学研究的"中国学派"，需要推动中国的国家安全研究与学科建设进入制度化阶段。"国家安全学"成为一级学科，这是国家安全学建设的一个重要里程碑。全球伙伴关系、全球发展倡议、全球安全倡议，推动树立共同、综合、合作、可持续的全球安全观以及共商共建共享的全球治理观等不断充实着中国特色国家安全战略体系的理论内涵。

中国特色国家安全战略体系坚持党的绝对领导，建立了集中统一、高效权威的国家安全工作领导体制。2014年1月24日，中央国家安全委员会正式成立，习近平任中央国家安全委员会主席。2015年1月23日，中共中央政治局召开会议，审议通过《国家安全战略纲要》。2018年4月17日，十九届中央国家安全委员会第一次会议审议通过《党委（党组）国家安全责任制规定》，明确了各级党委（党组）维护国家安全的主体责任。

2020年10月，党的十九届五中全会首次把统筹发展和安全纳入"十四五"时期我国经济社会发展的指导思想，并列专章作出战略部署。2020年12月，中央政治局第二十六次集体学习对总体国家安全观作出"十个坚持"的全面概括。习近平总书记强调要坚持系统思维，构建大安全格局，并就贯彻总体国家安全观提出十点要求：

一是"坚持党对国家安全工作的绝对领导"，彰显中国国家安全工作的领导体制与本质特征。二是"坚持中国特色国家安全道路"，彰显在国家安全上的道路自信。三是"坚持以人民安全为宗旨"，这与中国共产党全心全意为人民服务的根本宗旨一脉相承。人民安全主要指人民的生命与财产安全，体现在国家安全工作的各方面。四是"坚持统筹发展和安全"，发展和安全是对党治国理政纷繁复杂工作的高度概括，统筹发展和安全则是确保民族复兴行稳致远的关键。五是"坚持把政治安全放在首要位置"，这是以政治安全为根本的体现。六是"坚持统筹推进各领域安全",统筹应对传统安全和非传统安全。各领域安全是总体安全的有机组成部分,有助于对国家安全进行科学分工和有的放矢开展工作。七是"坚持把防范化解国家安全风险摆在突出位置",彰显底线思维、忧患意识和战略主动性。八是"坚持推进国际共同安全",推动树立共同、综合、合作、可持续的全球安全观。展现了中国对全球安全的负责担当。九是"坚持推进国家安全体系和能力现代化",这是管长远和抓要害的制度与能力建设。十是"坚持加强国家安全干部队伍建设",这是组织保障,强调政治属性和专业素养。

2021年4月29日,党中央出台了《中国共产党领导国家安全工作条例》,进一步从制度上强化了党对国家安全工作的绝对领导。2021年11月11日,党的十九届六中全会通过的《中共中央关于党的百年奋斗重大成就和历史经验的决议》强调,必须坚持底线思维,坚持国家利益至上,"统筹发展和安全,统筹开放和安全,统筹传统安全和非传统安全,统筹自身安全和共同安全,统筹维护国家安全和塑造国家安全"。这"五个统筹"是对总体国家安全观五对关系的新发展,新增加了统筹开放和安全、统筹维护国家安全和塑造国家安全。

2021年11月18日,中共中央政治局召开会议,审议《国家安全战略(2021—2025年)》,全面部署未来五年国家安全工作。会议强调,必须坚持把政治安全放在首要位置,统筹做好政治安全、经济安全、社会安全、科技安全、新型领域安全等重点领域、重点地区、重点方向国家安全工作。要坚定维护国家政权安全、制度安全、意识形态安全,严密防范和坚决打击各种渗透颠覆破坏活动。要增强产业韧性和抗冲击能力,筑牢防范系统性金融风险安全底线,确保粮食安全、能源矿产安全、重要基础设施安全,加强海外利益安全保护。要强化科技自立自强作为国家安全和发展的战略支撑作用。要积极维护社会安全稳定,从源头上预防和减少社会矛盾,防范遏制重特大安全生产事故，提高食品药品等关系人民健康产品和服务的安全保障水平。要持续做好新冠肺炎疫情防控，加快提升生物安全、网络安全、数据安全、人工智能安全等领域的治理能力。要积极营造良好外部环境，坚持独立自主，在国家核心利益、民族尊严问题上决不退让，坚决维护国家主权、安全、发展利益；树立共同、综合、合作、可持续的全球安全观，加强安全领域合作，维护全球战略稳定，携手应对全球性挑战，推动构建人类命运共同体。要全面提升国家安全能力，更加注重协同高效，更加注重法治思维，更加注重科技赋能，更加注重基层基础。要坚持以政治建设为统领，打造坚强的国家安全干部队伍。要加强国家安全意识教育，自觉推进发展和安全深度融合。

可见，中国国家安全领域的战略文件日益专业化、层次化、系统化。中国特色国家安全战略体系坚持法治基石、人民立场，筑牢法律长城、夯实人民防线。2015 年 7 月 1 日，新版的《中华人民共和国国家安全法》颁布实施，该法是国家安全领域的根本大法。在此基础上，加快形成和不断完善中国特色国家安全法律制度体系，先后制定颁布了反间谍法、反恐怖主义法、境外非政府组织境内活动管理法、网络安全法、国家情报法、核安全法、香港特别行政区维护国家安全法、生物安全法、数据安全法、反外国制裁法等。

中国特色国家安全战略体系始终把人民作为国家安全的基础性力量。国家安全工作归根结底是保障人民利益，一切为了人民，一切依靠人民。在实践中，用人民群众的获得感、幸福感、安全感来检验各项工作的成效。《中华人民共和国国家安全法》第十四条规定，每年 4 月 15 日为全民国家安全教育日。教育部于 2018 年 4 月 9 日印发并实施《教育部关于加强大中小学国家安全教育的实施意见》，将国家安全教育纳入国民教育体系。坚持人民立场，需要着力解决人民群众反映强烈的安全问题。党员干部要拉近同人民群众的物理距离、心理距离，时刻牢记"为了谁、依靠谁、我是谁"。

中国特色国家安全战略体系坚持胸怀天下,有效完善全球安全治理。实现中华民族伟大复兴,不仅需要安定团结的国内环境,而且需要和平稳定的国际环境。中国特色国家安全战略体系运用总体战略思维和宽广世界眼光把握国家安全与国际安全发展大势,开辟了国家安全治理新路径,为推动和完善全球安全治理贡献了中国方案。总体国家安全观摈弃零和博弈、绝对安全、结盟对抗等旧观念,倡导共同、综合、合作、可持续的全球安全观,总目标是构建基于互联互通以及文明互鉴的人类命运共同体。为此,中国提出"1+1+1+3"方案,即人类命运共同体、全人类共同价值、"一带一路"倡议,"三大全球倡议"(全球发展倡议、全球安全倡议、全球文明倡议),有效统筹发展与安全,有效统筹维护国家安全与塑造国际安全。

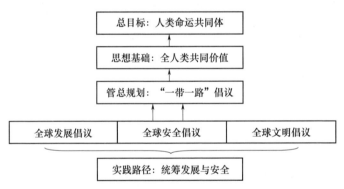

图 1　维护国家安全与塑造国家安全

总之,一个国家崛起的张力越大,面临的压力和阻力自然也会越大,当前和今后一个时期是我国各类矛盾和风险易发期,各种可以预计和难以预见的风险因素明显增多。需要注意的是,各种风险往往不是孤立出现的,很可能是相互交织形成的"风险综合体"。因此,以总体国家安全观应对"风险综合体"。中国特色国家安全战略体系的关键点或落脚点是能力建设,坚持推进国家安全体系和能力现代化,不断增强塑造国家安全态势的能力，从而实现高质量发展和高水平安全的良性互动，凝聚起共创美好世界的中国力量和全球正能量。

2022 年 10 月，党的二十大报告强调，要推进国家安全体系和能力现代化，坚决维护国家安全和社会稳定。国家安全是民族复兴的根基，社会稳定是国家强盛的前提。必须坚定不移贯彻总体国家安全观，把维护国家安全贯穿党和国家工作各方面全过程，确保国家安全和社会稳定。

要坚持以人民安全为宗旨、以政治安全为根本、以经济安全为基础、以军事科技文化社会安全为保障、以促进国际安全为依托，统筹外部安全和内部安全、国土安全和国民安全、传统安全和非传统安全、自身安全和共同安全，统筹维护和塑造国家安全，夯实国家安全和社会稳定基层基础，完善参与全球安全治理机制，建设更高水平的平安中国，以新安全格局保障新发展格局。

第一，健全国家安全体系。坚持党中央对国家安全工作的集中统一领导，完善高效权威的国家安全领导体制。强化国家安全工作协调机制，完善国家安全法治体系、战略体系、政策体系、风险监测预警体系、国家应急管理体系，完善重点领域安全保障体系和重要专项协调指挥体系，强化经济、重大基础设施、金融、网络、数据、生物、资源、核、太空、海洋等安全保障体系建设。健全反制裁、反干涉、反"长臂管辖"机制。完善国家安全力量布局，构建全域联动、立体高效的国家安全防护体系。

第二，增强维护国家安全能力。坚定维护国家政权安全、制度安全、意识形态安全，加强重点领域安全能力建设，确保粮食、能源资源、重要产业链供应链安全，加强海外安全保障能力建设，维护我国公民、法人在海外合法权益，维护海洋权益，坚定捍卫国家主权、安全、发展利益。提高防范化解重大风险能力，严密防范系统性安全风险，严厉打击敌对势力渗透、破坏、颠覆、分裂活动。全面加强国家安全教育，提高各级领导干部统筹发展和安全能力，增强全民国家安全意识和素养，筑牢国家安全人民防线。

第三，提高公共安全治理水平。坚持安全第一、预防为主，建立大安全大应急框架，完善公共安全体系，推动公共安全治理模式向事前预防转型。推进安全生产风险专项整治，加强重点行业、重点领域安全监管。提高防灾减灾救灾和重大突发公共事件处置保障能力，加强国家区域应急力量建设。强化食品药品安全监管，健全生物安全监管预警防控体系。加强个人信息保护。

第四，完善社会治理体系。健全共建共治共享的社会治理制度，提升社会治理效能。在社会基层坚持和发展新时代"枫桥经验"，完善正确处理新形势下人民内部矛盾机制，加强和改进人民信访工作，畅通和规范群众诉求表达、利益协调、权益保障通道，完善网格化管理、精细化服务、信息化支撑的基层治理平台，健全城乡社区治理体系，及时把矛盾纠纷化解在基层、化解在萌芽状态。加快推进市域社会治理现代化，提高市域社会治理能力。强化社会治安整体防控，推进扫黑除恶常态化，依法严惩群众反映强烈的各类违法犯罪活动。发展壮大群防群治力量，营造见义勇为社会氛围，建设人人有责、人人尽责、人人享有的社会治理共同体。

第三章

总体国家安全观

最近几年，笔者一直在中央党校主体班次讲授总体国家安全观课程，2020 年参与录制中央党校（国家行政学院）网络课程《习近平新时代中国特色社会主义思想专题讲座》第十一讲《习近平关于总体国家安全观重要论述》。2023 年，该课程获评"全国党校（行政学院）系统第七届精品课"。下面的文字内容是讲课文稿。

在 3.2 万字的党的十九大报告中，"安全"绝对是高频词汇，共出现 55 次，其中"国家安全"出现 18 次，从时间纵向看，由党的十四大报告至党的十九大报告，"国家安全"的出现频次分别为 1 次、3 次、3 次、5 次、4 次、18 次。这充分展现了习近平新时代中国特色社会主义思想对国家安全工作的高度重视。

党的二十大报告的最大亮点是首次就国家安全工作列专章作战略部署，强调国家安全体系和能力现代化。党的二十大报告共十五章，"推进国家安全体系和能力现代化，坚决维护国家安全和社会稳定"是第十一章。在 3.26 万字的报告中，"安全"一词出现 91 次，"国家安全"一词出现 29 次，"斗争"一词出现 22 次。"国家安全"不仅是一个高频词汇，还是理解我国各项工作的一个关键词汇。

今天围绕这一题目，与大家交流三大问题。第一个问题是"国家安全是安邦定国的重要基石"，这一部分的重点是明确安全、国家安全的定义和概念，尤其是总体国家安全观的内涵。第二个问题是"坚持统筹发展和安全两件大事"，这一部分的重点是介绍总体国家安全观的五大要素，即以人民安全为宗旨，以政治安全为根本，以经济安全为基础，以军事、科技、文化、社会安全为保障，以国际安全为依托。第三个问题是"维护和塑造中国特色国家安全"，这一部分的重点是讲述"什么是中国特色"，即总体国家安全观"特在哪里"？

一、国家安全是民族复兴的根基

当今国际社会有 230 多个国家和地区，任何一个国家，不论大小、强弱，国家安全都是基石。"安而不忘危，存而不忘亡，治而不忘乱"的忧患意识，是中华民族的一个重要精神特质。

国际社会有 2700 多个民族、230 多个国家和地区，不同国家和地区对安全有不同的理解，因此，国际社会没有对安全形成一个受到广泛认可的、一致有共识的定义。但一般而言，安全是指客观上没有或很少威胁，主观上没有或很少恐惧。通俗地讲，安全就是外部没有威胁，内心没有恐惧。今天，在中国的各项改革要切实增强人民群众的"三感"，即获得感、幸福感、安全感。

《中华人民共和国国家安全法》第二条指出，"国家安全是指国家政权、主权、统一和领土完整、人民福祉、经济社会可持续发展和国家其他重大利益相对处于没有危险和不受内外威胁的状态，以及保障持续安全状态的能力。"这一定义非常科学系统，且重点突出。对国家安全的定义，有三个重点内容需要强调：第一，过去理解国家安全，首先想到的是国家政权、主权、统一和领土完整，但该定义除了强调传统领域安全外，还增加了"人民福祉"以及"经济社会可持续发展"。第二，国家安全是一种"相对处于没有危险和不受内外威胁的状态"，"相对"这个词很重要，因为对任何国家来说，都没有"绝对"的国家安全，因此也不可能以不计成本的方式去寻求绝对安全。如果为了安全，把其他各项工作都放下而不管不顾，这本身就是不安全的。第三，落脚点是"状态"＋"能力"，如果一个国家只进行风险评估，而自身能力不强，那这种评估是没有实际意义的。因此，国家安全的落脚点在能力建设，而能力建设，关键在人，关键在干部。

（一）新中国国家安全观的历史变化

回顾历史，新中国的国家安全观经历了明显的阶段性变化，具有阶段性的特征。1949 年新中国成立至今，我国的国家安全观可以大致分为四个时期。

图 1 新中国国家安全观的历史变迁

一是新中国成立初期，强调维护政权和军事安全。具体表现在积极防御、人民战争，强调通过结盟、建设强大国防、建立国际统一战线等途径维护国家安全。具体案例如《中苏友好同盟互助条约》、"两弹一星"等等。

二是改革开放时期，重点是维护经济安全。邓小平强调，搞社会主义，一定要使生产力发达，贫穷不是社会主义。1978 年 12 月召开了党的十一届三中全会，中国开始实行对内改革、对外开放的政策，经济安全在整体国家安全战略中的地位显著上升。邓小平指出，要实现自己的发展目标，必不可少的条件是安定的国内环境与和平的国际环境，强调小康社会就是中国式的现代化。1979 年 1 月 1 日，中美两国正式建立外交关系，中美建交与中国改革开放几乎是同步的。

三是进入新世纪，倡导以"互信、互利、平等、协作"为核心的新安全观。1999 年 3 月 26 日，江泽民在日内瓦裁军谈判会议上发表了题为《推动裁军进程，维护国际安全》的讲话，全面阐述了中国的新安全观：历史告诉我们，以军事联盟为基础、以加强军备为手段的旧安全观，无助于保障国际安全，更不能营造世界的持久和平。新安全观主要针对冷战结束，主要强调国际安全。

四是进入新时代，提出以人民安全为宗旨的总体国家安全观。2015 年 10 月 29 日，习近平在党的十八届五中全会第二次全体会议上发表讲话强调，"不发展有不发展的问题，发展起来有发展起来的问题，而发展起来后出现的问题并不比发展起来前少，甚至更多更复杂了。"需要注意的是，各种风险往往不是孤立出现的，很可能是相互交织并形成一个风险综合体。

无论是哪一个阶段，中国领导人首先是从"时代主题""历史潮流"中判断国家安全状态，中国的国家安全观呈现出强烈的大局观、格局观和时代观。

表1　不同时期中国维护国家安全的时代主题

	时代主题	主要观点	核心问题
毛泽东	战争与革命	我们的革命要有不领错路和一定成功的把握，不可不注意团结我们真正的朋友，以攻击我们的真正的敌人	安全，站起来
邓小平	和平与发展	现在世界上问题很多，有两个问题比较突出。一是和平问题，二是南北问题，南北问题就是发展问题	发展，富起来
习近平	百年未有之大变局：世界又一次站在历史的十字路口	这100多年全人类的共同愿望，就是和平与发展。然而，这项任务至今远远没有完成	统筹发展与安全，强起来

1949年，新中国刚刚成立，毛泽东经常思考"时代主题"这一问题。毛泽东说，这是一个战争与革命的时代，"不是战争引起革命，就是革命制止战争。"为了赢得胜利，就需要团结真正的朋友，以打击真正的敌人。1949年新中国刚刚成立不久，12月6日毛泽东就要起身前往苏联。此次访苏，名义上是要给斯大林祝贺七十大寿，但更重要的是要与苏联签订《中苏友好同盟互助条约》。在毛泽东看来，与国内其他问题相比，苏联之行要解决的问题更加棘手，也更加迫切。这段历史特别艰难。中国很想与苏联签订条约，但斯大林却一时间不愿意讨论这一问题。1949年12月16日，毛泽东单程乘火车走了11天后抵达莫斯科，但一直到1950年的2月14日，《中苏友好同盟互助条约》才最终签订。1950年2月17日（中国的大年初一），毛

泽东从莫斯科起身回国，回到北京的时间是 3 月 4 日晚。

那时，国内百废待兴，毛泽东却为了一个条约在苏联待了整整两个月，可见该条约对中国之重要。回国之后，毛泽东是这么跟其他同志解释的："我们打胜了国内的反动派，但是世界上还有反动派，就是国外的帝国主义……我们需要有朋友……帝国主义如果准备打我们的时候，我们就请好了一个帮手。"1950 年 6 月 25 日，朝鲜战争爆发。9 月 15 日，美军在仁川登陆，把侵略战火烧到中朝国界鸭绿江和图们江畔。10 月 25 日，中国人民志愿军跨过鸭绿江，投入抗美援朝的正义战争。1953 年 7 月 27 日，签署《朝鲜停战协定》，意味着中国人民伟大的抗美援朝斗争胜利结束。对这段历史可以用一句话来概括：一次极其漫长的出国、一份极端重要的条约、一场正义的战争，维护了新中国的主权与安全。

这段历史集中体现了中国领导人对国家安全的高度重视，但国家安全在当时更多地强调政权安全、军事安全。20 世纪 50 年代中期，面对国际上严峻的核讹诈和军备竞赛形势，以毛泽东同志为核心的党中央第一代领导集体毅然作出发展导弹、核弹、人造地球卫星，突破国防尖端技术的战略决策。1960 年 11 月 5 日，中国成功地发射了第一枚导弹。1964 年 10 月 16 日，中国研制的第一颗原子弹爆炸成功，使中国成为第五个拥有原子弹的国家。1967 年 6 月 17 日，中国成功爆炸第一颗氢弹。1970 年 4 月 24 日，中国用长征一号运载火箭，成功地发射了中国的第一颗人造卫星——东方红一号，成为继苏联、美国、法国、日本之后，世界上第五个能独立研发并发射人造地球卫星的国家。

1954 年，毛泽东在一次会议上也提到了经济问题："现在我们能造什么？能造桌子椅子，能造茶壶茶碗，能种粮食，还能磨成面粉，还能造纸。但是，一辆汽车、一架飞机、一辆坦克、一辆拖拉机都不能造。"这说明新中国在维护军事安全的同时，毛泽东也高度重视经济工作和经济安全。只是在当时"群狼环伺"的安全环境下，经济工作还没有条件被摆到一个更凸显的位置上。

1978 年，邓小平作出改革开放决定，将经济安全提升到战略高度。邓小平说："搞社会主义，一定要使生产力发达，贫穷不是社会主义。"1979 年 1 月 1 日中美建交，同样是基于对"时代主题"的判断，邓小平指出，今天所处的时代是"和平与发展"的时代，在此背景下，经济工作自然成为中心工作。中国改革开放同中美建交几乎同步，而服务国内发展从而让社会主义中国富裕是中国外交以及国家安全的重要使命。

1991 年 12 月 25 日，苏联解体、冷战结束，中国国家安全面临全新的内外部挑战。1999 年 3 月 26 日，江泽民在日内瓦裁军谈判会议上提出了新安全观，展现中国维护国际安全的善意。当时，一方面，西方国家大肆炒作"历史的终结"；另一方面，1999 年 5 月 8 日，以美国为首的北约部队，用 B-2 隐形轰炸机投下五枚联合直接攻击弹药（JDAM），悍然轰炸了中华人民共和国驻南斯拉夫联盟共和国大使馆。痛定思痛之后，我国的军事现代化步伐明显加快。

2016 年 6 月 17 日，刚刚抵达贝尔格莱德开始对塞尔维亚进行国事访问的国家主席习近平和夫人彭丽媛，第一场活动就是前往中国驻南联盟被炸使馆旧址，吊唁在使馆被炸事件中英勇牺牲的 3 位烈士。这一行动是向国际社会展现，中国绝不允许这样的安全挑衅再次发生。中国决不会坐视国家主权、安全、发展利益受损，决不会允许任何人任何势力侵犯和分裂祖国的神圣领土。一旦发生这样的严重情况，中国人民必将予以迎头痛击。

2014 年 4 月 15 日，习近平总书记主持召开中央国家安全委员会第一次会议，首次提出总体国家安全观。"总体"是总体国家安全观最鲜明的特征，其核心要义主要有三：1. 总体是一种理念，即"大安全"以及"系统安全"理念，强调的是国家安全的整体性和系统性。国家安全的重点领域更加宽广，突出构建"大安全"格局，实现国家安全的全方位之治。2. 总体是一种状态，强调的是国家安全的相对性和动态性。安全是相对的，要实现高质量发展与高水平安全的良性互动。风险因素不可能完全消除，尤其是很多外部风险是不以我们的意志为转移的。在国际社会，对任何国家而言都没有绝对安全，中国也不追求绝对安全。3. 总体是一种方法，强调的是国家安全的科学统筹，关键是自身能力要强，不能是被动反应与疲于应付，而要能够塑造良好的国家安全态势。以往国家安全虽然各领域都在推进，但整体上统筹协调不足，客观上存在各自为战、协调性差、相互踩脚等突出问题。总体谋求的是构建集各领域安全为一体的国家安全战略体系。

（二）崛起张力越大，面临的压力和阻力自然也会越大

中国在新时代已经开启从大到强，日益走近世界舞台中央。事实上，大国崛起（从大到强），就是众目睽睽下的凤凰涅槃。一个国家崛起的张力越大，面临的压力和阻力自然也会越大。综合国力是维护国家安全的基础，但是不同国家增强综合国力的路径差异很大。

美国乔治城大学的战略与国际研究中心主任 R. S. 克莱因（Ray S.Cline）在 1975 年出版的《世界权利的评价》和 1981 年写的《80 年代的世界国力趋势与美国对外政策》中，论述了国家实力的概念。他指出："在国际舞台上的所谓实力，简言之，乃是一国去影响他国去做本来不愿意为之的某一事情之能力，或是使他国不敢去做本来跃跃欲试的某一事情之能力，而不论其影响方式是利用说服、威胁，或明目张胆地诉诸武力。"测算综合国力的方程（克莱因综合国力方程）为：PP＝（C+E+M）×（S+W），即综合国力为物质力量和精神力量的乘积。

式中：PP 是指现实的国力而不是潜力；C（Critical Mass）为基本实体，E（Economic Capability）为经济实力，M（Military Capability）为军事实力，S（Strategic Purpose）是指战略目标，W（Will to Pursue National Strategy）为追求战略目标的国家意志。各要素的指标体系和所规定的标准得分如下表所示：

表 2　克莱因综合国力方程的指标体系

一级指标	二级指标	三级指标	四级指标	五级指标
物质要素（C+E+M）共计 500 分	C（Critical Mass）基本实体 100 分	人口 50 分 国土面积 50 分	将人口数量划分为三个等级：1500 万、5000 万和 2 亿以上。人口数量在 2 亿以上的国家计为满分 50 分，但如果人口过多以至于超过了国家的经济负担，能力则要适当减分 就领土而言，将领土面积在 800 万平方公里以上的国家计为满分 50 分。面积较小但地战略位置特别重要的国家可适当加分，面积虽大但可耕地所占比例较小的国家则适当减分	
物质要素（C+E+M）共计 500 分	E（Economic Capability）经济实力 200 分	国民生产总值 100 分 其他经济指标 100 分	其他经济指标包括：能源 20 分 关键性非燃料能源 20 分 工业生产能力 20 分 食品生产能力 20 分 按小麦、玉米、稻谷的净进出口量计算的对外贸易总额 20 分	能源 20 分： 石油 10 分、煤 2 分、天然气 4 分、核能 4 分 关键性非燃料能源 20 分： 铁矿 8 分、铜矿 3 分、铝土矿 3 分、铬矿 3 分、铀矿 3 分 工业生产能力 20 分： 钢 10 分、铝 5 分、水泥 5 分

续表

一级指标	二级指标	三级指标	四级指标	五级指标
物质要素（C+E+M）共计500分	M（Military Capability）军事实力 200分	核力量 100分 常规军力量 100分	核力量的评估包括攻击性核力量的结构、核弹头的数量与运输、核防御能力等内容 常规力量的评估包括武器效能、军队素质、后勤保障等内容	
精神要素（S+W）共计2分	S（Strategic Purpose）战略目标 标准系数为1	大多数国家的战略目标都是自卫性和保护性的，这类国家的得分居中（约为0.5分）；战略目标非常明确和坚定的国家得分大于0.5分；战略目标模糊和摇摆的国家得分则小于0.5分		
	W（Will to Pursue National Strategy）国家意志 标准系数为1	贯彻战略目标的国家意志反映了国内可动员的民众对国防政策和政府外交的信心大小和支持程度，其最高值也为1分。具体而言，取决于三方面的因素：一是被评估国家的民族凝聚力强弱（约占33%），二是政府首脑的领导水平和效率高低（约占34%），三是人民大众对国家利益的关心程度（约占33%）		

作为第二次世界大战的战败国以及一个自然灾害频发的国家，日本是一个安全与危机意识十分强烈的国家。日美贸易战肇始于 1960 年代，激化于 1970 年代，高潮于 1980 年代，基本上跟日本制造业的重生、崛起、鼎盛三个阶段相契合。在 1960—1990 年这三十多年间，日美之间爆发了无数次贸易纠纷，其中行业层面的大型贸易战共有 6 次，宏观层面的贸易决战有 2 次。为维护国家安全以及增强自身国家实力，1987 年 5 月，日本经济企划厅综合计划局委托日本综合研究所进行综合国力基础调查，最后发表报告《日本的综合国力》一书。有别于克莱因综合国力方程的五大构成要素，该书从日本所处的国际环境出发，提出了测定综合国力的三大要素：国际贡献能力、生存能力和强制能力。

表3　日本综合国力的要素与标准值

指标	基本内容	子要素	标准值
国际贡献力标准值 10 分	指促进国际组织的建立、发展，并为国际社会的进步作出贡献的能力	经济实力	3
		金融实力	1.5
		科技实力	1.5
		财政实力	1.5
		对外活动的积极性	1
		在国际社会中的活动能力	1.5
生存力标准值 10 分	指一个国家应对国内外危机的能力	地理	1
		人口	1
		资源	1
		经济实力	1
		防卫实力	2
		国民意志	2
		友好同盟关系	2
强制力标准值 10 分	指一个国家按照本国的意愿强迫他国改变行动的能力	军事实力	4
		战略物资和技术	2
		经济实力	2
		外交能力	2

　　日本综合国力研究报告的一个突出特色是，经济实力高度活跃，在各个一级指标中都"贯穿始终"。可见，日本要将经济实力放大到极致，在微观上必然重视知识产权与研发，重视制造业与专业服务业，重视企业文化的国际化。日本前首相中曾根康弘说：在国际交往中，索尼是我的左脸，丰田是我的右脸。随着日本的产品与服务走向全球，日本的企业文化与企业管理也备受推崇。日本商业的"经营四圣"享誉全球，即松下幸之助（松下公司）、本田宗一郎（本田公司）、盛田昭夫（索尼公司）、稻盛和夫（京瓷公司），常常成为各国企业提升企业文化以及增强企业国际化的参照对象与标杆。1979年，美国哈佛大学教授傅高义出版了《日本第一：对美国的启示》一书，提出日本在质量管理、基础教育等诸多方面有美国可以学习借鉴的地方。

　　从某种意义上讲，无论科技类因素和经济类因素，还是政治类因素和军事类因素，都是与人以及思想、文化息息相关的因素，即一国的综合实力深植于一定的文化土壤。正如劳伦斯·珀文所说："文化实际上影响着我们人格机能的每个方面。我们选择追求的目标和我们如何努力实现它们都受着文化的影响。"这意味着，前述综合国力的构成因素中，少了一条隐性但深刻的逻辑脉络：文化实力。

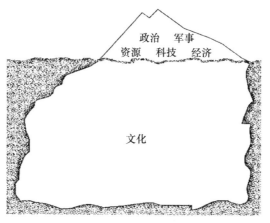

图 2　综合国力的冰山模式

据此，可以将综合国力的整体结构描述为一座"冰山"（见上图）：关乎综合国力的资源类因素、科技类因素、经济类因素、政治类因素和军事类因素等都是最容易被观察和度量的物质性因素。但这仅仅是可见的浮于水面之冰山一角。容易观察到的综合国力因素之所以呈现出这般面目，在很大程度上还取决于影响人类意识和行为但处于水面之下、体积庞大得多的冰山部分——文化类因素。

对中国人而言，文化自信，是更基础、更广泛、更深厚的自信。在 5000 多年文明发展中孕育的中华优秀传统文化，在党和人民伟大斗争中孕育的革命文化和社会主义先进文化，积淀着中华民族最深层的精神追求，代表着中华民族独特的精神标识。《中共中央关于党的百年奋斗重大成就和历史经验的决议》强调，坚持把马克思主义基本原理同中国具体实际相结合、同中华优秀传统文化相结合（文化土壤＋马列种子）；习近平新时代中国特色社会主义思想是当代中国马克思主义、二十一世纪马克思主义，是中华文化和中国精神的时代精华。就综合国力的独特性而言，不仅 5000 年优秀传统文化的文化土壤独特，且文化土壤与马列种子的结合更加独特。

但是有文化资源不一定有全球的文化竞争优势，有经济规模不一定有创新驱动优势。客观地说，实现现代化强国的进程就是认真补短板、强弱项、固底板、扬优势的过程，目前中国经济实力与军事实力都排在世界第一梯队，但国家创新指数、全球软实力等指标排名不太理想，存在国家安全短板。

表 4　世界主要国家综合国力评估（2019 年）

国家	国家创新指数	GDP（万亿美元）	人口（亿人）	陆地面积（平方公里）	军事实力	全球软实力
美国	第 1 名	21.37	3.23	937 万	第 1 名	第 5 名

国家	国家创新指数	GDP（万亿美元）	人口（亿人）	陆地面积（平方公里）	军事实力	全球软实力
中国	第 15 名	14.28	14.13	960 万	第 3 名	第 27 名
俄罗斯	第 32 名	1.69	1.44	1707.5 万	第 2 名	第 30 名
英国	第 10 名	2.88	0.66	24 万	第 8 名	第 2 名
法国	第 13 名	2.73	0.67	55 万	第 5 名	第 1 名
德国	第 6 名	3.89	0.83	36 万	第 10 名	第 3 名
日本	第 2 名	5.12	1.27	38 万	第 6 名	第 8 名
印度	第 39 名	2.83	13.24	298 万	第 4 名	未上榜

数据来源：国家创新指数来源于中国科学技术发展战略研究院《国家创新指数报告 2019》；GDP 来源于世界银行数据库，https://data.worldbank.org；军事实力来源于"全球火力"数据库，https://www.globalfirepower.com/countries-listing.asp；全球软实力来源于美国南加州大学外交研究中心、英国波特兰公关公司、Facebook《2018 年全球软实力研究报告》，即 THE SOFT POWER 30 数据库：https://softpower30.com

考虑到疫情影响，本文对世界主要国家综合国力的评估指标选择以 2019 年的数据为准。第一个指标是"经济实力"。表中 GDP 总量 10 万亿美元以上的国家，只有中国和美国：美国 21.37 万亿美元，中国 14.28 万亿美元，中国经济总量为美国的 66.8%。[①] 而其他国家的 GDP 总量都是个位数。表中把俄罗斯同中国放在一起，是为了做一个比较：70 年前，一穷二白的新中国捍卫国家安全的实力有限，毛泽东要第一时间到莫斯科寻

---

① 2021 年，根据世界银行数据显示，美国 GDP 总量为 23 万亿美元，中国 17.73 万亿美元，俄罗斯 1.78 万亿美元，英国 3.19 万亿美元，法国 2.94 万亿美元，德国 4.22 万亿美元，日本 4.94 万亿美元，印度 3.17 万亿美元。

求援助，苏联援建的 156 项工程在当时发挥了重大作用。70 年后，俄罗斯 1707 万平方公里的国土面积依然是世界最大，但 GDP 总量却只有 1.69 万亿美元，是中国经济总量的 11.8%。可见，中国 70 年经济发展的成绩是显而易见的。

第二个指标是"军事实力"。按照"全球火力"数据库，美国第一，俄罗斯第二，中国第三，三国均属于第一梯队。从经济实力、军事实力、人口、陆地面积等物质性力量而言，中国都名列前茅。

但在表 4 中，中国有两个明显的国家安全短板，一个是创新能力，一个是全球软实力。按照《国家创新指数报告 2019》排名，美国第一，日本第二，中国第十五位，创新能力不强就会处处受制于人，就会被"卡脖子"。这也是我们将创新排在"五大发展理念"之首的重要原因。中国经济安全要"补短板"，就要实现高水平的自立自强。习近平总书记强调："虽然我国经济总量跃居世界第二，但大而不强、臃肿虚胖体弱问题相当突出，主要体现在创新能力不强，这是我国这个经济大块头的'阿喀琉斯之踵'。"

另一个短板是"全球软实力"。按照《2018 年全球软实力研究报告》排名，法国第一，英国第二，德国第三，美国第五，中国则排在第二十七位，这与我国 5000 年文明所拥有的厚重文化资源形成了鲜明的反差。软实力的核心是文化、理念和价值观。中国有丰富的文化资源，但最重要的是如何将这些资源转化成全球的文化竞争优势，让其"活起来"。大国竞争，不仅是军事竞争、经济竞争、科技竞争，还是文化和价值观念的竞争，要让文化和价值观念有生命力和"穿透力"。

根据表中数据，将 8 个大国的各项指标数据由 1 至 8 进行排名，得到如下表格：

表 5　世界主要国家综合国力各项指标排名

国家	国家创新指数	GDP	人口	陆地面积	军事实力	全球软实力
美国	1	1	3	3	1	4
中国	6	2	1	2	3	6
俄罗斯	7	8	4	1	2	7
英国	2	6	8	8	7	2
法国	6	7	7	5	5	1
德国	3	4	6	7	8	3
日本	5	3	5	6	6	5
印度	8	5	2	4	4	8

　　按照国家创新指数、GDP、人口、陆地面积、军事实力、全球软实力的横坐标顺序，中国在 8 个大国中的排名依次为第 6 名、第 2 名、第 1 名、第 2 名、第 3 名、第 6 名。以横轴为综合国力各项指标，纵轴为中国所得名次，将这些数据体现在坐标图中，得到如下折线图，即经济、人口、陆地面积、军事等硬实力、物质性力量在上，但创新、全球软实力等精神性力量在下，中国综合实力呈现"哭泣曲线"（开口向下的 U 型曲线）：

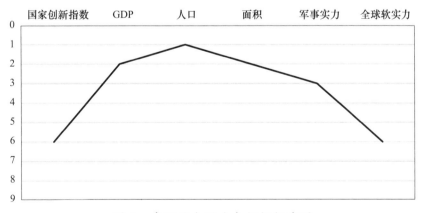

图 3　中国综合国力各指标折线图

如果将美国，以及英国、法国、德国等欧洲国家所得名次体现在坐标图中，得到如下曲线图。总体来看，美国综合国力各曲线非常平均，各指标都在前 4 位，特别是美国在创新、经济、军事领域拥有极强的优势。在文化软实力领域，好莱坞、迪士尼等娱乐，哈佛大学、斯坦福大学等教育均代表美国极强的全球竞争优势。

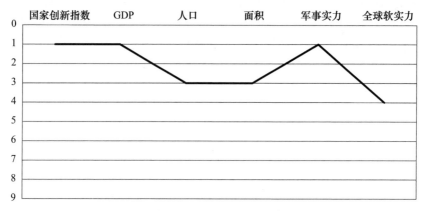

图 4　美国综合国力各指标折线图

欧洲国家在人口、陆地面积、军事等方面都不占优势，但是在创新和全球软实力方面优势凸显，其综合国力呈现典型的"微笑曲线"（开口向上的 U 型曲线）。比如德国，陆地面积 36 万平方公里，人口 8300 万，但德国企业却能够行走全球，如创立于 1731 年的双立人，创立于 1835 年的贝塔斯曼，创立于 1847 年的西门子，创立于 1863 年的拜耳，创立于 1811 年的蒂森克虏伯，创立于 1886 年的奔驰和博世，创立于 1906 年的万宝龙，创立于 1909 年的奥迪，创立于 1916 年的宝马，创立于 1931 年的保时捷，创立于 1937 年的大众，创立于 1949 年的阿迪达斯，创立于 1964 年的麦德龙，等等。

2018 年 9 月，笔者到丹麦、瑞典等北欧国家进行调研，感受到其综合国力也是典型的"微笑曲线"。丹麦，陆地面积 4.3

万平方公里，人口 570 万。但是，丹麦拥有全球最知名的航运集团马士基公司、名牌音响 B&O（Bang & Olufsen）、玩具乐高、鞋 ecco、啤酒嘉士伯、服装杰克琼斯，此外还有《安徒生童话》、丹麦曲奇等品牌。瑞典，陆地面积 45 万平方公里，是北欧陆地面积最大的国家，人口 1000 万，是经济高度外向型的国家，对外贸易依存度为 80% 左右，出口利润占 GDP 的 45% 左右。瑞典有很多国际知名的品牌和企业：沃尔沃汽车、萨博汽车、爱立信（与中国合作 130 年）、伊莱克斯电器、宜家家居、H&M 服装、阿斯利康制药等。

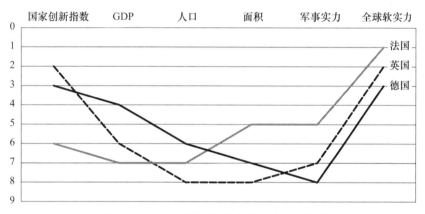

图 5　欧洲三国综合国力各指标折线图

中国人口过千万的地级市将近 20 个，但很多城市依然缺乏有国际美誉度的商业品牌。对中国企业而言，虽然已经实现了产业化，但品牌化和国际化相对较弱，往往是有企业，不等于有产品；有产品，不等于有品牌；有品牌，不等于有品牌价值，而没有品牌价值，企业的附加值、利润率就会很低。中国企业要实现高质量发展，关键是要培育企业家精神，要有狼性、要专注，要重视创新，要重视企业文化。有一句话很有说服力，即五年的企业靠产品，十年的企业靠技术，百年的企业靠文化。一个国家或地区，如果没有好的企业，不仅留不住人才，也留不住人口。

党的十九届五中全会强调，坚持创新在我国现代化建设全局中的核心地位，把科技自立自强作为国家发展的战略支撑，面向世界科技前沿、面向经济主战场、面向国家重大需求、面向人民生命健康，深入实施科教兴国战略、人才强国战略、创新驱动发展战略，完善国家创新体系，加快建设科技强国。

除创新外，要加强文化建设，中国有深厚的文化资源，但文化资源多不等于就有全球的文化竞争优势，贵在转化、整合与激活。"优越文化和更富有吸引力的政治哲学的说服力"显然要比诉诸军事、经济手段更有效，因为"它的目的不是征服领土和控制经济生活，而是征服和控制人民的心灵，以此作为改变国家之间权力关系的手段"。的确，过去衡量强国的重要指标就是军事、经济，但靠军事方式征服世界的时代已经过去了，靠经济刺激或诱惑则"利尽则散"，在世界百年未有之大变局背景下，强者要能够"通心"，要用优秀文化和更富有吸引力的政治哲学的说服力去争取人心，文以通心使反侧自消，武能夺志不战而屈人之兵。

通过对以上 8 个国家综合国力的系统评估，就可以客观感知中国的国际地位和整体的发展态势，由此判断出中国面临的国家安全形势。为此，党的十九届五中全会强调，要坚持创新在我国现代化建设全局中的核心地位，并首次明确了建成文化强国的具体时间表，到 2035 年建成文化强国。从大到强，就是要着力在补短板、强弱项、固底板、扬优势上下功夫。当创新短板和文化软实力短板补齐之后，中国的综合国力就会呈现图 6 的理想曲线形态。

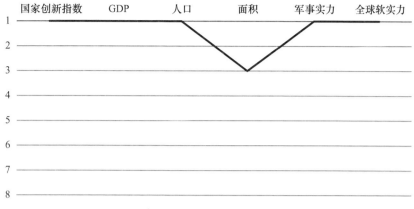

图 6　中国综合国力的"理想曲线"

综合国力从"哭泣曲线"到"微笑曲线",是众目睽睽下的"凤凰涅槃",这是一条成长崛起曲线,也是一条风险叠加曲线。既然面临风险综合体,习近平总书记高瞻远瞩以总体国家安全观来应对这一系统性挑战。

（三）国家安全的重点领域与能力建设

国家安全重点领域是新时代国家安全的主阵地主战场,涵盖政治、军事、国土、经济、金融、文化、社会、科技、网络、粮食、生态、资源、核、海外利益、太空、深海、极地、生物、人工智能、数据等诸多领域。[1]2014 年 4 月 15 日,习近平总书记在中央国家安全委员会第一次会议上强调,构建集政治安全、国土安全、军事安全、经济安全、文化安全、社会安全、科技安全、信息安全、生态安全、资源安全、核安全等于一体的国家安全体系。随后又增加了多个新的重点领域,如海外利益安全、太空安全、深海安全、极地安全、生物安全等。

2021 年 9 月 29 日,商务部等部门联合发布《2020 年度中国对外直接投资统计公报》,截至 2020 年底,中国 2.8 万家境

---

① 中共中央宣传部、中央国家安全委员会办公室:《总体国家安全观学习纲要》,学习出版社、人民出版社,2022 年版,第 8 页。

内投资者在国（境）外共设立对外直接投资企业 4.5 万家，分布在全球 189 个国家（地区），年末境外企业资产总额 7.9 万亿美元，对外直接投资累计净额 25806.6 亿美元。除海外资产、项目外，海外人员也需要保护，因此需要加强海外安全保障能力建设，维护我国公民、法人在海外合法权益。而太空安全、深海安全、极地安全是安全新边疆问题。

2020 年 2 月 14 日，在全球抗疫的关键时期，习近平总书记在全面深化改革委员会第十二次会议上强调，"要从保护人民健康、保障国家安全、维护国家长治久安的高度，把生物安全纳入国家安全体系。"此后，人工智能安全、数据安全，以及金融安全等也纳入了总体国家安全观的重点领域。未来，还会根据国家面临的新挑战以及安全形势变化，去增加新的内容。

总体国家安全观，理解的重点在"总体"二字。这里需要指出，"总体"不是一个加法的问题，不是今天加什么未来再加什么的问题，它强调的是思维方式，以及应对各种挑战、化解各类风险的工作方法。"总体"是一种相互配合、相互统筹、相互协调的工作方法——要专业化、系统性、协调性地解决应对各类风险挑战。

世界百年未有之大变局必然带来许多不确定因素。新形势下，重大风险越来越复杂，呈现出许多新趋势新特点。我们要清醒认识、要高度重视"六大效应"。

"倒灌效应"：随着我国日益走近世界舞台中央，境外输入性风险日益增多，已成为影响我国安全稳定的最大外生变量。敌对势力渗透颠覆破坏活动更趋公开化、常态化，呈现出"源头在境外、行动在境内"的特点。

"合流效应"：各种敌对势力同流合污，呈现"敌独合流""内外合流""新老合流"的"三个合流"的新动向，勾连活动更加频繁，反恐怖、反分裂、反邪教斗争面临着复杂形势。

"叠加效应"：重点领域群体利益诉求引发的各种社会矛盾

交织叠加，现实问题与历史问题、实际利益问题与意识形态问题、政治性问题与非政治性问题交叉感染，极易形成风险综合体。

"联动效应"：各类风险流动性加快、关联性增强，重点特殊群体往往隔空抱团、遥相呼应，以相互借力、合谋共振方式制造社会影响，呈现出境内外互动、跨区域联动、跨群体聚合的新动向。

"放大效应"：互联网日益成为各类风险的策源地、传导器、放大器，一件小事情都可能形成舆论漩涡，一些谣言传闻经煽动炒作，极易使"茶杯里的风暴"骤变为现实社会的"龙卷风"。

"诱导效应"：一个地区发生的问题容易导致其他地区仿效。一些长期积累的深层次矛盾问题难以在短期内得到完全解决，如果持续发酵，在外部输入性风险的诱导下，就有可能升级放大。[①]

党的十六大明确提出，"综观全局，二十一世纪头二十年，对我国来说，是一个必须紧紧抓住并且可以大有作为的重要战略机遇期。"党的十八大强调，"我国发展仍处于可以大有作为的重要战略机遇期。"党的十九大报告指出，"当前，国内外形势正在发生深刻复杂的变化，我国发展仍处于重要战略机遇期，前景十分光明，挑战也十分严峻。"各类危机与挑战，在全球层面有，在周边、区域层面有，在国内层面也有。

其一，在全球层面上，首先需要破解"修昔底德陷阱"。有学者概括，中国需要破解"四个陷阱"："中等收入陷阱"和"塔西佗陷阱"是国内层面的，而"修昔底德陷阱"和"金德尔伯格陷阱"则是国际层面的。其中，"修昔底德陷阱"的核心就

[①]　陈一新：《打好防范化解重大风险战略主动战》，载《学习时报》2019年6月19日，第1版。

是中美关系问题，是中美之间可能爆发的冲突问题。2013 年 6 月 7 日至 8 日，中美两国领导人在美国加州的安纳伯格庄园会晤，习近平将中美新型大国关系的内涵概括为"不冲突、不对抗，相互尊重，合作共赢"，并直言不讳地提出，目前，中美关系最大的挑战就是如何超越"修昔底德陷阱"。而这一问题已经不只是一个双边问题，因为中美关系早已超越了双边范畴，具有全球治理的意义。

"修昔底德陷阱"一词源自古希腊历史学家修昔底德的著作《伯罗奔尼撒战争史》。这本书描写了 2500 年前的一场战争，"使战争不可避免的真正原因是雅典势力的增长和因而引起斯巴达的恐惧。"作为正在崛起的新兴国家，雅典的崛起导致了当时的守成国、霸权国斯巴达的恐惧，最终战争不可避免。2500 年之后的今天，很多美国学者和官员把《伯罗奔尼撒战争史》的主角"雅典和斯巴达"换作"中国和美国"，认为中国崛起必然导致美国恐惧，中美之间的冲突不可避免。这是机械的二元对立思维。2013 年，习近平总书记就曾指出，"修昔底德陷阱"这个现象，的确值得研究，但是如果套用 2500 年前的理论来阐释 21 世纪最重要的双边关系，这无异于按照古希腊人的药方来给现代人治病。目前，"中美注定一战"的观点在美国依然很有市场，哈佛大学肯尼迪政府学院居然成立了一个"修昔底德陷阱"研究工程，项目负责人就是格雷厄姆·艾利森（Graham Allison）。格雷厄姆·艾利森生于 1940 年，曾担任美国哈佛大学肯尼迪政府学院首任院长，主攻冷战史研究，代表作有《决策的本质：还原古巴导弹危机的真相》《核恐怖主义》等。让一个研究美苏冷战的专家去研究今天的中美关系，其研究逻辑自然而然也会带着冷战的印记。

格雷厄姆·艾利森的研究表明，公元 1500 年至今，西方大国依次崛起，在 16 个新兴国家的崛起案例中，12 个国家的崛起最终以战争形式结束。由此，判定中美之间的冲突也是不可避免的。2019 年至今，美国采取了诸多针对中国的举措。2019 年 3 月 25 日，美国决定成立"当前危险委员会：中国"（Committee of Present Danger：China）。美国历史上，"当前危险委员会"成立过三次。第一次是 20 世纪 50 年代初，第二次是 20 世纪 80 年代，这两次主要针对苏联。第三次是 21 世纪初"9·11"事件后的全球反恐。此次第四次成立"当前危险委员会"，将矛头直接对准了中国，这标志着美国对"中国威胁"的严重性已形成多方共识。委员会成员包括美国中央情报局前局长伍尔西（James Woolsey）、白宫前首席策略师班农（Steve Bannon）等对华强硬派，该委员会的主流观点是：华盛顿应击退中共领导的中国对美国全方位的渗透和破坏（军事、高科技、5G 网络、意识形态、人权、宗教自由等）。2020 年 2 月 5 日，美国国务卿迈克·蓬佩奥宣布，正式成立所谓的"国际宗教自由联盟"，旨在继续在世界范围内"争取宗教自由"，实则诬蔑抹黑中国宗教政策和宗教信仰自由状况。该联盟一经成立，就有 27 个国家加入。此外，作为对华战略竞争的重要举措，拜登政府不仅升级美日印澳四边安全对话（QUAD），还于 2021 年 9 月 15 日宣布成立美国英国澳大利亚三国安全伙伴——"奥库斯"（AUKUS）；于 2021 年 12 月 9 日至 10 日，美国通过视频形式举办所谓"世界领导人民主峰会"；于 2022 年 5 月启动"印太经济框架"；等等。可见，美国对华施压的力度只增不减。因此，在全球层面，如何超越"修昔底德陷阱"，这是中国国家安全必须应对的一个重要挑战。

其二，在地区层面从周边安全视域看，亚太地区的安全形势依然趋于复杂，中国捍卫国家领土、领海主权的压力长期存在。其中，在东北亚，朝核问题久拖不决，日本始终是美制华的"马前卒"；在南亚，领土争端一直是影响中印两国关系的重要因素，2017 年 6 月 18 日发生洞朗对峙事件，2020 年 6 月 15 日发生加勒万河谷冲突；在南海，领土争议随时可能会被

"引爆"。

中国是世界上拥有邻国最多的国家，共 20 个。了解了中国的周边环境，也就了解了中国的周边安全。有人问为什么美国的周边安全压力较小？看世界地图就会发现：美国和中国纬度相近、陆地面积相似，但中国有 20 个邻国，而美国一北一南只有 2 个邻国——加拿大和墨西哥。美国与北边邻国加拿大，都是新兴移民国家。美国 1776 年建国，加拿大 1867 年建国，一个不到 250 年，一个不到 200 年，美国陆地面积是 935 万平方公里，加拿大陆地面积是 997 万平方公里。美加关系很好，美国人经常讲加拿大是美国的第 51 个州。美国的南部只有墨西哥一个邻国，而墨西哥几乎不可能对美国形成军事威胁。中国的情况却正好相反，中国的安全风险主要来自周边。2013 年 10 月 24 日至 25 日，习近平总书记召开新中国首次周边外交工作座谈会。习近平在讲话中强调，做好新形势下周边外交工作，要从战略高度分析和处理问题，提高驾驭全局、统筹谋划、操作实施能力，全面推进周边外交。要着力维护周边和平稳定大局，维护周边和平稳定是周边外交的重要目标。大国是关键，周边是首要，是中国外交布局中的两句话。对中国来讲，大国就在周边，应对周边就是应对大国。自 2014 年周边外交工作座谈会召开至今，中国的周边安全形势总体上趋于改善：南海维权取得重大胜利，钓鱼岛海域实现常态化巡航；2020 年，东盟成为我国第一大贸易伙伴，首次超越欧盟和美国；2020 年 11 月 15 日，东盟十国以及中国、日本、韩国、澳大利亚、新西兰 15 个国家，正式签署区域全面经济伙伴关系协定（RCEP），标志着全球规模最大的自由贸易协定正式达成；等等。

其三，在国内层面上，敌对势力的干预渗透因素愈加激烈。不少西方国家，特别是美国，对社会主义制度仍持敌视态度，通过军事方式等"硬遏制"的可能性越来越渺茫，但意识形态、价值观领域的渗透与颠覆日益加剧。党的十九大报告提出，要

"严密防范和坚决打击各种渗透颠覆破坏活动、暴力恐怖活动、民族分裂活动、宗教极端活动"。过去讲国家安全，特别是国内安全，主要指防范"三股势力"，即暴力恐怖势力、民族分裂势力和宗教极端势力。党的十九大报告在"三股势力"前专门增加了"渗透颠覆破坏活动"，从一个侧面反映出对当今敌对势力的干预渗透活动需要引起高度重视。

为此，党的十八大以来，我国相继出台一系列国家安全专门法律来应对上述问题：2014 年 11 月 1 日通过《中华人民共和国反间谍法》，2016 年 4 月 28 日通过《中华人民共和国境外非政府组织境内活动管理法》，2016 年 11 月 7 日通过《中华人民共和国网络安全法》，2020 年 6 月 30 日通过《中华人民共和国香港特别行政区维护国家安全法》，等等。面对敌对势力的各种渗透颠覆破坏活动，要提高政治警觉，提高国家安全意识，深刻理解和把握"不变质、不变色、不变味"的丰富内涵，切实筑牢法律长城。

2019 年 1 月 21 日，习近平总书记在省部级主要领导干部坚持底线思维着力防范化解重大风险专题研讨班上强调，各级党员干部要发扬"斗争精神"，提高"斗争本领"，充分做好各项准备，积极面对一切在政治、经济、文化、社会等领域和自然界出现的困难和挑战。习近平强调，面对波谲云诡的国际形势、复杂敏感的周边环境、艰巨繁重的改革发展稳定任务，我们必须始终保持高度警惕，既要高度警惕"黑天鹅"事件，也要防范"灰犀牛"事件；既要有防范风险的先手，也要有应对和化解风险挑战的高招；既要打好防范和抵御风险的有准备之战，也要打好化险为夷、转危为机的战略主动战。

2020 年 10 月 10 日，中央党校（国家行政学院）中青年干部培训班在中央党校开班。习近平总书记在开班式上发表重要讲话，明确要求干部特别是年轻干部要提高包括政治能力、调查研究能力、科学决策能力、改革攻坚能力、应急处突能力、群众工作能力、抓落实能力等在内的七种能力。

1. 政治能力。提高政治判断力、政治领悟力、政治执行力。观察形势、分析问题首先要把握政治因素，特别是要能够透过现象看本质，做到眼睛亮、见事早、行动快；必须对党的政治纪律和政治规矩怀有敬畏之心；自觉加强政治历练，增强政治自制力，始终做政治上的"明白人""老实人"。

2. 调查研究能力。这是做好工作的基本功。到群众中去、到实践中去、到问题中去，走遍祖国大地，才能心中有数、心里有底。调查研究是我们党的传家宝。习近平总书记非常重视调查研究，他曾形象地比喻道："调查研究就像'十月怀胎'，决策就像'一朝分娩'。调查研究的过程就是科学决策的过程，千万省略不得、马虎不得。"

3. 科学决策能力。想问题、作决策，一定要对国之大者心中有数，多打大算盘、算大账，少打小算盘、算小账。科学决策要虚怀若谷，要能听到、要能接受不同意见，并且将不同意见作为完善决策的基础和条件。

4. 改革攻坚能力。把干事热情和科学精神结合起来，使出台的各项改革举措符合客观规律、符合工作需要、符合群众利益。习近平总书记说过，容易的、皆大欢喜的改革已经完成了，好吃的肉都吃掉了，剩下的都是难啃的硬骨头。这就要求我们胆子要大、步子要稳。胆子要大，就是改革再难也要向前推进，敢于担当，敢于啃硬骨头，敢于涉险滩。步子要稳，就是方向一定要准，行驶一定要稳，尤其是不能犯颠覆性错误。

5. 应急处突能力。要增强风险意识，下好先手棋，打好主动仗。对总体国家安全观而言，各级领导干部不仅要铸牢维护国家安全的"盾"，也要有塑造良好国家安全态势的"矛"。

6. 群众工作能力。从群众中来、到群众中去，真正成为群众的贴心人。知冷暖，抓落实。要心中有群众，时刻把群众安危冷暖放在心上，认真落实党中央各项惠民政策，把小事当作大事来办，切实解决群众"急难愁盼"的问题。

7.抓落实能力。干事业就要有钉钉子精神，抓铁有痕、踏石留印，稳扎稳打向前走。干事业不能做样子，必须脚踏实地，抓工作落实要以上率下、真抓实干。领导干部不能高高在上、凌空蹈虚，不能只挂帅不出征。干事业就要有钉钉子精神，抓铁有痕、踏石留印，稳扎稳打向前走，过了一山再登一峰，跨过一沟再越一壑，不断通过化解难题开创工作新局面。

总而言之，防范化解重大风险，是各级党委、政府和领导干部的政治职责，大家要坚持守土有责、守土尽责，把防范化解重大风险工作做实做细做好。要强化风险意识，常观大势、常思大局，科学预见形势发展走势和隐藏其中的风险挑战，做到未雨绸缪。要提高风险化解能力，透过复杂现象把握本质，抓住要害、找准原因，果断决策，善于引导群众、组织群众，善于整合各方力量、科学排兵布阵，有效予以处理。领导干部要加强理论修养，深入学习马克思主义基本理论，学懂弄通做实习近平新时代中国特色社会主义思想，掌握贯穿其中的辩证唯物主义的世界观和方法论，提高战略思维、历史思维、辩证思维、创新思维、法治思维、底线思维能力，善于从纷繁复杂的矛盾中把握规律，不断积累经验、增长才干。要完善风险防控机制，建立健全风险研判机制、决策风险评估机制、风险防控协同机制、风险防控责任机制，主动加强协调配合，坚持一级抓一级、层层抓落实。

防范化解重大风险，需要有充沛顽强的斗争精神。领导干部要敢于担当、敢于斗争，保持斗争精神、增强斗争本领，年轻干部要到重大斗争中去真刀真枪干。各级领导班子和领导干部要加强斗争历练，增强斗争本领，永葆斗争精神，以"踏平坎坷成大道，斗罢艰险又出发"的顽强意志，应对好每一场重大风险挑战，切实把改革发展稳定各项工作做实做好。

二、坚持统筹发展和安全

"备豫不虞，为国常道。"过去讲安全，主要强调要维护和确保国家安全，今天讲安全，更多强调要塑造国家安全。2018年4月17日，习近平总书记在十九届中央国家安全委员会第一次会议上强调，要全面贯彻落实总体国家安全观，必须坚持统筹发展和安全两件大事，既要善于运用发展成果夯实国家安全的实力基础，又要善于塑造有利于经济社会发展的安全环境；坚持维护和塑造国家安全，塑造是更高层次更具前瞻性的维护；始终把国家安全置于中国特色社会主义事业全局中来把握，充分调动各方面积极性，形成维护国家安全合力。可见，善于塑造国家安全，是对国家安全能力建设的更高要求。

（一）以人民安全为宗旨

我国是工人阶级领导的、以工农联盟为基础的人民民主专政的社会主义国家，国家一切权力属于人民。在党的二十大报告中，"人民"一词出现178次。国家安全工作归根结底是保障人民利益，一切为了人民，一切依靠人民。人民安全是国家安全的宗旨，政治安全是国家安全的根本，国家利益至上是国家安全的准则。坚持人民安全、政治安全、国家利益至上有机统一，才能更好地实现人民安居乐业、党的长期执政、国家长治久安。

朱镕基同志有一句名言：离开人民群众就一事无成。不论是当市长，还是当总理，朱镕基都不忘为人民服务。他亲自抓群众信访工作，更是将这一工作提到"关系到我们党和群众的关系，关系到我们执政党的生死存亡"这样一个高度。"我们听不听群众的意见，帮不帮他们办事，为不为他们服务，这是一个根本问题。"朱镕基说，"我深深感到，我们离开人民群众就一事无成。"

的确，我们党最大政治优势是密切联系群众，党执政后的最大危险是脱离群众。习近平总书记指出，"工作作风上的问题绝对不是小事，如果不坚决纠正不良风气，任其发展下去，就会像一座无形的墙把我们党同人民群众隔开，我们党就会失去根基、失去血脉、失去力量。"民心是最大的政治，失去民心就会失去政权。江山就是人民，人民就是江山，打江山、守江山，守的是人民的心。

2020 年，突如其来的新冠肺炎疫情迅速在全球蔓延。在此危难时刻、紧急关头，中国却有许许多多的共产党员和普通百姓在此时选择逆行、驰援武汉。当时没有人知道几个月以后疫情会是个什么样子，是改善、还是更加恶化。但恰恰是这种精神，这种以人民安全为宗旨精神的扎实落实，才使得中国在三个月之内有效地控制了疫情的蔓延，病死率大幅下降，治愈率大幅提高。中国一度从国际社会的单一受援国成为国际社会最重要的援助国。抗疫初期，中国曾被看作是最不安全的国家，但随即中国成为国际社会最安全的国家。这一巨大转变显现出：在危难时刻、在紧急关头，我们的党、国家是真正以人民安全为宗旨的。

2020 年 6 月 9 日，笔者受邀参加中共中央对外联络部同拉美多国共产党举行的"从抗疫看共产党'人民至上'理念优势"的视频会议，会上有位专家的一段话让我特别感动：在十万火急的时刻，将什么放在第一位，最能看出一个政党、一个政权的性质和底色。中国之所以成功，是因为中国将人民放在第一位，而不是将资本、选民放在第一位。很多西方国家援助一个地区或者一个州，是因为那里是它的票仓、有它的选民，这些选民是西方政客当选的基石，选票就是政治，选民就是安全，"失去选民就失去权力和安全"。

2005 年 4 月 27 日，时任浙江省委书记的习近平曾在《浙江日报》的《之江新语》专栏发表题为《一个党员就是"一面旗"》

的文章，以简短的三个"能"，为新时期共产党人画出肖像、作出解读：平常时间能看出来，关键时刻能冲出来，危难时刻能豁出来。以人民安全为宗旨，在中国绝对不是一句空话。在常态下，党员干部要认真研究、真诚关注一个个特殊人群，拉近物理距离和心理距离。

随着社会的快速发展，形成了不少特殊群体，其中有些群体相对边缘，但非常重要，需要我们持续关注和研究、需要真诚关心和关怀。例如，在中国有 2100 多万卡车司机，基本特征是"自雇体制"＋"虚拟团结"。卡车司机以男性为主（男性占95.8%），平均年龄为 36.6 岁，农村户籍居多（占 79.1%）；受教育程度较低，初中教育程度占 57.7%，高中、职高和技校占32.6%。卡车司机工作强度较大，每天驾车平均时间在 8—12 小时的占 42.1%，12 小时以上的占 9.2%。长期、繁重的劳动，加上不规则的进餐和休息，使得卡车司机往往罹患各种疾病。他们工作繁重，但社会地位较低，容易紧张、容易情绪激动。同卡车司机相近的还有 640 多万保安群体，1700 多万外卖员、快递员，630 多万网约车驾驶员，他们均处于相对边缘的状态。

当前，我国正处在老龄化加速阶段，第七次全国人口普查数据显示，2020 年中国 60 岁及以上人口为 2.64 亿人，预计2025 年将突破 3 亿。据全国老龄办数据统计，2020 年空巢老人达到 1.18 亿，预计至 2030 年空巢老人将超过 2 亿。2022 年 4月 29 日，国家统计局发布 2021 年农民工监测调查报告，中国有 2.93 亿农民工，农民工平均年龄继续提高，2021 年为 41.7岁，50 岁以上占比由过去的 15.1%（2012 年）上升到目前的27.3%，① 可见农民工的年龄结构发生很大变化，说明现在的年

---

① 近年来，农民工平均年龄逐年提高，50 岁以上农民工占比也不断提高。2017 年农民工平均年龄为 39.7 岁，2018 年、2019 年、2020 年分别为 40.2 岁、40.8 岁、41.4 岁；2017 年 50 岁以上农民工所占比重为 21.3%，2018 年、2019 年、2020 年占比分别为 22.4%、24.6%、26.4%。2012 年，50 岁以上的农民工占比为 15.1%。

轻人越来越不愿意从事繁重劳动。此外，在农村，有留守儿童1550万。全国有残疾人8500万，有9500万抑郁症患者，有7000万同性恋者，等等。

针对上述一个个鲜活的群体，要做到以人民安全为宗旨，就要求党员干部对各个群体多了解、多关心。真正和人民群众在一起，党员干部作决策才能接地气、有底气，始终铭记"为了谁、依靠谁、我是谁"，党员干部也是人民群众，不能把"优越感"建立在职位和身份上，要清醒地认识到："吃百姓之饭，穿百姓之衣，莫道百姓可欺，自己也是百姓。得一官不荣，失一官不辱，勿道一官无用，地方全靠一官。"

（二）以政治安全为根本

政治安全在国家安全体系中居于核心地位和最高层次。强调政治安全就是要坚持党的领导和坚持中国特色社会主义制度不动摇，把制度安全、政权安全、意识形态安全放在首要位置，为国家安全提供根本政治保证。对任何一个国家而言，任何领域的风险和挑战，最终都会向政治领域传导。政治安全具有极端重要性，也具有高度敏感性。

2013年8月19日，习近平总书记在全国宣传思想工作会议上强调，经济建设是党的中心工作，意识形态工作是党的一项极端重要的工作。之所以强调"极端重要"，是因为意识形态工作事关党的前途命运，事关国家长治久安，事关民族凝聚力和向心力。

对中国而言，在意识形态安全领域面临的挑战主要有三个。

第一个层面的挑战，是西方的政治价值观。西方国家以"颜色革命"为手段，输出民主人权、输出普世价值，围剿社会主义核心价值观以及全人类共同价值。

"颜色革命"是西方意识形态斗争的一种主要策略，主要通过非暴力（不排除暴力，如军事政变）的"街头政治"方式来颠覆政权。"颜色革命"有以下特征：都试图引进"来自底层的民主"，以实现所倡导的社会政治转型；目标都是推翻现任的政治领导人或执政党；"颜色革命"的政治性质一直都是右倾的，强调"选举是民主的指标"，这里所称的民主特指西方的宪政民主，推崇自由、私有财产权、市场机制并反对国家干预；公众集会以年轻人为主，尤其是学生；媒体描述的"人民的力量"实际上是西方势力操纵的示威。

据不完全统计，1989 年至 2014 年，全球范围内比较典型的"颜色革命"达 22 次之多。如发生在捷克斯洛伐克、保加利亚、罗马尼亚的"丝绒革命"（1989 年），格鲁吉亚的"玫瑰革命"（2003 年），吉尔吉斯斯坦的"郁金香革命"（2005 年）以及"西瓜革命"（2010 年），黎巴嫩的"雪松革命"（2005 年），白俄罗斯的"蓝色革命"（2006 年），摩尔多瓦的"紫丁香革命"（2009 年），还有以突尼斯"茉莉花革命"为导火索引发的"阿拉伯之春"，距今最近的是 2014 年发生在乌克兰的"颜色革命"。"颜色革命"绚烂的名字背后，是敌对势力的精心组织和策划、颇具蛊惑性的口号和议题、媒体的歪曲报道和煽风点火。那些经历过"颜色革命"的国家，政局动荡、冲突不断，人民苦不堪言。

2021 年 4 月 16 日，中央港澳工作领导小组办公室、国务院港澳事务办公室在"求是网"发表文章《完善香港选举制度 落实"爱国者治港" 确保"一国两制"实践行稳致远》，直指 2019 年在港发生的"修例风波"是一场港版"颜色革命"。文章指出，2019 年"修例风波"期间，"港独"猖獗、"黑暴"肆虐、"揽炒"横行，各种激进破坏活动肆无忌惮，外国势力指手画脚、深度干预，导致香港陷入动乱。"修例风波"实质上是一场港版"颜色革命"，反中乱港势力及其背后支持的外部势力不仅是要夺取香港管治权，搞乱香港，而且企图搞乱内地，颠覆中国共产党的领导和中国特色社会主义制度，阻挠中华民族复兴的进程。

法国 2007 年拍摄的纪录片《颜色革命的背后》，公开披露了"美国国际共和研究所"和"美国国家民主基金会"等政府背景的 NGO 组织在塞尔维亚、乌克兰、吉尔吉斯斯坦等国家策动"颜色革命"的情况。2019 年 12 月 2 日，外交部发言人华春莹主持例行记者会时宣布，中国政府决定自即日起对"美国国家民主基金会""美国国际事务民主协会""美国国际共和研究所""人权观察""自由之家"等在香港修例风波中表现恶劣的非政府组织实施制裁。

2020 年 6 月 30 日，十三届全国人大常委会第二十次会议举行第二次全体会议、第三次全体会议和闭幕会。会议表决通过了《中华人民共和国香港特别行政区维护国家安全法》，国家主席习近平签署第 49 号主席令予以公布。7 月 3 日，根据《中华人民共和国香港特别行政区维护国家安全法》第十二条规定，香港特别行政区设立维护国家安全委员会（港区国安委）。香港特区国安委按港区国安法第十五条设立国家安全事务顾问，由中央人民政府指派的骆惠宁出任，并将列席香港特区国安委会议。香港特区国安委的职责为：1. 分析研判香港特别行政区维护国家安全形势，规划有关工作，制定香港特别行政区维护国家安全政策；2. 推进香港特别行政区维护国家安全的法律制度和执行机制的建设；3. 协调香港特别行政区维护国家安全的重点工作和重大行动。

第二个层面的挑战，是西方的文化霸权。西方国家通过广播、出版、影视文学、教育等多种途径"润物无声"地推行其意识形态，干扰我国主流意识形态的主导力与控制力，导致文化领域"西强我弱"，缺乏话语权与主动权。

文化是有"穿透力"的。美国的价值观、意识形态已经社会科学化了（变成了教材、经典著作），同时已经产业产品化了。有一种观点：美国最强的不是军舰导弹与能源资源，而是

"三片"——薯片、芯片和影片。薯片的背后是星巴克、必胜客、赛百味、COSTA、肯德基、麦当劳、哈根达斯、DQ 等西方快餐全球落地，美国强调其所推出的不是快餐，而是快餐文化，改变的不是人们的味觉，而是年轻人的生活方式、交友方式、工作方式，甚至是思维方式。

第二片是"芯片"。党的十八大之前，经济安全主要强调全球能源供给，如"马六甲困局"等，但今天这一现象在悄然发生变化：芯片已经成为中国进口所花费用最多的产品，超过了原油。2019 年，中国用 2400 多亿美元买原油，却用 3000 多亿美元进口芯片。2021 年，中国进口集成电路 6355 亿个，同比增长 16.9%，而进口集成电路的金额约 4400 亿美元，同比增长 25.6% 左右。2021 年，我国原油进口金额 2500 亿美元。国家安全还不只是花多少钱的问题，芯片本身是工业粮食，芯片是先进制造业与智能制造业的核心部件，如果在芯片中植入病毒和代码，中国的工业发展就如同"在沙漠上建造房子"。

我们常用的电脑核心芯片，高端手机核心芯片，存储设备、视频系统中显示驱动芯片，数字信号处理设备芯片，及可编程逻辑设备核心芯片等，都是目前中国自己造不出来的高端芯片，几乎完全依赖进口。在这些产品中，中国自产芯片在全球的市场占有率连 1% 都不到，甚至绝大部分低于 0.5%。

第三片是"好莱坞大片"。美国的好莱坞、奈飞（Netflix）等，不仅是在向全世界宣扬美国的强大，更重要的是持续输出美国的价值观，推广西方的文化、制度甚至是宗教信仰。上映于 1994 年并且豪取六项奥斯卡大奖的《阿甘正传》风靡全球，被视为美国利用电影进行意识形态输出的成功典范。以漫威公司为代表的超级英雄电影同样如此。

可见，在美国"三片"的背后，是其强势的西方文化霸权。在消费西方文化产品的同时，青年人潜移默化地在学习、欣赏甚至认同西方文化产品背后的价值观。对中国而言，激活文化资源、讲好中国故事、增强人民精神力量，就是在维护国家安全，这既是文化安全也是政治安全。

2014 年，国家主席习近平在巴黎联合国教科文组织总部发表重要演讲，强调"让收藏在博物馆里的文物、陈列在广阔大地上的遗产、书写在古籍里的文字都活起来，让中华文明同世界各国人民创造的丰富多彩的文明一道，为人类提供正确的精神指引和强大的精神动力"。其中，"活起来"这三个字非常精准，点到了中国文化安全的"痛处"，即中华民族 5000 年有丰厚的文化资源，但海量的文化资源基本都沉睡在那，缺乏文化竞争优势。今天的中国，不仅面临一个强大的西方世界，还面临一个强大的"被西方化"的世界。

第三个层面的挑战，是西方的宗教渗透。宗教渗透指的是，以宗教为核心价值理念的西方思潮取代我国马克思主义的政治信仰和国家指导思想，改造并同化中华民族的道德观念、文化传统和民族精神。

2018 年 4 月 3 日，国务院新闻办公室发表《中国保障宗教信仰自由的政策和实践》白皮书。根据统计数据，我国主要有佛教、道教、伊斯兰教、天主教和基督教等宗教，信教公民近 2 亿人。10 个多数人信仰伊斯兰教的少数民族总人口 2000 多万人，伊斯兰教教职人员 5.7 万余人。天主教信徒约 600 万人，基督教信徒 3800 多万人。相当长的时期内，韩国等国的基督徒将中国作为传教的首选目的地。

2013 年 6 月 28 日，习近平总书记在全国组织工作会议上发表重要讲话指出，"我一直在想，如果哪天在我们眼前发生'颜色革命'那样的复杂局面，我们的干部是不是都能毅然决然站出来捍卫党的领导、捍卫社会主义制度？"维护中国国家安全，不仅要防止落入"中等收入陷阱"，也要防止落入"西化分化陷阱"。中国是一党长期执政的国家，政治安全是国家安全的首要问题，政治安全就是要维护党的领导，维护中国特色社会主义制度，始终保持政治警觉才能保证长久的政治安全。

（三）以经济安全为基础

维护经济安全，核心是要坚持社会主义基本经济制度不动摇，不断完善社会主义市场经济体制，坚持发展是硬道理，不断提高国家的经济整体实力、竞争力和抵御内外各种冲击与威胁的能力，重点防控好各种重大风险挑战，保护国家根本利益不受伤害。

党的二十大报告指出，高质量发展是全面建设社会主义现代化国家的首要任务。发展是党执政兴国的第一要务。没有坚实的物质技术基础，就不可能全面建成社会主义现代化强国。必须完整、准确、全面贯彻新发展理念，坚持社会主义市场经济改革方向，坚持高水平对外开放，加快构建以国内大循环为主体、国内国际双循环相互促进的新发展格局。

要坚持以推动高质量发展为主题，把实施扩大内需战略同深化供给侧结构性改革有机结合起来，增强国内大循环内生动力和可靠性，提升国际循环质量和水平，加快建设现代化经济体系，着力提高全要素生产率，着力提升产业链供应链韧性和安全水平，着力推进城乡融合和区域协调发展，推动经济实现质的有效提升和量的合理增长。

2008年至今，全球经历一波接一波的冲击：2008年金融危机几乎波及所有国家，2010年开始的欧洲主权债务危机以及英国脱欧危机，2017年美国在全球范围挑起贸易战，2020年新冠肺炎疫情暴发，2022年俄乌冲突对全球供应链、产业链等造成持续冲击，总体看各种危机彼此叠加，中国面临的输入性风险明显增多。中国正处于跨越"中等收入陷阱"并向高收入国家迈进的历史阶段，矛盾和风险比从低收入国家迈向中等收入国家时更多、更复杂。

维护经济安全要正确处理产业安全、资源安全（初级产品供给安全）、金融安全、网络安全等问题。

产业安全，是在国际竞争中保持独立的产业地位和产业竞争优势，产业安全的核心是制造业，关键是创新驱动与自立自强。中国企业已经做大，在做强的道路上却显然任重而道远。1989年，中国银行成为中国第一家进入世界500强的企业。1995年，《财富》杂志首次将所有产业领域的公司纳入评选范围，有3家中国企业在这一年进入世界500强名单：它们是中国银行、中国中化和中粮集团。同年，美国有151家企业上榜，日本是149家。中国加入WTO之初的2002年，入榜企业仅11家，美国则是10倍以上的132家。但中国企业发展速度之快堪称奇迹，2015年，中国进入世界500强的企业首次破百（106家）。2019年，中国有129家企业进入世界500强，首次超过美国（121家）。正如《财富》杂志评价的，"从没有国家如中国般，如此迅速地增加排行榜中的企业数量"。

在世界为中国企业的整体崛起赞叹不已的同时，很多人也注意到了中国企业存在诸多不足。2021年，中国共有145家公司上榜，美国有124家公司上榜。但是，中国公司盈利能力与世界500强公司平均水平的差距拉大。中国145家公司上榜公司平均利润约41亿美元，然而世界500强平均利润同期上升至62亿美元，美国124家企业平均利润高达100.5亿美元，几乎接近中国上榜企业的2.5倍。美国前财政部部长亨利·保尔森曾说过："竞争的关键在于，谁的经济将推动未来的科技发展，并为之设定标准。"未来，企业要真正实现从大到强，关键在于规模竞争转向质量竞争，焦点就是高端制造业、战略性新兴产业竞争。

中国发展到现在这个阶段，不仅从别人那里拿到关键核心技术不可能，就是想拿到一般的高技术也是很难的，西方发达国家有一种教会了徒弟、饿死了师傅的心理，所以立足点要放在自主创新上。党的十八届五中全会提出"五大发展理念"将创新放在首位，党的十九届五中全会强调"构建新发展格局最本质的特征是实现高水平的自立自强"。

资源安全是一个国家或地区可以持续、稳定、及时、足量和经济地获取所需自然资源（水资源、能源资源、土地资源、矿产资源等）的状态。有专家提出，国家资源安全一般包括数量、质量、结构、均衡、经济等五个方面的基本含义。

数量含义，也就是数量安全，即资源数量要充裕，既有总量的充裕，也有人均量的充裕，但后者较之前者更具意义；

质量含义，也就是质量安全，即资源质量要有保证，如水质安全、耕地质量安全、能源品质安全等；

结构含义，也就是结构安全，即资源供给的多样性，供给渠道的多样性是供给稳定性的基础；

均衡含义，包括地区均衡与人群均衡两方面。资源分布的不均衡，即资源的非遍布同质性，增加了资源供给的时间和成本，是导致国家资源安全问题的原因之一；人群阶层的存在，特别是收入阶层的存在，导致获取资源的经济能力（支付能力）上的差异，也是影响国家资源安全的重要因素之一；

经济含义，即一个国家可以从市场（特别是国际市场）上以较小经济代价、较低价格获取所需资源的能力或状态。[①]

金融是现代经济的核心，金融安全最根本的是要确保不发生系统性金融风险。金融最大的风险是脱实向虚，金融要服务于实体经济，因此需要将金融安全与产业安全两者相结合。2022年4月29日，中共中央政治局就依法规范和引导我国资本健康发展进行第三十八次集体学习，习近平总书记强调，"要规范和引导资本发展。要设立'红绿灯'，健全资本发展的法律制度，形成框架完整、逻辑清晰、制度完备的规则体系。要以

---

① 廉颖婷：《"资源安全"以国家利益为最高准则》，载《法制日报》2014年4月24日，第4版。

保护产权、维护契约、统一市场、平等交换、公平竞争、有效监管为导向，针对存在的突出问题，做好相关法律法规的立改废释。要严把资本市场入口关，完善市场准入制度，提升市场准入清单的科学性和精准性。要完善资本行为制度规则。要加强反垄断和反不正当竞争监管执法，依法打击滥用市场支配地位等垄断和不正当竞争行为”，“要精准把握可能带来系统性风险的重点领域和重点对象，增强治理的预见性和敏捷度，发现风险早处置、早化解”。

网络安全是指网络系统的硬件、软件及其系统中的数据受到保护，不因偶然的或者恶意的原因而遭受到破坏、更改、泄露，系统连续可靠正常运行，网络服务不中断。“没有网络安全就没有国家安全；过不了互联网这一关，就过不了长期执政这一关。”2014年2月27日，中央网络安全和信息化领导小组成立。该领导小组着眼国家安全和长远发展，统筹协调涉及经济、政治、文化、社会及军事等各个领域的网络安全和信息化重大问题，研究制定网络安全和信息化发展战略、宏观规划和重大政策，推动国家网络安全和信息化法治建设，不断增强安全保障能力。2018年3月，根据中共中央印发的《深化党和国家机构改革方案》，将中央网络安全和信息化领导小组改为中央网络安全和信息化委员会。2017年6月1日，我国首部网络安全基本法《中华人民共和国网络安全法》正式实施。

此外，以经济安全为基础，要处理好自立自强同开放合作的关系。在困难情况下容易形成这样一种观点，强调国际社会危机四伏，有金融危机、贸易战、疫情、俄乌冲突等，认为“走出去”以及对外开放的条件越来越于我不利，甚至认为“一带一路”会踩下急刹车。其实，上述观点是错误的。

为此，要正确认识和把握共建“一带一路”面临的新形势。总体上看，和平与发展的时代主题没有改变，经济全球化大方向没有变，国际格局发展战略态势对我有利，共建“一带一路"仍面临重要机遇。同时，世界百年未有之大变局正加速演变，新一轮科技革命和产业变革带来的激烈竞争前所未有，气候变化、疫情防控等全球性问题对人类社会带来的影响前所未有，共建"一带一路"国际环境日趋复杂。我们要保持战略定力，抓住战略机遇，统筹发展和安全、统筹国内和国际、统筹合作和斗争、统筹存量和增量、统筹整体和重点，积极应对挑战，趋利避害，奋勇前进。

共建"一带一路"成为深受欢迎的国际公共产品和国际合作平台。"一带一路"倡议特别强调开放合作，其意义在于要充分调动国际资源补中国经济短板。以《摆脱贫困》这本书为例，全书围绕闽东地区如何脱贫致富、加快发展这一主题，收录了习近平同志 1988 年 9 月至 1990 年 5 月在福建宁德工作期间的重要讲话和文章，共 29 篇。1988 年 6 月，35 岁的习近平刚从厦门副市长调至相对贫困的宁德任地委书记。很多同志长期在贫困地区工作，习惯性地强调本地区很特殊，认为改革创新、大刀阔斧的事情同自己没有关系。习近平到宁德做的第一件事就是扎扎实实做调研。调研结束后回到宁德写的第一篇文章就是本书的开篇文章——《弱鸟如何先飞——闽东九县调查随感》。文章第二段的题目是"飞洋过海的艺术"，原文写道："既飞，当然要力图飞洋过海，要向外飞，要在国际市场上经风雨，在商品经济中见世面。"这段话放在 1988 年来讲，是非常有远见、有魄力、有格局的。当时中国的改革开放刚刚起步，一位 35 岁的年轻干部对着贫困地区的同志讲，"落后不能老想着碗里头的、不能总惦记着锅里头的，真正的竞争优势，是在国际市场中经风雨得来的，是在商品经济中见世面得来的"，确实令人钦佩。在文章中习近平特别谈到落后贫困地区恰恰要练"软功夫"，有了飞洋过海的高超艺术，"弱鸟"才能够先飞。

2013 年 9 月、10 月，习近平总书记提出"一带一路"倡议。对于"一带一路"倡议，很多人有疑问："一带一路"究竟是什么？"一带一路"是不是就等于"走出去"？国内市场这么大，何必非得要"走出去"？诸如此类的问题其实没有把握住"一带一路"的精神实质。"一带一路"本身就是维护国家经济安全的重要举措。就内涵而言，"一带一路"是中国全面扩大对外开放的重大战略举措以及经济外交的顶层设计。党的十九大报告的第五部分是建设现代化经济体系，其中第六项工作重点就是要推动形成全面开放新格局，强调要以"一带一路"建设为重点，坚持引进来和走出去并重，遵循共商共建共享原则，加强创新能力开放合作，形成陆海内外联动、东西双向互济的开放格局。很多人讲，现在外面的风险那么大，先别出门了。但水深、浪急、风大的地方恰恰是有好鱼的地方。比起外部风险，我们更害怕有些干部畏惧风险，不敢出海、不敢下水，"挽着裤腿，在河边溜达"，久而久之，中国经济自身的免疫力降低，中国面临的不安全因素和风险反倒更大。

为此，中国企业要精准对标两组、六大关键词。"一带一路"的第一组关键词，是"走出去""走进去""走上去"。"一带一路"不等于"走出去"，它是要超越"走出去"。1999 年，中央明确提出"走出去"战略，取得了不少成就，但只讲"走出去"就会形成这样一种负效应：很多企业嘴上说着出去，心里老嘀咕着回来；卖点东西出去、置换点能源回来，身体在外、心思在内。给国际社会的印象是：中国人来了，中国人走了，中国人又来了，中国人又走了。这种反应是物理反应，影响是不深远、不深刻的。比"走出去"更难的是"走进去"，中国企业要掌握关键技术，就要通过自主创新去解决那些"卡脖子"的问题，如关键工艺、关键原材料、关键零部件等。当中国企业在标准、资质、技术、知识产权等领域领先的时候，就做到了"走进去"。如果中国企业拥有一流的企业文化与管理，实现了价值共振，由此中国企业从"经济现象"成为"学习对象"，这就做到了"走上去"。"一带一路"塑造力绝不等于"走出去"，要"走进去"，还要"走上去"。

"一带一路"的第二组关键词，是产业化、品牌化、国际化。在中国，产业一应尽有、大而齐备。但是有产业不等于有产品，有产品不等于有品牌，有品牌不等于有品牌价值。很多企业强调自己不参与"一带一路"的原因是企业没有名气，要先在当地、在国内做品牌，真正"出了名"再到海外去跟外企PK。其背后的逻辑是先品牌化，再国际化。这种理解太保守，是需要摒弃的。研究全球的知名企业，就会发现，有效的国际化能够助推企业的品牌化。"一带一路"之所以被称为"飞洋过海的艺术"，就是要充分调动国际资源来补中国企业短板，以开放来倒逼改革，以开放来带动创新。

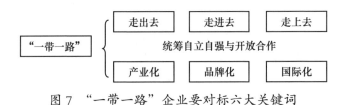

图 7 "一带一路"企业要对标六大关键词

在"一带一路"建设中，政府是主导，企业是主体。2016年 8 月，习近平总书记出席推进"一带一路"建设工作座谈会，中国交通建设集团有限公司、华立集团代表"一带一路"企业发言。2018 年 8 月，习近平总书记出席推进"一带一路"建设工作 5 周年座谈会，招商局集团有限公司、浙江吉利控股集团代表"一带一路"企业发言。2021 年 11 月 19 日，习近平总书记出席第三次"一带一路"建设座谈会，中国远洋海运集团有限公司、正泰集团股份有限公司代表"一带一路"企业发言。三次座谈会有以下特点：第一，企业代表受邀参会并汇报工作；第二，两家企业的组成结构一个是中央企业，另一个是民营企业；第三，三家民营企业，即华立、吉利、正泰都来自浙江。可见，中央企业、国有企业是"一带一路"建设的主力军，民营企业是生力军，两者相辅相成、缺一不可。

实现高质量发展需要推进高水平对外开放，稳步扩大规则、规制、管理、标准等制度型开放，加快建设贸易强国，推动共建"一带一路"高质量发展，深度参与全球产业分工和合作，维护多元稳定的国际经济格局和经贸关系。

没有世界一流企业就难有真正的经济安全。对于中国企业来说，"一带一路"就是站在世界地图面前规划自己的发展，如果能够充分调动国际资源（包括人才资源），企业的风险识别能力会强、风险管控能力会强，企业的学习能力也会强。从这个意义上来讲，"一带一路"建设是有战略预见性的顶层设计，是为进一步夯实中国经济安全的企业主体。从某种程度而言，市场就是战场，企业能提高战斗力、塑造力。

（四）以军事、科技、文化、社会安全为保障

军事安全、科技安全、文化安全、社会安全是总体国家安全观的"四大保障"。就是要完善强基固本、化险为夷的各项对策措施，为维护国家安全提供硬实力和软实力的坚实保障。

1. 强国必须强军，军强才能国安

坚持和发展中国特色社会主义，实现中华民族伟大复兴，必须统筹发展和安全、富国和强军，确保国防和军队现代化进程同国家现代化进程相适应，军事能力同国家战略需求相适应。

2014年3月11日，习近平在十二届全国人大一次会议解放军代表团全体会议上指出，"能战方能止战，准备打才可能不必打，越不能打越可能挨打，这就是战争与和平的辩证法。"2015年11月24日至26日，中央军委改革工作会议在北京召开。习近平出席会议并发表重要讲话时强调，深化国防和军队改革是实现中国梦、强军梦的时代要求，是强军兴军的必由之路，也是决定军队未来的关键一招。要深入贯彻党在新形势下的强军目标，动员全军和各方面力量，坚定信心、凝聚意志，统一思

想、统一行动，全面实施改革强军战略，坚定不移走中国特色强军之路。

此轮军改，裁减军队现役员额 30 万，军队规模由 230 万逐步减至 200 万。军委机关调整组建方面，军委机关由 4 个总部改为 1 厅、6 部、3 个委员会、5 个直属机构共 15 个职能部门。2015 年 12 月 31 日，中国人民解放军陆军领导机构、火箭军、战略支援部队成立大会在北京八一大楼隆重举行。成立陆军领导机构、火箭军、战略支援部队，以及随后成立联勤保障部队，体现了"军委管总、战区主战、军种主建"总原则，使我军军兵种结构比例得到优化、新型作战力量建设得到加强。

2016 年 2 月 1 日，中国人民解放军战区成立，习近平主席向东部战区、南部战区、西部战区、北部战区、中部战区授予军旗并发布训令。自此，7 大军区调整划设为 5 大战区。通过这些大力度的改革，人民解放军突破了长期实行的总部体制、大军区体制、大陆军体制，建立了军委管总、战区主战、军种主建的新格局，解决了一些多年来想解决但一直没有很好解决的问题，解决了许多过去认为不可能解决的问题，实现了军队组织架构的一次历史性变革。

2017 年 10 月 18 日，习近平总书记在党的十九大报告中明确指出，"军队是要准备打仗的，一切工作都必须坚持战斗力标准，向能打仗、打胜仗聚焦。扎实做好各战略方向军事斗争准备，统筹推进传统安全领域和新型安全领域军事斗争准备，发展新型作战力量和保障力量，开展实战化军事训练，加强军事力量运用，加快军事智能化发展，提高基于网络信息体系的联合作战能力、全域作战能力，有效塑造态势、管控危机、遏制战争、打赢战争。"

长期相对和平的环境，对军队是一种严峻考验。一支军队的衰败，大都是从滋生"和平积弊"开始的。习近平主席反复强调备战打仗是军队的根本职能，要以备战打仗姿态破除和平积弊。习近平强军思想可以概括为"十个明确"。

强军使命：明确强国必须强军，巩固国防和强大人民军队是新时代坚持和发展中国特色社会主义、实现中华民族伟大复兴的战略支撑。

强军目标：明确党在新时代的强军目标是建设一支听党指挥、能打胜仗、作风优良的人民军队，必须同国家现代化进程相一致，力争到 2035 年基本实现国防和军队现代化，到本世纪中叶把人民军队全面建成世界一流军队。

强军之魂：明确党对军队绝对领导是人民军队建军之本、强军之魂，必须全面贯彻党领导军队的一系列根本原则和制度，确保部队绝对忠诚、绝对纯洁、绝对可靠。

强军之要：明确军队是要准备打仗的，必须聚焦能打仗、打胜仗，创新发展军事战略指导，构建中国特色现代作战体系，全面提高新时代备战打仗能力，有效塑造态势、管控危机、遏制战争、打赢战争。

强军之基：明确作风优良是我军鲜明特色和政治优势，必须加强作风建设、纪律建设，坚定不移正风肃纪、反腐惩恶，大力弘扬我党我军光荣传统和优良作风，永葆人民军队性质、宗旨、本色。

强军布局：明确推进强军事业必须坚持政治建军、改革强军、科技兴军、依法治军，更加注重聚焦实战、更加注重创新驱动、更加注重体系建设、更加注重集约高效、更加注重军民融合，全面提高革命化现代化正规化水平。

强军关键：明确改革是强军的必由之路，必须推进军队组织形态现代化，构建中国特色现代军事力量体系，完善中国特色社会主义军事制度。

强军动力：明确创新是引领发展的第一动力，必须坚持向科技创新要战斗力，统筹推进军事理论、技术、组织、管理、文化等各方面创新，建设创新型人民军队。

强军保障：明确现代化军队必须构建中国特色军事法治体系，推动治军方式根本性转变，提高国防和军队建设法治化水平。

强军路径：明确军民融合发展是兴国之举、强军之策，必须坚持发展和安全兼顾、富国和强军统一，形成全要素、多领域、高效益军民融合深度发展格局，构建一体化的国家战略体系和能力。

2022年，党的二十大报告要求，全面加强练兵备战，提高人民军队打赢能力。研究掌握信息化智能化战争特点规律，创新军事战略指导，发展人民战争战略战术。打造强大战略威慑力量体系，增加新域新质作战力量比重，加快无人智能作战力量发展，统筹网络信息体系建设运用。优化联合作战指挥体系，推进侦察预警、联合打击、战场支撑、综合保障体系和能力建设。深入推进实战化军事训练，深化联合训练、对抗训练、科技练兵。加强军事力量常态化多样化运用，坚定灵活开展军事斗争，塑造安全态势，遏控危机冲突，打赢局部战争。

全面加强军事治理，巩固拓展国防和军队改革成果，完善军事力量结构编成，体系优化军事政策制度。加强国防和军队建设重大任务战建备统筹，加快建设现代化后勤，实施国防科技和武器装备重大工程，加速科技向战斗力转化。深化军队院校改革，建强新型军事人才培养体系，创新军事人力资源管理。加强依法治军机制建设和战略规划，完善中国特色军事法治体系。改进战略管理，提高军事系统运行效能和国防资源使用效益。

巩固提高一体化国家战略体系和能力。加强军地战略规划统筹、政策制度衔接、资源要素共享。优化国防科技工业体系和布局，加强国防科技工业能力建设。深化全民国防教育。加强国防动员和后备力量建设，推进现代边海空防建设。加强军人军属荣誉激励和权益保障，做好退役军人服务保障工作。巩固发展军政军民团结。

2. 关键核心技术是国之利器

对国家安全保障的最初表述，只提到了以军事、文化、社会为保障，后来又加入科技一词。2017 年 8 月，特朗普政府发起对中国的"301 调查"，打响了对华贸易战，这是我国改革开放四十年来所面临的最严峻的一次国际贸易争端。

2021 年 6 月 3 日，美国总统拜登以"应对中国军工企业威胁"为由签署行政命令，将包括华为公司、中芯国际、中国航天科技集团有限公司等 59 家中企列入投资"黑名单"，禁止美国人与名单所列公司进行投资交易。早在 2020 年 11 月，特朗普为禁止美国投资者对"中国军方控制的企业"进行投资，列入了 31 家电信、建筑和技术产业的中企。在特朗普离任前，该名单扩充至 44 家。现今，拜登政府又将名单扩展至 59 家。的确，贸易战的本质其实是科技战，是"卡脖子"的问题。

当今世界正经历百年未有之大变局，科技创新是其中一个关键变量。科技是国之利器，要围绕国家重大战略需求，着力突破关键核心技术，抢占事关长远和全局的科技战略制高点。

世界上最先提出科技立国的国家是日本。1977 年 5 月，作为日本官方文件发表的科学技术会议第 6 号答询（题目是："基于长期展望的综合科学技术政策"），首次提出了科技立国的主张。1980 年，日本政府明确提出"科学技术立国"的口号。翌年，日本政府提出"创造性科技振兴方案"，强调不能一味利用别国基础研究成果开发"追随型"技术，要独自创造、研究"开拓型"技术。1994 年，日本政府又提出"科学技术创造立国"的新口号，强调日本要告别"模仿与改良的时代"，要创造性地开发领先于世界的高技术。1995 年 11 月，日本通过了《科学技术基本法》。

此外，美国旧金山湾区也是科技创新的典范。在旧金山湾区，聚集着斯坦福大学、加州大学伯克利分校等 20 多所大学，还有劳伦斯伯克利国家实验室（Lawrence Berkeley National Laboratory）等 25 所国家级或州级科学实验室，100 多位诺贝尔奖获得者、数十名菲尔兹奖得主和图灵奖得主在这里求学和工作过，近 1000 名美国科学院院士在湾区供职，以及惠普、英特尔、Google、苹果、思科、甲骨文科技等著名企业。强大的科技力量，为美国的经济安全提供了源源不断的动能。

关键核心技术是国之重器，对推动我国经济高质量发展、保障国家安全都具有十分重要的意义。综合判断，我国已经成为具有重要影响力的科技大国，科技创新对经济社会发展的支撑和引领作用日益增强。同时，必须认识到，同建设世界科技强国的目标相比，我国发展还面临重大科技瓶颈，关键领域核心技术受制于人的格局没有从根本上改变，科技基础仍然薄弱，科技创新能力特别是原创能力还有很大差距。

习近平总书记强调，"实践反复告诉我们，关键核心技术是要不来、买不来、讨不来的。只有把关键核心技术掌握在自己手中，才能从根本上保障国家经济安全、国防安全和其他安全。要增强'四个自信'，以关键共性技术、前沿引领技术、现代工程技术、颠覆性技术创新为突破口，敢于走前人没走过的路。"

科技攻关要坚持问题导向，本着最紧急、最迫切的问题去。要从国家急迫需要和长远需求出发，在石油天然气、基础原材料、高端芯片、工业软件、农作物种子、科学实验用仪器设备、化学制剂等方面关键核心技术上全力攻坚，努力实现关键核心技术自主可控，把创新主动权、发展主动权牢牢掌握在自己手中。

为此，要加强基础研究，夯实世界科技强国建设的根基。要瞄准世界科技前沿，抓住大趋势，下好"先手棋"，打好基础、储备长远，实现前瞻性基础研究、引领性原创成果重大突破。2021 年 5 月 28 日，习近平在中国科学院第二十次院士大会、中国工程院第十五次院士大会和中国科协第十次全国代表大会上发表讲话时指出，加强基础研究是科技自立自强的必然要求，是我们从未知到已知、从不确定性到确定性的必然选择。要加快制定基础研究十年行动方案。基础研究要勇于探索、突出原创，推进对宇宙演化、意识本质、物质结构、生命起源等的探索和发现，拓展认识自然的边界，开辟新的认知疆域。基础研究更要应用牵引、突破瓶颈，从经济社会发展和国家安全面临的实际问题中凝练科学问题，弄通"卡脖子"技术的基础理论和技术原理。

其次，要强化国家战略科技力量，提升国家创新体系整体效能。世界科技强国竞争，比拼的是国家战略科技力量。国家实验室、国家科研机构、高水平研究型大学、科技领军企业都是国家战略科技力量的重要组成部分。《中华人民共和国国民经济和社会发展第十四个五年规划和2035年远景目标纲要》指出，以国家战略性需求为导向推动创新体系优化组合，加快构建以国家实验室为引领的战略科技力量。聚焦量子信息、光子与微纳电子、网络通信、人工智能、生物医药、现代能源系统等重大创新领域组建一批国家实验室，重组国家重点实验室，形成结构合理、运行高效的实验室体系。

此外，建设重大科技创新平台。支持北京、上海、粤港澳大湾区形成国际科技创新中心，建设北京怀柔、上海张江、大湾区、安徽合肥综合性国家科学中心，支持有条件的地方建设区域科技创新中心。

在党的二十大报告中，将"实施科教兴国战略，强化现代化建设人才支撑"作为单独一章，可见对教育、科技、人才工作的重视程度不同一般。教育、科技、人才是全面建设社会主义现代化国家的基础性、战略性支撑。必须坚持科技是第一生产力、人才是第一资源、创新是第一动力，深入实施科教兴国战略、人才强国战略、创新驱动发展战略，开辟发展新领域新赛道，不断塑造发展新动能新优势。

要坚持教育优先发展、科技自立自强、人才引领驱动，加快建设教育强国、科技强国、人才强国。特别强调要完善科技创新体系。坚持创新在我国现代化建设全局中的核心地位。完善党中央对科技工作统一领导的体制，健全新型举国体制，强化国家战略科技力量，优化配置创新资源，优化国家科研机构、高水平研究型大学、科技领军企业定位和布局，形成国家实验室体系，统筹推进国际科技创新中心、区域科技创新中心建设，加强科技基础能力建设，强化科技战略咨询，提升国家创新体系整体效能。深化科技体制改革，深化科技评价改革，加大多元化科技投入，加强知识产权法治保障，形成支持全面创新的基础制度。培育创新文化，弘扬科学家精神，涵养优良学风，营造创新氛围。扩大国际科技交流合作，加强国际化科研环境建设，形成具有全球竞争力的开放创新生态。

加快实施创新驱动发展战略。坚持面向世界科技前沿、面向经济主战场、面向国家重大需求、面向人民生命健康，加快实现高水平科技自立自强。以国家战略需求为导向，集聚力量进行原创性引领性科技攻关，坚决打赢关键核心技术攻坚战。加快实施一批具有战略性、全局性、前瞻性的国家重大科技项目，增强自主创新能力。加强基础研究，突出原创，鼓励自由探索。提升科技投入效能，深化财政科技经费分配使用机制改革，激发创新活力。加强企业主导的产学研深度融合，强化目标导向，提高科技成果转化和产业化水平。强化企业科技创新主体地位，发挥科技型骨干企业引领支撑作用，营造有利于科技型中小微企业成长的良好环境，推动创新链产业链资金链人才链深度融合。

3. 文化是一个国家、一个民族的灵魂

德国学者埃利亚斯（Elias）在《文明的进程》中表示，"文化"和"文明"的区别在于，"文化"是使民族之间表现出差异性的东西，它时时表现着一个民族的自我和特色，没有高低之分；而"文明"是使各个民族差异性逐渐减少的那些东西，表现着人类的普遍行为和成就。换句话说，"文化"使各个民族不一样，"文明"使各个民族越来越接近。

文化的核心是价值观。核心价值观是一个民族赖以维系的精神纽带，是一个国家共同的思想道德基础。2013 年 12 月 30 日，中共中央政治局举行第十二次集体学习，主题是研究提高国家文化软实力。习近平总书记强调，"价值观念在一定社会的文化中是起中轴作用的，文化的影响力首先是价值观念的影响力。核心价值观是决定文化性质和方向的最深层次要素，一个国家的文化软实力，从根本上说，取决于其核心价值观的生命力、凝聚力、感召力。世界上各种文化之争，本质上是价值观念之争。正所谓'一时之强弱在力，千古之胜负在理'。"习近平总书记的这段话有三个关键词：软实力、文化、价值观念。这三个词的逻辑关系是：软实力的核心是文化，而文化的核心是价值观念；研究文化，说到底是研究价值观念的，传播文化，说到底是传播价值观念的；如果没有实现价值共振，所有的文化展现都是"花拳绣腿"。

1990 年，美国学者约瑟夫·奈（Joseph Nye）提出软实力这一概念的时候更强调外交政策，而软实力概念进入中国就体现出鲜明的特色，在"软实力"前面加上了"文化"二字，故在政府文件中，是以"文化软实力"整体呈现的。所谓价值共振，指的是思想与精神的高度认同，即能不能激发一种国际社会分享中国的冲动。中国有 34 个省区市（包括港澳台）、300 多个地级市、2800 多个县，某些县的文化资源可能比西方一个国家的文化资源还多。但如果文化资源没有被激活，就很难实现价值共振。历史上，消灭一个国家有两种方式，一种是军事上的征服（即肉体消灭），另一种就是文化上的同化。一国的文化被同化，思想道德和精神追求就会土崩瓦解，这是更深层次的不安全。

2014年2月24日，习近平总书记在主持十八届中央政治局第十三次集体学习时提出，要"增强文化自信和价值观自信"。核心价值观是文化软实力的灵魂、文化软实力建设的重点。这是决定文化性质和方向的最深层次要素。培育和弘扬核心价值观，有效整合社会意识，是社会系统得以正常运转、社会秩序得以有效维护的重要途径，也是国家治理体系和治理能力的重要方面。历史和现实都表明，构建具有强大感召力的核心价值观，关系社会和谐稳定，关系国家长治久安。

此后，习近平总书记反复强调，增强文化自觉和文化自信，是坚定道路自信、理论自信、制度自信的题中应有之义。2016年5月17日，在哲学社会科学工作座谈会上，习近平总书记进一步指出，要坚定中国特色社会主义道路自信、理论自信、制度自信，说到底是要坚定文化自信。当前，各种思想文化相互激荡，不同文明交流交融交锋更加频繁。如何提高整合社会思想文化和价值观念的能力，扩大主流价值观念的影响力，掌握价值观念领域的主动权、主导权、话语权，保持民族精神独立性，是必须解决好的重大课题。

2022年5月27日，中共中央政治局就深化中华文明探源工程进行第三十九次集体学习。习近平总书记在主持学习时强调，要坚持弘扬平等、互鉴、对话、包容的文明观，以宽广胸怀理解不同文明对价值内涵的认识，尊重不同国家人民对自身发展道路的探索，以文明交流超越文明隔阂，以文明互鉴超越文明冲突，以文明共存超越文明优越，弘扬中华文明蕴含的全人类共同价值，推动构建人类命运共同体。要立足中国大地，讲好中华文明故事，向世界展现可信、可爱、可敬的中国形象。要讲清楚中国是什么样的文明和什么样的国家，讲清楚中国人的宇宙观、天下观、社会观、道德观，展现中华文明的悠久历史和人文底蕴，促使世界读懂中国、读懂中国人民、读懂中国共产党、读懂中华民族。此外，要建立中国特色、中国风格、中国气派的文明研究学科体系、学术体系、话语体系，为人类文明新形态实践提供有力理论支撑。

4. 社会安全是人民群众安全感的晴雨表

社会安全是指防范、消除、控制直接威胁社会公共秩序和人民群众生命财产安全的治安、刑事、暴力恐怖事件以及规模较大的群体性事件等，涉及打击犯罪、维护稳定、社会治理、公共服务等各个方面，与人民群众切身利益息息相关。社会安全与人民群众切身利益关系最密切，是人民群众安全感的晴雨表，是社会安定的风向标。

我国社会大局保持长期稳定，成为世界上最有安全感的国家之一。党的十九届四中全会将新中国成立 70 年来的伟大成就概括为"两大奇迹"，即"世所罕见的经济快速发展奇迹和社会长期稳定奇迹"。

2021 年 11 月 16 日，美国权威民调机构盖洛普发布了一年一度的全球法律和秩序指数排名，基于 2020 年度在各地区的调查，中国以 93 分名列第二，显示出中国民众具有很高的安全感。在榜单中，挪威以 94 分名列第一。阿拉伯联合酋长国、中国、瑞士三国得分均为 93 分，并列第二。排名前十的国家和地区还有芬兰、冰岛、塔吉克斯坦、中国台湾、斯洛文尼亚、奥地利以及葡萄牙，分数都在 90 分以上。值得一提的是，中国是唯一进入前十位的世界大国。

全球法律和秩序指数是美国权威民调机构盖洛普根据居民对当地警察的信心、对自身安全的感受以及过去一年中盗窃、人身伤害或抢劫案件发生率得出的综合评分。这一综合得分越高，则表示该国家有安全感的人口比例越高。在盖洛普单独列出的"独走夜路感到安全"的指数排名中，中国排名第三，有 91% 的中国受访者认为独自走夜路是安全的。前四名分别为阿联酋、挪威、中国与斯洛文尼亚。

目前，各种人民内部矛盾和社会矛盾已经成为影响社会稳定很突出、处理起来很棘手的问题，而其中大量问题是由利益问题引发的。这就要求我们处理好维稳与维权的关系。既要解决合理合法诉求、维护群众利益，也要引导群众依法表达诉求、维护社会秩序。

新的社会阶层人士是加强和创新基层社会治理以及维护社会安全的重要力量。2015年9月22日，《中国共产党统一战线工作条例（试行）》向社会公布。在条例明确的12个方面的工作对象中，第一次出现了"新的社会阶层人士"。新的社会阶层人士主体是知识分子，主要包括四大群体：私营企业和外资企业的管理人员和技术人员（指受聘于私企和外企，掌握企业核心技术和经营管理的专门知识者）、社会组织从业人员（包括律师、会计师、评估师、税务师、专利代理人等提供知识性产品服务的社会专业人士，以及社会团体、基金会、民办非企业单位从业者）、自由职业人员（指不供职于任何经济组织、事业单位或政府部门，在国家法律、法规、政策允许的范围内，凭借自己的知识、技能与专长，为社会提供某种服务并获取报酬者）、新媒体从业人员（指以新媒体为平台或对象，从事或代表特定机构从事投融资、技术研发、内容生产发布以及经营管理活动者）。

中央统战部2017年初发布的数据显示，我国新的社会阶层人士的总体规模约为7200万人。其中党外人士占比为95.5%。根据调研统计测算，民营企业和外商投资企业管理技术人员约4800万人；中介组织和社会组织从业人员约1400万人；自由职业人员约1100万人；新媒体从业人员约1000万人。由于各类群体间存在人员交叉，数据直接相加总数多于7200万。无论是维护国家安全还是提升国家治理现代化能力都离不开新的社会阶层的积极参与。

我国是世界上自然灾害最为严重的国家之一，近年来，极端天气灾害多发频发，在重特大自然灾害防范应对实践中，暴露了我国一些城市在防灾减灾领域存在诸多短板和不足。要充分发挥我国应急管理体系特色和优势，积极推进我国应急管理体系和能力现代化。2018年，在深化党和国家机构改革中，党中央决定组建应急管理部和国家综合性消防救援队伍，对我国应急管理体制进行系统性、整体性重构，推动我国应急管理事业取得历史性成就、发生历史性变革。

（五）以国际安全为依托

实现中华民族伟大复兴，不仅需要安定团结的国内环境，而且需要和平稳定的国际环境。以国际安全为依托，体现了新时代中国总体国家安全观的大国担当，为此，要始终不渝地走和平发展道路，在维护自身国家安全的同时，也要积极维护国际社会共同安全，推动构建人类命运共同体，建设持久和平、普遍安全、共同繁荣、开放包容、清洁美丽的世界。

"一带一路"是新型全球化的有力支撑。发展是中国的第一要务。70年来，中国的发展得益于和平稳定的外部环境，中国进一步发展同样需要和平稳定的外部环境。党的十八大以来，中央企业积极推进高质量共建"一带一路"，海外资产近8万亿元，项目超过8000个，海外员工达到125万（中方员工约20万）。中央企业国际化经营能力和水平明显提升。一批中央企业锻造形成了与跨国企业同台竞技的实力。在国际标准的制定中掌握了更多话语权，特别是高铁、核电、航天科技等一批央企产品走出了国门，成为我国亮丽的名片。此外，电动载人汽车、锂电池、太阳能电池也成为"一带一路"国际合作的"新三样"。"一带一路"有力促进了项目所在国经济社会发展以及民生改善。世界银行于2019年6月发布的《"一带一路"经济学》报告曾预测，到2030年，共建"一带一路"有望帮助全球760万人摆脱极端贫困，帮助3200万人摆脱中度贫困。

在安全领域，积极参与联合国维和行动，是中国以国际安全为依托的典型案例。2020 年 9 月 18 日，国务院新闻办公室发布《中国军队参加联合国维和行动 30 年》白皮书。中国以实际行动维护世界和平，积极参加联合国维和行动，是联合国第二大维和摊款国和会费国，是安理会常任理事国第一大出兵国。30 年来，中国军队认真践行《联合国宪章》宗旨和原则，先后参加 25 项联合国维和行动，累计派出维和官兵 4 万余人次，忠实履行维和使命，为维护世界和平、促进共同发展作出积极贡献，彰显了和平之师、正义之师、文明之师形象。

2017 年 5 月，习近平主席在首届"一带一路"国际合作高峰论坛开幕式上指出，"和平赤字、发展赤字、治理赤字，是摆在全人类面前的严峻挑战。这是我一直思考的问题。"2019 年 3 月，习近平主席在巴黎举行的中法全球治理论坛闭幕式上首次提出破解"四大赤字"——治理赤字、信任赤字、和平赤字、发展赤字，不仅新增了"信任赤字"，还把"治理赤字"摆到了首位。

中国积极参与全球安全治理。2022 年 4 月 21 日，习近平主席在博鳌亚洲论坛 2022 年年会开幕式上的主旨演讲中首次提出全球安全倡议，强调安全是发展的前提，人类是不可分割的安全共同体，呼吁国际社会共同维护世界和平安宁，并具体提出"六个坚持"，坚持共同、综合、合作、可持续的安全观，共同维护世界和平和安全；坚持尊重各国主权、领土完整，不干涉别国内政，尊重各国人民自主选择的发展道路和社会制度；坚持遵守联合国宪章宗旨和原则，摒弃冷战思维，反对单边主义，不搞集团政治和阵营对抗；坚持重视各国合理安全关切，秉持安全不可分割原则，构建均衡、有效、可持续的安全架构，反对把本国安全建立在他国不安全的基础之上；坚持通过对话协商以和平方式解决国家间的分歧和争端，支持一切有利于和平解决危机的努力，不能搞双重标准，反对滥用单边制裁和"长臂管辖"；坚持统筹维护传统领域和非传统领域安全，共同应对地区争端和恐怖主义、气候变化、网络安全、生物安全等全球性问题。

2022 年 6 月 13 日，中央军委主席习近平签署命令，发布《军队非战争军事行动纲要（试行）》，自 2022 年 6 月 15 日起施行。纲要坚持以习近平新时代中国特色社会主义思想为指导，深入贯彻习近平强军思想，坚持总体国家安全观，着眼有效防范化解风险挑战、应对处置突发事件，保护人民群众生命财产安全，维护国家主权、安全、发展利益，维护世界和平和地区稳定，创新军事力量运用方式，规范军队非战争军事行动组织实施，对有效履行新时代军队使命任务具有重要意义。

高水平安全离不开高质量发展，在经贸领域，中国是全球发展的贡献者。2020 年 11 月 15 日，历经八年谈判，《区域全面经济伙伴关系协定》（RCEP）正式签署，中国加入全球最大自贸区。该协定已于 2022 年 1 月 1 日正式生效，这个协定是东亚区域经济一体化的重要里程碑，也是推进全球贸易与投资自由化便利化的重要制度性成果。2021 年 9 月 16 日，中国正式申请加入《全面与进步跨太平洋伙伴关系协定》（CPTPP）。2021 年 9 月 21 日，习近平主席在北京以视频方式出席第七十六届联合国大会首次提出全球发展倡议，即坚持发展优先，坚持以人民为中心，坚持普惠包容，坚持创新驱动，坚持人与自然和谐共生，坚持行动导向。2021 年 11 月 1 日，中国正式申请加入《数字经济伙伴关系协定》（DEPA）。2022 年 5 月 18 日，习近平在庆祝中国国际贸易促进委员会建会 70 周年大会暨全球贸易投资促进峰会上发表视频致辞时指出，"要支持以世界贸易组织为核心的多边贸易体制，维护全球产业链供应链安全稳定，做大合作蛋糕，让发展成果更好惠及各国人民。"

在卫生健康领域，中国是构建人类卫生健康共同体的推动者。在抗击新冠肺炎疫情的过程中，习近平主席多次向国际社会呼吁"打造人类卫生健康共同体"。2021 年 5 月 21

日，习近平主席应邀在北京以视频方式出席全球健康峰会，发表题为《携手共建人类卫生健康共同体》的重要讲话，就全球合作抗疫发表五点意见，即坚持人民至上、生命至上；坚持科学施策，统筹系统应对；坚持同舟共济，倡导团结合作；坚持公平合理，弥合"免疫鸿沟"；坚持标本兼治，完善治理体系。其中，完善全球卫生治理体系，要加强和发挥联合国和世界卫生组织作用，完善全球疾病预防控制体系，更好预防和应对今后的疫情。要坚持共商共建共享，充分听取发展中国家意见，更好反映发展中国家合理诉求。要提高监测预警和应急反应能力、重大疫情救治能力、应急物资储备和保障能力、打击虚假信息能力、向发展中国家提供支持能力。截至 2022 年 5 月，中国累计向 153 个国家和 15 个国际组织提供了 46 亿件防护服、180 亿人份检测试剂、4300 余亿个口罩、22 亿剂新冠肺炎疫苗等抗疫物资。

总之，全球性威胁和挑战需要全球性应对，需要各国在谋求自身安全时兼顾他国安全，共同营造良好的国际安全秩序。

三、维护和塑造中国特色国家安全

在国际社会 230 多个国家和地区中，中国取得这样斐然的国家安全成就很不容易，对中国国家安全的总体评估是：虽经历各种挑战，国家安全依然是总体向好、有序可控，但将长期处于风险期，面临的挑战前所未有。

在实现中华民族伟大复兴的新征程中，要立足国际秩序大变局来把握规律，立足防范风险的大前提来统筹，立足中国发展重要战略机遇期大背景来谋划，保持战略定力、战略自信、战略耐心，坚持以全球思维谋篇布局，坚持原则性和策略性相统一，切实加强国家安全工作，把维护国家安全的战略主动权牢牢掌握在自己手中。中国特色国家安全的"特"字主要体现在以下几个方面：

（一）坚持党对国家安全工作的绝对领导

中国共产党是中国特色社会主义事业的领导核心，处在总揽全局、协调各方的地位。习近平总书记指出，"党政军民学，东西南北中，党是领导一切的，是最高的政治领导力量。"中国共产党领导是中国特色社会主义最本质的特征。

坚持党对国家安全工作的绝对领导，是维护国家安全和社会安定的根本保证。2013年11月9日至12日，中国共产党十八届三中全会决定，成立国家安全委员会，完善国家安全体制和国家安全战略，确保国家安全。当前，我国面临对外维护国家主权、安全、发展利益，对内维护政治安全和社会稳定的双重压力，各种可以预见和难以预见的风险因素明显增多。而我们的安全工作体制机制还不能适应维护国家安全的需要，需要搭建一个强有力的平台统筹国家安全工作。设立国家安全委员会，加强对国家安全工作的集中统一领导，已是当务之急。

2014年1月24日，中央国家安全委员会正式成立，习近平任中央国家安全委员会主席。2014年4月15日，习近平总书记在中央国家安全委员会第一次全体会议上首次正式提出"总体国家安全观"。2015年1月23日，中共中央政治局审议通过《国家安全战略纲要》，强调在新形势下维护国家安全，必须坚持以总体国家安全观为指导，坚决维护国家核心和重大利益，以人民安全为宗旨，在发展和改革开放中促安全，走中国特色国家安全道路。

中央国家安全委员会发挥统筹国家安全事务的作用，重点抓国家安全方针政策贯彻落实，进一步完善国家安全领导体制，着力在提高把握全局、谋划发展的战略能力上下功夫。在中央国家安全委员会的集中统一领导下，制定《党委（党组）国家安全责任制规定》，明确了各级党委（党组）维护国家安全的主体责任，建立健全党委统一领导的国家安全工作责任制，形成高效权威的国家安全领导体制，实施更有力的统筹协调，既增强各部门合力，又确保各自权责分明，切实做到守土有责、守土尽责，把党对国家安全工作的绝对领导这个根本原则落到实处。

2021 年，党中央出台《中国共产党领导国家安全工作条例》，系统回答了国家安全工作"谁来领导""领导什么""怎么领导"等重大问题，进一步从制度上强化了党对国家安全工作的绝对领导。

（二）加快形成和不断完善中国特色国家安全法律制度体系

维护国家安全，既需要有强烈的国家安全意识，也需要有专业系统的国家安全法律制度体系。党的十八大以来，中国加快形成和不断完善中国特色国家安全法律制度体系，为依法维护国家安全提供法治保障。全国人大常委会先后审议通过反间谍法、反恐怖主义法、境外非政府组织境内活动管理法、网络安全法、核安全法、香港特别行政区维护国家安全法等，进一步把国家安全工作纳入法治化轨道，针对国家安全立法的空白点，着力解决各重要领域国家安全立法存在的不平衡问题，逐步形成一套立足我国国情、体现时代特点、适应我国所处战略安全环境，内容协调、程序严密、配套完备、运行有效的中国特色国家安全法律制度体系。目前，有关国家安全的主要法律有：

表 6　有关国家安全的主要法律

名称	通过时间	施行时间
《中华人民共和国反间谍法》	2014 年 11 月 1 日，由第十二届全国人民代表大会常务委员会第十一次会议通过	自公布之日起施行

续表

名称	通过时间	施行时间
《中华人民共和国国家安全法》①	2015 年 7 月 1 日，由第十二届全国人民代表大会常务委员会第十五次会议通过	自公布之日起施行
《中华人民共和国反恐怖主义法》	2015 年 12 月 27 日，由第十二届全国人民代表大会常务委员会第十八次会议通过	自 2016 年 1 月 1 日起施行
《中华人民共和国反家庭暴力法》	2015 年 12 月 27 日，由第十二届全国人民代表大会常务委员会第十八次会议通过	自 2016 年 3 月 1 日起施行
《中华人民共和国境外非政府组织境内活动管理法》	2016 年 4 月 28 日，由第十二届全国人民代表大会常务委员会第二十次会议通过	自 2017 年 1 月 1 日起施行
《中华人民共和国国防交通法》	2016 年 9 月 3 日，由第十二届全国人民代表大会常务委员会第二十二次会议通过	自 2017 年 1 月 1 日起施行
《中华人民共和国网络安全法》	2016 年 11 月 7 日，由第十二届全国人民代表大会常务委员会第二十四次会议通过	自 2017 年 6 月 1 日起施行
《中华人民共和国国家情报法》	2017 年 6 月 27 日，由第十二届全国人民代表大会常务委员会第二十八次会议通过	自 2017 年 6 月 28 日起施行

---

① 1993 年 2 月 22 日，第七届全国人民代表大会常务委员会第三十次会议通过，中华人民共和国主席令第 68 号公布，施行过一部国家安全法，主要是规定国家安全机关履行的职责特别是反间谍工作方面的职责。但随着国家安全形势的发展变化，这部法律已难以适应全面维护各领域国家安全的需要。2014 年 11 月 1 日，第十二届全国人民代表大会常务委员会第十一次会议审议通过了《中华人民共和国反间谍法》，相应废止了 1993 年 2 月 22 日通过的国家安全法。

续表

名称	通过时间	施行时间
《中华人民共和国核安全法》	2017年9月1日，由第十二届全国人民代表大会常务委员会第二十九次会议通过	自2018年1月1日起施行
《中华人民共和国国际刑事司法协助法》	2018年10月26日，由第十三届全国人民代表大会常务委员会第六次会议通过	自公布之日起施行
《中华人民共和国外商投资法》	2019年3月15日，由第十三届全国人民代表大会第二次会议通过	自2020年1月1日起施行
《中华人民共和国密码法》	2019年10月26日，由第十三届全国人民代表大会常务委员会第十四次会议通过	自2020年1月1日起施行
《中华人民共和国香港特别行政区维护国家安全法》	2020年6月30日，由第十三届全国人民代表大会常务委员会第二十次会议通过	自公布之日起施行
《中华人民共和国生物安全法》	2020年10月17日，由第十三届全国人民代表大会常务委员会第二十二次会议通过	自2021年4月15日起施行
《中华人民共和国出口管制法》	2020年10月17日，由第十三届全国人民代表大会常务委员会第二十二次会议通过	自2020年12月1日起施行
《中华人民共和国退役军人保障法》	2020年11月11日，由第十三届全国人民代表大会常务委员会第二十三次会议通过	自2021年1月1日起施行
《中华人民共和国海警法》	2021年1月22日，由第十三届全国人民代表大会常务委员会第二十五次会议通过	自2021年2月1日起施行
《中华人民共和国军人地位和权益保障法》	2021年6月10日，由第十三届全国人民代表大会常务委员会第二十九次会议通过	自2021年8月1日起施行

续表

名称	通过时间	施行时间
《中华人民共和国数据安全法》	2021 年 6 月 10 日，由第十三届全国人民代表大会常务委员会第二十九次会议通过	自 2021 年 9 月 1 日起施行
《中华人民共和国反外国制裁法》	2021 年 6 月 10 日，由第十三届全国人民代表大会常务委员会第二十九次会议通过	自公布之日起施行
《中华人民共和国个人信息保护法》	2021 年 8 月 20 日，由第十三届全国人民代表大会常务委员会第三十次会议通过	自 2021 年 11 月 1 日起施行
《中华人民共和国反有组织犯罪法》	2021 年 12 月 24 日，由第十三届全国人民代表大会常务委员会第三十二次会议通过	自 2022 年 5 月 1 日起施行
《中华人民共和国反电信网络诈骗法》	2022 年 9 月 2 日，由第十三届全国人民代表大会常务委员会第三十六次会议通过	自 2022 年 12 月 1 日起施行
《中华人民共和国预备役人员法》	2022 年 12 月 30 日，由第十三届全国人民代表大会常务委员会第三十八次会议通过	自 2023 年 3 月 1 日起施行
《中华人民共和国爱国主义教育法》	2023 年 10 月 24 日，由第十四届全国人民代表大会常务委员会第六次会议通过	自 2024 年 1 月 1 日起施行

相关的法律还有《中华人民共和国陆地国界法》《中华人民共和国对外关系法》，等等。

（三）建立健全国家安全风险研判、防控协同、防范化解机制

建立健全国家安全风险研判、防控协同、防范化解机制，提高防范抵御国家安全风险能力。在做好风险信息采集、来源

识别、性质判断、原因分析、趋势预测的基础上，对任何可能的苗头性、倾向性问题，及时发出预警、做好预案，适时采取有效措施，做到见事早、出手快、措施实、效果好，防患于未然、处置于未萌，始终掌握战略主动。高度警惕、坚决防范和严厉打击敌对势力渗透破坏颠覆分裂活动，严密防范各种安全风险集聚交汇形成风险综合体，守住不发生系统性风险和不犯颠覆性错误的底线。

2015 年 10 月 29 日，习近平总书记在党的十八届五中全会第二次全体会议上指出，"需要注意的是，各种风险往往不是孤立出现的，很可能是相互交织并形成一个风险综合体。对可能发生的各种风险，各级党委和政府要增强责任感和自觉性，把自己职责范围内的风险防控好，不能把防风险的责任都推给上面，也不能把防风险的责任都留给后面，更不能在工作中不负责任地制造风险。"

2018 年 4 月 17 日，十九届中央国家安全委员会第一次会议审议通过《党委（党组）国家安全责任制规定》，夯实了各地区、各部门维护国家安全的主体责任，形成了"全国一盘棋"的强大合力。明确各级党委（党组）维护国家安全的主体责任，守土有责、守土尽责。要排好兵、布好阵，加强对各种风险的调查研判，推进风险防控工作科学化、精细化，对症下药、综合施策、久久为功。

现在，在省、市、县均成立了党委国家安全委员会，书记同时是国家安全委员会主任。例如，2019 年 9 月 9 日，中共龙游县委国家安全委员会召开第一次全体会议。会议审议通过了《中共龙游县委国家安全委员会工作规则》《中共龙游县委国家安全委员会办公室细则》和《2019 年龙游县国家安全工作要点和责任分工》。

此外，不同地区的国家安全工作根据自身情况均体现出鲜明特色以及强烈的积极性和主动性。2021 年 4 月 20 日，海南省委书记沈晓明在《人民日报》发文《全面践行总体国家安全观　努力建设更高水平的平安自由贸易港》，强调"越开放越要重视安全"，并详细介绍了海南践行总体国家安全观的具体经验。例如，围绕《海南自由贸易港建设总体方案》提出的贸易、投资、金融、数据流动、人员流动、生态、公共卫生等重点领域，部署重大风险防控工作任务，以制度集成创新推动重大风险防控，定期开展研判分析，健全风险防控体系，分类别、专业化推进风险防控工作。建立"党委国安办＋国安委委员单位＋重点领域国家安全工作协调机制牵头单位＋承担国家安全重要职责的单位＋专家智库"五位一体的国家安全调研工作格局，切实增强风险预见、预判和预警能力。

（四）加强国家安全人民防线建设，增强全民国家安全意识

加强国家安全人民防线建设，增强全民国家安全意识，夯实维护国家安全的社会基础，织密国家安全网。2015 年 7 月 1 日，第十二届全国人大常委会第十五次会议通过《中华人民共和国国家安全法》，将每年 4 月 15 日确定为全民国家安全教育日。根据规定，把国家安全教育纳入国民教育体系和公务员教育培训体系，大力增强党员、干部特别是各级领导干部国家安全意识，用好全民国家安全教育日，深入开展国家安全宣传教育，普及国家安全相关法律知识，增强全民国家安全意识，完善立体化国家安全防控体系，形成全党全社会共同维护国家安全的强大合力。

坚持群众路线，是我们党从胜利走向胜利所依凭的优良传统。在维护国家安全方面，专门工作与群众路线相结合的路径需要长期坚持。放手发动群众、依靠人民力量，方能筑牢坚如磐石的社会堤坝，使危害国家安全者无处藏身，危害国家安全的行为无以遁形。

2015 年 11 月，全国国家安全机关向社会发出通告，国家安全机关受理公民和组织举报电话 12339 正式开通，以方便公民和组织向国家安全机关举报间谍行为或线索。通告指出，国家安全机关对举报的情况和线索，经查证属实的，根据其重要程度给予举报人奖励，并为举报人严格保密，提供必要的保护措施，对故意捏造、谎报以及诬告陷害他人，造成不良后果的，依法追究其法律责任。

此外，一些地方已经探索了人民防线的成功经验，比如北京市朝阳区建立了约 12 万人的群防群治力量，小区保安、社区大爷大妈、在校学生等"朝阳群众"活跃在综治一线。日前上线的"朝阳群众"App，更是从线下发展到线上，壮大了"朝阳群众"的力量。

习近平总书记指出，"时代是出卷人，我们是答卷人，人民是阅卷人。"做好国家安全工作，就是要确保我们党永不变质，确保红色江山永不变色，确保人民日益增长的安全需要不断满足，确保历史机遇不失之交臂，确保中华民族伟大复兴进程不被滞缓打断，这是新时代赋予国家安全的丰富内涵和提出的根本要求。

第四章

以政治安全为根本

政治安全的核心是政权安全和制度安全，最根本的就是维护中国共产党的领导和执政地位、维护中国特色社会主义制度。如果政治安全得不到保障，国家必然会陷入四分五裂、一盘散沙的局面，中华民族伟大复兴就无从谈起。

旗帜鲜明讲政治是我们党作为马克思主义政党的根本要求。党的政治建设是党的根本性建设，决定党的建设方向和效果，事关统揽推进伟大斗争、伟大工程、伟大事业、伟大梦想。提升政治安全能力和水平需要切实加强党的政治建设，必须进一步增强党组织政治功能，彰显国家机关政治属性，发挥群团组织政治作用，强化国有企事业单位政治导向，不断提高党员干部特别是领导干部政治本领。

一、务必敢于斗争、善于斗争

习近平总书记在 2021 年秋季学期中央党校（国家行政学院）中青年干部培训班开班式上强调，"世界百年未有之大变局加速演进，中华民族伟大复兴进入关键时期，我们面临的风险挑战明显增多，总想过太平日子、不想斗争是不切实际的。"要深刻认识到，中华民族伟大复兴，绝不是轻轻松松、敲锣打鼓就能实现的，实现伟大梦想必须进行伟大斗争。在前进道路上，我们面临的风险考验只会越来越复杂，甚至会遇到难以想象的惊涛骇浪。我们面临的各种斗争不是短期的而是长期的，至少要伴随我们实现第二个百年奋斗目标全过程。要充分认识这场伟大斗争的长期性、复杂性、艰巨性，坚定斗争意志，发扬斗争精神，提高斗争本领，骨头要硬，敢于出击，敢战能胜。

（一）敢于斗争、敢于胜利，是中国共产党不可战胜的强大精神力量

党的二十大报告指出，"中国共产党已走过百年奋斗历程。我们党立志于中华民族千秋伟业，致力于人类和平与发展崇高事业，责任无比重大，使命无上光荣。全党同志务必不忘初心、牢记使命，务必谦虚谨慎、艰苦奋斗，务必敢于斗争、善于斗争，坚定历史自信，增强历史主动，谱写新时代中国特色社会主义更加绚丽的华章。"

斗争精神是马克思主义固有的理论品格。马克思主义认为，社会是在永恒的矛盾运动中前进的，矛盾无时不在、无处不有，有矛盾就会有斗争，斗争是事物发展进步的实现形式。人类社会的每次前进，都是在斗争中取得的，斗争精神是马克思主义的重要理论品质。马克思指出："如果斗争只是在机会绝对有利的条件下才着手进行，那么创造世界历史未免就太容易了。"《共产党宣言》全文数十处用到"斗争"一词，把斗争哲学刻在无产阶级政党的旗帜上，宣示着共产党人坚持原则、敢于斗争的政治基因。马克思一生都在坚持斗争、不懈奋斗。习近平总书记在纪念马克思诞辰200周年大会上对马克思作出了高度评价："马克思的一生是胸怀崇高理想、为人类解放不懈奋斗的一生……是不畏艰难险阻、为追求真理而勇攀思想高峰的一生……是为推翻旧世界、建立新世界而不息战斗的一生。"

敢于斗争、敢于胜利是中国共产党人的鲜明品格。党的百年奋斗史就是一部伟大斗争史。一百多年来，一代又一代中国共产党人不畏艰难险阻、直面风险挑战，敢于斗争、敢于胜利，展现出伟大的历史主动精神。从革命时期的长征精神、延安精神等，到建设岁月的"两弹一星"精神、红旗渠精神等，到改革年代的特区精神、抗洪精神等，再到新时代的脱贫攻坚精神、抗疫精神等，构筑起以伟大建党精神为源头的中国共产党人精

神谱系，形成党的光荣传统和优良作风。这是宝贵的精神财富，是激励我们奋勇前进的强大精神动力。新修订的《中国共产党章程》增加了"发扬斗争精神，增强斗争本领"的内容。《中共中央关于党的百年奋斗重大成就和历史经验的决议》把"坚持敢于斗争"列为党百年奋斗的宝贵经验。我们必须倍加珍惜、长期坚持。

新时代十年的伟大变革是党团结带领人民依靠顽强斗争取得的。党的十八大以来，我们党以巨大的政治勇气、强烈的责任担当、坚定的必胜信念团结带领全国各族人民从容应对世所罕见、史所罕见的一系列风险挑战，保持战略定力，发扬斗争精神，在斗争中维护国家尊严和核心利益，经受住了来自政治、经济、意识形态、自然界等方面的风险挑战考验，牢牢掌握了我国发展和安全的主动权，推动党和国家事业取得历史性成就、发生历史性变革。

自我革命也是敢于斗争的具体表现，是提升政治安全能力的具体要求。坚持自我革命，确保党不变质、不变色、不变味。古人说："成其身而天下成，治其身而天下治。"自我革命就是补钙壮骨、排毒杀菌、壮士断腕、去腐生肌，不断清除侵蚀党的健康肌体的病毒，不断提高自身免疫力，防止人亡政息。勇于自我革命和接受人民监督是内在一致的，都源于党的初心使命。一百年来，党外靠发展人民民主、接受人民监督，内靠全面从严治党、推进自我革命，勇于坚持真理、修正错误，勇于刀刃向内、刮骨疗毒，保证了党长盛不衰、不断发展壮大。我将无我、不负人民，始终代表最广大人民根本利益，才能本着彻底的自我革命精神检视自身、常思己过，坚决同一切损害党的先进性和纯洁性的因素作斗争；才能摆脱一切利益集团、权势团体、特权阶层的"围猎"腐蚀，并向党内成为这些集团、团体、阶层同伙的人开刀，永葆党的生机活力；才能让人民信赖我们、支持我们，真心实意帮助我们改正缺点，坚定跟着党一起奋斗。全面从严治党是新时代党的自我革命的伟大实践，开辟了百年大党自我革命的新境界。

党的历史反复证明，以斗争求安全则安全存，以妥协求安全则安全亡；以斗争谋发展则发展兴，以妥协谋发展则发展衰。我们党依靠斗争走到今天，也必然要依靠斗争赢得未来。

（二）共产党人的斗争，从来都是奔着矛盾问题、风险挑战去的

毛泽东曾指出："什么叫工作，工作就是斗争。那些地方有困难、有问题，需要我们去解决。我们是为着解决困难去工作、去斗争的。越是困难的地方越是要去，这才是好同志。"习近平总书记强调，"我们共产党人的斗争，从来都是奔着矛盾问题、风险挑战去的""我们讲的斗争，不是为了斗争而斗争，也不是为了一己私利而斗争，而是为了实现人民对美好生活的向往、实现中华民族伟大复兴知重负重、苦干实干、攻坚克难"。在工作中遇到的斗争是多方面的，改革发展稳定、内政外交国防、治党治国治军都需要发扬斗争精神、增强斗争本领。习近平总书记强调："衡量党员、干部有没有斗争精神、是不是敢于担当，就要看面对大是大非敢不敢亮剑、面对矛盾敢不敢迎难而上、面对危机敢不敢挺身而出、面对失误敢不敢承担责任、面对歪风邪气敢不敢坚决斗争。"从党的十八大、十九大到二十大，习近平总书记关于斗争精神和斗争本领的重要论述这一有机整体由以下五个方面构成。

斗争的目标。实现伟大梦想，必须进行伟大斗争。斗争就是要确保我们党永不变质，确保红色江山永不变色，确保人民日益增长的美好生活需要不断满足，确保历史机遇不失之交臂，确保中华民族伟大复兴进程不被滞缓打断。这"五个确保"既是全体中国人民的共同心愿，也是新时代新征程进行伟大斗争的目标要求。

斗争的方向。习近平总书记指出，共产党人的斗争是有方向、有立场、有原则的，大方向就是坚持中国共产党领导和我国社会主义制度不动摇。凡是危害中国共产党领导和我国社会主义制度的各种风险挑战，凡是危害我国主权、安全、发展利益的各种风险挑战，凡是危害我国核心利益和重大原则的各种风险挑战，凡是危害我国人民根本利益的各种风险挑战，凡是危害我国实现第二个百年奋斗目标、实现中华民族伟大复兴的各种风险挑战，只要来了，我们就必须进行坚决斗争，而且必须取得斗争胜利。我们要以坚定的立场牢牢把握正确斗争方向，做到在各种重大斗争考验面前"不畏浮云遮望眼""乱云飞渡仍从容"。

斗争的原则。必须坚定政治立场，牢牢把握坚持党的领导和社会主义制度这一根本方向，增强"四个意识"，坚定"四个自信"，做到"两个维护"。必须坚持人民至上，牢固树立以人民为中心的根本立场，始终把人民的获得感、幸福感、安全感作为敢于斗争的出发点和落脚点，始终把人民作为斗争的力量源泉和根本依靠。必须坚持问题导向，敢于正视问题、善于发现问题，在破解矛盾问题中推动党和国家事业取得更大进展。必须坚持统筹发展和安全，坚持发展和安全并重，实现高质量发展和高水平安全的良性互动。必须坚持胸怀天下，不断拓展世界眼光，深刻洞察人类发展进步潮流，积极回应各国人民普遍关切，为解决人类面临的共同问题作出贡献。

斗争的策略。斗争是一门艺术，要有正确的策略和方法。要把握斗争规律，坚持增强忧患意识和保持战略定力相统一，坚持战略判断和战术决断相统一，坚持斗争过程和斗争实效相统一。要树立大局观念，善于把握大局大势，抓主要矛盾和矛盾的主要方面，分清轻重缓急，科学排兵布阵。要有系统思维，把握好全局与局部、当前和长远、宏观与微观、主要矛盾和次要矛盾、特殊和一般的关系。要有理有利有节，在原则问题上寸步不让，在策略问题上灵活机动，合理选择斗争方式、把握斗争火候，根据形势需要及时调整斗争策略。要下好先手棋、打好主动仗，提高科学预见和前瞻谋划，做到未雨绸缪、防患未然。要运用统一战线思维，把握好斗争和团结的关系，团结一切可以团结的力量，调动一切积极因素，在斗争中争取团结，在斗争中谋求合作，在斗争中争取共赢。

斗争的本领。斗争本领不是与生俱来的。只有在斗争中才能学会斗争，在斗争中才能成长提高。要勇于经受政治历练，不断提高政治判断力、政治领悟力、政治执行力。要对"国之大者"了然于胸，把贯彻党中央精神体现到谋划重大战略、制定重大政策、部署重大任务、推进重大工作的实践中去。要不断提高战略思维、历史思维、辩证思维、系统思维、创新思维、法治思维、底线思维能力，为前瞻性思考、全局性谋划、整体性推进党和国家各项事业提供科学方法。习近平总书记强调，全面从严治党，坚持马克思主义在意识形态领域的指导地位，全面深化改革，推进供给侧结构性改革，推动高质量发展，消除金融领域隐患，保障和改善民生，打赢脱贫攻坚战，治理生态环境，应对重大自然灾害，全面依法治国，处理群体事件，打击黑恶势力，维护国家安全等，都要敢于斗争、善于斗争。领导干部要做敢于斗争、善于斗争的战士。

二、增强政治敏锐性和政治鉴别力

2020年10月10日，中央党校（国家行政学院）中青年干部培训班在中央党校开班，习近平总书记在开班式上强调，"在干部干好工作所需的各种能力中，政治能力是第一位的。"要不断提高政治敏锐性和政治鉴别力，观察分析形势首先要把握政治因素，特别是要能够透过现象看本质，做到眼睛亮、见事早、行动快。当前，我国正处于中华民族伟大复兴的战略全局和世界百年未有之大变局中，面临的国内外环境更为纷繁复杂，可以预见和难以预见的风险挑战也更为严峻，观察分析形势变得越来越难。那么，怎样才能作出正确的判断呢？首先要把握的一个因素就是政治因素。讲政治是我们党在长期发展过程中一以贯之的优良传统与显著优势，也是我们党不断发展壮大、从胜利走向胜利的重要保证。只有从政治上分析问题才能看清本质，只有从政治上解决问题才能抓住根本。

2020 年 12 月，习近平总书记在中央政治局民主生活会上提出，"我们党要始终做到不忘初心、牢记使命，把党和人民事业长长久久推进下去，必须增强政治意识，善于从政治上看问题，善于把握政治大局，不断提高政治判断力、政治领悟力、政治执行力。"

无论是政治敏锐性和政治鉴别力，还是政治判断力、政治领悟力、政治执行力，核心都是政治能力。有了过硬的政治能力，才能做到自觉在思想上政治上行动上同党中央保持高度一致，在任何时候任何情况下都能"不畏浮云遮望眼"、"乱云飞渡仍从容"。提高政治能力，首先要把握正确政治方向，坚持中国共产党领导和我国社会主义制度。

（一）保障政治安全，坚决维护中国特色社会主义制度体系

必须毫不动摇坚持和完善中国特色社会主义制度。制度优势是一个国家的最大优势，制度竞争是国家间最根本的竞争。制度稳则国家稳。

党的十九届四中全会审议通过的《中共中央关于坚持和完善中国特色社会主义制度、推进国家治理体系和治理能力现代化若干重大问题的决定》提出了"坚持和完善支撑中国特色社会主义制度的根本制度、基本制度、重要制度"的重大命题，以根本制度、基本制度、重要制度为四梁八柱的中国特色社会

主义制度体系的框架结构愈发清晰。根本制度、基本制度、重要制度是维护政治安全的重要概念，是中国特色社会主义制度体系的重要组成部分。

在《中共中央关于坚持和完善中国特色社会主义制度、推进国家治理体系和治理能力现代化若干重大问题的决定》中，"制度"一词出现 222 次，"体系"一词出现 116 次。《决定》描绘了由 13 个部分组成的中国特色社会主义制度图谱：党的领导制度体系、人民当家作主制度体系、中国特色社会主义法治体系、中国特色社会主义行政体制、社会主义基本经济制度、繁荣发展社会主义先进文化的制度、统筹城乡的民生保障制度、共建共治共享的社会治理制度、生态文明制度体系、党对人民军队的绝对领导制度、"一国两制"制度体系、独立自主的和平外交政策、党和国家监督体系等。

《决定》共有两处明确提及"根本制度"，一处是"坚持和完善人民代表大会制度这一根本政治制度"，另一处是"坚持马克思主义在意识形态领域指导地位的根本制度"。另外，习近平总书记在党的十九届四中全会第二次全体会议上的讲话中强调："中国特色社会主义制度是一个严密完整的科学制度体系，起四梁八柱作用的是根本制度、基本制度、重要制度，其中具有统领地位的是党的领导制度。党的领导制度是我国的根本领导制度。"这样，已明确提出的支撑中国特色社会主义制度的根本制度起码有三项：党的领导制度、人民代表大会制度、马克思主义指导制度。①

其中，具有统领地位的是党的领导制度。在党的领导制度体系中，又包括建立不忘初心、牢记使命的制度，完善坚定维护党中央权威和集中统一领导的各项制度，健全党的全面领导

---

① 左鹏：《中国特色社会主义根本制度、基本制度、重要制度论析》，载《机关党建研究》2020 年第 10 期，第 36 页。

制度，健全为人民执政、靠人民执政各项制度，健全提高党的执政能力和领导水平制度，完善全面从严治党制度，这 6 个方面的具体制度构成党的领导制度体系的基本要素。

基本政治制度是在政治建设领域具有长期性、稳定性的制度。2011 年 7 月 1 日，胡锦涛同志在庆祝中国共产党成立 90 周年大会上的讲话中第一次提出"中国特色社会主义制度"的概念并明确了其基本内涵，其中就包括"中国共产党领导的多党合作和政治协商制度、民族区域自治制度以及基层群众自治制度等构成的基本政治制度"。

基本经济制度是经济制度体系中具有长期性和稳定性的部分，多年来，我们把公有制为主体，多种所有制经济共同发展作为基本经济制度。十九届四中全会的一大创新，就是在此基础上，把按劳分配为主体，多种分配方式并存，社会主义市场经济体制上升为基本经济制度。

重要制度是根本制度和基本制度的具体体现。中国特色社会主义法治体系、中国特色社会主义行政体制、繁荣发展社会主义先进文化的制度、统筹城乡的民生保障制度、共建共治共享的社会治理制度、生态文明制度体系、党对人民军队的绝对领导制度、"一国两制"制度体系、独立自主的和平外交政策等制度，在我国经济建设、政治建设、文化建设、社会建设、生态文明建设等各个方面发挥着举足轻重的作用，推动着我国经济社会全面协调可持续发展，支撑着中国特色社会主义制度和国家治理体系。

（二）把握正确的政治方向，提高政治敏锐性和政治鉴别力

提高政治敏锐性和政治鉴别力，就要站在一定的政治高度上对复杂形势进行周密审视、理性辨别，不能停留在眼前、局部和浅层，被表面现象所迷惑，而要利用政治这把锋利的"手

术刀"深入解剖其内在本质,坚决防止和克服嗅不出敌情、分不清是非、辨不明方向的政治麻痹症。有些风险具有较强的隐蔽性、潜伏性,虽然暂时呈现出无害的面貌,但如果得不到及时有效控制就有可能演变为政治风险。对此,党员干部要坚持底线思维,增强风险意识、忧患意识,对那些容易诱发政治问题特别是重大突发事件的敏感因素、苗头性倾向性问题,做到眼睛亮、见事早、行动快,将其扼杀在萌芽状态,防止进一步扩大蔓延。对于那些已经显现的政治风险,则要增强斗争精神,敢于亮剑、敢于战斗,团结一切可以团结的力量去化解,并保持毅力、久久为功,直到风险消除。

很长一段时期以来,包括历史虚无主义在内的各种错误思潮大行其道、暗流涌动,所要抢占的正是意识形态话语权,所要冲击的正是马克思主义指导地位,这已经给一些党员、干部和群众的思想造成了严重不良影响。

在国内,社会主义意识形态一直面临着两方面的挑战:一是来自右的方面,有些人试图用西方的民主社会主义取代科学社会主义。二是来自"左"的方面,有些人忽视社会主义初级阶段这个基本国情,强调社会主义与资本主义竞争的一面,而漠视发展中国家需要向发达国家学习、借鉴的一面。为此,"既不走封闭僵化的老路,也不走改旗易帜的邪路。"要坚定落实意识形态工作责任制,加强阵地建设和管理,注意区分政治原则问题、思想认识问题、学术观点问题,旗帜鲜明反对和抵制各种错误观点。

提高政治敏锐性需要坚定的人民立场。毛泽东指出,政治是统帅、是灵魂,这政治不是少数人的政治,而是无产阶级和人民大众的政治。强调一定要站在无产阶级和人民大众的立场上,坚持党的群众路线;一定要坚持正确的政治方向,这个方向是历经挫折、风浪而不可动摇的;一定要有正确的政治观点,没有正确的政治观点就等于没有灵魂。他还深入阐述了共产党人要有政治远见，要有马克思主义识别力的问题。习近平总书记强调，江山就是人民，人民就是江山。全党同志都要坚持人民立场、人民至上，坚持不懈为群众办实事做好事，始终保持同人民群众的血肉联系。

"民心是最大的政治"，政治敏锐性的衡量标准，即对人民群众的需求要高度敏锐，对危害人民群众利益的行为要高度敏锐。我国是工人阶级领导的、以工农联盟为基础的人民民主专政的社会主义国家，国家一切权力属于人民。

提高政治鉴别力需要扎实的理论素养。政治鉴别力，即对纷繁复杂的社会现象、事件、问题、形势等从政治规律的高度进行鉴别、分析、研判，透过现象看本质的一种能力，是一个人思想观念、理论修养、政治立场、专业能力的综合运用。习近平总书记指出，必须加强和培养党员干部在大是大非问题面前的识别力，加强各级党员干部的党性和政治修养，大力提升政治敏锐性，不断提高政治鉴别力。的确，政治上、党性上的坚定，离不开理论上的坚定。

习近平总书记指出，现在领导干部有个"本领恐慌"问题，其中最根本的本领不足是理论素养不够；年轻干部要胜任领导工作，需要掌握的本领是很多的，最根本的本领是理论素养。理论修养是领导干部综合素质的核心，也是领导干部的核心竞争力。回顾百年党史，以理论上的清醒确保政治上的坚定，是中国共产党人永葆先进性和纯洁性的一贯追求，也是我们党加强自身建设的一大法宝。什么时候党的理论武装越有力，什么时候党的政治生态就越清朗，什么时候党的事业发展就越顺利。对领导干部来说，理论修养说到底是马克思主义理论修养。以马克思主义科学理论指导各项工作，是我们党坚定理想信念、把握历史主动的根本所在。掌握马克思主义理论的深度，决定着政治敏感以及政治鉴别的程度、思想境界的高度，影响干事创业的成效。把马克思主义这个看家本领掌握得越牢靠，政治站位就越高，政治判断力、政治领悟力、政治执行力就越强，观察时势、谋划发展、防范化解风险就越主动。

要注重提高马克思主义理论水平，学深悟透，融会贯通，掌握辩证唯物主义和历史唯物主义，掌握贯穿其中的马克思主义立场观点方法，掌握中国化的马克思主义，做马克思主义的坚定信仰者、忠实实践者。

提高政治敏锐性和政治鉴别力要有国际视野和战略思维。习近平总书记指出："要强化战略思维，保持战略定力，把谋事和谋势、谋当下和谋未来统一起来。"战略问题是一个政党、一个国家的根本性问题。战略上判断得准确，战略上谋划得科学，战略上赢得主动，党和人民事业就大有希望。一百年来，党总是能够在重大历史关头从战略上认识、分析、判断面临的重大历史课题，制定正确的政治战略策略，这是党战胜无数风险挑战、不断从胜利走向胜利的有力保证。

无论是政治敏锐性和政治鉴别力，都要心怀"国之大者"，站在全局和战略的高度想问题、办事情，一切工作都要以贯彻落实党中央决策部署为前提，不能为了局部利益损害全局利益、为了暂时利益损害根本利益和长远利益。

三、防范处置风险向政治安全传导聚集

政治安全在国际安全系统中具有根本性特征。在所有的安全系统中，政治安全因涉及国家主权、政权、制度和意识形态的稳固，更带有根本性，其他方面的风险最终都有可能传导到政治领域，因此政治安全对其他方面风险管控具有决定性的影响。

（一）意识形态工作是一项极端重要的工作

政治安全在国家安全体系中居于核心地位和最高层次。强

调政治安全就是要坚持党的领导和坚持中国特色社会主义制度不动摇，把制度安全、政权安全、意识形态安全放在首要位置，为国家安全提供根本政治保证。对任何一个国家而言，任何领域的风险和挑战，最终都会向政治领域传导。政治安全具有极端重要性，也具有高度敏感性。

意识形态是"观念的集合"，是"连贯的思想体系"，是"政治信仰体系"。对中国而言，意识形态安全是具体的，就是要始终坚持马克思主义在意识形态领域指导地位。意识形态工作之所以强调"极端重要"，是因为这一工作事关党的前途命运，事关国家长治久安，事关民族凝聚力和向心力。意识形态工作是为国家立心、为民族立魂的工作。

2014 年，习近平总书记强调，"意识形态工作面临的内外环境更趋复杂，境外敌对势力加大渗透和西化力度，境内一些组织和个人不断变换手法，制造思想混乱，与我争夺人心。一些单位和党政干部组织敏感性、责任感不强，在重大意识形态问题上含含糊糊、遮遮掩掩，助长了错误思潮的扩散。意识形态关乎旗帜、关乎道路、关乎国家政治安全。"①

美国是高度重视意识形态竞争的国家，在其看来，"意识形态是一种无孔不入的重要力量。"② 有学者指出，纵观美国历史，"与其他主要大国的竞争一直是意识形态方面的竞争"；美国倾向于"神权化"地缘政治，美国的外交政策非常类似于世俗版的新教末世论（正义与邪恶对决）。

要严密防范和坚决打击各种渗透颠覆破坏活动、暴力恐怖活动、民族分裂活动、宗教极端活动。在中国实现"从大到强"的过程中，美西方国家对社会主义制度持敌视态度，硬遏制越

① 中共中央党史和文献研究院编：《习近平关于防范风险挑战、应对突发事件论述摘编》，中央文献出版社，2020 年版，第 38 页。

② 哈佛大学国际事务研究中心：《意识形态与外交事务》，世界知识出版社，1965 年版，第 156 页。

来越渺茫，意识形态、价值观渗透颠覆加剧。各种敌对势力一直企图在我国制造"颜色革命"，妄图颠覆中国共产党领导和我国社会主义制度。这是我国政权安全面临的现实危险。在外部，美国实施"脱钩断链"政策并积极推广"民主同盟"战略，以恶化中国和平发展的外部环境；在内部，美国不断在新疆、西藏、台湾等问题上干涉中国内政，支持海外的各种反共、反华势力，在香港问题上暗中同中国较劲。

意识形态关乎旗帜、关乎道路、关乎国家政治安全。历史和现实反复证明，搞乱一个社会、颠覆一个政权，往往先从意识形态领域打开缺口，先从搞乱人们思想入手。思想防线被攻破了，其他防线就很难守住。

（二）要处理好维稳与维权的关系

要处理好维稳与维权的关系，既要解决合理合法诉求、维护群众利益，也要引导群众依法表达诉求、维护社会秩序。

在现代化进程中，社会风险是一个无法消除的常态现象，而社会危机和社会动荡则是应当予以避免和防止的。在大部分情形下，社会危机和社会动荡一般都是以政治风险和政治危机为发端为契机而出现的。就社会风险转为政治风险可能性的分析而言，有三个具体环节最为关键：一是经济基本面状况的如何；二是民众基本利益诉求状况的如何；三是公共权力运行基本状况的如何。①

应当说，在现代化进程中，社会风险是一个常态现象。没有哪一个国家不存在社会风险。但问题在于，社会风险如若控制不当，由之演化加重，便会转换为政治风险；进一步看，政治风险一旦控制不当，由之进一步演化升级，突破一定的临界

---

① 吴忠民：《关于社会风险转为政治风险的可能性问题——中国中近期社会安全前景的一种判断》，载《山东社会科学》2019 年第 12 期，第 5 页。

点，社会风险就会进入比较严重的等级，演化为社会危机；而社会危机又容易转为政治危机；最终，政治危机如若再控制不当，就容易造成社会控制中心的失效，导致社会秩序的丧失，进而催生社会动荡。在中国现阶段，就民众基本利益诉求引发的社会风险转为政治风险的可能性判断而言，需要着眼于三个关键性的环节，即民生状况能否得到持续改善，民众利益诉求主要集中在哪个领域，民众利益诉求主要采用何种方式。目前，中国社会的民生状况持续得以改善，民众的利益诉求主要集中在民生领域，民众利益诉求的表达以温和方式为主。[1]

处理好维稳与维权的关系，要充分展现党"统揽全局、协调各方"的政治优势，调动各方面的积极因素，充分显示人民群众的磅礴力量。其中，新的社会阶层人士是加强和创新基层社会治理以及维护社会稳定的重要力量。新的社会阶层人士是改革开放以来，伴随社会主义市场经济发展而逐步成长起来的新的社会群体，是我国社会主义现代化进程中一支蓬勃发展、充满创新活力的积极力量。习近平总书记在党的二十大报告中指出，"做好新的社会阶层人士工作，强化共同奋斗的政治引领。"

提升政治安全能力和水平要高度重视青年工作，青年工作就是战略性工作。学校是意识形态工作的前沿阵地。各种敌对势力从来没有停止对中国共产党领导和我国社会主义制度进行颠覆破坏活动，他们下功夫最大的一个领域就是争夺我们的青少年。境外一些势力经常在我国高校开展活动，一些境外宗教组织以高校为重点开展渗透活动，还有宗教极端势力对一些高校少数民族学生渗透。[2]各级党委要把高校思想政治工作摆在重

---

[1]　吴忠民：《关于社会风险转为政治风险的可能性问题——中国中近期社会安全前景的一种判断》，载《山东社会科学》2019 年第 12 期，第 5-13 页。

[2]　中共中央宣传部、中央国家安全委员会办公室：《总体国家安全观学习纲要》，学习出版社、人民出版社，2022 年版，第 66 页。

要位置，加强领导和指导，形成党委统一领导、各部门各方面齐抓共管的工作局面。

提升政治安全能力和水平要高度重视民族团结工作，团结稳定是福，分裂动乱是祸。要准确把握和全面贯彻党关于加强和改进民族工作的重要思想，以铸牢中华民族共同体意识为主线，坚定不移走中国特色解决民族问题的正确道路，构筑中华民族共有精神家园，促进各民族交往交流交融，推动民族地区加快现代化建设步伐，提升民族事务治理法治化水平，防范化解民族领域风险隐患，推动新时代党的民族工作高质量发展。

四、高度关注美国非政府组织对华动向

非政府组织是美国对华活动的重要推动者、参与者。近期，对美国环境类、人权类、劳工类、基金会与智库类等非政府组织的涉华活动进行了系统梳理。总体看，环境类 NGO 从事环保等公益事业，然而也有不少对华态度非常偏激。最为活跃的是人权类和劳工类组织，不仅从事数据收集和研究，而且还利用我国社会重大事件，支持和参与一线抗议活动。基金会与智库类组织重点关注中国崛起的影响，不断将低政治议题"高政治化"，采取多种手段对我国进行污名化。

（一）美国 NGO 涉华活动的最新动向

第一类：环境类 NGO。环境类 NGO 对我国治理雾霾、改善环境、积极参与全球气候治理给予肯定的同时，也指出我国发展过程中存在一些环境瓶颈；将环境气候问题同"一带一路"建设挂钩，对我国进行苛责，等等。

关注中国国内发展中的环境难题。有组织指出，中国几十年来快速的工业化导致五个最令人担忧的环境问题：由于工业生产和煤炭使用导致严重的二氧化碳排放；水污染；粮食短缺

问题和水资源短缺问题（尤其是中国北方）；塑料污染问题（垃圾进口、电商商品包装）；生物多样性丧失（南水北调改变了自然水位，自然环境改变巨大）。威尔逊中心的研究指出，中国的乳制品消费量在过去50年里翻了15倍，使其成为温室气体排放的主要来源。2021年，中国奶牛排放的甲烷是新西兰的三倍。因此，中国应当重视农牧业温室气体排放。

有环境类NGO夸大我国电动汽车全产业链的碳排放问题，强调全产业链有诸多环节依然使用化石能源，而不能只看到电动汽车带来的减排效果。

关注"一带一路"相关环境问题。2021年5月，美国外交关系委员会指出，超过60%的"一带一路"能源融资流向了不可再生资源。由于"一带一路"倡议，十几个沿线国家的温室气体排放量激增。有研究报告指出，如果"一带一路"国家遵循历史上的碳密集型增长模式，即使其他国家保持合理的排放水平，全球平均气温仍会上升2.7℃，明显高于《巴黎气候协定》将全球气温上升限制在1.5℃的目标。此外，环保组织Go Clean将矛头对准了中国工商银行等金融机构。2023年2月，该组织发布报告指出，中国工商银行仍是全球最大的污染类项目支持主体，工行在2016—2022年间增加了对化石燃料的金融支持，而可再生能源融资却停滞不前甚至下降。相关组织给"一带一路"贴上了碳密集型发展模式的标签。

将全球气候变化问题归咎中国。有环境类NGO强调中国现在是世界上最大的二氧化碳排放国，中国的年度二氧化碳排放量超过了美国，应该为全球气候变化问题"买单"。虽然中国人均二氧化碳排放量低于美国（2020年约为美国的一半），但美国气候基金会（Climate Foundation）等组织强调要看总量而非人均，美国有3.16亿人口，碳排放量占世界总量的16%。中国有14亿人口，碳排放量占世界的24.6%，因此要将全球气候变化的关注焦点放到中国身上。

此外，有环境类 NGO 关注中国个别企业的污染问题。例如，有组织指出中国电商企业 SHEIN 公司为了追求利润，忽视使用危险化学品所带来的环境和人类健康风险，违反了欧盟关于化学品的环境法规，并危及消费者和生产工人的健康。美国气候基金会指出，中国这样的发展中国家，捕捞量在过去 20 年里增长了 2500%，十分惊人，带来的生态影响不容小觑。

第二类：人权类、劳工类 NGO。他们善于利用我国社会发展存在的短板和不足，戴着有色眼镜批评中国，甚至直接推动实际的反华行动。

将人权问题同气候以及能源转型问题相关联。人权观察组织（Human Right Watch）高度关注中国能源转型进程中的人权问题。在谈论我国抗击雾霾取得的成绩时，刻意将部分群众塑造成为环保"受害者"的形象，在议题设置上将"公正转型"置于"绿色转型"之上。未来，随着我国"双碳"目标的稳步推进，能源转型过程的"公正转型"将势必成为此类 NGO 关注的重点。

炒作"一带一路"涉华负面劳工问题。2023 年 1 月，中国劳工观察网站指责中国经营的印尼镍冶炼厂 PT Gunbuster Nickel Industry（GNI）存在生产安全问题，且雇佣中国员工阻止当地工人罢工，造成大量人员伤亡。该组织指责中国投资带来的劳工纠纷和环境破坏，指责母公司江苏德龙镍业拖欠工资、不合理的工资扣除、欺骗性招聘、过度加班、身体虐待、性骚扰、护照扣留、限制行动等问题。此外，该组织指责"一带一路"项目存在签证不合理、雇佣流程不规范等问题。2022 年 7 月，美国国务院发布的人口贩运报告（Trafficking in Persons Report）指出"一带一路"基础设施项目存在强迫劳动的问题，同时强调强迫劳动是"一带一路"倡议的"隐性成本"，建议东道国进行相关用工审查。

关注中国制造业工人短缺问题。有劳工类 NGO 指出，中国劳动力市场存在错配，高学历年轻人不愿进入工厂工作，制造企业劳动力存在严重短缺问题。这可能导致更多的高学历青年人失业以及制造类企业迁出中国。彭博社 2023 年 2 月指出，过去三年，中国的劳动人口减少了逾 4100 万。美国企业回流机构（Reshoring Institute）比较了 12 个国家的生产工人、机器操作员、生产主管和经理等用工费用，结果显示，中国再也不是低成本劳动力国家。随着中国的劳动力价格在过去几年翻了一番，不少跨国企业现在正在考虑迁出中国。

未来，环境、社会和公司治理（ESG）很可能是人权类、劳工类 NGO 对中国施压的新领域。

第三类：美国基金会、智库。在竞争性议题方面，美国基金会、智库几乎关注了中国同美国可能竞争的所有领域，且存在低政治议题被"高政治化"的趋势。他们对前沿问题的研究嗅觉极其敏锐。例如，美国智库在中国航天喜讯频传的背景下，开始研究中美太空矿产竞争问题，研究深海采矿的可能路径，以此增强美国在战略新边疆的竞争优势。

关注中美清洁能源转型中的合作与竞争。乔治·布什美中关系基金会关注美国和中国实现清洁能源转型的具体路径。随着中国崛起为世界性大国，中美两国在气候变化和脱碳问题上的立场已逐渐趋同。尽管有脱钩的风险，但两国都认识到彼此之间存在广泛的相互依赖，特别是在清洁能源转型以及实现这一转型所需的技术问题上，有竞争较量，更有合作空间。目前的问题是，两国合作的政治意愿正在减弱，都专注于未来获得领导地位，技术问题以及合作问题被高度"政治化"了。

无论是清洁能源还是数据治理，在美国看来，中国带来的压力不是技术本身，而是游戏规则，是话语权竞争，这些都是颠覆性的。中美两国将争夺全球秩序中的相对影响力，谁都很难获得绝对影响力。

关注相关国家"选边站"问题。韩礼士基金会（Hinrich

Foundation）的研究成果显示，东亚大多数国家欢迎美国更有力地参与地区事务，但他们不希望在中美之间选边站。尽管美国试图让欧盟站在同一立场上，但欧盟寻求维持甚至扩大同中国的贸易关系。有研究认为，美国政府的芯片补贴政策将导致生产和投资效率下降。半导体生产是一项极其复杂的系统，需要多个国家共同参与。美国大规模补贴政策正在导致美国与其最重要的贸易伙伴产生重大摩擦，甚至造成同欧盟的重大态度分歧。

总体看，美智库非常关注芯片法案对华的影响。有观点认为，对中国芯片产业的影响是暂时的，未来随着科技自主自强，中国半导体行业有望实现质的飞跃。也有组织对美国政府建议，需要增加中国开发超级计算机和人工智能技术的难度，提升中国同美国竞争的"成本"。此外，不少美智库关注中美科技竞争背景下中国如何实现"军民融合发展"。

打造针对中国议题的新概念。美国智库将中国政府、国有企业、中资银行，以及部分私营企业作为整体对象进行观察，试图挖掘各行为体如何在中国政府的推动下形成合力，从而达到"政治目的"，并将"国家资本主义"、"威权政体"等概念作为中国的国际标签。

关注中国在国际组织中的人权话语权问题。美国传统基金会（Heritage Foundation）指出，联合国人权高专办关于新疆人权问题的报告被"束之高阁"，反映出中国在国际组织中的影响力与日俱增。2021年，中国仅向人权高专办捐款80万美元（第25大捐助国），美国捐款近2700万美元（第二大捐助国）。然而，中国的影响力堪比美国。这引起了美西方的高度担忧，强调美国要控制人权叙事，并且警惕中国人在国际组织中担任更多高级领导职位。

关注中美脱钩与"新冷战"。为了追踪中美竞争，基辛格研究所启动了"地平线2023"研究项目。该所表示，美国要适应中美"新冷战",美国战略是为了国家安全而阻断中国进一步的科技发展,这是冷战条件的一个明显标志。中美之间在金融、数据等领域的排斥性会越来越强,其他国家需要逐步适应。传统基金会强调,中国对美知识产权依赖程度高。在《中国比我们想象的更加依赖美国》一文中,该基金会用数字表明了中美在知识产权方面的差距:美国对中国的知识产权出口在过去十年中增长了两倍,使中国成为美国知识产权在亚太地区的最大买家。

总体看,在美国基金会、智库类 NGO 持续的负面输出下,美国民间的对华情绪更加消极。根据皮尤研究中心 2020—2022年的调查,2020 年、2021 年和 2022 年,分别有 79%、76%、82% 的美国成年人对中国持负面态度。

(二)应对美国非政府组织对华施压的相关建议

要从推进国家安全体系和能力现代化的高度重视对美国非政府组织的跟踪研究。美西方的非政府组织抓住了人道主义、民主、人权等理念大旗,不仅具有很强的行动力,也有极强的话语权。对此,需要做好以下工作。

第一,持续跟踪并系统研究美国的各类非政府组织。推动相关部门加快构建美西方非政府组织数据库,对其发展动向、活动重点、人员结构以及全球关系网络要有清晰认知。非政府组织是美国社会的"万花筒"与社会思潮的"风向标",我国各界要加强对美国非政府组织的深入研究,以此全面了解美国社会,从而科学研判、准确预测美国相关对华政策以及提早谋划我应对之策。对一些相对友好或中立的非政府组织,要积极发展合作关系,在应对气候变化、能源短缺、通货膨胀、传染性疾病,确保粮食安全,打击恐怖主义等方面,探究合作的可能路径。

第二,积极推动中国社会组织"走出去",形成对冲机制。

目前，美国有 150 多万家非政府组织，类型丰富，专业性强，特别是这些组织注册在美国，但是活跃在全球（不少活跃在中国），有利地维护了美国利益，传播了西方的普世价值。迄今，我国社会组织登记总数已经突破 90 万家，但是鲜有中国的社会组织在国际社会发挥作用的。在调研过程中，有不少中国企业坦言，中国企业在国际化过程中感受到的压力往往不是来自国外的同行业竞争对手，而是来自"无所不在"的美西方非政府组织，后者擅于煽动民意围攻中国企业。故此，要推动社会组织同参与"一带一路"建设的中国企业共同"走出去"。

第三，积极推动中国社会组织参与全球治理，打造制度性话语权。美西方在全球治理进程中的制度性话语权建设，有不少是依靠非政府组织构建的，如全球公民社会、公正转型、保护的责任，等等。对中国而言，无论是构建人类命运共同体，还是弘扬全人类共同价值，无论是践行全球发展倡议、全球安全倡议，还是践行全球文明倡议，都需要中国的社会组织在全球公共产品供给方面有所建树，特别是在中国与国际社会深度融合的关键时期发挥"粘合剂"的作用。

美西方非政府组织的"拳头产品"是各类指数排名与研究报告，如人权观察组织的《全球人权报告》、自由之家组织的《全球自由度报告》等，常常把中国作为火力攻击的对象，构建了中国时时处在"被告席"的状况。对此，要鼓励中国的社会组织发布有分量的研究成果，展示中国参与全球治理的负责任大国形象。目前，美国在"双碳"与能源转型以及数据治理等领域同欧洲国家存有分歧，建议环保、能源、数据治理类社会组织同世界自然保护联盟（IUCN）、国际能源署（IEA）、联合国贸易和发展会议（UNCTAD）等国际组织合作发布研究报告，占据对美斗争的话语优势。

第五章

以经济安全为基础

国家经济安全是指在开放而非封闭条件下，主权国家的经济利益不受内部或外部威胁和侵害而保持稳定、均衡和可持续发展的状态和能力，是确保一国有效运作的经济能力的总和。为了实现这种状态和能力，国家既要保护、调节和控制国内市场，又要在参与国际经济合作条件下维护本国在世界范围内的经济利益。

赵英在《中国经济面临的危险——国家经济安全论》一书中从国家经济竞争和维稳的能力角度解释了"经济安全"，国家经济安全是指一个国家的竞争力，一个国家抵御国内外各种干扰、威胁、侵袭的能力，一个国家经济得以存在并不断得以发展的国内国际环境。张幼文认为，从狭义上讲国家经济安全是指开放条件下一国金融乃至整个经济在经受外部冲击的条件下如何防止引发动荡及财富流失。从广义上讲是国家防止外部冲击给国民经济利益带来巨大损害，是一国维护本国经济免受各种非军事政治因素干扰的战略部署。[①] 经济安全是一个大概念，至少包括产业安全、资源安全、金融安全、网络安全等等。

一、产业安全

产业安全是指一国在对外开放的条件下，在国际竞争的发展进程中，具有保持民族产业持续生存和发展的能力，始终保持着本国资本对本国产业主体的控制。产业安全一词有两种含

---

① 张幼文:《国家经济安全问题的性质与研究要点》，载《世界经济研究》1999年第3期，第5页。

义：一是从国际贸易领域提出的，是指在开放的经济体系中，一个国家或地区的特定产业如何在国际竞争中保持独立的产业地位和产业竞争优势；二是指产业在生产过程中的安全性，即生产安全。

建设现代化产业体系，要坚持把发展经济的着力点放在实体经济上，推进新型工业化，加快建设制造强国、质量强国、航天强国、交通强国、网络强国、数字中国。

（一）制造业：把发展经济着力点放在实体经济上

保持独立的产业地位和产业竞争优势，核心在于制造业。党的十九届五中全会通过的《中共中央关于制定国民经济和社会发展第十四个五年规划和二〇三五年远景目标的建议》指出，坚持把发展经济着力点放在实体经济上，坚定不移建设制造强国、质量强国、网络强国、数字中国，推进产业基础高级化、产业链现代化，提高经济质量效益和核心竞争力。

按照国民经济统计分类，我国制造业有 31 个大类、179 个中类和 609 个小类，是全球产业门类最齐全、产业体系最完整的制造业。

制造业是实体经济的主体，是立国之本、强国之基。有关数据显示，2006 年，制造业占国内生产总值（GDP）的比重为 32.5%，到 2020 年，这一比重已经降至 26.18%，虽然 2021 年达到 27.4%，但整体上仍存在较大下降压力。按照这个趋势发展下去，预计到 2030 年，中国制造业占比可能要进一步下降到 20% 左右。辩证来看，我国已处于工业化中后期，制造业比重下降符合客观规律，但如果制造业占比下降过早、过急、过快，不仅会拖累当期经济增长，影响城镇就业，还可能导致产业"空心化"，削弱我国经济抗风险能力和国际竞争力。

美国制造业从 1997 年的 16.1% 下降到 2017 年的 11.2%，

用了 20 年时间。日本和德国制造业比重 20 年内几乎没有变动，始终保持在 20% 左右的水平。韩国制造业占比从 20 世纪 70 年代的 17.4% 上升到 2011 年的峰值 28.2%，然后从这一数值降到 2019 年的 25.4%，8 年间下降了 2.8 个百分点。[①] 我国 2011—2019 年制造业比重从 32.1% 下降到 27.2%，下降 4.9 个百分点，年均下降 0.61 个百分点。与制造业比重过快下降同时发生的是，我国制造业投资增速从 2011 年的 37.7% 下降至 2017 年的 3.1%。

目前，我国制造业比重下降过快说明制造业同服务业或虚拟经济之间发展不平衡，将严重影响产业链和供应链的安全。如果以现价人均 GDP 作为衡量标准，在相同发展阶段，美国第二产业比重约为 30%，日本约为 39%，德国约为 42%，韩国约为 43%。因此，"十四五"期间，中国制造业的比重将保持在 27%—28% 区间。

维护产业安全，要保持制造业比重基本稳定，巩固壮大实体经济根基。具体而言，要贯彻落实新发展理念，坚定不移地推动制造业的发展，要做好顶层设计，推动全产业链的优化升级；要引导要素资源向制造业有效集聚，引导更多金融资源向制造业倾斜；要充分发挥超大规模市场优势，注重需求侧改革，拓展消费空间，发挥消费的牵引作用。

2018 年 10 月，美国发布了《美国先进制造业领导战略》，强调先进制造业是美国经济实力的引擎和国家安全的支柱。虽然美国制造业占比只有 11%，但其服务业中约 70% 是为制造业提供相关服务的生产性服务业，故美国制造业实质所占比重会比统计数据更高。目前，美国制造业占 GDP 的比重为 11%，日本制造业占 GDP 的比重为 20%，德国基本也是同样

---

① 杜传忠:《"十四五"时期我国制造业比重的合理区间探析》，载《人民论坛》2021 年第 26 期，第 74 页。

的水平。2021 年，美国制造业占比回升至 11.15%。由于美国的经济规模远高于其他国家，因此日本、德国两国的制造业加起来，也赶不上美国制造业的规模。此外，美国牢牢抓住高端制造不放，树立在高科技领域的绝对优势。例如，美国芯片企业在全球市场份额超过 50%；航空航天领域前五强企业分别是美国波音公司、欧洲空中客车、洛克希德·马丁公司、联合技术、通用电气（航空业务），除了空客之外，其余全部是美国企业。

美国企业重视创新和研发投入。根据行业分析机构 IC Insights 的数据显示，2021 年期间，美国芯片行业研发投入达到 805 亿美元，占全球的 55.8%。其中英特尔研发投入占到了全球总额的 19%，投入 152 亿美元，同比 2020 年增长了 12%。中国大陆研发支出占比全球 3.1%，投入 20 亿美元。在 2021 年全球企业研发投入排名前十的企业里，美国占据了 6 席，分别是谷歌、微软、苹果、Facebook、英特尔和强生，中国只有华为一家上榜。

总之，中国经济的着力点要放在实体经济上，不能脱实向虚，但要往高端、突破式创新、颠覆式创新、自主可控方向靠拢。经济安全的着力点是实体经济，实体经济的着力点是制造业，制造业的着力点是装备制造和先进制造。2014 年 5 月 10 日，习近平总书记在河南郑州考察中铁工程装备集团有限公司时强调，装备制造业是一个国家制造业的脊梁。2017 年 12 月 12 日，习近平总书记在江苏徐州考察徐工集团重型机械有限公司时再次强调，装备制造业是一个国家制造业的脊梁。装备制造业在国家制造业中起支撑作用。努力发展、壮大装备制造业，实现核心技术自主创新是装备制造业实现质量变革、效率变革、动力变革的关键，是实现中国制造向中国创造转变、中国速度向中国质量转变、中国产品向中国品牌转变的关键。

（二）自主可控：高水平的自立自强

科技自立自强成为决定中国发展与安全的基础能力，目前中国依然存在诸多"卡脖子"问题，如石油天然气、基础原材料、高端芯片、工业软件、农作物种子、科学试验用仪器设备、化学试剂等都需要大量进口。

2019 年，中国工程院对 26 类制造业产业开展了产业链安全性评估，结果显示，中国制造业产业链 60% 安全可控，部分产业对国外依赖程度大。其中，6 类产业自主可控，占比 23%；10 类产业安全可控，占比 38.5%；2 类产业对外依赖度高，占比 0.77%；8 类产业对外依赖度极高，占比 30.8%。

表 1　中国制造业安全性评估 [①]

类型	具体产业
世界领先产业有 5 类	通信设备、先进轨道交通装备、输变电装备、纺织、家电
世界先进产业有 6 类	航天装备、新能源汽车、发电装备、钢铁、石化、建材
与世界差距大的产业有 10 类	飞机、航空机载设备及系统、高档数控机床与基础制造装备、机器人、高技术船舶与海洋工程装备、节能汽车、高性能医疗器械、新材料、生物医药、食品
与世界差距巨大的产业有 5 类	集成电路及专用设备、操作系统与工业软件、智能制造核心信息设备、航空发动机、农业装备

[①] 《工程院：中国 8 类产业对外依赖度极高，部分关键技术受制于人》，半导体行业观察网，2019 年 10 月 17 日，http://www.semiinsights.com/s/electronic_components/23/37875.shtml.

2019 年 10 月 15 日，"2019 国家制造强国建设专家论坛（宁波）"在浙江宁波举行，国家制造强国建设战略咨询委主任、中国工程院原院长周济指出，中国产业链"卡脖子"短板开始暴露，这包括集成电路产业的光刻机、通信装备产业的高端芯片、轨道交通装备产业的轴承和运行控制系统、电力装备产业的燃气轮机热部件以及飞机、汽车等行业的设计和仿真软件等，这些环节仍需进口，产业基础能力弱，部分领域关键核心技术受制于人，存在"被卡脖子"的隐患。

构建新发展格局最本质的特征是实现高水平的自立自强。为此，要坚决打赢关键核心技术攻坚战。在国际上，没有核心技术的优势就没有政治上的优势。习近平总书记指出，"人家把核心技术当'定海神针'、'不二法器'，怎么可能提供给你呢？"只有把核心技术掌握在自己手中，才能真正掌握竞争和发展的主动权，才能从根本上保障国家经济安全、国防安全和其他安全。

数据显示，我国全社会研发投入从 2012 年的 1.03 万亿元增长到 2021 年的 2.79 万亿元，研发投入强度从 1.91% 增长到 2.44%。其中，我国制造业研发投入强度从 2012 年的 0.85% 增加到 2021 年的 1.54%，虽取得了不小的进步，但同美国的研究投入相比依然有很大距离。制造业占美国经济的比重不到 12%，却是美国科学研究的主战场。美国 70% 的国内研发投入、60% 的科学家和工程师在制造业，90% 企业专利来自制造业。但是中国企业的后劲很足，专精特新"小巨人"企业的平均研发强度达到 10.3%，中国制造向中国创造迈进的步伐明显加快。2022 年，我国全社会研发投入规模首次突破 3 万亿元大关，达到 3.09 万亿元，研发投入强度达到 2.55%。

2022 年 3 月，欧盟委员会发布 2021 年全球企业研发投入 2500 强。在 2500 家企业中，中国企业数量为 597 家，位居第二；美国上榜企业总数达 779 家，依然排名第一。榜单显示，中国企业研发活动发生在本土的比例高达 87.9%，位居榜首；美国和日本次之，分别为 82.0% 和 77.1%；欧盟为 72.5%。值得注意的是，中国、日本和欧盟国家未在本土进行的研发投入主要分布在美国，这也反映了美国的研发投入生态系统具有较强吸引力。中国上榜企业研发投入占比 15.5%，美国占比 37.8%。中国的研发投入强度为 3.6%，高于上年的 3.3%，位居全球研发投入规模排名前十国家中的第 7 名。瑞士和美国上榜企业的平均研发投入强度遥遥领先，分别为 7.9% 和 7.8%，其后分别为德国、荷兰和日本。

中国科技领军企业数量依然不足，但近年显现快速增长趋势。数据显示，尽管中国上榜企业占全球的 24%，但大体量的科技领军企业数量仍然不足，榜单前 500 名的中国企业数量占比下降到 17%，榜单前 50 名的中国企业数量占比仅为 8%。不过，中国科技领军企业数量近年来快速增加，相比之下，美国、欧盟等国家和地区的数量有所下降，中国企业的创新潜力巨大。世界知识产权组织发布的全球创新指数排名，我国从 2012 年的第 34 位上升到 2021 年的第 12 位。全国高新技术企业数量从 10 多年前的 4.9 万家，增加到 2021 年的 33 万家。

集成电路（即芯片），被称为"工业制造的皇冠""电子工业的食粮"，因其设计、制造等各方面的超高难度，属于精密制造的典型代表。2013 年，我国芯片产品进口额首次超过原油，总额达 2313 亿美元，当年进口原油的金额为 2196.5 亿美元。自 2018 年以来，中国芯片进口金额首次突破 3000 亿美元，达到 3120 亿美元，之后 2019 年为 3055 亿美元，2020 年为 3500 亿美元，2021 年高达 4326 亿美元。2018 年至 2021年，进口原油的费用分别是 2392 亿美元、2413 亿美元、1763亿美元、2573 亿美元。根据中国半导体行业协会公开的数据显示，我国芯片的自给率只有 26.6%，其中汽车芯片的自给率更是低至 5%。

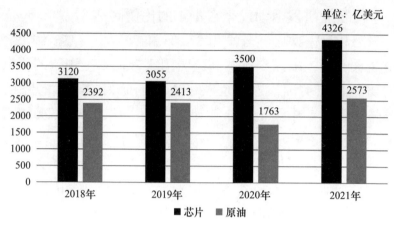

图 1　我国芯片与原油进口金额

　　2022 年 5 月，美国半导体行业协会（SIA）发布了《美国半导体行业现状报告》。数据显示，半导体是美国最大的出口产品之一，2021 年美国半导体出口额为 620 亿美元，仅次于成品油、飞机、原油、天然气，排名第五。2021 年，总部位于美国的半导体公司销售额从 2001 年的 711 亿美元增长到 2021 年的 2575 亿美元，占据全球市场的 46.3%。2021 年，美国半导体行业在研发上的投资总额为 502 亿美元，这个研发支出占所有美国半导体企业销售额的 18.0%，排名全球第一。而中国大陆的半导体企业研发支出只占销售额的 7.6%，不到美国的一半。

　　2022 年 8 月 9 日，美国总统拜登正式签署《芯片和科学法案》（Chips and Science Act）。此前 3 月份，美国提出由美国、日本、韩国和中国台湾组成所谓"芯片四方联盟"（Chip4）。上述法案包括对芯片行业 527 亿美元的资金补贴和税收优惠等扶持政策，也包括对中国芯片产业的排他政策。根据该法案，接受美国芯片法案补助的半导体企业，将被限制扩大在中国大陆的投资，这迫使芯片企业在中美之间"选边站队"。事实上，在过去一段时间中，所有美国设备制造商都收到美国商务部的信函，通知他们不要向中国供应用于 14 纳米或以下芯片制造的设备。在芯片制造领域，通常以 28 纳米为分水岭将芯片制造工艺分为先进制程和成熟制程。芯片制程在实验室已可以做到 2 纳米，具体到量产工艺，最先进的可以做到 5 纳米。芯片法案主要针对我国 14 纳米及其以下产线的投资，直接影响我国的手机、电脑、内存芯片、汽车芯片等高技术产业。

上述法案短期内会扰乱中国的芯片发展，但是中国芯片制造产业的发展步伐不会停下，法案反而会激励中国科研人员以及相关企业的研发工作。对此，国家层面要有针对性地制定我国芯片产业扶持政策，特别是补齐人才短板。截至 2021 年底，我国现存芯片相关企业超过 14 万家，其中芯片设计企业数量达到 2810 家，但仅拿到全球 9% 的市场份额，软件自主化率低以及芯片人才紧缺是重要因素。根据《中国集成电路产业人才白皮书（2020—2021 年版）》数据统计，预计到 2023 年前后，芯片全行业人才需求将达到 76.65 万人，其中：设计业人才需求为 28.83 万人，人才缺口近 9 万人；制造业人才需求为 28.27 万人，人才缺口超过 10 万人；封装测试业人才需求为 19.55 万人，人才缺口超过 3.5 万人。

2023 年 9 月，习近平总书记在黑龙江考察时首次提出"新质生产力"，即"积极培育新能源、新材料、先进制造、电子信息等战略性新兴产业，积极培育未来产业，加快形成新质生产力，增强发展新动能"。从本质而言，新质生产力是以科技创新为主的生产力。

（三）美国长臂管辖权

美国为了维护其霸权利益，经常对其他国家的企业进行长臂管辖，这些年对中国企业长臂管辖的频率越来越高，力度越来越大。"美国例外主义"（American Exceptionalism）或"美国优越主义"以及"美国优先"有一个共同的逻辑，即强调美利坚合众国作为"山巅之城",这一国家及其公民有"天赋使命",必然也必须拥有国际社会的独特地位。据此,美国按照自身确定的标准,构建"美国治下的和平"(Pax Americana)以及"自由的国际秩序"(liberal international order),是"民族优越感"(ethnocentrism)的一种形式。

治外法权或长臂管辖权都是"美国例外主义"的具体表现。所谓治外法权,是指一国给予其他国家公民在本国境内免受本地法律司法权裁决的特权。在历史上,西方曾以"不开化""不文明"等理由,强迫落后国家单方面授予其所有侨民治外法权。美军最早获得海外驻军治外法权始于1898年,古巴、菲律宾成为美国保护国,美国开始在当地驻军,并享有治外法权。此后,治外法权成为美国海外驻军的"标配"。1960年、1967年,美国分别与日本、韩国签署《驻日美军地位协定》《驻韩美军地位协定》。上述"地位协定",使美军在日韩享有一系列治外法权。现如今,美军所驻之处,基本都会有治外法权相随,使美军获得了在驻在国不受司法审判的特权,在一定程度上纵容了驻外美军在驻在国的胡作非为,枪杀、强奸、虐囚等事件时有发生。

治外法权是不放心别人审美国人,而长臂管辖权就是美国要审别人。长臂管辖权(long arm jurisdiction)最早始于美国,为了扩大自己的管辖权,美国法律规定其法院在判断能否对一个涉外民事案件行使管辖权时,可以适用"最低限度联系"原则,即认为涉外民事案件中只要有任何因素与美国有关,就与美国有最低限度的联系,美国法院就可以主张管辖权。

一个企业不需在美国设立,也不必在美国有业务经营,只要企业经营行为与美国市场、美国企业、美国机构等有联系,那么"长臂"就管得着你,如果法院认定企业或者企业高管存在违反出口管理、贿赂等腐败行为,即使不是发生在美国,也同样受到美国"长臂"的制约。长臂管辖具有以下三个基本特征:

第一，本质是域外管辖权，是美式霸权。1997年，美国司法部颁布的《反托拉斯法国际实施指南》中规定："如果外国的交易对美国商业发生了重大的和可预见的后果，不论它发生在什么地方，均受美国法院管辖。"由于域外管辖威胁到他国的管辖主权，一直受到国际社会的猛烈抨击。美国的长臂管辖权扩大了国内法院的管辖权，这种做法在国际法上一直都存在争议，诸多国家都持批评和否定的态度，认为美国的司法管辖权过宽，这样会导致侵犯别国的司法主权。对美国而言，域外已经超越地理范畴，美国法院率先将长臂管辖权延伸至网络案件中，把网址区分为互动型网址和被动型网址，并主张对互动型网址行使长臂管辖权。

第二，"最低限度联系"（test of minimum contacts）。美国联邦最高法院在1945年国际鞋业公司诉华盛顿州一案中确立了"最低限度联系"原则，但究竟什么是最低限度联系，联邦最高法院从来没有下过确切的定义。《美国冲突法重述（第二次）》第27节将各州长臂管辖权的内容归纳了10个方面：当事人在该州出现；当事人在该州有住所；当事人居住在该州；当事人是该国国民或公民；当事人同意该州法院管辖；当事人出庭应诉；当事人在该州从事业务活动；当事人在国（州）外做过某种导致在该州发生效果的行为；当事人在该州拥有、适用或占有与诉因有关的产业；等等。凡是具有上述情形之一者，均可被视为该当事人与该州有最低限度联系，该州法院即可对其行使管辖权。

第三，不可预见性与随意选择性。尽管美国最高法院提出了认定最低联系的方法，但并没有对最低联系本身确立统一的标准。同时，美国法院为了保护本州原告利益，不断扩大解释长臂法案的范围。这就导致了美国司法实践中的不可预见性与随意选择性。同时，美国民事诉讼有"长臂管辖"原则，但同时还存在一个相对应的"不方便管辖"原则，即具体案例是否受理要考虑诉讼程序、取证和执行的方便性，关键是看是否符合美国利益，否则也不会管辖。典型案例是东航包头空难案。2004 年，包头空难是中国东方航空公司发生在国内航线上的一起空难事故，该航班并非来自美国，且没有预定飞往美国，遇难者中也无美国公民，应属典型的中国空难，而这起本是国内侵权损害赔偿诉讼，却转化为中国第一起空难国际赔偿诉讼。在包头空难中，发生事故的飞机发动机是由美国通用电气公司生产的，同时，美国法院认为，三被告即美国通用电气公司、飞机的制造商加拿大庞巴迪公司和中国东方航空公司均在美国经营和开展营业活动，并与加利福尼亚州保持着有计划和持续的商业接触联系，而这些联系，显然足以满足"最低联系"，故此美国法院对这起诉讼享有管辖权。但是到 2007 年，美国加州洛杉矶郡高级法院根据"不方便管辖"原则作出裁定：不支持中国遇难者家属在美国诉讼，美国法院无须管辖。

在实践中，美国 337 条款、《反海外腐败法》、美国出口管制法等均是长臂管辖的法律基础。

第一，基于美国 337 条款的长臂管辖。经常听到美国 337 条款与特别 301 条款，这两个条款的共性都是针对知识产权的条款，是美国知识产权战车的"矛"与"盾"。其中，301 条款，即美国《1974 年贸易法》第 301 条，是对外积极出击的"矛"，要求外国政府对美国的知识产权提供有效保护，否则即对相关国家施以贸易惩罚措施。337 条款是对内主动防御的"盾"，是在美国进口贸易中，对侵犯美国知识产权的厂商和产品实施制裁，是直接针对外国生产商的制裁措施，以此阻止侵犯美国知识产权的产品进入美国市场。

"恶名市场"名单与"国别评估"名单是"301 调查"的撒手锏。从 2006 年起，美国贸易代表办公室在《特别 301 报告》中确定恶名市场名单（notorious markets），美方依据其国内法，发起对相关国家的贸易调查，是赤裸裸的霸权行为。2017 年 8

月 14 日，美国总统特朗普签署一份行政备忘录，授权美国贸易代表审查所谓的"中国贸易行为"，包括中国在技术转让等知识产权领域的做法。美国上次大规模使用"301 调查"还是在 20 世纪 80 年代美日贸易纠纷期间。20 世纪 80 年代美日贸易战爆发，美国贸易代表总计向日本发起了 24 例 301 条款案件调查，其中大多涉及知识产权争端，几乎全部迫使日本政府作出让步和妥协，如自愿限制出口、开放市场和提高对外直接投资等。

2018 年 1 月 12 日，美国贸易代表办公室发布了 2017 年度知识产权保护报告，包括淘宝网、北京秀水市场在内的 9 家中国市场列入了"恶名市场"名单。此外，美国根据对各国知识产权保护状况的评估，将国家分别列入重点国家、优先观察国家、观察国家等名单里，并对不同国家采取调查、报复、继续观察等反制措施。一旦被列入"重点国家"或者"优先观察国"，美国贸易代表办公室必须在 30 天内考虑是否对该国进行调查，这类调查一般是 6—9 个月。调查后将考虑是否对该国采取中止贸易协定、增设投资壁垒、取消免税待遇、施加惩罚性关税等进一步的举措。2018 年 4 月 27 日，美国贸易代表办公室发布针对外国知识产权保护情况的年度报告——"2018 特别 301 报告"，中国再次被列入"优先观察国"，这是中国连续第 14 年被列入这一名单，未来不排除被美国放入"重点国家"名单。

特别 301 条款主要是针对国家及其市场，而 337 条款则主要针对外国企业及其产品，由美国国际贸易委员会启动诉讼程序来阻止外国生产商对美国知识产权的侵害，后者适用于"长臂管辖"。典型的案例如天瑞集团公司 337 调查案。2008 年 9 月 16 日，美国 Amsted 工业公司指控 4 家公司违反美国 337 条款。这 4 家公司是：河南天瑞集团、河南天瑞集团铸造有限公司、美国标准卡车公司、美国 Barber 天瑞铁路供应公司。其中，天瑞集团是中国最大的铁路铸件生产企业，其聘用了山西省某中美合资企业的离职员工。美国 Amsted 工业公司是山西合资企业的出资方，以所跳槽员工向河南天瑞集团披露技术秘密为由，在美国国际贸易委员会提起商业秘密法律诉讼。美国国际贸易委员会裁定，禁止争议的铁路铸件，以及任何包含该铸件的产品进入美国。中美合资企业数量众多，而且员工跳槽现象非常普遍，美国司法机关对中国的"长臂管辖"势必严重影响中国企业之间雇员的正常流动。

第二，基于《反海外腐败法》的长臂管辖。1977 年，美国制定《反海外腐败法》（Foreign Corrupt Practices Act，FCPA），旨在禁止美国公司向外国政府公职人员行贿。1998 年以前，该法的适用范围并不包括外国公司和外国自然人。1998 年修订版将《反海外腐败法》通过属地管辖权扩展到外国公司或自然人。一家外国企业或个人在美国境内直接或间接的违法行为将受到《反海外腐败法》的制裁，不论该行为是否使用美国邮政系统或者其他转移支付工具。

典型案例是何志平海外贿赂案。2017 年 12 月，前香港民政事务局局长、中华能源基金委员会主席何志平，因涉嫌代表一家总部位于上海的中国能源公司向非洲国家高级别官员行贿，触犯了美国《反海外腐败法》，在纽约被美国司法部逮捕。美国司法部认为，其转账均通过纽约银行汇款，因此美国具有管辖权。在美国看来，凡通过美国邮件系统进行通信或使用隶属于美国的支付工具进行支付的外国人或外国公司的雇员，只要满足"最低限度联系"原则，即不论是电话、邮件还是银行转账，美国都具有管辖权。案件于 2019 年 3 月 26 日在纽约宣判，何志平被判监禁 36 个月并罚款 40 万美元。

2019 年 1 月，法国阿尔斯通公司前高管皮耶鲁齐出版《美国陷阱》，书中披露阿尔斯通被美企"强制"收购，以及美国利用《反海外腐败法》打击美企竞争对手的内幕。皮耶鲁齐指责美国司法"长臂管辖"，使得法国不少企业遭到惩罚。从 1977 年到 2014 年，美国方面开出 26 个金额超过 1 亿美元的罚单，其中 21 个是非美国公司。多年来法国各大公司被美国处罚的金额高达 130 多亿美元。

对美国来说，用《反海外腐败法》惩罚外企可谓"一箭三雕"：财政上可获得巨额罚款收入；美国强大的媒体力量将此当作美国道德标准及价值观的体现；能帮美企扫除竞争者。

随着中国企业国际化布局的加快，美国域外司法管辖权有不断扩张的趋势，同时也使中国企业在经营中面临很高的法律风险。中国企业要切实提升自律与合规意识，一旦涉及美国"因素"，就有可能被美国法院根据长臂管辖权为由纳入其司法管辖的范围，美国会全面利用法律、规则、金融等"利器"组合发力，中国企业应引起足够重视。

第三，基于美国出口管制法的长臂管辖。美国霸权表现的另一个领域是：将单边制裁强加给第三国，破坏其他国家之间正常合理的经贸往来，逼迫其他国家在制裁问题上按美号令行事。在实践中，各国企业要服从于美国的政治与经济制裁。美国出口管制法有三个重要的法律渊源：美国国会通过的《出口管理法案》、美国商务部制定的《出口管理条例》、美国财政部制定的《经济制裁条例》。该项制度的核心是任何企业不得将美国生产的管制设备（比如军事器材）出口到美国禁运的国家，同时不允许任何企业破坏美国的金融制裁。对于违反出口管制法的组织机构，将采取以下一种或几种惩罚措施：剥夺出口权、禁止从事相关行业、对每次违法处以罚款甚至对企业法人追究刑事责任。

2016 年 9 月 27 日，美国司法部以朝核为借口对辽宁鸿祥实业发展公司提起刑事诉讼。2017 年 6 月 29 日，美国财政部称，中国丹东银行为朝鲜非法金融活动提供渠道，宣布将相关公司和个人列入制裁名单。2016 年 3 月，美国商务部网站公布，以违反美国出口管制法，向受美国制裁的国家伊朗出口受美国管制物项为由，将中兴通讯股份有限公司列入"实体清单"，美国限制本国公司对中兴的出口供应。无独有偶，华为公司 CFO 孟晚舟 2018 年 12 月 1 日在加拿大被逮捕。美国执法当局称，孟晚舟涉嫌违反美国对伊朗的相关贸易制裁规定。

未来，中国以及其他国家，在产业上同美国存在竞争优势的企业，遭到美国长臂管辖的概率在不断上升。长臂管辖权是美国法律霸权主义的重要体现，已成为美国干预其他国家内政、侵犯别国经济安全的重要工具。这一管辖权严重违背"一个国家不应该在另一个国家领土上行使国家权力"的国际法原则，并可能造成案件管辖冲突的泛滥，甚至引发国际争端。

如何遏制美国日益严重的"长臂管辖"？欧盟的对策是启动"阻断法案"。该法案的要义是以法律的形式保障欧盟企业和个人可以不遵守美国对他国的单边制裁。中国同样可以考虑设立"阻断法案"，同时通过多边主义、制度主义方式消减美国单边主义影响，而不是也学美国对其企业采取"长臂管辖"。

2021 年 6 月 10 日，十三届全国人大常委会第二十九次会议表决通过了《中华人民共和国反外国制裁法》。该法是我国为了反对西方霸权主义和强权政治而制定的一部专门的反外国制裁法，为我国依法反制外国歧视性措施提供有力的法治支撑和保障。

根据反外国制裁法第三条第二款的规定，采取反制措施的情形是，外国国家违反国际法和国际关系基本准则，以各种借口或者依据其本国法律对我国进行遏制、打压，对我国公民、组织采取歧视性限制措施，干涉我国内政的，我国有权采取相应反制措施。

反外国制裁法第六条明确列举了三类反制措施：一是不予签发签证、不准入境、注销签证或者驱逐出境；二是查封、扣押、冻结在我国境内的动产、不动产和其他各类财产；三是禁止或者限制我国境内的组织、个人与其进行有关交易、合作等活动。同时，还作了一个兜底性规定，即"其他必要措施"。

二、初级产品供给安全

对中国这样一个大国来说，保障好初级产品供给是一个重大的战略性问题。必须加强战略谋划，及早作出各项预案，确保供给安全。2022年第10期《求是》杂志刊发习近平总书记重要文章《正确认识和把握我国发展重大理论和实践问题》，把正确认识和把握初级产品供给保障作为五个重大问题之一。

所谓初级产品，是指人们直接从自然界获得的、尚未加工过或仅经过简单加工的产品。按照联合国《国际贸易标准》分类，主要指的是：未经加工或只是略做加工的产品，包括农、林、牧、渔产品，也包括天然橡胶、石油、天然气、铜矿石、铁矿石等，以及略微进行加工的动植物油脂、燃料、饮料、食品等。初级产品供给保障不仅关乎人们吃饭的"饭碗"，还关系到整个国家工业生产的"饭碗"。[①] 我国作为最大的发展中国家，作为世界第二大经济体，对初级产品具有大量需求。初级产品的基本特征是总量有限、不可再生、难以替代，同时总量紧平衡与结构不平衡并存。除自然灾害造成的客观风险外，全球初级产品供给政治化、武器化趋势明显，人为限供断供风险上升。

我国拥有960万平方公里的广阔国土、19.18亿亩耕地，2021年粮食产量13657亿斤，原煤产量41.3亿吨，原油产量1.99亿吨；中国稀土储量4400万吨，是全球稀土储量最高的国家，同时也是全球最大的稀土生产国，2021年的产量达16.8万吨，等等。这构成了我国初级产品的基本家底。

我国是全球初级产品最大单一买家。我国进口粮食占全球四分之一，继2017年超越美国成为全球最大原油进口国之后，2018年，中国超越日本成为全球最大天然气进口国，我国为大部分矿种的最大单一进口国。

---

① 曹立:《确保初级产品供给安全》，载《红旗文稿》2022年第14期，第24页。

（一）全球初级产品供求处于严重失衡状态

第一，俄乌冲突严重冲击国际初级产品供应链。从供给看，俄罗斯是全球重要的能源、粮食、化肥出口大国，乌克兰的玉米、小麦出口占全球的份额较高，俄乌地缘政治冲突导致相关产品产量下降以及出口管制的增加将冲击全球大宗商品市场的供应。从需求看，全球经济持续恢复将支撑大宗商品需求的增加，在供给短缺的恐慌情绪下，一些大宗商品进口国囤货的需求增加，加剧了供需的失衡。同时，由于地缘政治冲突带来的部分国家间的制裁和反制裁，影响全球供应链效率，大宗商品运输和交易的成本上升，加大了价格上涨的压力。

2021年，俄罗斯小麦出口3290万吨，占全球18%；乌克兰小麦出口2000万吨，占全球10%；两国玉米出口占全球19%，葵花籽油出口占全球63%，菜籽油出口占全球15%。俄罗斯出口的石油占全球石油贸易量的10%，出口的天然气占全球贸易量的近20%。同时，俄罗斯是全球第三大煤炭出口国。根据俄罗斯联邦海关总署数据，2021年俄罗斯煤炭出口总量为2.23亿吨，动力煤出口量约占全球总贸易量的17%，焦煤出口量约占全球总贸易量的9%。2021年，俄罗斯占欧盟天然气进口的45%、石油进口的27%和煤炭进口的46%。

此外，全球能源供需紧张、西方的金融制裁以及俄罗斯以卢布结算能源资源产品的反制措施，正在严重冲击国际能源定价体系和结算体系。

第二，出口国的资源民族主义抬头，会进一步加剧关键初级产品的稀缺性。

印尼作为世界上矿产种类最齐全的国家之一，接二连三地出台矿产出口禁令，这引发市场担忧。印尼是全球最大的动力煤出口国，2020年出口量达到约4亿吨，大约占世界市场的35%，中国、印度、新加坡和韩国等是其主要买家。2021年8

月，印尼政府对 34 家国内煤企下达暂停煤炭出口禁令。

印尼是全球最大的棕榈油生产国和出口国，其产量超过全球棕榈油产量的 50%，另一个主产国为马来西亚。由于印尼国内食用油出现短缺，导致价格飙升，印尼政府从 2022 年 4 月 28 日起暂停棕榈油及相关原料的出口。这道禁令扰乱了全球植物油市场，并引发印尼棕榈油农民因收入受影响而上街抗议，要求政府解除禁令。

2022 年 5 月 18 日，印尼投资部部长兼投资统筹机构主任巴希尔·拉哈达利亚表示，今年该国将停止出口铝土矿和锡，以此鼓励及发展本国工业。早在 2021 年 11 月份，印尼总统佐科就曾表示，印尼政府 2022 年将不再允许铝土矿出口，2023 年禁止出口铜矿石。在佐科公布的时间表中，2024 年印尼还将全面禁止锡原矿的出口。此番巴希尔的说法意味着印尼锡原矿出口禁令的执行时间将提前近两年。而在此之前，印尼已于 2020 年开始禁止镍原矿的出口。

印尼铝土矿储量为 12 亿吨，位居全球第六位。印尼曾是全球最大的铝土矿出口国之一，2013 年该国铝土矿出口量占全球贸易量的 51%。2014 年印尼实施原矿禁止出口政策，该国铝土矿出口量大幅下滑，并于 2015 年停止出口，此举导致全球铝土矿贸易格局发生较大变化。直到 2017 年印尼政府出台铝土矿出口配额政策后，其铝土矿出口才有所恢复。2021 年，中国从印尼进口的铝土矿占中国进口总量的比重达到 16.61%，排在几内亚和澳大利亚之后。

2021 年，全球锡储量约 490 万吨，其中印尼锡储量位居世界第二，总储量 80 万吨，占世界总量的 17%，仅次于占总量 23% 的中国。如果印尼将全面禁止锡原矿的出口，这个缺口一时难以填补。此前，印尼政府已经停止了镍的出口。印尼官员称，镍出口禁令已被证明有效地增加了镍衍生产品的出口，包括不锈钢。2022 年，印尼镍出口额仅达到 20 亿美元，而下游行业的不锈钢出口额飙升至 200 亿美元。

当然，印尼政府的矿产资源出口禁令也有其合理和必然的一面。在佐科担任总统之前，印尼长期以来都是全球上游原料的重要供应基地，极少进行矿产资源的深加工。这种出口模式在短期内为印尼创造了大量外汇，但同时也让印尼陷入"资源诅咒"，短期获得了出口红利，但是始终缺乏产业基础。为此，印尼政府不断推出限制金属矿物出口的政策，代之以鼓励矿产冶炼和下游产业的发展。特别是在佐科担任印尼总统之后，为了吸引外国投资，促进经济转型，印尼加快禁止矿产资源出口的进程——外国想要获得印尼的矿产，需要先到印尼进行投资，发展当地的矿产冶炼和下游产业，在印尼生产出金属成品或半成品之后，印尼政府才允许出口。

虽然上述政策对很多资源型国家而言都是"大势所趋"，但希望相关国家政府在执行一系列政策时，能够"温和一点"，给国际社会、上下游企业以及国际市场留有一定的回旋余地以及缓冲的时间与空间。

第三，低碳发展对初级产品供求关系带来的影响不容忽视。随着清洁能源技术的快速发展，锂、钴、镍、锰、铜、稀土等稀有金属的需求正在大幅上升，大国对稀资源的争夺将进一步加剧。

在 2016 年出版的《力量要素》（The Elements of Power）一书中，大卫·亚伯拉罕（David S Abraham）认为，钴和稀土等"稀有金属"目前已成为包括清洁能源行业在内的世界现代工业的基础，世界正迅速变得像依赖石油一样依赖这些稀有金属。

锂是一种软质的银白色金属，是锂离子电池的关键成分，广泛应用于智能手机和电动汽车。钴是银灰色金属，主要是铜和镍开采的副产品，是锂离子电池阴极的另一个重要组成部分，在其他工业和军事应用中也有多种用途。镍是电池所需的另一种成分，镍在不锈钢生产中有广泛使用。锰也被用于电池生产，同时也是钢铁工业的重要成分，在其他领域也被广泛使用，比如动物饲料。铜被用作风力发电的导体，以及一般的电线、马达和硬币。铜和锰都是世界上开发最广泛的金属之一。

稀土金属，也称为稀土元素（rare-earth elements，REE），由 17 种化学性质相似的元素组成。每一种都有其独特的特性，成为一系列技术的重要组成部分，用于包括高效照明、催化转换器到风力涡轮机、电动汽车和计算机硬盘驱动器中使用的磁铁。其中钕和镨，合称为"NdPr"，用于电机的磁铁，由于需求和价格的不断上涨，特别成为关注的焦点。美国能源部和欧盟的报告都将稀土、钴和其他几种金属材料列为关键材料，因为它们对清洁能源具有高供应风险和缺乏替代品等属性。

全球稀土储备总量为 1.2 亿吨，中国储量为 4400 万吨，占全球总量的 36.67%，位居世界第一。美国的稀土储量为 1300 万吨，占比约 10%。美国对稀土的进口量高达 100%，其中 80% 是从中国市场进口的。2020 年，美议员提交《降低稀土对外依赖法案》，拜登上台后又呼吁打造独立供应链，减少对中国稀土的依赖。2021 年 1 月，我国发布了《稀土管理条例》，完善了稀土管理制度，确保我国的稀土战略安全。

第四，跨国公司对全球初级产品具有极强的垄断性。美国 ADM、邦吉、嘉吉和法国路易·达浮四大粮商控制着全球 80% 的粮食贸易量。淡水河谷、力拓、必和必拓、福蒂斯丘等四大矿企掌握了全球铁矿石近 50% 的产量、70% 以上的出口量。美西方资本控制的能源巨头在煤炭、石油和天然气区域性市场的垄断程度也较高。此外，初级产品的市场规则长期由西方把控，市场高度金融化。初级产品大多依托商品期货市场进行交易，大宗商品交易期货化、定价指数化，逐渐发展为金融衍生品。芝加哥商品交易所主要粮食品种期货、布伦特石油期货和纽约轻质原油期货合约价格，被广泛用作交易定价基础。

1929年10月，民国政府正式颁布了《交易法则》，1930年1月，又颁布了《交易所法实施细则》，对交易所的发展和管理有了比较统一的依据。这时期，没有真正的期货交易，但后来实行了一种延期交割方式，称"便交"，这实际上是一种变相的期货交易。1990年10月12日，经国务院批准，中国郑州粮食批发市场以现货交易为基础，引入期货交易机制，作为中国第一个商品期货市场起步。目前，我国共有5家期货交易所，即上海期货交易所（上海国际能源交易中心作为其全资子公司）、郑州商品交易所、大连商品交易所、中国金融期货交易所和广州期货交易所。

2022年4月20日，第十三届全国人民代表大会常务委员会第三十四次会议通过了《中华人民共和国期货和衍生品法》，自2022年8月1日起施行。期货和衍生品法公布实施后，我国期货市场运行平稳，功能有效发挥，为助力实体经济高质量发展和初级产品保供稳价贡献了积极力量。

（二）我国初级产品供需现状

近年来，初级产品进口占我国全部进口的比重呈上升态势，特别是2016年后，这一态势出现加速攀升。截至2021年12月，我国进口初级产品占进口的比重约为36.3%。对于近20年来全球初级产品价格持续大幅上涨的原因，有分析认为主要有四方面因素：一是"需求因素"，全球经济从20世纪末期的经济衰退中逐步复苏，经济增速反弹加大了对初级产品的需求；二是"中国因素"，来自中国的市场需求一定程度上拉大了对全球初级产品的需求，也带动价格的上涨；三是"供应商因素"，国际初级产品供应商利用自身的寡头垄断地位大幅提价，推升了市场行情上涨；四是"投机因素"，一些国际投资者和市场游资利用大宗商品期货行情进行投机炒作，人为放大了初级产品价格的波动幅度。[①]

初级产品价格大幅上涨对中国经济安全带来的影响无疑是巨大的。从宏观层面看，初级产品价格的持续上涨，给中国经济稳健运行带来了负面的外部性冲击。特别是进口价格的上涨，压缩了我国企业的利润空间，造成了我国经济增长基础的弱化。这实际上构成了经济学上常提及的"贸易条件恶化"。此外，初级产品价格的持续上涨，还给我国经济运行带来了输入性通胀的压力。2022年全国两会《政府工作报告》中，增加了"输入性通胀压力加大"的表述。如果不能加以妥善应对，势必对我国宏观调控的效果产生不利影响，甚至成为引发经济滞胀的直接导火索。

具体来说，我国粮食、矿产供需呈现总量和结构均明显不足的状态，能源供给主要是结构性不足问题。从粮食看，我国总量供求偏紧、结构性短缺，2021年，全国粮食总产量6.83亿吨，消费近8.4亿吨，口粮绝对自给，食用植物油和饲料粮存在较大缺口。从能源看，我国能源资源呈现富煤贫油少气缺铀格局。2021年，全国一次能源生产总量43.3亿吨标准煤，消费总量52.4亿吨标准煤，均为全球第一，供需缺口较大。从矿产看，我国矿产资源品种结构不平衡，铁矿石、铜矿、铝土矿消费量占全球一半以上，但国内矿产资源自然禀赋较差，储量小、品位低，不能满足消费需求，需要进口保障。

表2　2021年我国部分初级产品进口情况

品种	进口量	对外依存度（%）
玉米（万吨）	2835	9.39
大豆（万吨）	9652	85.5
原油（亿吨）	5.13	72

① 顾阳、乔金亮、冯其予：《更加重视初级产品国际定价权——正确认识和把握初级产品供给保障（中）》，载《经济日报》2022年8月16日，头版。

续表

品种	进口量	对外依存度（%）
天然气（亿方）	1675	44.9
铁矿石（亿吨）	11.24	76.2
铜矿（万吨）	2340	74.4
铝土矿（亿吨）	1.07	60

2021年，我国大豆的对外依存度为85.5%，全球的平均依存度为43.6%；玉米的对外依存度9.39%，全球的平均依存度为16.9%；原油的对外依存度为72%，全球的平均依存度为79.9%；天然气的对外依存度为44.9%，全球的平均依存度为24.6%；铁矿石的对外依存度为76.2%，全球的平均依存度为68.4%；铜精矿的对外依存度为74.4%，全球的平均依存度为43.7%。

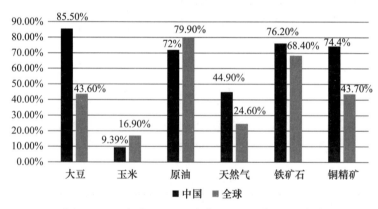

图2　2021年中国和全球部分初级产品依存度

2021年，我国玉米进口2836万吨，对外依存度9.39%。进口主要来源国为美国，占进口总量的69.94%。其次是乌克兰，占进口总量的29.05%。其他剩余国家进口占比较少，约占进口总量的1.01%。

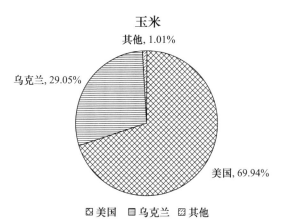

图 3　2021 年我国玉米进口来源国

2021 年，我国大豆进口 9652 万吨，对外依存度 85.5%。2021 年，我国从巴西购买的大豆数量达到了 5815.1 万吨，占我国大豆进口总量的 60.2%。从美国购买的大豆数量约为 3231.2 万吨，约为我国大豆进口总量的 33.5%。从上述两国进口大豆总量高达 9046.3 万吨，占比合计为 93.72%。

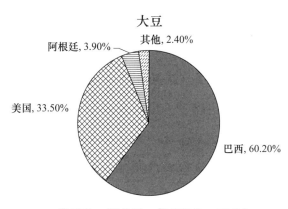

图 4　2021 年我国大豆进口来源国

我国积极实施原油进口多元化战略，目前效果显著。2021 年，中国原油进口量为 5.13 亿吨，同比下降 5.3%，首次出现下降；原油对外依存度由上年度的 73.6% 降至 72%，下降 1.6%。

2021 年，我国从沙特阿拉伯进口原油共 8757 万吨，占原油进口总量的 17%。从俄罗斯进口原油共 7964 万吨，占原油进口总量的 15.5%。排在第三位、第四位、第五位的分别是 11.1% 的伊拉克、8.7% 的阿曼、7.6% 的安哥拉。

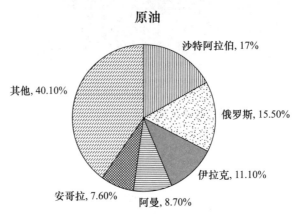

图 5　2021 年原油进口来源国

2021 年，我国天然气进口量为 1675 亿立方米（12135.6 万吨），对外依存度为 44.9%。其中 LNG 进口量为 1089 亿立方米（7893 万吨），占天然气总进口量的 65%，管道气进口量为 585.5 亿立方米（4243 万吨），占比为 35%。其中，来自中亚管道天然气为 441 亿立方米，来自中俄东线的天然气约为 100 亿立方米（俄罗斯从 2021 年开始成为仅次于土库曼斯坦的我国第二大管道天然气进口国），其余 40 多亿立方米来自中缅天然气管道。我国天然气对外依存度从 2015 年开始超过 30%，达到 30.1%，2018 年超过 40%，达到 42.8%，2019 年和 2020 年分别下降至 42.5% 和 41.8%，但是 2021 年反弹至 44.9% 的历史新高。

澳大利亚是我国液化天然气最大的进口国，2021 年我国进口澳大利亚液化天然气 3140.2 万吨，占比进口总量的 39.29%。

进口量排第二的是美国，2021 年进口美国液化天然气 925.58 万吨，占比进口总量的 11.58%。之后，依次是卡塔尔（11.36%）、马来西亚（10.35%）、印度尼西亚（6.45%）、俄罗斯（5.77%）等国。

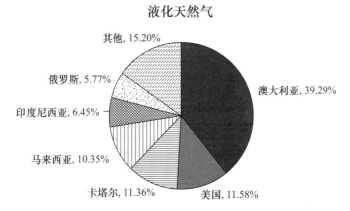

图 6　2021 年我国液化天然气进口来源国

由于国内铁矿石存在供给不足、品位较低等问题，我国铁矿石的对外依存度居高不下。2021 年，中国进口铁矿石 11.24 亿吨。据统计，2015 年我国铁矿石对外依存度首次超过 80%，到 2017 年达到历史高点 88.9%，此后持续下降，2021 年我国铁矿石对外依存度降至 76.2%。从我国铁矿石进口来源地来看，2021 年我国从澳大利亚、巴西进口铁矿石分别达到 6.94 亿吨和 2.38 亿吨，占全部进口铁矿石的比重分别为 61.65% 和 21.10%，合计为 82.75%。预计未来 5—10 年我国仍将是全球最大的铁矿石进口国，对进口澳大利亚和巴西的铁矿石依存度仍将维持高水平。

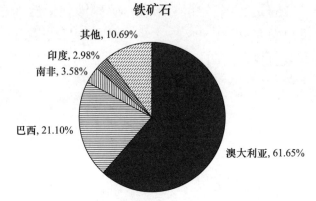

图 7　2021 年我国铁矿石进口来源国

　　由于我国仅拥有全球 3.14% 的铜矿储量且平均品位较低，铜精矿的对外依存程度正逐年提高。2021 年，中国铜精矿进口量达到创纪录的 2340 万吨，比 2020 年的 2178 万吨进口量增长 7.6%，进口依赖度高达 74.4%。从我国铜矿砂及其精矿进口来源地来看，智利、秘鲁、墨西哥是我国铜矿砂及其精矿主要进口地区，2021 年进口量分别为 889.67 万吨、554.78 万吨与145.91 万吨，三个地区进口量合计占比 67.88%。

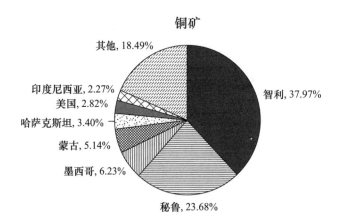

图 8　2021 年我国铜矿进口来源国

据统计，2021 年全球铝土矿储量约为 320 亿吨，已查明铝土矿储量可以满足全球市场的需求近 100 年，其中几内亚铝土矿储量约为 74 亿吨，约占世界储量的 23.13%；澳大利亚铝土矿储量约为 53 亿吨，约占世界储量的 16.56%。2021 年，我国铝土矿进口数量为 10900 万吨，对外依存度约 60%。从我国铝土矿进口来源地来看，2021 年我国从几内亚、澳大利亚与印度尼西亚进口铝土矿分别为 5483.89 万吨、3408.05 万吨与1783.97 万吨，进口合计占比 99.38%。2021 年 5 月 18 日，印尼投资部部长表示，印尼政府将在 2022 年停止出口铝土矿，以支持相关产业的上下游建设。

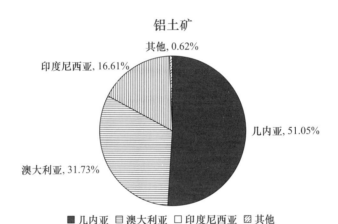

图 9 2021 年我国铝土矿进口来源国

我国是世界上最大的煤炭生产、最大的煤炭消费和最大的煤炭进口国家。2021 年，我国煤炭产量 40.7 亿吨，同比增长4.7%；进口量 3.2 亿吨，同比增长 6.6%，进口金额 2319 亿元，同比增长 64.1%；煤炭对外依存度 7.3%。主要进口来源国是印度尼西亚、俄罗斯联邦、蒙古国、澳大利亚、美国等。

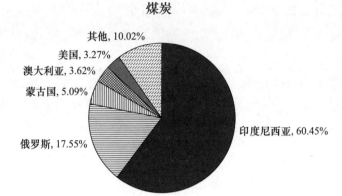

图 10　2021 年我国煤炭进口来源国

总体来看，我国初级产业供给存在进口来源集中、运输线路单一、支付结算风险高企、价格波动传导风险较大等问题。

进口来源集中。大部分初级产品进口来源高度集中于少数几个国家，一些品种随着国际供应格局演变还有进一步集中的趋势。2021 年，我国粮食进口量 16454 万吨，同比增长 18.1%，作为全球最大粮食进口国，我国粮食进口量接近国内产量的 1/4。美国和巴西自 2002 年以来一直是我国排名前两位的粮食进口来源国，在粮食进口总量占比中长期保持在 72% 以上。其中，我国玉米进口 70% 来自美国、29% 来自乌克兰，大豆进口 60%、33% 分别来自巴西和美国。能源主要进口自沙特、澳大利亚、俄罗斯、美国等国，从四国进口煤炭 25%、原油 33%、天然气 57%。矿产进口中，澳大利亚集中度最高，铁矿石占 61.65%、铝土矿占 31.73%。大宗初级产品中玉米、铁矿石、煤炭、大豆、铝土矿单一来源国比重超过 50%，玉米美国占 70%，铁矿石澳大利亚占 61.65%，煤炭印尼占 60.45%，大豆巴西占 60.2%，铝土矿几内亚占 51.05%。这些国家，有些是外交关系较为敏感的国家，如美国、澳大利亚等；有些是本身国家安全局势不稳的国家，如几内亚等；还有些是资源民族主义越来越浓的国家，如印度尼西亚等。

运输路线单一。我国初级产品进口方式主要依赖长距离海洋运输，海运路线相对固定和单一，主要运输通道有两条，一条是美洲—北太平洋；另一条是好望角/苏伊士—印度洋—南海。80% 以上进口矿产，70% 以上粮食和大部分石油、液化天然气经过两条通道运输。上述两条海运线路长，途经多个战略要道，沿线地缘政治风险和航运意外风险大，极端情况下沿线战略要道有被封锁风险。

支付结算风险高企。我国初级产品进口量大，但人民币计价结算金额较低，绝大部分使用美元支付。2020 年我国粮食、能源和金属矿三类初级产品进口金额约 4.52 万亿元，使用人民币支付金额仅为 2526 亿元，比重不到 6%。采用美元结算就必须经过 SWIFT 系统传输金融信息，一旦我金融机构使用 SWIFT 系统受限，初级产品进口贸易将受到影响。

价格波动传导风险较大。我国虽然是全球初级产品最大消费国和最大进口国，但缺乏定价权，往往成为价格的被动接受方，吃"价格亏"的案例屡屡发生。有专家概括，在国际初级产品市场上，有两种现象十分耐人寻味：一是"中国买什么，什么就涨价"；二是"中国企业总是选择在价格高位买进来"。同 2020 年平均价格相比，2021 年国际大豆价格上涨增加我国进口成本 820 亿元，铁矿石价格上涨增加进口成本 4036 亿元。国际初级产品价格大幅上涨还容易传导到国内，带来输入性通胀风险，扰动国民经济平稳运行。

（三）确保初级产品供给安全的对策建议

第一，要推动制度创新与科技创新两个轮子同步驱动。通过制度创新提高供给活力与稳定性。需要不失时机破除束缚初级产品供给安全保障的体制机制，该理顺价格的理顺价格，该放活经营的放活经营，该打破垄断的打破垄断。完善保障初级产品供给安全的制度体系，强化平战衔接、内外结合、全链覆盖的法治保障。针对我国初级产品用户企业多、进口渠道散、互竞内卷严重的问题，需要加强政府监管，整合渠道，形成合力，提高对外战略博弈能力。

通过科技创新提高资源利用率和产出率。初级产品生产有其共同规律，不管是粮食还是能源，都必须发挥科技创新在初级产品生产中的第一动力作用，提高资源利用率和产出率，提升产业链供应链的现代化水平。

在俄乌冲突后，由于天然气和石油短缺加剧，全球对核能兴趣重燃。目前我国核电发电占比约5%，而全球平均占比为10.6%，发展空间广阔。《中国核能年度发展与展望（2020）》中提到，预计到2025年，我国在运核电装机达到7000万千瓦，在建核电装机达到3000万千瓦左右。"十四五"期间，我国自主三代核电有望按照每年6—8台机组的核准节奏稳步推进。

目前，风电、光伏等新能源利用取得重大突破，逐步形成对化石能源的规模化替代效应。此外，加快科技攻关，开展大规模绿电制氢，构建氢基绿色燃料工业体系，打造灵活储存、便捷运输、高效利用的绿色能源产业链。氢基绿色燃料是与煤炭、石油、天然气等碳基化石燃料相对应的概念，主要包括以可再生能源发电制取的绿氢以及基于绿氢合成的绿氨、绿醇等，可直接燃烧释放能量，或通过燃料电池、内燃机、燃气轮机等发电，实现全过程净零碳排放和有效碳循环。欧盟、日本等对外能源依存度高的国家，越来越重视氢基绿色燃料工业的发展。

第二，要高度重视初级产品国际定价权。目前，包括初级产品在内的全球大宗商品交易主要有两种定价机制：一是对成熟期货品种与相关期货市场的初级产品定价，主要参考全球主要期货交易所的标准期货合同价格来确定。比如，芝加哥商品交易所（CBOT）的大豆合约价格、美国纽约交易所（NYMEX）的石油合约价格、伦敦金属交易所（LME）的铜合约价格等。二是针对尚无广泛认可的期货品种和期货市场初级产品，其价格主要由交易双方每年通过谈判达成。比如铁矿石的亚洲基准价格，过去都由全球三大铁矿石供应商和日本钢铁公司在每年4月之前通过谈判后达成。[①] 对此，中国必须建立重要初级产品定价中心。这实际上包含两层意思：一是要用好国际期货市场；二是要完善壮大国内期货市场。商品期货市场具有价格发现、风险转移和提高市场流动性等功能。与国际期货市场相比，国内期货市场尚处于起步阶段，在我国初级产品进出口规模已十分庞大的情况下，要善于利用国际期货市场来规避价格风险，增强"中国因素"在全球初级产品价格形成机制中的积极作用。要大力发展我国的期货市场，增加期货交易品种，鼓励相关企业利用期货市场进行套期保值，让更多初级产品价格融入全球定价体系，并牢牢在定价权上把握主动。

第三，在期货市场之外的重要初级产品定价上提高谈判地位。健全集中统一的海外采购平台，提升定价话语权。近年来，中国初级产品进口虽然数量巨大，但缺乏价格影响力，根本原因之一就是中国企业的行业集中度不高、议价能力不够，甚至出现了相互杀价、恶性竞争等问题。以稀土为例，为了拿回稀土定价权，从2011年开始，有关部门以国企为主体，收购兼并整合了一批稀土矿企，将稀土资源整合至中铝公司、北方稀土、厦门钨业、中国五矿、广东稀土、南方稀土等6家公司手上。2021年底，这6家公司再次优化整合至中国稀土集团旗下。至此，中国稀土资源的定价权才回到自己手中。稀土

---

① 　顾阳、乔金亮、冯其予：《更加重视初级产品国际定价权——正确认识和把握初级产品供给保障（中）》，载《经济日报》2022年8月16日，头版。

定价权回归给我们的一个重要启示，就是中国企业在初级产品谈判上，要充分用好"进口量大"这个谈判筹码，通过成立采购联盟等方式进行集体谈判，提高我国在初级产品市场上的谈判地位。①

第四，加大对重要初级产品的战略储备和商业储备。切实增加我国初级产品供给安全的韧性。鼓励储备主体多元化，试点盘活储备市场，吸引各种企业和资本参与初级产品储备，形成政府与企业、实物与产能相结合的储备体系。同时，积极建立境外初级产品基地。多元化粮食以及海外油气资源获取方式，是提高我国初级产品供给安全的战略选择。同时，努力增加长期供应合同占比。支持企业走出去跨部门协调机制，围绕建设海外粮仓、油田、矿场，长远布局，精准发力，提升企业海外初级产品安全掌控能力。

在制度和法律上，加快制定完善极端情况下的初级产品供应保障预案。健全国际供应链危机预警机制，提升对国际供应危机的反应处置能力。

我国粮食企业在粮食贸易中还停留在采购阶段，在进口来源地还没有形成种植、加工、储备、配送一体的全产业链发展模式。与跨国大粮商相比，我国粮食企业仍存在较大差距。要进一步增强全球粮食供应链管理能力，积极参与"一带一路"相关国家和地区农粮产业深度合作。

作为油气进口大国，应把油气储备体系建设摆到与油气勘探开发投资同等重要的位置。2003 年，我国正式启动国家石油战略储备基地建设。2006 年首个国家石油储备基地——镇海基地建成，到 2017 年，我国建成 9 个国家石油储备基地。2011 年，国家启动煤炭应急储备建设。2017 年，国家提出了

---

① 顾阳、乔金亮、冯其予：《更加重视初级产品国际定价权——正确认识和把握初级产品供给保障（中）》，载《经济日报》2022 年 8 月 16 日，头版。

天然气"3、5、10"的储备目标，^① 天然气储备建设加快。与此同时，储备管理体制也不断完善，2007 年，国家石油储备中心成立，以健全石油储备管理体系。目前，我国石油储备量达到了 8500 万吨，8500 万吨的石油可以供我国在不进口原油的情况下使用大概 3 个月。美国石油储备量为 9100 万吨，日本为 8000 万吨。

第五，需要"节流"与"开源"并重。保障初级产品供给安全，必须供给和消费两端发力。供给端重在多渠道开源，以提高资源自主掌控能力为主攻方向，深挖供给潜力，拓展供给韧性与可持续性。需求端重在集约、节约，实施全面节约战略。

加强开源，以增加供给为主线，主动谋划国内扩能增供重大举措。强化进口保供韧性，提升重要初级产品进口来源多元化和稳定性。扩大与"一带一路"沿线国家的粮食、能源和矿产合作，引导全球初级产品供给格局朝着更加公平、均衡、稳定、可持续的方向发展。

加强节流，全链条全流程落实节约，全面强化各类主体的节约意识、节能行动，改变传统的"大量生产、大量消耗、大量排放"的生产模式和消费模式。在生产领域，推进资源全面节约、集约、循环利用。推动技术进步，发展循环经济，把节能贯穿于经济社会发展全过程和各领域。在消费领域，增强全民节约意识，树立勤俭节约的消费观，加快形成环境友好型、能源节约型社会，杜绝"舌尖上的浪费"，倡导绿色低碳生产生活方式。

---

① 2018 年 4 月，国家发展改革委、国家能源局联合印发《关于加快储气设施建设和完善储气调峰辅助服务市场机制的意见》，提出到 2020 年，供气企业要拥有不低于其年合同销售量 10% 的储气能力；城镇燃气企业要形成不低于其年用气量 5% 的储气能力；县级以上地方人民政府至少形成不低于保障本行政区域日均 3 天需求量的储气能力。

第六章

粮食安全是"国之大者"

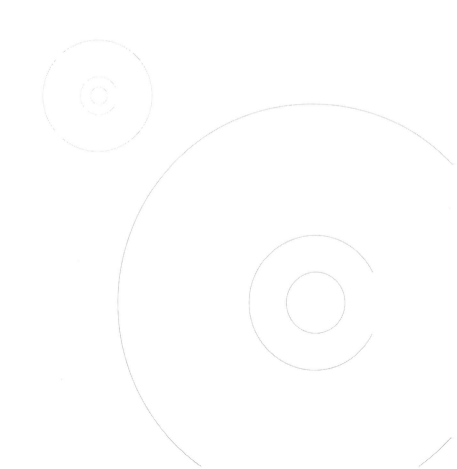

百年变局和世纪疫情交织叠加，世界进入动荡变革期，各种可以预见和难以预见的风险因素明显增多，粮食安全显得尤为重要和基础，始终发挥着"稳定器"和"压舱石"作用。2022 年 3 月 6 日，习近平总书记在看望参加全国政协十三届五次会议的农业界、社会福利和社会保障界委员时强调，粮食安全是"国之大者"，要把"藏粮于地、藏粮于技"真正落实到位。

一、全球粮食安全拉响警报

联合国粮农组织分别于 1974 年、1983 年、1996 年三次对粮食安全作过详细定义。1974 年，强调粮食安全是"任何人在任何时候都能得到为了生存和健康所需要的足够食品"。1983 年，提出粮食安全是"任何人在任何时候既能买得到又能买得起他们所需要的基本食品"。1996 年，进一步明确粮食安全是"让所有人在任何时候都能在物质上和经济上获得充足的、安全的和有营养的食物，来满足其积极和健康生活的膳食需要及食物喜好"。

2021 年 7 月 12 日，由联合国粮农组织、世界粮食计划署、国际农业发展基金等多个国际组织联合发布了《2021 年世界粮食安全和营养状况》报告，这是新冠肺炎疫情暴发后，对全球粮食安全进行全面评估的首份报告。报告指出，2020 年全世界有 7.2—8.11 亿人口面临饥饿，与 2019 年相比增加了 1.61 亿。全球中度或重度粮食不安全发生率自 2014 年起一直在缓慢上升。2020 年有近 23.7 亿人无法获得充足的食物，在短短一年内就增加了 3.2 亿人；该年，全球近 12% 的人口面临重度粮食不安全，相当于 9.28 亿人。① 目前，导致全球粮食安全问题进一步严峻的主要原因包括：

第一，新冠肺炎疫情致使全球经济以及粮食安全"雪上加霜"。新冠肺炎疫情导致部分国家，特别是发展中国家失业人口激增，收入水平下降，购买能力降低。随着粮价上涨，一些低收入群体面临买不起粮食的困境。2022 年 1 月 17 日，国际劳工组织发布的《世界就业和社会展望：2022 年趋势》预计，2022 年全球失业人数将达 2.07 亿。② 报告称，疫情削弱了几乎每个国家的经济、金融和社会结构，世界就业前景仍然脆弱，复苏之路缓慢而不确定。

2020 年 6 月 16 日，世界粮食计划署执行主任比斯利（David Beasley）在《外交事务》杂志发表署名文章指出，新型冠状病毒使公共卫生系统难以招架，对世界各地的经济造成强烈冲击，有可能引发一场全球饥饿危机。③ 新冠肺炎疫情在全球蔓延致使农业劳动力短缺，不少国家受疫情影响耽误了耕种。在欧洲和北美，粮食生产主要靠移民。疫情之下，各国关闭边界，造成劳工流动受限，种植和收获粮食作物所需的劳动力面临严重短缺。特别是疫情导致全球粮食供应链受阻或中断，粮食的国际运输变得更加困难。部分国家停止粮食出口，一些地区甚至出现屯粮抢购的现象。虽然苏丹等国家建立了应急粮食储备机制，但这种危机发生后的补救措施显得"力

---

① 联合国粮农组织：《2021 年世界粮食安全和营养状况》，https://www.fao.org/3/cb5409zh/cb5409zh.pdf，第 13 页。

② 国际劳工组织《世界就业和社会展望：2022 年趋势》，https://www.ilo.org/wcmsp5/groups/public/---dgreports/---dcomm/---publ/documents/publication/wcms_834081.pdf，第 11 页。

③ David M. Beasley, "The Looming Hunger Pandemic", *Foreign Affairs*, June 16, 2020, https://www.foreignaffairs.com/articles/world/2020-06-16/looming-hunger-pandemic.

不从心"。此外，粮食危机会滋生不稳定局势。研究表明，在特定国家，饥饿人口每增加 1%，就会导致 2% 的人口向外移民。[①] 难民越过边境，将已经脆弱的地区变成潜在的动乱爆发点。

第二，气候变化等相关灾害加剧粮食危机。联合国政府间气候变化专门委员会、联合国粮农组织等机构发布报告称，自 2009 年以来，干旱、高温等极端气候现象发生概率远高于 20 世纪 80—90 年代，严重影响了全球粮食供给。有科学家预测，如果温室气体排放量继续以目前的速度上升，到 21 世纪末全球三分之一的粮食生产将面临威胁。根据粮食价格指数（FFPI），自 2020 年下半年以来，基本食品的国际出口报价几乎连续增长，按名义价值计算，在 2022 年 2 月达到历史最高水平。2021 年全年，小麦和大麦的国际价格均较 2020 年水平上涨了 31%，原因是各主要小麦和大麦出口国因天气原因导致产量收缩以及由此带来的出口供应紧张。[②]

2021 年夏季，全球小麦主产国俄罗斯、美国和加拿大等都遭遇了极端干旱天气的冲击，影响其小麦收成。2021 年，全球小麦出口价格上涨了 46%。除了产量之外，农业专家更担心雨水令农作物出现病变，影响农作物质量。受气候变化影响，破坏重要经济作物的害虫正变得更具破坏性。据联合国粮农组织估计，每年有多达 40% 的全球作物产量因虫害而受损失。每年，植物病虫害给全球经济造成的损失超过 2200 亿美元，而入

---

① World Food Organization, "Reporting on General Assembly Resolution A/RES/72/179", https://www.ohchr.org/sites/default/files/Documents/Issues/Migration/GA74thSession/WFP.pdf，第 1 页。

② FAO, "The Importance of Ukraine and the Russian Federation for Global Agricultural Markets and the Risks Associated with the Current Conflict", https://www.fao.org/3/cb9013en/cb9013en.pdf，第 12 页。

侵昆虫造成的损失至少为 700 亿美元。① 这从 2019—2021 年肆虐东非、中东、南亚、中亚的蝗灾重创多国农业生产便可见一斑。此外，气候变化导致粮食作物的营养水平降低。

第三，全球武装冲突和暴力事件频发影响粮食安全。2022年，俄乌冲突搅动国际粮食市场。俄罗斯是全球最大的小麦出口国，占全球小麦出口的 17%，乌克兰则有"欧洲粮仓"之称，是全球第二大谷物出口国。两国合计占到全球小麦出口的 29% 左右，全球玉米出口供应的 19%，全球约有 4 亿人依赖于这两个国家的食品供应。目前，在俄乌战局的持续影响下，小麦、玉米期货价格高涨，接近历史最高水平。乌克兰农业部部长表示，乌克兰 2022 年春季作物播种面积可能比 2021 年减少 50%以上，降至约 700 万公顷，其俄乌冲突前播种面积约 1500 万公顷。俄乌冲突已经导致全球食品价格飙升，粮价导致的社会问题可能会在贫穷国家引发持续骚乱。

2021 年，乍得、马里、几内亚、苏丹等国家相继发生军事政变。甚至，非盟总部所在地埃塞俄比亚由于内战原因致使政府宣布国家进入紧急状态，影响该国农业发展，而农业是其国民经济和出口创汇的支柱。疫情蔓延以及糟糕的安全局势使得非洲普遍面临外国直接投资减少、失业加剧、债务危机，一些国家遭遇粮食危机。根据世界粮食计划署的数据，撒哈拉以南非洲地区已经有超过 2000 万人处于饥荒的边缘。2022 年 1 月，哈萨克斯坦多地发生骚乱，如果不是及时控制事态，这一冲突将直接影响中亚地区的粮食安全，因为哈萨克斯坦是世界粮食生产大国和主要出口国之一。

第四，碳中和进程在一定程度上导致能源危机转化为粮食危机。能源是经济社会发展的基础支撑，能源和粮食有着密不可

---

① 《联合国粮农组织：气候变化或致病虫害蔓延，威胁粮食安全》，中国新闻网，2021年 6 月 2 日，https://baijiahao.baidu.com/s?id=1701463290172140577&wfr=spider&for=pc.

分的关系。最近几年，国际社会提出碳中和目标之后，很多国家为了减少温室气体排放，纷纷提高生物燃料比例。长期以来，玉米、大豆等粮食产品是重要的生物质能源原料。生物燃料油主要包括生物乙醇和生物柴油，目前主要以粮食为原料生产，可部分替代由石油制取的汽油和柴油。据不完全统计，2021年仅美国、巴西、欧盟生产生物燃料所消耗的粮食约3亿吨。

美国是全球第一大乙醇生产国，美国2021年乙醇产量同比增长8%，约4500万吨。按照1吨生物燃料乙醇大约需要3吨粮食原料推算，美国共消耗约1.35亿吨粮食，约为澳大利亚一年粮食总产量的2.5倍。[①]2022年4月12日，美国宣布6月到9月开放高乙醇含量汽油销售，以控制油价。美国大规模应用乙醇汽油，或将再次引发全世界"人汽争粮"的矛盾，抬升全球粮食价格，增加粮食进口国进口成本。

此外，生物燃料需求激增或危及全球生态环境。2021年7月，欧洲环保组织"交通与环境"（T&E）发布最新研究数据称，自2011年以来，由于相关国家大力生产棕榈油、豆油及其他产油作物出口欧洲，东南亚、南美等地区的森林面积减少约400万公顷，导致大量物种栖息地遭到破坏。

第五，全球粮食安全治理依然存在结构性问题。经济学界多从供需平衡、价格信号以及粮食贸易等角度研究粮食安全问题。国际关系学界则多关注各国粮食安全保障行为的相互影响，尤其关注全球粮食安全治理机制的效用问题。有学者将粮食安全研究归为粮食安全归因说、粮食安全影响说、粮食安全困境说三种分支，认为各国在粮食安全领域存在着"非对称相互依赖"。[②]虽然新冠肺炎疫情、气候变化、蝗虫灾害等极端事件影

---

① 《多国大批粮食变燃料，谁提高了全球粮价？》，光明网，2022年4月25日，https://m.gmw.cn/2022-04/25/content_1302916258.htm.

② 张帅：《民生为先：当代中东粮食安全问题及其治理》，载《世界经济与政治》2021年第5期，第149—172页。

响粮食安全，但从全球层面来看，治理机制的不完善是粮食不安全的重大原因，其中包括：粮食治理平台碎片化、区域化，治理规则非中性、治理机制面临"伪领导力"等问题。[①]

　　粮食安全从来不是孤立存在的。除了涉及威胁的存在，安全本身涉及人对威胁的感知。因此，有学者研究了粮食安全忧患问题。出于对粮食安全的忧患，国家可能盲目提高自给率并依赖国际市场和进行跨期储备，而这种做法会带来更多粮食不安全和忧患。由此，将这种恶性循环、理性做法导致非理性结果的现象总结为"忧患陷阱"。[②] 适当水平的忧患有利于粮食安全，过高或者过低都不利于保障粮食安全。可见，对粮食安全的认知会影响保障粮食安全的行为，进而影响各自粮食安全。一些国家和地区，由于陷入深度忧患，不惜一切代价提高自给率，导致生态破坏和粮食不安全之间的恶性循环。的确，国家安全是相互关联的系统，且对任何国家而言都不存在"绝对安全"，全球治理首先需要克服个体理性与集体理性的矛盾和冲突。

二、中国特色粮食安全治理

　　中国高度重视粮食和农业生产，始终把解决好吃饭问题作为治国理政的头等大事，仅用全球 9% 的耕地和 6% 的淡水资源解决了 14 亿多人口的吃饭问题，更实现由"吃不饱"向"吃得饱"进而追求"吃得好"的历史性转变。2021 年，中国粮食总产量 13657 亿斤，连续 7 年保持在 1.3 万亿斤以上，产量创历史新高，在疫情防控下取得如此成绩实属不易。总体来看，中国粮食安全治理有特色、有成效。

---

① 于宏源、李坤海：《粮食安全的全球治理与中国参与》，载《国际政治研究》2021年第 6 期，第 83 页。

② 倪国华、王赛男、JIN Yanhong：《中国现代化进程中的粮食安全政策选择》，载《经济研究》2021 年第 11 期，第 173—191 页。

第一，观念创新：将粮食安全纳入总体国家安全观，提出新粮食安全观。粮食安全不仅关涉人民福祉，也关涉经济社会可持续发展，是国家的核心利益之一。总体国家安全观强调以经济安全为基础。其中，需要牢牢把住粮食安全主动权。习近平总书记指出，"粮食问题不能只从经济上看，必须从政治上看，保障国家粮食安全是实现经济发展、社会稳定、国家安全的重要基础。"[①] 我国是个人口众多的大国，解决好吃饭问题，始终是治国理政的头等大事。中国人的饭碗要牢牢端在自己手上，我们的饭碗应该主要装中国粮。手里有粮、心中不慌在任何时候都是真理，国家粮食安全这根弦什么时候都要绷紧，一刻也不能放松。

2019 年 10 月 14 日，《中国的粮食安全》白皮书首次发布。白皮书指出，党的十八大以来，以习近平同志为核心的党中央把粮食安全作为治国理政的头等大事，提出了"确保谷物基本自给、口粮绝对安全"的新粮食安全观，确立了以我为主、立足国内、确保产能、适度进口、科技支撑的国家粮食安全战略，走出了一条中国特色粮食安全之路。

2022 年 2 月 22 日，《中共中央 国务院关于做好 2022 年全面推进乡村振兴重点工作的意见》，即 2022 年中央一号文件发布。这是 21 世纪以来第 19 个指导"三农"工作的中央一号文件。文件指出，牢牢守住保障国家粮食安全和不发生规模性返贫两条底线。

在我国，粮食按品种分为谷物、大豆、薯类三种。其中，谷物主要包括稻谷、小麦、玉米三类。而这三大谷物中的稻谷、小麦，又被称为"口粮"。目前，稻谷、小麦实现了完全自给，育种水平与发达国家差距不大，进出口主要是品种调剂。我国

---

① 中共中央宣传部、中央国家安全委员会办公室：《总体国家安全观学习纲要》，学习出版社、人民出版社，2022 年版，第 82 页。

谷物自给率超过 95%，仅有大豆产需差距较大。2021 年，小麦消费量中 5.9% 来自进口，全年进口量为 977 万吨，较 2020 年的 838 万吨增长 16.6%。

2021 年，中国玉米进口量总计为 2835 万吨，较 2020 年的 1130 万吨增长近两倍，创下纪录新高，但整体而言玉米消费量中只有 9.4% 来自进口。乌克兰是我国玉米进口的主要来源国之一。海关数据显示，2021 年，我国从乌克兰进口玉米 824 万吨，占比 29.07%。

2021 年，我国大豆进口量 9651.8 万吨，同比降低 3.8%，为 2018 年以来首次年度下滑，但是国产大豆总产量 1640 万吨，减幅高达 16.4%。大豆的进口金额较上年大幅增长 35% 至 535 亿美元。总体来看，我国大豆刚性需求旺盛，产量缺口大，大豆进口依存度接近 84%。未来，需进一步大力扩大大豆和油料生产。

第二，抓住要害：保障国家粮食安全的要害在种子和耕地。种子是农业的"芯片"。2021 年 5 月，习近平总书记在河南考察时指出，保证粮食安全必须把种子牢牢攥在自己手中。要坚持农业科技自立自强，从培育好种子做起，加强良种技术攻关，靠中国种子来保障中国粮食安全。7 月，中央全面深化改革委员会审议通过《种业振兴行动方案》，把种源安全提升到关系国家安全的战略高度，集中力量破难题、补短板、强优势、控风险。

《种业振兴行动方案》是继 1962 年出台《中共中央 国务院关于加强种子工作的决定》后，再次对种业发展作出的重要部署，是我国种业发展史上具有里程碑意义的一件大事。行动方案明确提出了五大行动，即全面加强种质资源保护利用、大力推进种业创新攻关、扶持优势种业企业发展、提升种业基地建设水平、严厉打击套牌侵权等违法行为。

2022 年 3 月 1 日，新修改的《中华人民共和国种子法》正式施行。种子法颁布于 2000 年，分别于 2004 年、2013 年、2015 年与 2021 年进行了四次修改。此次修法加大了种业知识产权的保护力度，旨在最大程度激发种业原始创新活力，并积极引入了"实质性派生品种"（Essentially Derived Variety, EDV）制度，既表达了国家保护原始育种创新，遏制"剽窃育种"的决心，也为新品种的后续改良和推广应用建立了合理的利益分享机制。

在实践中，党中央明确要求"米袋子"党政同责，地方各级党委和政府要扛起粮食安全的政治责任，确保粮食生产能力稳步提升。2014年，国务院印发《关于建立健全粮食安全省长责任制的若干意见》，2015年，国务院办公厅出台了《粮食安全省长责任制考核办法》。这两个文件明确了各省级人民政府在维护国家粮食安全方面的事权和责任，建立了监督考核机制。2021年2月25日，中国正式宣告脱贫攻坚战取得全面胜利，这也意味着"三农"工作重心从脱贫攻坚转向全面推进乡村振兴。乡村振兴必将给中国农业以及粮食安全带来长久而深远的影响。

曾经有一段时间，农民的现实利益问题难以解决，农民收入过低，大量农村劳动力流向城市，导致农村无人种粮。为此，中国政府不断完善粮食生产支持政策，落实奖励政策，健全利益补偿机制，保护农民种粮积极性。同时，要藏粮于地，坚决遏制耕地"非农化"、基本农田"非粮化"，严防死守18亿亩耕地红线，落实"长牙齿"的耕地保护硬措施，努力建成10亿亩高标准农田。

一流的农业，离不开一流的市场和企业。中国政府不断创新完善粮食市场体系，强化企业创新主体地位，强化粮食安全的科技支撑，大力推进种源等农业关键核心技术攻关，推进种业领域国家重大创新平台建设。2017年，中国化工集团宣布完成对瑞士先正达公司的交割，以430亿美元的价格收购瑞士先正达，创下迄今为止中国企业最大规模海外并购案的纪录，也形成了欧洲拜耳（收购了孟山都）、美国科迪华、中国先正达全球种子行业三足鼎立的格局。2020年，中国中化集团与中国化工集团联合重组为中国中化控股有限责任公司，先正达与"两化"各自农化板块完成资产重组，成立"先正达集团"，下设四大业务板块：先正达植保、安道麦、先正达种子和先正达集团中国。2021年，该集团实现营业收入282亿美元，同比增长23%。

2022年4月10日，正在海南考察的习近平总书记第一站就来到三亚市崖州湾种子实验室，了解海南支持种业创新等情况。崖州湾种子实验室成立于2021年5月，是海南省为服务国家"南繁硅谷"建设和种业发展而设立的新型研发机构，也是全国性种业科技创新的公共科研平台。2021年10月29日，海南自由贸易港知识产权法院在三亚崖州湾科技城知识产权特区审判庭宣判一起侵权纠纷案，判定了被告人侵害植物新品种权行为。海南自由贸易港知识产权法院是继北京、上海、广州后设立的全国第四个知识产权专门法院，这起纠纷案也是该法院成立后受理的首起植物新品种权纠纷案件，起到了保护知识产权、鼓励公平竞争的效果。

第三，胸怀天下：积极参与全球粮食安全治理。国际农业合作以及粮食援助，体现了中华民族利己达人、扶危济困的优良传统。1979年，中国首次对外提供了杂交水稻种子。40多年后，中国杂交水稻已在亚洲、非洲、美洲的数十个国家和地区推广种植，年种植面积达800万公顷。40多年间，中国研究人员先后赴印度、巴基斯坦、越南、缅甸、孟加拉国等国提供建议和咨询，并通过国际培训班为80多个发展中国家培训超过1.4万名杂交水稻专业技术人才。自2016年起，中国连续向亚非拉50余国提供紧急粮食援助，惠及上千万受灾群众。

粮食安全是联合国成立之初就重点关注的治理议题。在众多国际问题中，粮食安全也是唯一一个由联合国专门设立三个机构加以解决的全球性问题。联合国粮农组织、世界粮食计划署和国际农业发展基金分别构成了综合发展机制、粮食援助机制、资金保障机制。中国同这三个机构都建立了南南合作伙伴关系。2019 年 6 月 23 日，时任中国农业农村部副部长屈冬玉当选联合国粮农组织新任总干事，成为该组织 74 年历史上首位中国籍总干事。这是国际社会对中国农业农村发展成就的高度赞赏，也增强了中国参与全球粮食安全治理的制度性话语权。

在地区层面，欧盟、东盟、非盟等组织都将粮食安全作为地区合作治理的优先议题。中国主动加强了同上述组织有关粮食安全领域的合作。在 2018 年 9 月召开的中非合作论坛北京峰会上，中国提出在推进中非"十大合作计划"基础上，推出"八大行动"，其中包括支持非洲在 2030 年前基本实现粮食安全。牵头推动亚洲合作对话"粮食、水与能源安全相互关系"工作，积极参与东盟与中日韩 10+3 大米紧急储备机制等，推动各国在粮食安全治理方面形成共识。

有学者指出，中国在以 G20 为代表的全球粮食安全治理体系中发挥了积极的作用。中国形成了与众不同的粮食安全治理观，将粮食安全与全球经济的整体复苏联系起来，强调各国应根据其发展阶段承担全球治理义务。中国的努力使国际社会对粮食安全治理的理解重点从传统的被动依附型经济结构转向了新型的自主发展型经济结构。[①] 中国正在从议程设置的旁观者转变为积极的规则制定者，不断在粮食安全领域设定新的国际规范。

主动设置国际议程，广泛凝聚合作共识。2020 年 11 月，在 G20 领导人第十五次峰会上，中方提出倡议，适时召开国际粮食减损大会。2021 年 9 月 9 日至 11 日，在山东省济南市举办的国际粮食减损大会上，来自 50 多个国家及国际组织、企业、非政府组织的 300 多名代表围绕"减少粮食损失浪费，促进世界粮食安全"主题展开深入交流。粮食损失和浪费是全球共同

①　Niall Duggan, Teemu Naarajärvi, "China in Global Food Security Governance", *Journal of Contemporary China*，Vol.24，No.95, 2015, p.960.

面临的挑战。据联合国粮农组织统计，从收获到零售各环节全球粮食损失率达 14%，零售、餐饮和消费环节浪费率达 17%，年损失达 4000 亿美元，相当于 12.6 亿人口一年的口粮。如果单纯增加产量而不解决浪费问题，无法解决人口饥饿问题。

为减少消费环节浪费，中国已于 2021 年 4 月公布施行《中华人民共和国反食品浪费法》，以法律形式规范消费者和餐饮行业行为，节约资源，保护环境，促进经济社会可持续发展。在国际粮食减损大会上，山东省出台粮食减损行动方案，坚持开源与节流并重，增产与减损并举，推进粮食全链条节约减损。山东提出新目标——着力构建粮食增产减损保障体系，力争到 2025 年全省粮食损失率降低到 5% 以下。会议发布的《国际粮食减损大会济南倡议》提出：二十国集团作为全球重要引领力量，将推动粮食减损工作，凝聚全球智慧，与世界各国携手维护国际粮食安全与营养，促进粮食系统转型，加速实现 17 个联合国可持续发展目标，共同创造零饥饿、无贫困的美好世界。

第四，实践创新：将"一带一路"倡议打造成全球粮食安全走廊。世界粮食主产区的 48% 分布于"一带一路"沿线，中国与沿线国家和地区之间的农产品结构具有极强的互补性，这为双方大规模开展农产品贸易合作提供了较好的现实基础。中国务实地以"一带一路"农业合作为契机，开展育种、生产、收割、储存以及加工运输等环节的投资和布局。

在陕西，作为中国农业领域"良种"的主要研发基地之一，杨凌示范区自 1997 年立区以来，就在粮食供给与农业国际合作方面肩负着重要的责任和使命。2019 年 6 月 14 日，国家主席习近平在比什凯克出席上海合作组织成员国元首理事会第十九次会议时提出倡议："中方愿在陕西省设立上海合作组织农业技术交流培训示范基地，加强同地区国家现代农业领域合作。"杨凌示范区围绕"创新现代农业交流合作机制"改革试点任务，以农业科技创新和示范推广为重点，不断创新与"一带一路"

沿线国家和地区现代农业合作机制，打造"一带一路"现代农业国际合作中心，已在美国、俄罗斯、澳大利亚、哈萨克斯坦、吉尔吉斯斯坦、塔吉克斯坦等国启动建设了 6 个现代农业示范园区。

目前，杨凌示范区在"一带一路"沿线国家和地区海外示范种植面积超过 25 万亩，技术成果示范带动超过 450 万亩，在温室技术、花卉种植、牧草繁育、油料加工、节水技术等领域赢得国际社会的高度好评。其中，在哈萨克斯坦阿拉木图建设的中哈现代农业示范园区，种植了包括小麦、玉米、大豆、油菜、蔬菜、苗木等 6 大类 24 个品种，充分展示和推广了中国农业新品种，为丰富当地种植模式、带动当地农业产业结构调整发挥了示范作用。

2018 年，"一带一路"南南合作农业教育科技创新联盟由中国农业大学在北京发起成立，成为国内外最大的农业全领域教育科技合作平台，先后有 74 所中外农林院校加入。借助联盟平台，为"一带一路"沿线国家稳定农业生产、维护粮食安全献智献策。此外，自 2013 年以来，北京、甘肃、江苏、香港、海南等中国众多省区市都积极召开"一带一路"与粮食安全以及农业现代化的相关论坛活动，不仅有助于实现农业惠民生要求，也有助于实现"一带一路"高质量发展的硬联通、软联通、心联通目标。

表 1　"一带一路"框架下粮食安全的相关重要活动

时间、地点	主题	创新性
2013 年 9 月 26 日，北京	首届"一带一路"生态农业与食品安全论坛	自 2013 年，由中国人民对外友好协会、中国国际贸易促进委员会等单位持续举办
2018 年 7 月 6 日，甘肃兰州	首届"一带一路"粮食安全高峰论坛	致力于打造"一带一路"粮食交流合作新平台

续表

时间、地点	主题	创新性
2018 年 11 月 30 日，江苏镇江	"一带一路"农业现代化国际合作发展论坛	自 2018 年，江苏大学等单位持续举办
2019 年 6 月 11 日，香港	"一带一路"农食品产业及贸易高峰论坛	由中国香港发起的食品业论坛
2021 年 4 月 23 日，海南三亚	"一带一路"粮食安全走廊论坛	"一带一路"国际农业品种技术创新转移联合实验室和"一带一路"国际农业品种技术评价筛选基地揭牌

作为"一带一路"倡议的重要支撑，从 2018 年 11 月开始，每年定期在上海举办国际进口博览会，这是世界上第一个以进口为主题的国家级展会。2021 年 11 月 5 日，第四届中国国际进口博览会虹桥国际经济论坛"合作促发展：全球农业贸易与乡村振兴"分论坛在上海举办，这是虹桥论坛首次设立农业分论坛，"反饥饿"成为此次论坛的热点话题。此次进博会上，各国涉农企业积极参展，带来行业信息、寻求合作机会，并展示多种产品和先进技术。

总之，粮食安全是世界和平与发展的重要保障，是构建人类命运共同体的重要基础，关系人类永续发展和前途命运。作为世界上最大的发展中国家和负责任大国，中国始终是维护世界粮食安全的积极力量。中国不输出饥饿和贫困，主动分享粮食安全资源和经验，积极参与世界粮食安全治理，加强国际交流与合作。为应对新冠肺炎疫情等各类危机，始终秉持真正的多边主义，倡导采取全球协调一致的应对措施，积极保障全球粮食供应链通畅，起到了中流砥柱的作用。

第七章

金融安全关系国家战略全局

金融安全是创造条件，防止金融危机、金融流动破坏、无法向经济活动主体提供金融资源、货币流通不稳定等，使国家的金融系统稳定可靠地运作，确保国家金融体系的独立与稳定。金融安全的核心是确保金融和信贷领域的独立性、有效性和竞争力。

金融是现代经济的核心，是国家重要的核心竞争力。金融安全是国家安全的重要组成部分，是经济平稳健康发展的重要基础。维护金融安全，是关系我国经济社会发展全局的一件带有战略性、根本性的大事。金融活，经济活；金融稳，经济稳。因此，从某种程度上而言，金融安全就是金融稳定。

有学者从金融的本质属性对金融安全的定义进行了解释，金融活动就是货币资金的融通活动，那么金融安全就是货币资金融通的安全，凡是与货币流通以及信用直接相关的经济活动都属于金融安全的范畴。一国国际收支和资本流动的各个方面，无论是对外贸易，还是利用外商直接投资、借用外债等也都属于金融安全的范畴，其状况如何直接影响着经济安全。[①] 有学者以金融安全条件和金融安全能力为框架对金融安全展开研究。金融安全条件主要是指我国金融体系在开放过程中面临的外部冲击，如外资银行的进入、国际热钱的投机冲击等，而金融安全能力主要是指我国金融系统所具有的应对外源危险的能力（衡量内部金融传导机制的健康程度），这其中又涉及我国的金融市场化建设，比如利率市场化建设、银行产权多元化等，因为这些转轨措施将直接影响我国内部金融传导机制的健康程度（金融安全能力的大小），

---

① 王元龙：《我国对外开放中的金融安全问题研究》，载《国际金融研究》1998 年第 5 期，第 33 页。

并据此绘制了金融安全指标系统。[①]

表 1　金融安全指标系统

子系统	二级子系统	评价指标
金融安全条件		外资银行在华资产占我国银行业金融机构总资产的比重
		外债偿债率
		资本账户开放程度
		国际热钱占我国金融机构信贷比重
		实际利用外资占 GDP 比重
		外资评级机构对我国五大评级机构的控制率
金融安全能力	金融制度建设	利率市场化程度
		银行产权多元化程度
		外资银行带来的竞争压力
金融安全能力	金融物质基础	商业银行不良贷款率
		银行流动性资产比例
	金融受力	GDP 增长率
		CPI 增长率

一、当前中国金融业现状

改革开放 45 年来，中国金融业发展取得了历史性成就。1979 年，全国只有中国人民银行唯一一家金融机构，之后陆续恢复建立农业银行、中国银行、建设银行、工商银行等国有专

---

① 顾海兵、夏梦：《基于国家经济安全的金融安全指标的选取研究》，载《国家行政学院学报》2011 年第 5 期，第 54 页。

业银行。1994 年，成立国家开发银行、中国进出口银行、中国农业发展银行 3 家政策性银行，承接四大国有专业银行原来的政策性业务，四大国有专业银行开始真正向商业银行转变，多层次银行体系逐步形成。[①] 现在发展到 5000 多家金融机构。

我国金融业主要包括银行业、保险业、证券业三大类。2020 年末，我国金融业机构总资产约 353.19 万亿元。其中，银行业机构总资产 319.74 万亿元，占金融业的 90.5%，规模居全球第一。证券业机构总资产为 10.15 万亿元，占金融业的 2.9%；保险业机构总资产为 23.3 万亿元，占金融业的 6.6%。2021 年 6 月 28 日，英国《银行家》杂志公布的 "2021 年全球银行 1000 强" 榜单上，中资银行有 144 家，其一级资本总规模为 2.96 万亿美元，接近美国的两倍（1.58 万亿美元）。中国工商银行、中国建设银行、中国农业银行和中国银行已经连续四年占据榜首前四位。

由于多种原因，我国金融业也经历了一段无序扩张时期，资本市场大起大落，影子银行规模急剧膨胀，资本自我循环、脱实向虚严重，金融腐败与违法违纪行为持续蔓延。其中，影子银行是指游离于银行监管体系之外、可能引发系统性风险和监管套利等问题的信用中介体系（包括各类相关机构和业务活动）。到 2016 年底我国影子银行规模已经相当庞大，广义影子银行超过 90 万亿元，狭义影子银行亦高达 51 万亿元，濒临风险爆发的前夜。为此，下大力气全面整治影子银行乱象，近 5000 家 P2P 网贷机构已经全部停业。

近些年，大中型企业违约事件频频发生，产业资本特别是地产资本在金融领域严重扩张，直接影响经济社会稳定和金融生态健康。自 2021 年开始，恒大、华夏幸福等房企大鳄接连暴

[①] 易纲:《新中国成立 70 年金融事业取得辉煌成就》，载《中国金融家》2019 年第 10 期，第 28 页。

雷，资本市场遇到"塌方式"问题。为此，有序化解大中型企业债务风险，有效防止企业风险向金融风险体系扩散蔓延。同时，积极采取组建债委会、联合授信、债转股等方式，帮助大量遇到流动性困难但仍有发展潜力的企业渡过难关。

为了控制地方政府债务风险，中国采取地方政府债务限额管理，为地方举债设立"天花板"。截至2021年12月末，全国地方政府债务余额30.47万亿元，控制在全国人大批准的限额（33.28万亿元）之内。这是地方政府债务规模首次突破30万亿元，与2016年约15万亿元相对照，六年间债务规模翻倍。目前地方政府债务风险总体安全可控。不过，地方政府债务规模大幅增加，使得地方政府债务可持续性面临一定的挑战。衡量地方政府债务风险的一个常用指标，是地方政府债务率（债务余额/综合财力）。2020年，中国地方政府债务率是93.6%，总体来说不高。国际上通行的标准在100%到120%。

2022年5月18日，财政部通报了8个地方政府隐性债务问责典型案例。目前，金融领域重点防范的七大风险，即不良资产风险、流动性风险、债券违约风险、外部冲击风险、房地产泡沫风险、地方政府债务风险、互联网金融风险等不容忽视。

二、金融安全与国家安全

经济是肌体，金融是血脉，两者共生共荣。习近平总书记指出，"金融是实体经济的血脉，为实体经济服务是金融的天职，是金融的宗旨，也是防范金融风险的根本举措。"2008年国际金融危机，究其根源，是过度金融创新导致金融脱离实体经济。

现代金融是大国博弈的核心要素之一。历史学家伊曼纽尔·沃勒斯坦（Immanuel Wallerstein）指出，迄今为止，在全球范围内出现了3个世界性大国，即17世纪的荷兰、19世纪的英国和20世纪的美国。一个有趣的现象是，荷兰商人的崛起与晋商的崛起几乎是同步的，即 17 世纪初期。晋商与荷兰商人"走出去"的原因很相像，即缺乏资源，缺乏产品，因此只能做中介贸易，同时贸易发展到一定程度必然会催生金融。晋商主要经营盐业、茶叶等产品，尤其以票号最为出名；开拓国外市场，通过陆路对俄做贸易。作为海上马车夫，荷兰的影响是全球性的，1609 年第一家证券交易所、第一家现代银行均诞生在荷兰首都阿姆斯特丹，由此这个陆地面积只有 4.1 万平方公里的小国打造了全球金融领域的标准。但基于南北向陆上贸易的晋商，其影响只局限于东方。[①] 可以说，荷兰是"国小业大"，成为现代金融和商业制度的奠基者。

的确，金融创新和金融力量在历史上大国崛起进程中发挥着重要作用。例如，英格兰银行成立于 1694 年，是现代中央银行的鼻祖，其诞生被视为当时最重要的金融革命。英国在 1816 年宣布金本位制度，即将一国的货币直接同黄金挂钩，19 世纪 70 年代以后欧美各国以及日本等国相继仿效。英国开始支配世界金融体系，直到该体系在 1914 年崩溃为止。

1944 年 7 月，"布雷顿森林体系"建立，其实质是一种以美元为中心的国际货币体系。这一体系包括国际货币基金组织和世界银行两大国际金融机构。前者负责向成员国提供短期资金借贷，目的为保障国际货币体系的稳定；后者提供中长期信贷来促进成员国经济复苏。"布雷顿森林体系"的主要特征：美元与黄金挂钩，其他国家货币与美元挂钩，实行可调整的固定汇率，确定国际储备资产，使美元处于等同黄金的地位，成为各国外汇储备中最主要的国际储备货币，等等。在常态下，大国竞争，其本质是产业竞争力与金融竞争力的双重竞争。

金融具有极强的风险外溢性，一旦应对不当，容易产生颠

---

① 赵磊：《从世界格局与国际秩序看"百年未有之大变局"》，载《中共中央党校学报》2019 年第 3 期，第 116—117 页。

覆性后果。还是以荷兰为例，"郁金香泡沫"是人类历史上第一次有记载的金融危机。16世纪中期，郁金香从土耳其被引入西欧，不久，人们开始对这种植物产生了狂热。到17世纪30年代初期，这一时尚导致了投机热潮。正当人们沉浸在对郁金香的狂热中时，一场大崩溃已近在眼前。由于卖方突然大量抛售，公众开始陷入恐慌，导致郁金香市场在1637年2月4日突然崩溃。到1637年4月，荷兰政府决定禁止投机式的郁金香交易。但是，泡沫的破裂引发了荷兰的经济地震，使得阿姆斯特丹的贸易受到了极大的影响，全国经济陷入混乱，金融的崩溃也导致了大量的工商业难以为继，从而加速了一个殖民帝国的衰落。可见，金融对荷兰而言，"成也萧何败也萧何"。

1997年7月2日，亚洲金融风暴席卷泰国。不久，这场风暴波及马来西亚、新加坡、日本、韩国、中国等地。泰国、印尼、韩国等国的货币大幅贬值，同时造成亚洲大部分主要股市的大幅下跌；冲击亚洲各国外贸企业，造成亚洲许多大型企业的倒闭，工人失业，社会经济萧条。

2008年8月，美国房贷两大巨头——房利美和房地美股价暴跌，持有"两房"债券的金融机构大面积亏损。从美国次贷危机引起的华尔街风暴，后来演变为全球性的金融危机，其过程之快，影响之巨，可谓始料未及。这是自第二次世界大战以来将全球经济拖入全面持续衰退的最严重的一次金融危机。

表2　全球典型的9次金融危机

时间	事件
1637 年	荷兰郁金香危机
1720 年	英国南海泡沫事件
1837 年	美国金融恐慌
1907 年	美国银行业危机

续表

时间	事件
1929 年	美国股市大崩盘
1987 年	席卷全球股市的黑色星期一
1994—1995 年	墨西哥金融危机
1997 年	亚洲金融危机
2007—2009 年	美国次贷危机

2013 年是中国互联网金融得到迅猛发展的一年。互联网金融是传统金融机构与互联网企业利用互联网技术和信息通信技术实现资金融通、支付、投资和信息中介服务的新型金融业务模式。互联网与金融深度融合是大势所趋，将对金融产品、业务、组织和服务等方面产生更加深刻的影响。互联网金融对促进小微企业发展和扩大就业发挥了现有金融机构难以替代的积极作用，为大众创业、万众创新打开了大门。互联网金融包括互联网支付、网络借贷、股权众筹融资、互联网基金销售、互联网保险、互联网信托和互联网消费金融等等。2014 年，中国人民银行发布的年报指出，互联网金融的风险主要体现在三个方面：一是机构的法律定位不明确，业务边界模糊。二是客户资金第三方存管制度缺失，资金存管存在安全隐患。三是风险控制不健全，可能引发经营风险。2015 年，中国人民银行等十部委发布《关于促进互联网金融健康发展的指导意见》。

总之，防范化解金融风险，特别是防止发生系统性金融风险，是金融工作的根本性任务，也是金融工作的永恒主题。2021 年 12 月 31 日，人民银行发布《宏观审慎政策指引（试行）》，该文件厘清系统性金融风险是指可能对正常开展金融服务产生重大影响，进而对实体经济造成巨大负面冲击的金融风险。系统性金融风险主要来源于时间和结构两个维度：

从时间维度看，系统性金融风险一般由金融活动的一致行为引发并随时间累积，主要表现为金融杠杆的过度扩张或收缩，由此导致的风险顺周期自我强化、自我放大。

从结构维度看，系统性金融风险一般由特定机构或市场的不稳定引发，通过金融机构、金融市场、金融基础设施间的相互关联等途径扩散，表现为风险跨机构、跨部门、跨市场、跨境传染。

三、有效维护金融安全

自1997年11月第一次全国金融工作会议召开以来，我国已先后五次召开全国金融工作会议，作为金融领域最高规格的会议，每次均对我国金融改革与发展特别是对我国金融监管方面产生了深远影响。

2023年10月30日至31日，中央金融工作会议在北京召开，与此前5次全国金融工作会议不同，此次会议首次更名为"中央金融工作会议"，是中央金融委员会、中央金融工作委员会组建后首次最高级别的金融工作会议。

表3　五次全国金融工作会议

次数	时间	成果
1	1997年11月17日至19日	批准设立中央金融工委，确定金融业实行分业监管，成立了证监会和保监会；人民银行专门负责银行业和信托业的监管，撤销省分行建立九大区行，加强货币政策的独立性
2	2002年2月5日至7日	组建中央汇金投资有限责任公司，主导中国银行业的重组上市；撤销中央金融工委，成立银监会
3	2007年1月19日至20日	设立中国投资有限公司，以承担外汇储备的投资管理工作；创业板正式启动；国家开发银行全面推行商业化运作

续表

次数	时间	成果
4	2012 年 1 月 6 日至 7 日	提出八项金融改革议题。强调加强金融基础建设、改善金融发展环境，提出金融服务实体经济、建立全面审慎的风险管理体系等
5	2017 年 7 月 14 日至 15 日	把金融竞争力和金融安全提高到国家战略层面，决定成立国务院金融稳定发展委员会，组建银保监会，进一步加强人民银行职能，形成了目前的"一委一行两会一局"的金融监管格局①

2017 年 10 月，党的十九大把防范化解重大风险作为全面建成小康社会三大攻坚战的首要战役。同年 12 月，在中央经济工作会议上，习近平总书记强调打好防范化解重大风险攻坚战，重点是防范金融风险。总体看，党的十八大以来，特别是 2017 年 7 月召开第五次全国金融工作会议以来，我国防范化解重大金融风险取得重要成果，金融与实体经济良性循环逐步形成。

第一，金融资产盲目扩张、脱实向虚势头得到根本扭转。坚决清理脱实向虚、乱加杠杆、以钱炒钱活动，金融体系服务实体经济质效明显提升。金融杠杆率明显下降，金融资产盲目扩张得到根本扭转，2017 年至 2020 年，银行业和保险业总资产年均增速分别为 8.3% 和 11.4%，大体只有 2009 年至 2016 年间年均增速的一半。金融体系内部空转的同业资产占比大幅度下降。

第二，各种突出风险点的传染性外溢性明显收缩。稳妥化解若干不法金融集团风险，平稳推进包商银行、锦州银行、恒丰银行、辽宁城商行等中小银行风险处置和改革重组。自 2017

---

① "一委一行两会一局"的金融监管格局，包括国务院金融稳定发展委员会（金稳委）、中国人民银行（央行）、中国银行保险监督管理委员会、中国证监会，一局是地方金融监督管理局。

年以来，累计恢复与处置高风险金融机构 600 多家。影子银行风险持续收敛，2021 年末高风险影子银行规模较历史峰值压降约 25 万亿元。落实房地产长效机制，合理满足房地产市场融资需求，房地产泡沫化金融化势头得到根本性扭转。地方政府隐性债务风险初步控制。一批债务金额巨大、涉及面广的大型企业债务风险事件得到平稳处置。截至 2021 年末，市场化法治化债转股落地金额 1.9 万亿元。

第三，社会金融秩序基本实现"由乱到治"转变。严厉打击违法违规金融活动，发布防范和处置非法集资条例，加强系统治理、源头治理。自 2017 年以来，立案查处非法集资案件 2.5 万起，涉案金额 1.56 万亿元；监管部门累计处罚银行保险机构 1.6 万家次，合计罚没 122 亿元。深入推进 P2P 网贷专项整治工作，约 5000 家 P2P 网贷机构全部停止运营，无牌照互联网资管机构、支付机构、股权众筹平台、网络互助平台全部清退。坚决防止资本在金融领域无序扩张，常态化开展银行保险机构股权和关联交易专项整治，重点打击恶意掏空金融机构的违法股东。依法将互联网平台金融业务全面纳入监管。①

2017 年 4 月 25 日，中共中央政治局就维护国家金融安全进行第四十次集体学习。中共中央总书记习近平就维护金融安全提出六项任务：

一是深化金融改革，完善金融体系，推进金融业公司治理改革，强化审慎合规经营理念，推动金融机构切实承担起风险管理责任，完善市场规则，健全市场化、法治化违约处置机制。

二是加强金融监管，统筹监管系统重要性金融机构，统筹监管金融控股公司和重要金融基础设施，统筹负责金融业综合统计，确保金融系统良性运转，确保管理部门把住重点环节，

---

① 中国银保监会党委：《持之以恒防范化解重大金融风险》，载《中国银行保险报》2022 年 5 月 17 日，第 1 版。

确保风险防控耳聪目明，形成金融发展和监管强大合力，补齐监管短板，避免监管空白。

三是采取措施处置风险点，着力控制增量，积极处置存量，打击逃废债行为，控制好杠杆率，加大对市场违法违规行为打击力度，重点针对金融市场和互联网金融开展全面摸排和查处。

四是为实体经济发展创造良好金融环境，疏通金融进入实体经济的渠道，积极规范发展多层次资本市场，扩大直接融资，加强信贷政策指引，鼓励金融机构加大对先进制造业等领域的资金支持，推进供给侧结构性改革。

五是提高领导干部金融工作能力，领导干部特别是高级干部要努力学习金融知识，熟悉金融业务，把握金融规律，既要学会用金融手段促进经济社会发展，又要学会防范和化解金融风险，强化监管意识，提高监管效率。

六是加强党对金融工作的领导，坚持党中央集中统一领导，完善党领导金融工作的体制机制，加强制度化建设，完善定期研究金融发展战略、分析金融形势、决定金融方针政策的工作机制，提高金融决策科学化水平。金融部门要按照职能分工，负起责任。地方各级党委和政府要按照党中央决策部署，做好本地区金融发展和稳定工作，做到守土有责，形成全国一盘棋的金融风险防控格局。

2017年7月15日，全国金融工作会议在北京召开。习近平总书记强调，必须加强党对金融工作的领导，坚持稳中求进工作总基调，遵循金融发展规律，紧紧围绕服务实体经济、防控金融风险、深化金融改革三项任务，创新和完善金融调控，健全现代金融企业制度，完善金融市场体系，推进构建现代金融监管框架，加快转变金融发展方式，健全金融法治，保障国家金融安全，促进经济和金融良性循环、健康发展。习近平总书记指出，做好金融工作要把握好以下重要原则：

第一，回归本源，服从服务于经济社会发展。金融要把为实体经济服务作为出发点和落脚点，全面提升服务效率和水平，把更多金融资源配置到经济社会发展的重点领域和薄弱环节，更好满足人民群众和实体经济多样化的金融需求。

第二，优化结构，完善金融市场、金融机构、金融产品体系。要坚持质量优先，引导金融业发展同经济社会发展相协调，促进融资便利化、降低实体经济成本、提高资源配置效率、保障风险可控。

第三，强化监管，提高防范化解金融风险能力。要以强化金融监管为重点，以防范系统性金融风险为底线，加快相关法律法规建设，完善金融机构法人治理结构，加强宏观审慎管理制度建设，加强功能监管，更加重视行为监管。

第四，市场导向，发挥市场在金融资源配置中的决定性作用。坚持社会主义市场经济改革方向，处理好政府和市场关系，完善市场约束机制，提高金融资源配置效率。加强和改善政府宏观调控，健全市场规则，强化纪律性。

2022 年 4 月 6 日，人民银行等部门起草《中华人民共和国金融稳定法（草案征求意见稿）》，即日起向社会公开征求意见。草案征求意见稿首次明确国家金融稳定发展统筹协调机制（国务院金融委）职责，提出建立处置资金池，并设立金融稳定保障基金。

目前，要特别加强对美西方金融制裁的前瞻性研究与应对。2022 年俄乌冲突以来，美国等西方国家对俄罗斯实施极端金融制裁措施，试图将俄隔绝于全球金融体系之外，导致俄卢布汇率一度暴跌。制裁手段包括将部分俄银行排除在环球同业银行金融电讯协会（SWIFT）支付系统之外，限制俄罗斯以美元、欧元、英镑和日元开展国际支付等业务，冻结俄大型国有金融机构在美资产，禁止俄动用存在美国金融机构的外汇来偿还债务，冻结俄央行资产并禁止与其交易，等等。美国等西方国家试图将俄罗斯孤立于国际金融体系之外，对俄金融制裁是前所未见的"大规模货币武器化"行动。

具体情况如下：2022年2月26日，美国白宫发表声明，美国与欧盟委员会、法国、德国、意大利、英国、加拿大领导人决定，将部分俄罗斯银行排除在SWIFT支付系统之外。①2月28日，美财政部发表声明，禁止美国人与俄央行、俄联邦国家财富基金和俄财政部进行交易。这意味着俄央行在美境内的资产或由美国人控制的资产将全部被冻结。5月24日，美国财政部采取行动，切断了俄罗斯支付美元计价主权债务的能力，这迫使俄罗斯处于"国家债务违约"的边缘。6月29日，美国财政部表示，在过去的100天里，美国及其盟友已经冻结了300多亿美元的俄罗斯寡头资产，以及俄罗斯央行约3000亿美元的外汇储备。为了落实制裁、冻结资产，美国政府部门专门成立了一个名为REPO的多边工作组。REPO是俄罗斯精英、代理人和寡头的首字母缩写（Russian Elites, Proxies and Oligarchs）。该工作组将调查和起诉俄寡头及与俄总统普京关系密切的个人，其行动旨在查封俄罗斯商业巨头拥有的高价值资产。

环球同业银行金融电讯协会（SWIFT）被看作是美西方国家的"金融核武器"，它成立于1973年，总部在比利时，是一个连接全球数千家金融机构的高安全性网络，金融机构使用它来发送安全信息和支付指令。致力于"打造全球共享的金融报文传送服务、创造一种国际金融报文传送通用语言"。SWIFT与CHIPS（全称"纽约清算所银行同业支付系统"）并称为全球两大清算体系，前者由欧洲主导，后者以美国为主导。其中，SWIFT主要用于信息流传递，不涉及清算，亦不影响资金流。简单来说，全球各国的众多金融机构，国家间的标准又存

---

① 相关制裁目标是10家俄罗斯最大的金融机构，其资产占俄银行业总资产的近80%。相关银行将无法通过SWIFT系统和境外银行进行交易，旨在给俄对外贸易、外国投资和汇款设置障碍。

在差异，国内金融机构与国外金融机构进行交易时，需要一个畅通的渠道，而 SWIFT 系统就是目前国际上传递金融信息的一个主要渠道。几乎全球所有的金融机构都在使用 SWIFT 系统的服务。

面对美国的金融霸权，出于分散风险的考虑，一些国家考虑对所持有的官方储备货币进行多元化管理，由此会加速国际货币体系多元化，甚至可能导致全球金融体系更加"碎片化"。有专家认为，美国主导西方国家对俄实施的极端金融制裁正在反噬美国自身，导致美元霸权根基失稳。2022 年 3 月底，巴西央行公布的报告显示，过去一年来，美元在巴西外汇储备中的占比从 86.03% 降至 80.34%，欧元占比从 7.85% 降至 5.04%，而人民币占比则从 1.21% 上升至 4.99%，成为第三大外汇资产。

对此，在不确定的时代，面对各种内外部金融风险，更要完善经济金融治理，提高金融体系的韧性与抗风险能力。2023 年中央金融工作会议鲜明提出"加快建设金融强国"目标，强调推动我国金融高质量发展，为以中国式现代化全面推进强国建设、民族复兴伟业提供有力支撑。

第八章

以网络、人工智能、数据安全为竞争制高点

网络安全和信息化事关党的长期执政，事关国家长治久安，事关经济社会发展和人民群众福祉。2021年以来，党中央、国务院就加强数据安全工作作出了系列部署安排，数据安全法、个人信息保护法相继颁布实施，"数据安全"也成为"十四五"规划部署的关键领域，连续两年被写入政府工作报告，并已建立了数据安全工作协调机制。

一、作为战略新高地的数字经济

2021年10月18日，中共中央政治局就推动我国数字经济健康发展进行第三十四次集体学习。习近平总书记在主持学习时强调，近年来，互联网、大数据、云计算、人工智能、区块链等技术加速创新，日益融入经济社会发展各领域全过程，数字经济发展速度之快、辐射范围之广、影响程度之深前所未有，正在成为重组全球要素资源、重塑全球经济结构、改变全球竞争格局的关键力量。要站在统筹中华民族伟大复兴战略全局和世界百年未有之大变局的高度，统筹国内国际两个大局、发展安全两件大事，充分发挥海量数据和丰富应用场景优势，促进数字技术与实体经济深度融合，赋能传统产业转型升级，催生新产业新业态新模式，不断做强做优做大我国数字经济。

当前，我国数字经济走向纵深、领先全球。以A（AI，人工智能）、B（Blockchain，区块链）、C（Cloud，云基础设施）、D（Data，数据）为要件的数字环境已广泛建成，为新经济、新消费的跨越式发展创造了条件。

（一）新的合作场域

"数字经济"一词出现于 20 世纪 90 年代，美国学者唐·泰普斯科特（Don Tapscott）在 1996 年出版的《数字经济：网络智能时代的前景与风险》一书中首次提出这一概念。同年，美国学者尼古拉斯·尼葛洛庞帝（Nicholas Negroponte）在《数字化生存》一书中指出，"信息 DNA 正在迅速取代工业经济时代的原子，而成为人类生活中的基本交换物"。1997 年，日本通产省开始使用"数字经济"一词。2002 年，美国学者金范秀（Beomsoo Kim）将数字经济定义为一种特殊的经济形态，其本质为"商品和服务以信息化形式进行交易"。可以看出，这个词早期主要用于描述互联网对商业行为所带来的影响，但当时的信息技术对经济的影响尚未具备颠覆性。①

从国际社会来看，数字经济已经成为新的合作场域。2019 年 6 月 10 日，联合国秘书长数字合作高级别小组发布首份世界数字经济报告。报告呼吁，建设包容性数字经济和社会，实现跨领域的数字技术国际合作。小组共有 20 名成员，马云、梅琳达·盖茨被任命为联合主席。该报告将成为全球数字合作的基石。报告指出，数字时代全球的机遇大于风险，对数字经济的担忧会遏制全球创新，智慧的治理才会激发新的机遇。数字时代要秉承以人为本的普惠思想，在全球范围内形成适应数字未来的协作模式。

2020 年 6 月 12 日，新加坡、智利、新西兰三国于线上正式签署《数字经济伙伴关系协定》（Digital Economy Partnership Agreement，DEPA），是全球第一个关于数字经济的重要制度安排。该协定涵盖数据问题、数字身份、新兴趋势和技术、创新与数字经济、中小企业合作、数字包容等 16 个模块，对国

① 梅宏：《大数据与数字经济》，载《求是》2022 年第 2 期，第 29 页。

际数字经济合作提出了较为全面的规则安排。2021 年 11 月 1
日，中国商务部部长王文涛致信新西兰贸易与出口增长部部长
奥康纳，代表中方向《数字经济伙伴关系协定》保存方新西兰
正式提交加入申请。申请加入 DEPA，有助于中国与各成员国
加强数字经济领域合作、促进创新和可持续发展，有助于推动
DEPA 等国际合作同"一带一路"倡议的"智慧对接"和"数
字对接"。

2022 年 1 月 12 日，国务院印发《"十四五"数字经济发展
规划》，标志着我国数字经济领域的首部国家级专项规划正式出
台。规划明确，数字经济是继农业经济、工业经济之后的主要
经济形态，是以数据资源为关键要素，以现代信息网络为主要
载体，以信息通信技术融合应用、全要素数字化转型为重要推
动力，促进公平与效率更加统一的新经济形态。发展目标是到
2025 年，数字经济迈向全面扩展期，数字经济核心产业增加值
占 GDP 比重达到 10%，数字化创新引领发展能力大幅提升，智
能化水平明显增强，数字技术与实体经济融合取得显著成效，
数字经济治理体系更加完善，我国数字经济竞争力和影响力稳
步提升。

《"十四五"数字经济发展规划》特别提出要着力强化数字
经济安全体系。第一，增强网络安全防护能力。强化落实网络
安全技术措施同步规划、同步建设、同步使用的要求，确保重
要系统和设施安全有序运行。加强网络安全基础设施建设，强
化跨领域网络安全信息共享和工作协同，健全完善网络安全应
急事件预警通报机制，提升网络安全态势感知、威胁发现、应
急指挥、协同处置和攻击溯源能力。提升网络安全应急处置能
力，加强电信、金融、能源、交通运输、水利等重要行业领域
关键信息基础设施网络安全防护能力，支持开展常态化安全风
险评估，加强网络安全等级保护和密码应用安全性评估。支持
网络安全保护技术和产品研发应用，推广使用安全可靠的信息

产品、服务和解决方案。强化针对新技术、新应用的安全研究管理，为新产业新业态新模式健康发展提供保障。加快发展网络安全产业体系，促进拟态防御、数据加密等网络安全技术应用。加强网络安全宣传教育和人才培养，支持发展社会化网络安全服务。

第二，提升数据安全保障水平。建立健全数据安全治理体系，研究完善行业数据安全管理政策。建立数据分类分级保护制度，研究推进数据安全标准体系建设，规范数据采集、传输、存储、处理、共享、销毁全生命周期管理，推动数据使用者落实数据安全保护责任。依法依规加强政务数据安全保护，做好政务数据开放和社会化利用的安全管理。依法依规做好网络安全审查、云计算服务安全评估等，有效防范国家安全风险。健全完善数据跨境流动安全管理相关制度规范。推动提升重要设施设备的安全可靠水平，增强重点行业数据安全保障能力。进一步强化个人信息保护，规范身份信息、隐私信息、生物特征信息的采集、传输和使用，加强对收集使用个人信息的安全监管能力。

第三，切实有效防范各类风险。强化数字经济安全风险综合研判，防范各类风险叠加可能引发的经济风险、技术风险和社会稳定问题。引导社会资本投向原创性、引领性创新领域，避免低水平重复、同质化竞争、盲目跟风炒作等，支持可持续发展的业态和模式创新。坚持金融活动全部纳入金融监管，加强动态监测，规范数字金融有序创新，严防衍生业务风险。推动关键产品多元化供给，着力提高产业链供应链韧性，增强产业体系抗冲击能力。引导企业在法律合规、数据管理、新技术应用等领域完善自律机制，防范数字技术应用风险。健全失业保险、社会救助制度，完善灵活就业的工伤保险制度。健全灵活就业人员参加社会保险制度和劳动者权益保障制度，推进灵活就业人员参加住房公积金制度试点。探索建立新业态企业劳动保障信用评价、守信激励和失信惩戒等制度。着力推动数字经济普惠共享发展，健全完善针对未成年人、老年人等各类特殊群体的网络保护机制。

数字经济的关键要素是数据资源（数字化的知识与信息），基本载体是现代信息网络，主要形态是数字产业化和产业数字化，主要功能是以信息通信技术的有效应用以及数字化转型实现经济结构的进一步优化和效率提升。通常把数字经济分为数字产业化和产业数字化两方面。前者即信息通信技术的产业化应用，后者即相关产业的数字化转型。2021 年 8 月，中国信息通信研究院发布《全球数字经济白皮书》指出，从全球范围来看，产业数字化仍然是数字经济发展的主引擎，占数字经济比重为 84.4%。其中，一二三产业的数字经济占比分别为 8%、24.1% 和 43.9%。

目前，数字经济呈现三个重要特征：一是信息化引领。信息技术深度渗入各个行业，促成其数字化并积累大量数据资源，进而通过网络平台实现共享和汇聚，通过挖掘数据、萃取知识和凝练智慧，又使行业变得更加智能。二是开放化融合。通过数据的开放、共享与流动，促进组织内各部门间、价值链上各企业间，甚至跨价值链跨行业的不同组织间开展大规模协作和跨界融合，实现价值链的优化与重组。三是泛在化普惠。无处不在的信息基础设施、按需服务的云模式和各种商贸、金融等服务平台降低了参与经济活动的门槛，使得数字经济出现"人人参与、共建共享"的普惠格局。[1] 无论是信息化引领、开放化融合，还是泛在化普惠，都与新型全球化以及"一带一路"的互联互通实质以及开放包容属性有着天然的相近性。

---

[1]　梅宏:《大数据与数字经济》，载《求是》2022 年第 2 期，第 30 页。

（二）新的竞争焦点

美国是最早加强数字经济能力的国家。早在 1993 年，阿尔·戈尔刚当上美国副总统就提出了"国家信息基础设施"规划，1994 年进一步提出"全球信息基础设施"构想。1998 年 1 月，戈尔首次提出"数字地球"（Digital Earth）概念。

美国商务部是美国数字经济的主要推动者。1998 年 7 月，美国商务部发布《浮现中的数字经济》（The Emerging Digital Economy）报告，这是美国政府第一部研究数字经济的报告。美国商务部 2010 年提出了"数字国家"（Digital Nation）概念，2015 年推动成立了数字经济咨询委员会（DEBA），2016 年启动实施了"数字专员"项目以向美国企业提供支持和援助，2021 年推动成立美国国家人工智能咨询委员会（NAIAC）。此外，美国商务部先后出台一系列数字经济政策，如《数字经济议程》（2015 年）、《在数字经济中实现增长与创新》（2016 年）、《数字经济的定义与衡量》（2018 年）等等。

在欧洲，欧盟委员会于 2020 年 2 月 19 日发布《人工智能白皮书》和《欧洲数据战略》。3 月 10 日，欧盟委员会公布新的《欧洲工业战略》，旨在帮助欧洲实现数字化转型，提高其经济竞争力以及战略自主性。2021 年 3 月 9 日，欧盟委员会发布《2030 数字指南针：数字十年的欧洲之路》，强调欧盟数字时代愿景的落地将从数字技术、数字基建、数字商业与数字公共服务四方面展开。

总体而言，中美两强的数字经济竞争格局正在形成。2021 年 1 月 19 日，美国信息技术和创新基金会（ITIF）发布《美国全球数字经济大战略》报告。报告指出，美国是全球数字技术创新主要推动者；中国通过数字技术寻求全球领导力，是美国最主要的竞争对手。据此，美国全球数字经济大战略的首要目标应是限制中国在 IT 和数字领域的全球主导地位。

2021 年 10 月，联合国贸发会议发布《2021 年数字经济报告》。报告指出，数字经济正迅速发展，在驾驭数据能力方面，美国和中国脱颖而出。全世界的超大规模数据中心有一半在中美两国，两国的 5G 普及率最高，拥有 70% 的世界顶尖人工智能研究人员及 94% 的人工智能初创企业融资。报告称，疫情发生以来，数据跨境流动在地理上主要集中在"北美—欧洲"和"北美—亚洲"这两条路线上。中国和美国参与数字经济的程度以及从中受益的能力最强。苹果、微软、亚马逊、Alphabet（谷歌）、Facebook、腾讯和阿里巴巴越来越多地参与到全球数据价值链的各个环节。

2022 年 7 月 29 日，中国信息通信研究院发布的《全球数字经济白皮书（2022 年）》显示，2021 年全球 47 个主要国家数字经济增加值规模达到 38.1 万亿美元。中国数字经济规模达到 7.1 万亿美元，占 47 个国家总量的 18.5%，仅次于美国的 15.3 万亿美元，位居世界第二。从规模来看，中国数字经济规模相当于美国的 46%。

目前，世界主要国家都在围绕数字经济关键领域加快部署、推动发展。在技术赋能方面，以 5G 和人工智能为代表的技术进步和产品创新加速演进，并加速与垂直行业深度融合，应用场景迸发。在数字化转型方面，制造业数字化转型步伐加快，金融科技等服务业数字化快速成长，推动传统产业新兴裂变和升级演进。在数据与安全方面，各国加快推动数据开发利用及市场化流通，同时，全球网络安全部署升级，带动网络安全产业发展进入快车道。

（三）数字丝绸之路建设

一般认为，数字经济包括"三驾马车"：1. 新技术——信息通信技术，也即数字技术；2. 新要素——数字化的知识和信息，或者说数据；3. 新设施——现代信息网络，即新基建。此外，新贸易、新治理也是数字经济的应有之义。就数字丝绸之路建设而言，其"四梁八柱"包括：数字技术、数字要素、数字基建、数字贸易以及全球数据治理。

第一，"一带一路"国家有强劲的数字技术潜力以及宝贵的数据资源。今天，人工智能、大数据、量子信息、生物技术等新一轮科技革命和产业变革正在积聚力量，催生大量新产业、新业态、新模式，给全球发展和人类生产生活带来翻天覆地的变化，人类将进入第四次工业革命时代，即"智能时代"。智能时代不同于信息时代或互联网时代，后者有中心、有权威、有垄断，前者的主要特点是分布式，代表了一种从技术权威垄断到去"中心化"的转变。如同比特币、区块链技术一样，"一带一路"的逻辑就是将传统的"中心—边缘"秩序升级为普惠的"节点—网格"秩序。2019 年，国务院发展研究中心"国际经济格局变化和中国战略选择"课题组预测，未来 15 年，信息技术与新兴数字经济发展将为后发经济体赶超提供机遇。数字经济兴起将加快知识向发展中国家扩散，有助于本地化生产，助推发展中国家的工业化进程。①

在"智能时代"，数据为王，大数据成为第四次工业革命的稀缺资源。海量数据与巨大市场运用是"一带一路"国家，即新兴市场国家与发展中国家的集体优势。在这些国家互联网数据资源快速增长，网民数量不断扩大，人工智能有更丰富的应用场景，城镇化加速推进，消费结构加快升级，对医疗、教育、养老、安防等智能化产品和服务需求迫切。②

第二，"一带一路"国家有强烈的数字基建需求。在数字丝

---

① 国务院发展研究中心"国际经济格局变化和中国战略选择"课题组：《未来 15 年国际经济格局面临十大变化》，中国共产党新闻网，http://theory.people.com.cn/n1/2019/0116/c40531-30549831.html.

② 赵磊：《从世界格局与国际秩序看"百年未有之大变局"》，载《中共中央党校（国家行政学院）学报》2019 年第 3 期，第 116 页。

绸之路的硬件建设方面，需要加快布局和完善区域通信、互联网、卫星导航等重要信息基础设施，促进宽带网络覆盖，并充分考虑价格的可负担性。"一带一路"建设的一些标志性成果已投入运营。2015 年 11 月，我国成功发射"老挝一号"通信卫星，为老挝提供卫星电视直播、无线宽带接入、国际通信等服务，并向湄公河地区提供高清电视节目、远程教育、政府应急通信等服务。2018 年 7 月，"中巴光缆"建成开通，该项目全长 2950 公里，是网络互联互通的战略性重点项目，大幅缩短了中巴之间的信息通信时延。海缆方面，2017 年 12 月，"亚非欧 1 号"洲际海底光缆标志性项目已投入运营，是近 10 年来世界上覆盖国家最多、传输距离最长、投资方最多的大型洲际电信传输系统。此外，中国自行研制和构建的北斗生态系统不仅是一个导航系统的技术解决方案，也是"一带一路"的标志性数字基建工程，未来将积极构建"数字友好型北斗 +"生态系统。

港口、境外园区、中欧班列等是"一带一路"的传统基建项目，但是极有可能同新基建融合，产生化学反应。应积极鼓励中欧班列同境外各类园区联动发展，与跨境电商、海外仓等新业态融合发展。2021 年，我国跨境电商进出口 1.98 万亿元，增长 15%，其中出口 1.44 万亿元，增长 24.5%。截至 2021 年 12 月，中国海外仓的数量已经超过 2000 个，总面积超过了 1600 万平方米，业务范围辐射全球。

据统计，非洲互联网用户数量已突破 4.6 亿，预计 2024 年非洲电子商务的市场规模将达 347 亿美元，年均增长率为 17.1%。截至 2021 年 11 月，中国建设了非洲 50% 以上无线站点及高速移动宽带网络，累计铺设超过 20 万公里光纤，服务超过 9 亿非洲人民；中非共同在南非建立了服务整个非洲区域的公有"云"，以及首个 5G 独立组网商用网络；中国还将建设中非卫星遥感应用合作中心，支持建设中非联合实验室、伙伴研究所、科技创新合作基地，切实帮助非洲国家缩小"数字鸿沟"，赶上全球数字经济发展步伐。

未来，可进一步推动城市间的数字经济合作。探索建设数字丝绸之路经济合作试验区。鼓励支持有关城市建立数字丝绸之路经济合作试验区，聚焦信息基础设施、智慧城市、电子商务、远程医疗、"互联网+"、物联网、人工智能等领域的深度合作。

第三，"一带一路"培养出越来越多的跨境电商与数字贸易企业。阿里、腾讯、京东等中国互联网企业投资了沿线国家的电商平台，持续扩大经贸往来。其中，阿里巴巴集团旗下全球速卖通，创立于2010年，牢牢把握"一带一路"机遇，现已成为中国唯一一家覆盖"一带一路"沿线所有国家和地区的跨境出口B2C零售平台，用户遍及全球200多个国家和地区。其中，"一带一路"沿线国家用户在速卖通全球用户中的占比超过45%。目前，速卖通海外成交买家数突破1.5亿。此外，平台于2019年面向俄罗斯、西班牙、意大利等海外商家的开放，标志着速卖通已经从最初的"中国出口"转向了"各国出口"，为全球产业链、供应链的畅通注入了新鲜活力。线上交易体系的必要环节之一便是支付环节，依托于阿里集团的大数据、云计算技术优势，速卖通在海外市场开拓的过程当中，帮助部分国家对其国内的银行体系、金融体系改造升级；国际版支付宝协同进口国自身支付系统，为海外消费者提供了良好的本地化支付体验。

在"一带一路"倡议下，商汤科技以基础设施建设为支撑，不断促进与沿线国家在人工智能领域的跨国交流和商业探索，促进人工智能在亚洲地区乃至全世界的可持续发展，成为中国原创AI技术出海的成功典范。迄今为止，商汤的原创"硬科技"已在东南亚、日本、韩国等全球15个国家和地区得到广泛应用。

第四，"一带一路"建设有效推动全球数据治理。当前，全球数据治理已然提上日程，数据驱动的数字经济表现出极大的不平衡，中国等新兴市场国家呼吁采取新的全球数据治理框架。维护数据安全是扩大数字经济国际合作的基础和前提，中国稳固筑牢数字经济发展底线，近年来相继颁布了网络安全法、数据安全法、关键信息基础设施安全保护条例、个人信息保护法等专门法律法规对数据安全进行保护。2020 年 9 月，中国正式提出《全球数据安全倡议》。

在全球数据治理方面，中国鼓励各国充分尊重网络主权，维护网络安全，坚决打击网络恐怖主义和网络犯罪，保护个人隐私和信息安全，推动建立多边、民主、透明的国际互联网治理体系。呼吁提高数字包容性，号召国际社会采取多种政策措施和技术手段来缩小数字鸿沟，切实增强数字经济的可用性、完整性、保密性和可靠性。2016 年 9 月，二十国集团领导人杭州峰会通过《二十国集团数字经济发展与合作倡议》，为全球数据治理提供了中国方案。

推动全球数据治理，包括政策导向、保障支持、制度合作等多个方面的具体工作。在政策导向方面，鼓励培育透明的数字经济政策。发展和保持公开、透明、包容的数字经济政策制定方式，鼓励发布可公开的政府数据。支持企业创新数字产品生产和服务，同时保持需求由市场主导。在保障支持方面，加强数字化技能培训。提升公众数字化技能水平，开展数字技能的专业培训，提升从业人员的数字技能。鼓励政府部门、大学和研究机构、企业积极开展培训项目，促进数字技能的普及和提升。在制度合作方面，推进国际标准化合作，释放数字经济活力。倡导数字经济领域国际标准的制定和应用。鼓励各国加强政策制定、监管领域的合作，减少、消除或防止不必要的监管要求的差异，以释放数字经济的活力。加强在线交易方面的国际合作，共同打击网络犯罪和保护信息通信技术环境。

此外，中国积极鼓励建立多层次全球数据治理的交流机制。

促进政府、企业、科研机构、行业组织等各方沟通交流，推动数字经济合作。加强"一带一路"国家间交流政策制定和立法经验，分享最佳实践。开展数字技术能力建设，欢迎和鼓励联合国贸易和发展会议、联合国工业发展组织、经济合作与发展组织、国际电信联盟和其他国际组织，在推动"一带一路"数字经济国际合作中发挥重要作用。

总之，数字丝绸之路建设将同健康丝绸之路、绿色丝绸之路等一起共同助益"一带一路"高质量发展，为新型全球化插上高科技翅膀，为人类网络空间共同体搭建互联互通、共享共治的合作平台。

二、网络安全

网络，是指由计算机或者其他信息终端及相关设备组成的按照一定的规则和程序对信息进行收集、存储、传输、交换、处理的系统。网络安全，是指通过采取必要措施，防范对网络的攻击、侵入、干扰、破坏和非法使用以及意外事故，使网络处于稳定可靠运行的状态，以及保障网络数据的完整性、保密性、可用性的能力。习近平总书记指出，"没有网络安全就没有国家安全；过不了互联网这一关，就过不了长期执政这一关。"

最新统计显示，截至2022年1月，全球互联网用户数量达到49.5亿人，互联网用户占全球总人口的62.5%，其中92.1%的用户通过手机访问互联网。与此同时，全球已拥有46.2亿社交媒体用户，社交媒体用户的数量已相当于世界总人口的58%以上。社交媒体用户每天花在社交媒体上的时间达到2小时27分钟。

（一）美国：网络即武器

当今世界，一场新的全方位综合国力竞争正在全球展开，围绕网络空间发展主导权、制网权的争夺日趋激烈，网络安全威胁和风险日益突出，并日益向政治、经济、文化、社会、生态、国防等领域传导渗透。

美国著名军事预测学家詹姆斯·亚当斯（James Adams）在《下一场战争》中曾预言：在未来的战争中，电脑本身就是武器，前线无处不在，夺取作战空间控制权的不是炮弹和子弹，而是电脑网络里流动的比特和字节。美国智库兰德公司在其报告中指出，"工业时代的战略战主要是核战争，信息时代的战略战主要是网络战。"美国是世界上第一个提出网络战概念的国家，是第一个将其应用于实战的国家，更是第一个成立网络司令部的国家。2009 年 6 月 23 日，美国国防部部长盖茨正式下令创建网络司令部，以协调网络安全以及指挥网络战。美国媒体称，网络司令部的组建意味着美国准备加强对网络空间权的争夺。美军网络司令部积极倡导"网络即武器"观念，各种网络武器发展迅猛。2011 年 1 月 16 日，美国《纽约时报》发表文章称，美国和以色列联合研制的名为"震网"病毒，成功袭击了伊朗的纳坦兹铀浓缩工厂等核设施，导致数千台离心机瘫痪。在一场看不见硝烟的"网络战"中，美、以成功将伊朗的核计划拖后了两年时间。

2017 年 8 月，美国国防部启动了将网络司令部升级为一级联合作战司令部的流程。2018 年 5 月，美军网络司令部完成升级，成为美军第十个联合作战司令部，所辖网络任务部队数量达到 133 支，总人数约 6200 人。2018 年 8 月，日本也宣布成立了太空和网络空间委员会，以强化网络和太空一体化能力。

网络安全必然会同太空、深海、极地等战略新边疆深度结合，"天网一体"作战能力将成为制胜未来战争的关键。2019 年 12 月 20 日，美国总统特朗普签署了《2020 年国防授权法案》，该法案中最引人关注的一项内容是要求国防部组建天军（U.S. Space Force）。天军将成为除陆军、海军、空军、海军陆战队和海岸警卫队之外，美国的第六个军种，也是 1947 年陆军航空队独立为空军以后，美军诞生的第一个新军种，由此实现美国"制网权"同"制天权"的结合。

2020 年 8 月 5 日，美国国务卿蓬佩奥宣布推出所谓的"清洁网络"（Clean Network）计划，旨在将中国的运营商、应用商店、应用程序、网络云和网络电缆排除在美国和其他国家使用的互联网基础设施之外。8 月 6 日，美国总统特朗普签署行政令，称抖音海外版（TikTok）和微信对"美国国家安全"构成威胁，将在 45 天后禁止任何美国个人或实体与抖音海外版、微信及其中国母公司进行任何交易。

2022 年 9 月 5 日，国家计算机病毒应急处理中心和 360 公司分别发布了关于西北工业大学遭受美国国家安全局网络攻击的调查报告，美国国家安全局（National Security Agency，NSA）下属的特定入侵行动办公室（Office of Tailored Access Operation，TAO）使用了 40 余种不同的专属网络攻击武器，持续对西北工业大学开展攻击窃密，窃取该校关键网络设备配置、网管数据、运维数据等核心技术数据。美国国家安全局特定入侵行动办公室成立于 1998 年，是目前美国政府专门从事对他国实施大规模网络攻击窃密活动的战术实施单位，由 2000 多名军人和文职人员组成，下设 10 个处室。

调查显示，特定入侵行动办公室在针对西北工业大学的网络攻击行动中先后使用了 54 台跳板机和代理服务器，主要分布在日本、韩国、瑞典、波兰、乌克兰等 17 个国家，其中 70% 位于中国周边国家，如日本、韩国等。其中，用以掩盖真实 IP 的跳板机都是精心挑选，所有 IP 均归属于非"五眼联盟"国家。

西北工业大学的遭遇，仅是美国对华大肆网络攻击窃密的一个缩影。2022 年 2 月 23 日，北京奇安盘古实验室披露了隶属于美国国安局的黑客组织"方程式"利用顶级后门对包括中国、俄罗斯等全球 45 个国家和地区开展长达十几年的"电幕行动"网络攻击，涉及的机构目标包括知名高校、科研机构、通信行业、政府部门等。3 月 2 日，360 公司发布的报告披露，美国国安局利用网络武器对中国等全球 47 个国家及地区的 403 个目标开展网络攻击，数十年不曾停歇。此次关于西北工业大学遭受境外网络攻击的调查报告还发现，美国国家安全局还利用其控制的网络攻击武器平台、"零日漏洞"和网络设备，长期对中国的手机用户进行无差别的语音监听，非法窃取手机用户的短信内容，并对其进行无线定位。[①] 美国热衷于实施"网络霸凌"，是全球网络安全领域的真正威胁。

（二）中国：增强网络安全防御能力和威慑能力

对中国而言，维护网络安全，要增强网络安全防御能力和威慑能力。网络安全的本质在对抗，对抗的本质在攻防两端能力较量。要以技术对技术，以技术管技术，做到魔高一尺、道高一丈。对此，中国人民解放军成立战略支援部队，是中国陆、海、空、火箭之后的第五大军种。中国人民解放军战略支援部队是维护国家安全的新型作战力量，是我军新质作战能力的重要增长点，职责功能包括网络攻防、心理战、太空战、电磁战等领域。

2014 年 2 月 28 日，中央网络安全和信息化领导小组宣告成立，在北京召开了第一次会议。中共中央总书记、国家主席、中央军委主席习近平亲自担任组长。中国已是名副其实的"网络大国"，但我国不同地区间"数字鸿沟"及其带来的社会和经济发展问题都需要尽快解决。同时，中国面临的网络安全方面的任务和挑战日益复杂和多元。中国目前是网络攻击的主要受害国。仅 2013 年 11 月，境外木马或僵尸程序控制境内服务器就接近 90 万个主机 IP。侵犯个人隐私、损害公民合法权益等违

---

① 李云舒、薛鹏、柴雅欣:《西北工业大学遭美网络攻击　揭开"黑客帝国"虚伪面纱》，载《中国纪检监察报》2022 年 9 月 6 日，第 4 版。

法行为时有发生。

放眼世界，各国都在大力加强网络安全建设和顶层设计。截至目前，已有 40 多个国家颁布了网络空间国家安全战略，仅美国就颁布了 40 多份与网络安全有关的文件。美国还在白宫设立"网络办公室"，并任命首席网络官，直接对总统负责。2014年 2 月，美国总统奥巴马宣布启动美国《网络安全框架》。2014年 2 月 19 日，德国总理默克尔与法国总统奥朗德探讨建立欧洲独立互联网，拟从战略层面绕开美国以强化数据安全。欧盟三大领导机构明确，计划在 2014 年底通过欧洲数据保护改革方案。作为中国的亚洲邻国，日本和印度也一直在积极行动。日本 2013 年 6 月出台《网络安全战略》，明确提出"网络安全立国"。印度 2013 年 5 月出台《国家网络安全策略》，目标是"安全可信的计算机环境"。

因此，接轨国际，建设坚固可靠的国家网络安全体系，是中国必须作出的战略选择。2016 年 11 月 7 日，第十二届全国人民代表大会常务委员会第二十四次会议通过《中华人民共和国网络安全法》，自 2017 年 6 月 1 日起施行。2018 年 3 月，根据中共中央印发的《深化党和国家机构改革方案》，将中央网络安全和信息化领导小组改为中国共产党中央网络安全和信息化委员会。2021 年 4 月 27 日，经国务院第 133 次常务会议通过，2021 年 7 月 30 日，国务院总理李克强签署中华人民共和国国务院令第 745 号，公布《关键信息基础设施安全保护条例》，自 2021 年 9 月 1 日起施行。2021 年 11 月 16 日，国家互联网信息办公室 2021 年第 20 次室务会议审议通过《网络安全审查办法》。

在实践中，要实施网络信息领域核心技术设备攻坚战略，推动高性能计算、移动通信、量子通信、核心芯片、操作系统等研究和应用取得重大突破。要加强网络安全产业统筹规划和整体布局，培育扶持一批具有国际竞争力的网络安全企业。2022 年 6 月 23 日，中国网络安全产业联盟（CCIA）发布 2022 年中国网络安全市场与企业竞争力分析报告。报告显示，奇安信蝉联"中国网安产业竞争力 50 强"榜单第一，深信服、启明星辰位列第二和第三，天融信、华为紧随其后。2021 年，我国网络安全市场规模约为 614 亿元，4 家网络安全头部企业的市场占有率之和已超过市场总额的四分之一，其中奇安信一家就达到 9.5%。2019 年至 2021 年，奇安信的平均研发费用率高达约 31%，也因此获得了领先行业的技术水平，获得了更强的竞争力。2021 年，奇安信营收 9.08 亿美元，全年营收位列全球网安公司营收排名第九、中国第一，全球总排名比 2020 年上升 5 位。

要依法加强网络空间治理，加强网络内容建设，坚决抵制各种错误思潮侵袭，培育积极健康、向上向善的网络文化。2021 年 6 月，国家互联网信息办公室开展"清朗"系列专项行动，重点任务包括整治网上历史虚无主义等 8 个方面。截至 2022 年 8 月，针对饭圈乱象、互联网账户乱象、网络暴力等突出问题开展了 30 多个专项整治，清理违法和不良信息 200 多亿条，账号近 14 亿个。

要依法严厉打击网络黑客、电信网络诈骗、侵犯公民个人隐私等违法犯罪行为，切断网络犯罪利益链条，持续形成高压态势，维护人民群众合法权益。2022 年 7 月 21 日，国家互联网信息办公室依据《中华人民共和国网络安全法》《中华人民共和国数据安全法》《中华人民共和国个人信息保护法》《中华人民共和国行政处罚法》等法律规定，对滴滴全球股份有限公司处人民币 80.26 亿元罚款，对滴滴全球股份有限公司董事长兼 CEO 程维、总裁柳青各处人民币 100 万元罚款。滴滴公司 16 项违法事实涉过度收集乘客信息等，还存在严重影响国家安全的数据处理活动。

推进网络安全教育、技术、产业等多方面融合发展。2015 年 6 月，为实施国家安全战略，加快网络空间安全高层次人才培养，根据《学位授予和人才培养学科目录设置与管理办法》的规定和程序，国务院学位委员会学科评议组评议，报国务院学位委员会批准，决定在"工学"门类下增设"网络空间安全"一级学科，学科代码为"0839"，授予"工学"学位。截至 2022 年 9 月，国内有 60 余所高校设立网络安全学院，200 余所高校设立网络安全本科专业，每年网络安全毕业生超 2 万人。

三、人工智能安全

人工智能（Artificial Intelligence，AI），作为计算机学科的一个重要分支，于 1956 年在达特茅斯学会上正式被提出，在当前被人们称为世界三大尖端技术之一。当前，人工智能的定义仍相对模糊，目前普遍说法是拥有"仿人"的能力，即能通过计算机实现人脑的思维能力，包括感知、决策以及行动。简单来说，人工智能探寻的是如何用机器来模拟延伸和扩展人类的智能，比如，让机器会听、看、说，会思考、行动、决策，就像人类一样。人工智能按照智能程度大致可以分成三类：弱人工智能、强人工智能和超人工智能。

（一）人工智能是影响面广的颠覆性技术

人工智能是影响面广的颠覆性技术，可能带来改变就业结构、冲击法律与社会伦理、侵犯个人隐私、挑战国际关系准则等问题，将对政府管理、经济安全和社会稳定乃至全球治理产生深远影响。在大力发展人工智能的同时，必须高度重视可能带来的安全风险挑战，加强前瞻预防与约束引导，最大限度降低风险，确保人工智能安全、可靠、可控发展。

人工智能和大数据应用的发展，让信息海量投放的精准化、个性化、定制化成为可能，由此产生的"信息茧房"效应使得一些机构可以隐蔽而精准地对特定个人或群体的认知和意识产生影响。

　　不少专家认为，俄乌冲突是第一次"智能战争"，是人类首次"AI 战争"。《纽约时报》专栏作家弗里德曼（Thomas Friedman）这样评价 2022 年的俄乌冲突："这是人类历史上第一场由智能手机用户利用短视频直播报道的战争。"基于算法、AI、短视频等，人类战争进入智能化时代，典型的特征是全域认知战。从过去向受众单向输出媒体制作的新闻成品，转为精准投送海量的碎片化信息，让受众从经过筛选和加工的定制信息中进行"选择"，形成认知，更隐蔽地达到控制思想认知的目的。

表 1　三场战争的类型比较

	特点	类型	媒体影响
海湾战争	美国为首的多国部队人数为 69 万人，多国部队死亡人员不足 1000 人，美军死亡 146 人；伊拉克军队伤亡高达 10 万人以上，死亡人数超 2.5 万	由机械化战争转向信息化战争。F117 隐身攻击机突袭巴格达，伊拉克的通讯网络瞬间崩溃；战斧巡航导弹	美国展示了压倒性的制空、制电子优势，新型现代战争首次通过人造卫星进行电视直播。权威来自一线（战地记者）、来自首发
科索沃战争	1999 年 3 月 24 日开始，持续轰炸 78 天，美军零伤亡，无人机损失 18 架，被击落一架 F117 隐身攻击机	第一场信息化战争（增强感知能力）	4 月 19 日，美国务院官员在 BBC 电视台发表讲话称，科索沃"有 10 万多人目前下落不明"。5 月 16 日，美国哥伦比亚广播公司转载美国防部部长科恩的讲话，科索沃"约有 10 万名服兵役年龄的男子可能已遭到屠杀"。此后，西方媒体开始大肆渲染，"有 50 万科索沃阿族人失踪"，塞族对阿族居民实施"种族灭绝""种族屠杀"

	特点	类型	媒体影响
俄乌冲突	混合战；全域认知战	第一场智能化战争（增强认知能力）；全面 AI 战争；算法认知战	短视频、算法、AI；不是满天的 BBC 和 CNN；星链（4.2 万颗）

俄乌冲突中，乌军通过路边监控系统、无人机等手段广泛收集俄军参战人员数据信息，经作战平台、人脸识别等系统进行目标身份确认后，结合北约情报部门最新 GPS 等地理位置技术，迅速定位并实施精准打击。

使用人工智能收集和分析数据最终成为战场作战的核心。2022 年 2 月 26 日，特斯拉首席执行官、美国太空探索技术公司（SpaceX）创办人马斯克表示，其公司的"星链"（Starlink）服务系统已在乌克兰启动，乌克兰可以通过正在运行的"星链"卫星使用宽带服务。马斯克还表示，SpaceX 正在向乌克兰发送更多终端。此前乌克兰的互联网服务因俄罗斯的军事行动而中断。

星链卫星是美国太空探索技术公司的一个项目，最初的计划是，在太空之中搭建由约 4.2 万颗卫星组成的"星链"网络提供互联网服务，部署的区域在 550 千米所处的近地轨道区域。2022 年 8 月 19 日，SpaceX 公司从佛罗里达州的卡纳维拉尔角空军基地发射一枚载有新一批 53 颗"星链"卫星的猎鹰 9 号火箭。迄今，SpaceX 已经发射了 3108 颗星链卫星，包括不再使用的原型和测试装置。

"星链"利用计算体系的大数据分析辨别目标，可构建一个"透明"的战场。据英国《每日电讯》报道，在俄乌冲突中，"星链"系统帮助乌方指挥控制系统获得通信能力，并协助乌克兰无人机打击俄军部队。对此，西方媒体一直高调宣扬，所谓"以星链为代表的智能战完全摧毁了俄罗斯的信息战"。

此外，美国人脸识别公司 Clearview AI 向乌克兰政府部门开放人脸数据库，通过其在俄罗斯社交平台上收集的图片及搜索引擎，可以识别俄罗斯特工、确认死者身份等。乌克兰通过人脸识别技术除了实现对重要目标的识别外，还识别俄军战俘和阵亡士兵的身份，并把相关资讯公开，进行心理战宣传，这也引发了极大争议。《华盛顿邮报》评论道："这可能是面部识别技术迄今为止最令人毛骨悚然的一次应用。"

另一方面，人工智能是引领新一轮科技革命和产业变革的战略性技术，具有溢出带动性很强的"头雁"效应。人工智能成为国际竞争的新焦点。人工智能是引领未来的战略性技术，世界主要发达国家把发展人工智能作为提升国家竞争力、维护国家安全的重大战略，加紧出台规划和政策，围绕核心技术、顶尖人才、标准规范等强化部署，力图在新一轮国际科技竞争中掌握主导权。当前，我国国家安全和国际竞争形势更加复杂，必须放眼全球，把人工智能发展放在国家战略层面系统布局、主动谋划，牢牢把握人工智能发展新阶段国际竞争的战略主动，打造竞争新优势、开拓发展新空间，有效保障国家安全。

人工智能成为经济发展的新引擎。人工智能作为新一轮产业变革的核心驱动力，将进一步释放历次科技革命和产业变革积蓄的巨大能量，并创造新的强大引擎，重构生产、分配、交换、消费等经济活动各环节，形成从宏观到微观各领域的智能化新需求，催生新技术、新产品、新产业、新业态、新模式，引发经济结构重大变革，深刻改变人类生产生活方式和思维模式，实现社会生产力的整体跃升。我国经济发展进入新常态，深化供给侧结构性改革任务非常艰巨，必须加快人工智能深度应用，培育壮大人工智能产业，为我国经济发展注入新动能。

（二）将人工智能发展上升为国家发展战略

2017 年 7 月，国务院印发《新一代人工智能发展规划》，人工智能发展上升为国家发展战略。规划指出，人工智能发展进入新阶段。经过60多年的演进，特别是在移动互联网、大数据、超级计算、传感网、脑科学等新理论新技术以及经济社会发展强烈需求的共同驱动下，人工智能加速发展，呈现出深度学习、跨界融合、人机协同、群智开放、自主操控等新特征。大数据驱动知识学习、跨媒体协同处理、人机协同增强智能、群体集成智能、自主智能系统成为人工智能的发展重点，受脑科学研究成果启发的类脑智能蓄势待发，芯片化硬件化平台化趋势更加明显，人工智能发展进入新阶段。当前，新一代人工智能相关学科发展、理论建模、技术创新、软硬件升级等整体推进，正在引发链式突破，推动经济社会各领域从数字化、网络化向智能化加速跃升。

《新一代人工智能发展规划》强调要建立人工智能安全监管和评估体系。加强人工智能对国家安全和保密领域影响的研究与评估，完善人、技、物、管配套的安全防护体系，构建人工智能安全监测预警机制。加强对人工智能技术发展的预测、研判和跟踪研究，坚持问题导向，准确把握技术和产业发展趋势。增强风险意识，重视风险评估和防控，强化前瞻预防和约束引导，近期重点关注对就业的影响，远期重点考虑对社会伦理的影响，确保把人工智能发展规制在安全可控范围内。建立健全公开透明的人工智能监管体系，实行设计问责和应用监督并重的双层监管结构，实现对人工智能算法设计、产品开发和成果应用等的全流程监管。促进人工智能行业和企业自律，切实加强管理，加大对数据滥用、侵犯个人隐私、违背道德伦理等行为的惩戒力度。加强人工智能网络安全技术研发，强化人工智能产品和系统网络安全防护。构建动态的人工智能研发应用评估评价机制，围绕人工智能设计、产品和系统的复杂性、风险性、不确定性、可解释性、潜在经济影响等问题，开发系统性的测试方法和指标体系，建设跨领域的人工智能测试平台，推动人工智能安全认证，评估人工智能产品和系统的关键性能。

2018 年 5 月 28 日，习近平总书记在中国科学院第十九次院士大会、中国工程院第十四次院士大会上发表讲话时指出，要推进互联网、大数据、人工智能同实体经济深度融合，做大做强数字经济。要以智能制造为主攻方向推动产业技术变革和优化升级，推动制造业产业模式和企业形态根本性转变，以"鼎新"带动"革故"，以增量带动存量，促进我国产业迈向全球价值链中高端。

2018 年 10 月 31 日，中共中央政治局就人工智能发展现状和趋势举行第九次集体学习。中共中央总书记习近平在主持学习时强调，人工智能是新一轮科技革命和产业变革的重要驱动力量，加快发展新一代人工智能是事关我国能否抓住新一轮科技革命和产业变革机遇的战略问题。要深刻认识加快发展新一代人工智能的重大意义，加强领导，做好规划，明确任务，夯实基础，促进其同经济社会发展深度融合，推动我国新一代人工智能健康发展。

2020 年 7 月，国家标准化管理委员会、中央网信办、国家发展改革委、科技部、工业和信息化部联合印发了《国家新一代人工智能标准体系建设指南》，提出到 2023 年，初步建立人工智能标准体系，重点研制数据、算法、系统、服务等重点急需标准，并率先在制造、交通、金融、安防、家居、养老、环保、教育、医疗健康、司法等重点行业和领域进行推进。建设人工智能标准试验验证平台，提供公共服务能力。

2022 年 9 月，中国科学技术信息研究所发布《2021 全球人工智能创新指数报告》。报告显示，目前全球人工智能发展呈现中美两国引领、主要国家激烈竞争的总体态势。在 46 个参评国家中，2021 年全球人工智能创新指数大体可被分为四个梯队：第一梯队是美国和中国，第二梯队是韩国、英国等 9 个国家，第三梯队是瑞典、卢森堡等 13 个国家，第四梯队是印度、俄罗斯等 22 个国家。目前中国人工智能发展优势主要体现在以下几个方面。

第一，开源项目影响力明显提升。2021 年，中国人工智能开源代码量达到 158 项，仅次于美国，相比 2020 年的 139 项有所增长。第二，全球 500 强超算中心数量连续几年保持首位。截至 2021 年 6 月，中国共有 188 个超算中心位居全球 500 强，占总量的 37.6%，居全球首位。算力是人工智能发展的最重要的支撑。第三，人工智能企业蓬勃发展。截至 2021 年 9 月，中国共有 880 家人工智能企业，排名保持第二，较 2020 年同比增长约 7%；人工智能企业累计共获得 462 亿美元的投资，排名第二，平均每家企业融资额为 0.53 亿美元，排名第一。第四，科研产出持续增长。2020 年，中国学者共发表 6.8 万篇人工智能相关论文，其中在人工智能顶级期刊和顶级会议上发表的论文共计 4019 篇，数量均为全球第一。2020 年人工智能专利申请量和授权量继续增长，分别为 6.2 万件和 2.1 万件，同比增长 7.6% 和 2.8%。第五，5G、物联网等相关技术发展迅速。中国 5G 技术专利授权量跃居全球第一，5G 传输效率全球第二，进入全球 500 强的物联网企业数量已约占全球总数的一半，排名世界第一。

2022 年，中国工程院组织院士专家开展了广泛深入研究，形成《新一代人工智能安全与自主可控战略研究综合报告》。报告指出，在我国，人工智能安全面临五大挑战，缺乏人工智能安全的原创性、引领性核心理论和关键技术，缺乏相对独立完整的产业链和健全的生态链，缺乏领域内国际顶级和领军人才，缺乏针对人工智能安全的风险评估标准，等等。由于相关基础问题没有解决，应用层面潜在的安全问题会逐渐暴露，因此不仅要集成创新，更要重视理论创新、原始创新。

统计数据显示，我国人工智能核心产业规模超过 4000 亿元，企业数量超过 3000 家。国家和地方层面陆续出台了多项政策，鼓励人工智能行业发展与创新。2019年3月，中央全面深化改革委员会第七次会议审议通过了《关于促进人工智能和实体经济深度融合的指导意见》。2022年8月12日，科技部等六部门公布《关于加快场景创新以人工智能高水平应用促进经济高质量发展的指导意见》，8月15日，公布《科技部关于支持建设新一代人工智能示范应用场景的通知》。2022年9月，深圳通过《深圳经济特区人工智能产业促进条例》，这是我国首部人工智能产业专项立法，并于2022年11月1日起实施。

2023年6月公布的《国务院2023年度立法工作计划》，将人工智能法草案列入预备提请全国人大常委会审议的立法项目，代表着国家层面的人工智能立法已经进入新阶段。

四、数据安全

数据，是指任何以电子或者其他方式对信息的记录。数据处理，包括数据的收集、存储、使用、加工、传输、提供、公开等。数据安全，是指通过采取必要措施，确保数据处于有效保护和合法利用的状态，以及具备保障持续安全状态的能力。数据安全是侧重于一个"静态"的数据安全状态，而网络安全偏向于"动态"安全，即信息传递过程中的安全。

2020年，美国著名咨询公司弗若斯特沙利文（Frost & Sullivan）预测，未来90%的变革性科技突破都依赖于数据流动和使用。浩瀚的数据海洋如同工业社会的石油资源，蕴含着巨大生产力和商机，谁掌握了大数据技术，谁就掌握了发展的资源和主动权。同时，浩瀚的数据海洋也如同战争中的先进武器，谁掌握了大数据资源，谁就掌握了维护国家安全的主动权。

（一）争夺全球数据竞争

欧洲于1981年颁布了《个人数据自动化处理中的个人保护

公约》，强调在公约缔约方的管辖范围内，每一个体的个人数据在被处理时均要得到保护，为欧洲数据安全保护的后续立法奠定了基础。1995 年，欧盟通过《数据保护指令》，将其作为欧盟隐私和人权法的重要组成部分。欧盟不允许各成员国以保护个人权利为借口，限制数据的合法流通。2018 年，欧盟出台了《通用数据保护条例》（GDPR），该条例完全取代了《数据保护指令》，为成员国的数据立法提供了统一标准。此外，GDPR 还主张欧盟对发生在境外但涉及欧盟境内的个人数据处理行为具有域外管辖权，加强了对数据跨境流动的安全管辖。2020 年 2 月 19 日，欧盟委员会发布《欧洲数据战略》，提出通过"开放更多数据"和"增强数据可用性"为欧洲数字化转型提供发展和创新动力，形成了一种新的欧洲数据治理模式。2022 年 2 月 23 日，欧盟委员会公布《数据法案》（Data Act）草案全文。草案就数据安全明确提出，要在保持高隐私、安全、安保和道德标准的同时，平衡数据的流动和使用，通过实施安全措施，增强对数据处理服务的信任，夯实欧洲数据经济基础。

2022 年 5 月 16 日，欧盟理事会批准了《数据治理法案》（the Data Governance Act，DGA），该法案主要构建 G2B、B2B 商业模式下的数据共享及再利用的框架和模式。自 2020 年 11 月在欧盟委员会上被首次提出后，经过一年多的修改与讨论，这一象征着欧盟数据战略新布局的法案终将落地，其所涵盖的"数据利他主义"①"数据中介"等概念也将在法律规章层面付诸实践，推动其建立"数字单一市场"的构想。根据《数据治理法案》，欧盟将成立欧洲数据创新委员会（European Data Innovation Board）。

---

① 所谓"数据利他主义"，DGA 中将其解释为："数据主体同意数据处理者，出于普遍利益目的（例如科学研究）或改善公共服务等，使用与其相关的个人数据，而不就此索求回报。"

　　美国是全球最早关注大数据的国家之一，不仅仅是 IBM、谷歌等高科技企业，政府部门也极为重视。2009 年，热衷于信息技术的奥巴马入主白宫，同年即开通政府数据门户网站 www.data.gov，要求各联邦机构将需依法公开的数据和文件按照统一标准分类整合，上传至该网站，供用户集中检索。它的开通实现了政府信息的集中、开放和共享，极大方便了美国各界对政府数据的利用，也为启动国家大数据战略奠定了思想基础、技术基础和数据基础。①

　　2012 年 3 月，奥巴马政府颁布《大数据研发倡议》（Big Data Research and Development Initiative），这是美国历史上首个以大数据研发为核心的国家级战略，提出将申请 2 亿美元用于科学研究、国家安全、生物环境以及教育等领域的大数据技术。2016 年 5 月，美国发布《联邦大数据研发战略计划》（The Federal Big Data Research and Development Strategic Plan），旨在构建充满活力的国家大数据创新生态系统。

　　2019 年 12 月，美国总统行政管理和预算办公室发布《联邦数据战略》（Federal Data Strategy，FDS），这是美国首次从联邦政府层面搭建数据治理方案的尝试。此后，包括美国国防部、情报部门及其他利益相关部门先后发布了各自的数据战略方案。②《联邦数据战略》的核心思想在于"将数据作为一种战略资源"（Leveraging Data as a Strategic Asset）。

　　长期以来，美国政府遵循一种"商业优先"的治理理念，意图在不完全牺牲隐私权的情况下，优先考虑个人数据的商业化，并提倡数据在境内外自由流动，从而使数字经济与技术红利最大化。近年来，随着美国国内外形势的变化，以及其他国

①　贺晓丽:《美国联邦大数据研发战略计划述评》，载《行政管理改革》2019 年第 2 期，第 85 页。

②　杨楠:《美国数据战略：背景、内涵与挑战》，载《当代美国评论》2021 年第 3 期，第 77 页。

家数字技术能力的长足进步，美国政府一改原有对数据利用和流动的"不干涉"态度，先后出台了多项数据监管政策，将数据资源的竞争上升至战略层面。

近十年来，以谷歌、苹果、亚马逊和脸书四大科技公司为代表的私营企业借助其算法，对用户的原始行为数据进行收集、分析和加工，不仅获得了巨额利润，同时也逐渐实现了对数字市场的垄断地位。这一过程以企业强化技术能力、扩大累积用户数据为基础，以牺牲用户隐私为代价，最终形成了所谓的"监控资本主义"（Surveillance Capitalism）。[①]

2018 年 3 月，美国《澄清境外数据合法使用的法案》以公共安全为名，对他国数据进行长臂管辖，在数据主权上实行双重标准。该法案规定，为保护公共安全和打击恐怖主义等犯罪，美国政府有权力调取存储于他国境内的数据；但其他国家若要调取存储在美国的数据，则必须通过美国极其苛刻的审查。

2020 年 9 月，美国国防部发布了《国防部数据战略》，该战略要求包括国防部部长办公室、参谋长联席会议主席办公室、各军种以及联合作战司令部等军事部门应重视数据流通与数据安全，将国防部逐渐打造成"由数据驱动的机构"，进一步地提出了"将数据作为一种武器系统"的设想，毫不避讳"数据武器化"对国际社会带来的负面影响。2020 年 12 月，美国国土安全部发布题为《数据安全商业警告：涉华数据服务及设备商业风险》的报告，向全美商业企业等私营部门发布有关中国数据安全的所谓风险提示，进而提出"替代中国数据服务"等倡议。

2022 年 6 月 3 日，《美国数据隐私和保护法》草案发布，该

---

① Shoshana Zubof, *The Age of Surveillance Capitalism: The Fight for a Human Future at the New Frontier of Power*, New York: Public Affairs, 2019. 转引自杨楠：《美国数据战略：背景、内涵与挑战》，载《当代美国评论》2021 年第 3 期，第 82 页。

法案旨在：从国家层面建立一个强有力的框架来保护消费者数据隐私和安全；为美国公民提供广泛的保护，防止数据的歧视性使用；等等。

拜登政府执政后，美国开始调整特朗普政府时期的单边主义政策，为更好地推进数据战略的实施，美国试图通过对话等机制弥合与盟友在数据跨境流动领域的分歧。2021 年 6 月 15日，拜登与欧盟委员会主席冯德莱恩在布鲁塞尔举行会晤。会上，双方共同发起成立欧盟—美国贸易和技术委员会。值得注意的是，该委员会特别成立了"数据治理与技术"常设小组，以便美国与欧盟就数据跨境流动规则问题的协调。

"数据自由流动"原则既是美国数据治理的基本理念，也是美国在全球范围推行数据战略的前提。然而，越来越多的国家已经充分认识到数据对国家安全等方面的重要性，先后开始追求"数据本地化"（data localization）政策，以摆脱对美国的"数据依附"，抗衡美国的"数据霸权"。

据统计，从 2008 年至今，二十国集团国家已经陆续推出 6600 多项数据保护政策。根据联合国贸易和发展会议（UNCTAD）的统计，截至 2021 年初，在全球 195 个主权国家中，已有 128 个国家出台了为数据跨境流动设限的立法，占比高达 66%。[①] 随着数据本地化浪潮的涌现，"数据主权"（data sovereignty）的概念也被越来越多的国家所接受。2021 年 6 月10 日，十三届全国人大常委会第二十九次会议通过了《中华人民共和国数据安全法》，设立了以"数据主权"为内涵的国家核心数据管理制度。

据相关数据显示，2018—2025 年，预计中国数据总量的年平均增长速度将达到 30%，超过全球平均水平；2025 年，中国

---

① 杨楠：《美国数据战略：背景、内涵与挑战》，载《当代美国评论》2021 年第 3期，第 91 页。

数据圈将增至 48.6ZB，占全球数据总量的 27.8%，成为世界最大数据圈。① 随着数据量激增和数据跨境流动日益频繁，有力的数据安全防护和流动监管将成为国际竞争的重要领域。

（二）保障国家数据安全

2015 年，国务院出台的《促进大数据发展行动纲要》，提出了"数据已成为国家基础性战略资源"的重要判断。行动纲要提纲挈领地提出应当"鼓励产业链各环节市场主体进行数据交换和交易，促进数据资源流通，建立健全数据资源交易机制和定价机制，规范交易行为"。2016 年，习近平总书记在网络安全和信息化工作座谈会上指出，"要依法加强对大数据的管理。一些涉及国家利益、国家安全的数据，很多掌握在互联网企业手里，企业要保证这些数据安全"。

2017 年 12 月 8 日，中共中央政治局就实施国家大数据战略进行第二次集体学习。习近平强调，要切实保障国家数据安全。要加强关键信息基础设施安全保护，强化国家关键数据资源保护能力，增强数据安全预警和溯源能力。要加强政策、监管、法律的统筹协调，加快法规制度建设。要制定数据资源确权、开放、流通、交易相关制度，完善数据产权保护制度。要加大对技术专利、数字版权、数字内容产品及个人隐私等的保护力度，维护广大人民群众利益、社会稳定、国家安全。要加强国际数据治理政策储备和治理规则研究，提出中国方案。

2021 年 6 月 10 日，《中华人民共和国数据安全法》经十三届全国人大常委会第二十九次会议表决通过，于 2021 年 9 月 1 日起正式施行，这是我国关于数据安全的首部法律。2021 年 8 月 20 日，《中华人民共和国个人信息保护法》由十三届全国人

---

① 安静：《审视数据安全在国家层面的重要意义》，中国社会科学网，2021 年 2 月 23 日，http://m.cssn.cn/zx/zx_bwyc/202102/t20210223_5313114.htm?ivk_sa=1023197a。

大常委会第三十次会议表决通过，于 2021 年 11 月 1 日起正式施行，这是我国第一部个人信息保护方面的专门法律。数据安全法、个人信息保护法，与此前生效的网络安全法共同形成了网络安全与数据安全的"三驾马车"。

"十四五"规划中多次提及数字化、数字经济、数据安全等，其中"数据"出现 60 余次，"数据安全"出现 5 次，"数据要素"出现 4 次，"隐私"出现 2 次，数据安全成为总体国家安全观新的重点领域。

维护数据安全，要加强关键信息基础设施安全保护，强化国家关键数据资源保护能力，增强数据安全预警和溯源能力。要制定数据资源确权、开放、流通、交易相关制度，完善数据产权保护制度。要加强数据安全管理，规范互联网企业和机构对个人信息的采集使用，特别是做好数据跨境流动的安全评估和监管。

2022 年 6 月 22 日，习近平主持召开中央全面深化改革委员会第二十六次会议，审议通过了《中共中央　国务院关于构建数据基础制度更好发挥数据要素作用的意见》。会议指出，数据作为新型生产要素，是数字化、网络化、智能化的基础，已快速融入生产、分配、流通、消费和社会服务管理等各个环节，深刻改变着生产方式、生活方式和社会治理方式。我国具有数据规模和数据应用优势，先后推动出台数据安全法、个人信息保护法等法律法规，积极探索推进数据要素市场化，加快构建以数据为关键要素的数字经济，取得了积极进展。要建立数据产权制度，推进公共数据、企业数据、个人数据分类分级确权授权使用，建立数据资源持有权、数据加工使用权、数据产品经营权等分置的产权运行机制，健全数据要素权益保护制度。要建立合规高效的数据要素流通和交易制度，完善数据全流程合规和监管规则体系，建设规范的数据交易市场。要完善数据要素市场化配置机制，更好发挥政府在数据要素收益分配中的引导调节作用，建立体现效率、促进公平的数据要素收益分配制度。要把安全贯穿数据治理全过程，守住安全底线，明确监管红线，加强重点领域执法司法，把必须管住的坚决管到位。要构建政府、企业、社会多方协同治理模式，强化分行业监管和跨行业协同监管，压实企业数据安全责任。

2021年9月16日，中国正式提出申请加入《全面与进步跨太平洋伙伴关系协定》（CPTPP）。作为经贸谈判的新议题，能否接受CPTPP中的数据跨境条款一直是加入这一协议的重大考验。CPTPP致力于减少数字贸易发展阻碍，对数据开放的程度更高。数据是数字经济时代新的生产要素，是国家基础性资源和战略性资源，直接关系着国家经济安全。如何既让数据流动，又能保证数据流动的安全，是我国面临的一大考验。为此，需要寻找数据保护与数据利用的平衡。跨境数据流动在推动数字经济与国际贸易发展的同时，不可避免地涉及个人隐私保护、产业发展需求、国家安全维护等多重利益的冲突与平衡。

2022年5月19日，国家互联网信息办公室2022年第10次室务会议审议通过《数据出境安全评估办法》，自2022年9月1日起施行。《数据出境安全评估办法》全面和系统地提出了我国数据出境"安检"的具体要求。未来，中国要平衡国家安全、企业发展与个人隐私保护之间的关系，在商业、技术、安全以及法律等方面进行有意义的探索，在保障数据安全和管控新兴技术风险方面贡献中国智慧。

第九章

文化安全是保障

文化是一个国家、一个民族的灵魂。文化兴国运兴，文化强民族强。当今世界正处在大发展大变革大调整时期，各种思想文化交流交融交锋更加频繁，维护国家文化安全任务更加艰巨。党的十九届五中全会明确提出到 2035 年建成文化强国。这是党的十七届六中全会提出建设社会主义文化强国以来，党中央首次明确建成文化强国的具体时间表。在实践中，只有不断夯实文化安全工作，才能确保文化强国如期、高质量建成。文化安全是指一国的民族精神、理想信念、主流价值体系等观念形态的"文化特征""文化主权"相对处于没有危险和不受内外威胁的状态，以及保障持续安全状态的能力。

在国际社会，文化领域始终是没有硝烟的"战场"，涉及民心向背、国族身份、政治合法性等问题。在历史上，要彻底消灭一个国家无非两种方法，第一种是肉体上的消灭，第二种是文化上同化。二战后至冷战前，国际冲突主要表现为国与国之间的战争，冷战后国际冲突则主要表现为一国内部冲突，且导火索往往是思潮、宗教、意识形态等领域的斗争。

2014 年 4 月，习近平总书记在中央国家安全委员会第一次会议上指出，政治安全是根本、经济安全是基础，文化安全同军事安全、科技安全、社会安全一起共同成为维护总体国家安全的重要保障。

文化很重要，但却缺乏一个放之四海而皆准的定义。有专家说，人的概念有多复杂，文化的概念就有多复杂。汉语中文化的最初含义为"文治和教化"，古籍《易经》即有"观乎人文，以化成天下"的说法。西汉刘向在《说苑》中有"文化不改，然后加诛"的说法，此处的"文化"与武力征讨相对。当代哲学家张岱年认为，"文化有广义和狭义之分，狭义的文化专指文学艺术。最广义的文化指人类在社会生活中所创造的一切，包括物质生产和精神生产的全部内容。次广义的文化指与经济、政治有别的全部精神生活的成果，我们一般把社会生活分做三个方面：一是经济，二是政治，三是文化。"

《中国大百科全书》（哲学卷）中对文化的定义为："广义的文化总括人类物质生产和精神生产的能力，物质和精神的全部产品；狭义的文化指精神生产能力和精神产品，包括一切社会意识形态，有时又专指教育、科学、文学、艺术、卫生、体育等方面的知识和设施，以与世界观、政治思想、道德等意识形态相区别。"[①] 联合国教科文组织对文化的定义可能是最全面的，包含社会或是群体一整套独特的精神、物质、智识和情感等因素，包含生活方式、共存方式、价值体系、传统和信念等内容。

梁漱溟认为，"文化是吾人生活所依靠之一切。"[②] 许倬云指出文化的三个要素：一是思维方式，二是处理人与人关系的形态，三是对自然环境的态度。[③]

美国著名文化人类学家鲁思·本尼迪克特（Ruth Benedict）对文化定义是"文化是通过一个民族具体的实践活动而体现出来的异于其他民族的一种思维模式与行为习惯"。[④] 该定义强调文化对于民族的识别效应。一般来说，文化包括三个层次，即器物文化、观念文化和制度文化。亚历山大·温特（Alexander Wendt）从社会性视角，将文化界定为国际体系层面的共同知识和集体知识。具有共同知识意味着一个社群的成员对彼此的信念、偏好、思维和行为方式等都是了解的，也就是所谓的"主

① 《中国大百科全书（哲学卷）》，中国大百科全书出版社，1987年版，第924页。
② 梁漱溟：《中国文化要义》，上海人民出版社2011年版，第7页。
③ 许倬云：《中国文化与世界文化》，广西师范大学出版社2006年版，第197页。
④ [美]鲁思·本尼迪克特：《文化模式》，张燕、傅铿译，浙江人民出版社，1988年版，第45—46页。

体间理解"。① 彼得·卡赞斯坦（Peter J. Katzenstein）认为，文化是一种判断体系和认同体系，建构社群成员身份并影响他们的行为。② 秦亚青教授强调，文化更多地表现为一种潜移默化、细润无声的孕化作用，一种在实践中获得而又影响实践的文化力。③

一、文化安全是国家身份认同的基础

文化不只具有修养性情、陶冶情操、滋养精神的功能，也具有安全属性。在国际社会，文化看似阳春白雪，实际上更是刀光剑影。正如萨义德所说："文化成了一种舞台，上面有各种各样的政治和意识形态彼此交锋。文化决非什么心平气和、彬彬有礼、息事宁人的所在；毋宁把文化看作战场，里面有多种力量崭露头角，针锋相对。"④ 英文的 safety 和 security 两个单词都可以同汉语的"安全"一词相对应。但是，说到文化安全中的"安全"一词，则用 security。Security，一方面，指安全的状态，即客观上没有威胁，主观上没有恐惧；另一方面，指维护与塑造国家安全状态的能力。如果自身能力不强，对安全、风险状态评估得再客观、再准确，也是没有实际意义的。

作为国家安全的一个领域，文化安全的前提是保护传统价

---

① Alexander Wendt, *Social Theory of International Politics*, Cambridge: Cambridge University Press, 1999, p.160.

② Peter J. Katzenstein, "Introduction: Alternative Perspectives on National Security", in Peter J. Katzenstein, ed., *The Culture of National Security: Norms and Identity in World Politics*, New York: Columbia University Press, 1996, pp.6–7.

③ 秦亚青:《新冠肺炎疫情与全球安全文化的退化》，载《国际安全研究》2021 年第 1 期，第 7 页。

④ [美]爱德华·萨义德:《文化与帝国主义》，载《马克思主义与现实》1999 年第 4 期，第 51 页。

值，这些价值通过社会领域的精神、道德、历史、宗教等来体现。文化安全意味着民族文化身份不受有可能破坏其根基的内外部因素所威胁。有学者认为，国家文化安全主要包括：语言安全、风俗道德安全、价值观安全、生活方式安全。① 本文认为，文化安全是指一国的民族精神、理想信念、主流价值体系等观念形态的"文化特征""文化主权"相对处于没有危险和不受内外威胁的状态，以及保障持续安全状态的能力。文化安全是国家身份认同的基础，是国家安全的重要保障。

文化安全概念的提出源于全球化，既存在文化传播和文明互鉴的可能，也存在文化入侵和文化霸权等外来威胁的可能。在国家安全领域，文化既可以是国家安全的工具，也可以是国家安全的目的。在外交层面，文化对外交政策的作用是看文化对国家经济和政治安全的贡献有多少。② 文化安全还同文化身份关系密切，气候变化、移民、全球化等会对国家的文化身份构成威胁，进而被感知为"文化不安全"。③ 全球化一方面带来集体行动解决共同问题；另一方面，造成各种冲突、竞争和矛盾，导致民粹主义、新殖民主义、宗教原教旨主义、反智主义等的兴起。文化安全也是随之出现的一个议题。

不同国家对文化安全有不同的理解和认知侧重。发展中国家强调本国传统文化受到西方文化的强势解构，突出国家层面的文化安全；美欧等西方国家强调移民群体和非移民之间的文化冲突，以及化解"白人至上主义"与"多元文化主义"之间

---

① O. Borisenko, N. Kondakova, M. Fomina, "Cultural Security of the Transboundary in a Globalizing World: A Theoretical and Methodological Analysis", *European Research Studies Journal*, Vol. XX, Special Issue, 2017. p.533.

② Bélanger, Louis, "Redefining Cultural Diplomacy: Cultural Security and Foreign Policy in Canada", *Political Psychology*, Vol.20, No.4, 1999, p.693.

③ Krupocin, Dominika and Krupocin, Jesse. "The Impact of Climate Change on Cultural Security", *Journal of Strategic Security*, Vol.13, No.4, 2020, pp.1–27.

的冲突；联合国人权机构等国际组织则更强调弱势群体的文化安全，如塔利班统治下的伊斯兰女童、土耳其的库尔德人等。

在很多国家，政府将文化安全作为优先政策，以防范外来文化的"负面"影响。在法国，"文化例外"政策是构建法兰西民族文化认同、维护法国国家文化安全的前提和保障。在澳大利亚和新西兰，这个词汇被用来谈论现代化如何威胁和改变原住民的生活方式，文化安全往往同土著人与白人的互动有关。在加拿大政府看来，文化被定义为一套政治价值观，而不是社会所认同的由艺术和知识所体现的现实："我们的原则和价值观——我们的文化，根植于对宽容的承诺、民主、平等和人权等。"加拿大政府所谓的文化安全，更多具有政治含义，即外来文化对加拿大主权和文化权力造成威胁。[①] 在非洲，实现"非洲性"与"世界性"融合的同时，强调保护传统习俗、文化遗产（包括遗迹和部落艺术品等）免受自然侵蚀、经济发展和恐怖主义等威胁。各种文化安全定义的共同点在于，保留文化特性在现代化和全球化等挑战面前免受威胁和伤害。

虽然文化安全很重要，但是文化安全具有相对性。在全球化时代，不存在"绝对安全"或"绝对纯净"的文化。所以，不计成本地寻求绝对的文化安全是不理性的，也是不切实际的。一国文化在受到其他文化影响的同时，会对其产生投射和反作用。对于处于相对弱势的国家来说，保持独特的文化身份确实是一大难题，但是不能自我封闭，唯有对内坚定文化自信，对外推动文明互鉴，在开放背景下提升自身免疫力。

（一）文化自信是前提

坚定文化自信，是事关国运兴衰、事关文化安全、事关民

---

① Bélanger, Louis, "Redefining Cultural Diplomacy: Cultural Security and Foreign Policy in Canada", *Political Psychology*, Vol.20, No.4, 1999, p.694.

族精神独立性的大问题。喀麦隆学者丹尼尔·埃通加·曼格尔认为"文化是制度之母"。大多数时候，国家的成长如同人生，决定成败的不是起点，而是重要转折点。在转折点时如何选择很关键，一个共性的规律是决定选择的核心要素往往不是物质利益的刺激和诱惑，而是由内往外的文化和价值观。

"文化自信，是更基础、更广泛、更深厚的自信。在 5000 多年文明发展中孕育的中华优秀传统文化，在党和人民伟大斗争中孕育的革命文化和社会主义先进文化，积淀着中华民族最深层的精神追求，代表着中华民族独特的精神标识。"习近平总书记的这一重要论述，深刻地阐明了中国文化的三大基础，即中华优秀传统文化、革命文化以及社会主义先进文化，三者在时间上由远及近，但难有清晰的概念边界，彼此交融，相互促进，都是中华民族厚重的文化脉络。

1980 年 12 月 25 日，邓小平在中共中央工作会议上指出，"在长期革命战争中，我们在正确的政治方向指导下，从分析实际情况出发，发扬革命和拼命精神，严守纪律和自我牺牲精神，大公无私和先人后己精神，压倒一切敌人、压倒一切困难的精神，坚持革命乐观主义、排除万难去争取胜利的精神，取得了伟大的胜利。搞社会主义建设，实现四个现代化，同样要在党中央的正确领导下，大大发扬这些精神。如果一个共产党员没有这些精神，就决不能算是一个合格的共产党员。不但如此，我们还要大声疾呼和以身作则地把这些精神推广到全体人民、全体青少年中间去，使之成为中华人民共和国的精神文明的主要支柱，为世界上一切要求革命、要求进步的人们所向往，也为世界上许多精神空虚、思想苦闷的人们所羡慕。"邓小平所倡导的这"五种精神"，为革命文化在社会主义建设时期的时代价值作了十分精辟的阐释，也显示了中国共产党人对革命文化的高度自信。

此次抗击新冠肺炎疫情，中国的应对可圈可点，赢得了国际社会的广泛赞誉，这不仅体现了中国的制度优势，也展现了中华民族深厚的文化力量。回顾历史，中华民族历经血与火的磨难，从来没有向命运屈服，在紧要关头、危难时刻，总是奋起抗争、自强不息。支撑这个古老民族走到今天的，支撑5000多年中华文明延绵至今的，是植根于中华民族血脉深处的文化基因。疫情显示，比制度更深刻的是文化、文明。中国特色社会主义，最本质的特征是中国共产党领导，最鲜明的特色是理论创新和实践创新、对内改革与对外开放、制度自信和文化自信紧密结合。

过去五百年，英国、美国等西方国家推动了全球化进程，导致今天国际社会共同面临一个"被西方化"的世界，几乎所有的标准、话语权似乎都掌握在西方国家手中，一些人逐渐失去了文化自信，一方面迷失自我、精神空虚；另一方面出现崇美、媚美、恐美心态。历史和现实都表明，一个抛弃了或者背叛了自己历史文化的民族，不仅不可能发展起来，而且很可能上演一幕幕历史悲剧。

因此，文化安全首先要维护国家的主流价值体系，维护以爱国主义为核心的民族精神。在实践中，要坚持马克思主义在意识形态领域的指导地位，坚持以社会主义核心价值观引领文化建设，加强社会主义精神文明建设，不仅要满足人民文化需求，也要增强人民精神力量。

在百年的伟大斗争实践中，中国共产党领导人民取得了革命、建设、改革的伟大胜利，逐步积淀形成了集中体现党的本质属性、具有厚重实践特点、拥有鲜明民族特色和时代特征的伟大精神谱系：建党精神；井冈山精神、苏区精神、长征精神、遵义会议精神、延安精神、抗战精神、红岩精神、西柏坡精神、照金精神、东北抗联精神、南泥湾精神、太行精神（吕梁精神）、大别山精神、沂蒙精神、老区精神、张思德精神；抗美援朝精神、"两弹一星"精神、雷锋精神、焦裕禄精神、大庆精神（铁人精神）、红旗渠精神、北大荒精神、塞罕坝精神、"两路"精神、老西藏精神（孔繁森精神）、西迁精神、王杰精神；改革开放精神、特区精神、抗洪精神、抗击"非典"精神、抗震救灾精神、载人航天精神、劳模精神（劳动精神、工匠精神）、青藏铁路精神、女排精神；脱贫攻坚精神、抗疫精神、"三牛"精神、科学家精神、企业家精神、探月精神、新时代北斗精神、丝路精神。在全国抗击新冠肺炎疫情表彰大会上的讲话中习近平总书记指出，"人无精神则不立，国无精神则不强。唯有精神上站得住、站得稳，一个民族才能在历史洪流中屹立不倒、挺立潮头。"

（二）价值共振是关键

习近平总书记指出，价值观念在一定社会的文化中起中轴作用，文化的影响力首先是价值观念的影响力。世界上各种文化之争，本质上是价值观念之争，也是人心之争、意识形态之争，正所谓"一时之强弱在于力，千古之胜负在于理"。核心价值体系是文化安全的核心。为此，要推动中华优秀传统文化创造性转化、创新性发展，继承革命文化，发展社会主义先进文化，不忘本来、吸收外来、面向未来，更好构筑中国精神、中国价值、中国力量，为人民提供精神指引。

在国内，中国提出了 24 个字的社会主义核心价值观，即富强、民主、文明、和谐，自由、平等、公正、法治，爱国、敬业、诚信、友善。在国际社会，2015 年 9 月，习近平主席在第 70 届联合国大会一般性辩论时的讲话中，首次提出"人类共同价值"概念，即和平、发展、公平、正义、民主、自由。

社会主义核心价值观有 24 个字、人类共同价值有 12 个字，一段时间，有不少领导干部关注的焦点是，这么多字能不能记住？能不能把字压缩一下？认为如果背不住，如果字太多，社会主义核心价值观建设的效用就会大打折扣。其实，是这个衡量指标选错了，价值观建设的最好效果是"日用而不觉察"，对一个人而言，往下说有底线，往上说有追求，底线与追求的空间，就是人们的信仰空间。

"中国天眼"是我国天文学家南仁东于 1994 年提出的构想，是他的理想追求，后历时 22 年建设，2016 年启用，这也是我国自主知识产权、世界最大单口径、最灵敏的射电望远镜。其实在"天眼"落成启用前，南仁东就已经被确诊肺癌，却一直坚持带病工作。2017 年 9 月 15 日，中国天眼之父南仁东逝世，享年 72 岁。有记者曾问南仁东，为什么要放弃国外高薪，扎根大山深处做一个看似根本不可能完成的任务？南仁东回答：科学无国界，但是科学家有祖国。南仁东虽然没有提核心价值观，但爱国、创新等要素已经成为他精神信仰的重要组成部分，是不刻意的自觉，是内化于心、外化于行的价值共振。

中国文化强调价值共振，但是西方国家强调价值输出。特别是后者努力用其普世价值"围剿"社会主义核心价值。2013年 8 月 19 日，习近平总书记在全国宣传思想工作会议上强调，经济建设是党的中心工作，意识形态工作是党的一项极端重要的工作。马克思指出，"如果从观念上来考察，那么一定的意识形式的解体足以使整个时代覆灭。"从国际共运史看，社会主义苏联先后粉碎了 14 个帝国主义国家的武装干涉，经历了严酷的卫国战争，取得了社会主义革命和建设的辉煌胜利，却败在意识形态战场。党的十八大之后不久，习近平总书记在新进中央委员会委员、候补委员学习贯彻党的十八大精神研讨班上的讲话中提出一个发人深省的问题："苏联为什么解体？苏共为什么垮台？一个重要原因就是意识形态领域的斗争十分激烈，全面否定苏联历史、苏共历史，否定列宁，否定斯大林，搞历史虚无主义，思想搞乱了，各级党组织几乎没任何作用了，军队都不在党的领导之下了。最后，苏联共产党偌大一个党就作鸟兽散了，苏联偌大一个社会主义国家就分崩离析了。"党的十九大报告要求，"落实意识形态工作责任制，加强阵地建设和管理，注意区分政治原则问题、思想认识问题、学术观点问题，旗帜鲜明反对和抵制各种错误观点。"

实现价值共振要尊重文化与价值观传播与塑造的规律，如果把文化比作一个人，那么这个人天生就是"慢性子"，需要循序渐进、渐入佳境。而且，文化建设要强调识别效应以及错位竞争优势。在价值观层面，意识形态安全等概念很重要，但是如果让外国人感受到你在输出价值观、输出意识形态，那么就已经失败了。因此，做好这项工作需要更全面的能力，光靠激情是不够的。从理论上讲，研究文化说到底是研究价值观的，传播文化说到底是传播价值观的，如果没有实现价值共振，所有的文化展现可能只是花拳绣腿。所谓价值共振就是激发一种国际社会分享中国的冲动。人的主观感情至少有四种，分别是好奇、喜欢、欣赏、认同。其中，好奇、喜欢是低层次的，往往是器物、功能层面的；欣赏、认同是高层次的，是人文、价值观层面的。

（三）文明互鉴是条件

古今中外的学者从不同的角度对文明进行了深入的研究，形成了各种各样的文明理论：卢梭的文明批判论、孔德的实证文明论、傅立叶的文明批判论、摩尔根的文明起源论、福泽谕吉的文明进化论、斯宾格勒的文明没落论、汤因比的文明形态史观、马尔库塞的批判文明理论、亨廷顿的文明冲突论，等等。[①]

美国社会学家沃勒斯坦提出世界体系理论，他认为现代世界体系是一个由经济、政治、文化三个基本维度构成的复合体。世界体系存在层级结构，英、美等西方发达国家居于体系的"中心"，一些中等发达程度的国家属于体系的"半边缘"，大批落后的亚非拉发展中国家处于体系的"边缘"。其中，在文化维

[①] 杨海蛟、王琦：《论文明与文化》，载《学习与探索》2006年第1期，第66页。

度，西方发达国家在进行经济剥削、政治控制的同时需要创造统一的文化与价值模式，于是，由中心国家所推动，以西方文化为模板的普世价值凌驾于多元民族文化之上，营造了一种全球趋同的文化氛围。可见，西方国家在进行文明交流时，有道德上的优越感，要去改造"劣等的他者"，将差异看作是冲突产生的根源。

国际关系的永恒主题是战争与和平、冲突与合作，但不是差异导致冲突，而是人们看待差异的态度，是包容、欣赏差异，求同存异、美美与共；还是放大差异，导致彼此间狭隘、敌对情绪的上扬。不少西方国家秉持文化帝国主义，强调"范式性力量"，即认为自己有道德与价值观上的优越感，执意要去改造"劣等的他者"，要所有人向西方看齐。同时，在一些西方学者看来，国际社会始终处于"霍布斯文化"状态，强调内部团结是因为外部有敌对角色的存在，彼此间只能是零和博弈，外交政策充满敌意，"所有人反对所有人"是这一状态最本质的特征。不论是文化帝国主义还是"霍布斯文化"状态，都在撕裂国际社会，对每一个主权国家的安全都是无益的。

但是，一味地主张抗议而无视本国逐步现代化的事实，并用一种刻薄的所谓"文化本位主义"来否定、对抗全球化历史进程的做法则是值得商榷的。这种文化策略是一种思想封闭症，更是狭隘文化民族主义思想的突出表现，它往往极力鼓吹本民族文化的优越性与独特性，而排斥其他外来文化，甚至将本民族的文化交流中的融合互补也视为文化殖民主义的表征，这显然无益于文化建设与维护文化安全。文化的交流始终是双向的，我们在反对西方文化帝国主义的同时，也要坚决抵抗极端的文化民族主义。[①]因此，对民族文化的认同绝不意味着对外来文化的排斥和抗拒，

---

① 雷文彪：《对西方"文化帝国主义"的三重解读》，载《青海民族大学学报（教育科学版）》2011 年第 1 期，第 28 页。

相反是在建构认同中选择性吸收和借鉴其他民族文化。

与西方文化二元对立的思维方式不同，中华文化强调文明互鉴是推动人类文明进步和世界和平发展的重要动力，是实现国际社会共同安全的基本条件。

2020年8月5日，美国国务卿蓬佩奥以所谓"国家安全"为由，宣布了一项旨在"遏制潜在的国家安全风险"的"净网计划"（Clean Network），该计划意为保护美国公民的隐私和企业敏感信息，免受中国等恶意行为者侵扰，在运营商、应用商店、应用程序、云服务和海底电缆五大领域切断与中资企业的联系。其中，美国认为TikTok等中国企业的产品正在挑战美国的科技霸权，同时强调中国产品会对美国年轻人洗脑、威胁美国价值。可见，美国强调的不是文明互鉴，而是价值对立。在国际关系中，话语是人类独有的、最强大的、最可怕的"枷锁"，有一句名言"敌人是自我实现的预言"，即当你把别人视为敌人，最终对方会成为敌人。今天，美国盟友体系存在的前提就是要寻找敌人，由此人为割裂了世界，放大了价值观的对立。而中国积极构建的全球伙伴关系网络则要拥抱朋友，推动建设基于文明互鉴的命运共同体，在这一过程中塑造相互欣赏、相互理解、相互尊重的人文格局。

（四）统筹文化产业与文化事业是抓手

补短板以实现自身强大是维护与塑造文化安全的抓手。在实践中，目前最紧迫的工作就是统筹文化产业与文化事业两项工作。就文化事业而言，要努力提升公共文化服务水平；就文化产业而言，要努力健全现代文化产业体系。两者的化学反应就是要提高中国社会的文明程度，提升中国的文化软实力。

发展文化事业要坚持为人民服务、为社会主义服务的方向，坚持百花齐放、百家争鸣的方针，全面繁荣新闻出版、广播影视、文学艺术、哲学社会科学事业，着力提升公共文化服务水平，推进城乡公共文化服务体系一体建设。文化事业和文化产业"双轮驱动"文化强国建设，但事业和产业又有着本质区别，有不同的运行逻辑和发展规律。文化事业体现政府和人民的意志，主要用财政资金去完成公共文化服务体系建设，保障群众的基本文化需求。文化产业则要讲求市场和效益，要尊重市场规律，建立现代市场体系，激发文化创意活力，满足群众多样化的文化需求。

中国有充沛的文化资源，但是有文化资源不一定有产业层面的全球竞争优势，有文化资源也不一定就有强大的文化软实力，贵在激活、整合与转化各种资源。一个不恰当的比喻是，中国有功夫，全世界最好的功夫，中国有熊猫，全世界只有中国有熊猫，但今天，中国最缺的不是功夫和熊猫，而是功夫熊猫。2010 年，中国文化产业占 GDP 比重只有 2.74%，2019 年达到 4.5%，但同欧美日韩等国家相比依然很低：美国文化产业占比为 25% 左右，日本 20% 左右，欧洲平均在 10%—15% 之间，韩国高于 15%。

在国际社会，更多将文化产业称之为文化创意产业（Cultural and Creative Industries, CCI）。无论对发达国家还是发展中国家，文化创意产业是国家经济的重要发动机，是发展最快的行业，影响价值创造、社会就业和出口贸易，是一国文化软实力的关键指标。按照联合国教科文组织的界定，文化创意产业包括广告设计、建筑艺术、图书、电子游戏、音乐、电影、报刊、演出、广播、电视、视觉艺术等 11 个具体领域。

过去有不少干部愿意抓经济工作，不大愿意管文化工作，因为前者容易出成绩，且易于衡量；后者是慢功夫，是典型的"前人栽树后人乘凉"。但是总体而言，能源、土地等资源总是越挖越少，但文化资源反而会越挖越多。今天，中国经济要实现高质量发展，要实现现代化，本身就要统筹经济与文化两件大事。对任何一个国家而言，文化经济化，经济文化化，文化经济一体化的现象越来越鲜明。马克斯·韦伯（Max Weber）认为，"如果说我们能从经济发展史学到什么，那就是文化会使局面几乎完全不一样"。在笔者看来，文化是行走的经济，经济是可持续的美好，美好是认真展现的态度，态度是由内而外的文化。从本质上讲，现代化不是用收入、科学技术来衡量的，而是人的自由全面发展的现代化，包括生活方式也包括价值观念、道德素养。

文化的核心功能是通心的，而强者通心。一个国家，如果没有先进的科学技术和武器装备，可能一攻就破；但是，如果这个国家的人民没有凝聚力，再先进的科学技术、再好的武器装备，不是不敢打，就是不攻自破。最后需要强调的是，文化安全、文化强国都是国家综合国力的重要组成部分以及表现形式。其中，硬实力是确保国家强大的，而文化软实力是确保国家伟大的，一国的综合国力不是硬实力和文化软实力之和，而是两者之乘积，文化建设从来不附属于经济建设，不是"拔出萝卜带出泥"的关系，文化安全有其自身规律。

二、国际文化博弈与维护中国文化安全

冷战对峙格局的结束，使国际战略的影响因素发生了重要改变，相较于影响力逐渐转弱的经济和军事实力，文化实力的重要程度日益凸显。随着全球化的不断发展和文化产业国际分工的不断深入，这一趋势更加得以强化。一些国家企图利用自身文化和价值观的优越性谋求更长远的政治和经济利益，这一行为使得国家和地区之间的文化冲突与博弈日益激烈，由此产生的国家文化安全问题也成为人们关注的焦点。国家文化安全不仅是当前国际文化博弈研究的核心议题，也是影响国家安全体系总体格局的关键因素，更是实现中华民族文明崛起的重要保障，具有十分深刻的战略意义。党的十八大以来，党中央高

度重视文化建设，先后提出包括文化安全在内的总体国家安全观，提出要坚定文化自信。党的十九大报告中更是将意识形态工作放在社会主义文化建设的首位，凸显了国家文化安全的重要地位。

（一）国际文化博弈的类型和现状

在当今文化博弈愈发紧张的新形势下，中国若要维护国家文化安全，提升国家文化影响力，就需要全面理解国际文化博弈类型与现状。全球化时代文化跨越边界的同化与融合，文化实力不同引发的竞争与合作，构成了国际社会广泛存在的文化博弈现象，[①] 主要呈现出以下几种类型。

第一，同化型。文化 A 和文化 B 进行博弈时，优势文化一方强制进入弱势文化，使接收方文化不能发挥其主体性，于是优势文化取代了原有的文化因素，导致后者本质上的改变甚至消失，进而被同化整合，即 A+B=A 或者 A+B=B，这是文化博弈的一种极端类型。[②] 近代以来，西方资本主义在全球的急剧扩张和殖民化过程使众多文明面临瓦解危机。它们秉持文化进化论的思维，将原始和野蛮的文化视为劣等文化，引入西方的宗教理念、生活方式等文化因素对其加以征服和改造。但是文化的适应性因地制宜，这种白人的"善意"反而导致殖民地固有文化的断层和崩解。例如，哥伦布发现新大陆后，白人将印第安人逐出世居的土地，而印第安文化随着各种族的相继消亡遭受了毁灭性的打击。19 世纪初，美国开始以族为单位设立印第安保护区，并将白人的"先进"文化因素带入其中，结果却导致印第安文化更加碎片化、边缘化，甚至加速消解。同样，非

---

① 王光利：《中西文化博弈论》，浙江大学出版社，2015 年版，第 43 页。
② [日] 平野健一郎：《国际文化论》，张启雄等译，中国大百科全书出版社，2011 年版，第 134 页。

洲南部的各种族文化也在西方的殖民进程中被摧毁和改造，呈现出一种极度扭曲和落后的状态。殖民地时期，西方对落后地区的控制更加直接粗暴，对文化的同化和改造也更加彻底，但在当前以和平与发展为主题的时代潮流下，国家间文化交流很难出现一种文化完全被另一种文化同化甚至消失的状态，更多地表现为不同程度的融合。

第二，融合型。文化 A 和文化 B 在进行博弈后，两种文化在不同程度上受到对方的影响并进行了整合，但同时都还保留自身的文化成分，这是当前最主要的文化博弈类型。根据所采取的博弈策略不同，具体可分为以下三类。

一是主动适应型。文化 A 在与文化 B 的博弈中首先调整自身文化以适应文化 B 的发展，导致文化 B 主动接受并融合了文化 A 的因素，即 A+B=Ab。美国和欧洲很多国家相比，文化历史资源并不丰富，但却始终是世界文化强国，在国际文化博弈中占据着绝对优势地位。这与其主动适应文化市场，善于使用文化博弈策略息息相关。面对不同国家丰富多样的文化形态，美国十分擅长找到共通性的因素，同时结合当地特色，进行适应性的改造。美国拥有全球最强的文化产业实力和众多享誉全球的文化品牌：苹果、迪士尼、麦当劳、好莱坞等，在跨国文化公司的运作下，这些品牌产品及其背后的价值观念、思维方式、生活习惯被输出到世界各地。麦当劳在起初进入法国市场时困难重重，面临着法国本土快餐店的激烈竞争和自身管理不当导致的水土不服，于是开始进行"法国化"的经营策略调整。在保持美国特色和基本而普遍的菜谱与价格的同时，进一步迎合法国人的社交习惯，将座位改为可移动式设置，便于客人进行聚餐，因为法国人在餐馆花的时间普遍比美国人长；[①] 同时进

---

① ［美］理查德·F. 库索尔：《法兰西道路》，言予馨、付春光译，商务印书馆，2013 年版，第 146 页。

一步融入法国的文化与生活习惯，开始提供具有法国特色的依云矿泉水和啤酒、出售各种甜点，最终打开法国市场大获成功。麦当劳提供的不仅仅是一种美国式的就餐体验，更是一种美国的文化格调：年轻、健康、随意、时髦，提升着美国文化的吸引力。

二是被动式微型。文化 A 在与文化 B 的博弈中，由于难以抵制文化 B 的强大影响力或因自身文化存在缺陷而发生改变，导致自身文化的式微，即 A+B=Ba。文化 B 在博弈中处于文化优势地位，通常采取一种追求文化霸权的扩张性策略，对文化 A 进行影响和侵蚀，而文化 A 由于自身文化实力不足，无法采取有效的策略进行抵制，更加加剧了这种被动局面，使自身文化安全受到威胁。在东欧剧变、苏联解体的历史背景下，俄罗斯在与其他国家的文化博弈中经历了一个被动式微的过程。苏联解体前，以美国为首的西方阵营就不断推行"和平演变"策略，对其进行思想文化的侵蚀，而解体的事实更加为西方阵营提供了攻击甚至全面否定俄罗斯文化的机会。在东欧和独联体国家，俄罗斯的文化影响力也日益减弱，甚至逐渐消失。[①] 美国学者塞缪尔·亨廷顿在《文明的冲突》中总结了世界"七大文明"，俄罗斯被定义为"无所适从"的国家。同时国内政府去苏联化的文化政策，国际社会对苏联的否定和抨击，使许多俄罗斯民众甚至政治精英都对自身文化归属充满困惑，并出现身份认同危机，尤其是在这一时期成长起来的年轻一代，深受美国大众文化的洗礼，这对他们的思维方式、生活习惯、价值观念产生了难以磨灭的深刻影响。

三是多元共赢型。文化 A 与文化 B 在博弈中相互吸收借鉴，又各自保留自身的文化特色，形成一种相互依存的平等交流局面，实现了文化的多元共存，即 A+B=Ab+Ba；或者产生

---

① 曹德明：《欧美文化政策研究》，时事出版社，2015 年版，第 141 页。

一种共同接受的文化 C，实现共赢，即 A+B=C。多元共赢型文化博弈在国际上主要表现为：国家间基于主权平等和互利共赢原则协商建立文化合作，在尊重彼此文化差异的基础上建立文化共同体，频繁友好地进行人文交流与不断深入促进文化认同。这是文化博弈的一种理想和共赢的状态，在促进双方文化交流与发展的同时，也有力地推动了文化创新，保护了世界文化的多样性，为国家间政治、经济交往奠定了文化和社会基础。欧盟的文化政策和博弈策略是多元共赢的典型。《欧盟条约》第128 条规定，共同体将在尊重各个国家、地区的多样性，重点保护欧洲共同体共同文化遗产的同时，推动各个成员国的文化繁荣。[①] 在这些政策的指导下，欧盟每年都会举办各种欧洲性文化活动和跨国文化合作，引导和鼓励欧洲公民学习其他成员国的语言，加深对彼此文化的了解，同时还对各成员国的中小学教育提供改革建议，鼓励对青少年"欧洲意识"的培养，增强对欧洲整体的文化认同。这种多元共赢的文化博弈策略使共同体内各个国家的语言和文化得到了有效的保护和发展，同时在文化的交流与互动中，超越地域、种族和国籍，建构出了欧洲公民所共有的欧洲认同和公民文化。

当前参与国际文化博弈的各方按照文化实力和影响力的强弱可以分为霸权文化主体、强势文化群体、弱势文化群体。美国是当前唯一的霸权文化主体，文化安全系数最高，并在世界文化格局中占据着绝对主导地位，持续面向全球进行文化渗透，挤压其他国家的文化存在。欧盟、加拿大、日本、韩国等国家在世界文化格局中占有重要地位，而且具有较强的文化输出能力，组成了强势文化群体。欧洲继承了古希腊古罗马的丰富遗产，历史文化底蕴深厚，又率先进行了资产阶级革命，传统与现代结合的文化具有强大的吸引力，同时拥有 BBC 和路

---

① 张生祥:《欧盟的文化政策》，中国社会科学出版社，2008 年版，第 113 页。

透社、法新社等实力强大的世界级传播网络，成为仅次于美国的文化输出地；韩国的文化产业十分发达，音乐和电视剧制作体系成熟且创意性十足，形成独具一格的 K-pop 文化，引领着亚洲的生活和时尚潮流。但强势文化群体在进行全球文化输出的同时也面临着美国霸权文化的挤压和"美国化"的威胁。在欧盟的电影市场上，美国电影所占份额已经超过 60%，而欧洲在全球电影市场也难以抵挡好莱坞的挤压，仅剩不到 10% 的份额。在语言方面，大量美式英文词汇的渗入，使法语、德语的纯洁性受到侵蚀。于是有欧洲学者惊呼："美国人不仅入侵了我们的大脑和身体，入侵了我们的语言以及对他人和世界的理解，还入侵了我们的穿着以及行为方式。"[①] 弱势文化群体则是指有些国家文化影响力较低，文化产业输出能力不足，难以抵御霸权文化和强势文化的渗透，文化贸易存在长期逆差，同时自身文化建设薄弱，难以有效维护文化主权与安全，文化安全系数最低。

（二）文化霸权的实现路径

文化霸权的概念译自西方，"霸权"即英文"hegemony"，本意是指一个国家的领导人和统治者，一般用来表示国与国之间的政治统治关系。[②] 在中文的概念里，霸权往往指强制性地依靠权势或者武力达到操纵和控制的目的。学术界早期研究 hegemony 时，也将"霸权"译作"领导权"，这与"霸权"的含义不尽相同。"霸权"有强制和暴力的含义，而"领导权"与霸权相对，以自愿和同意为基础，具有道义上的合法性。虽然当前霸权的形式更加多样隐蔽，已经远远不再是依靠武力获得

---

① [德] 伯尔尼德·哈姆：《论文化帝国主义：文化统治的政治经济学》，曹新宇、张樊英译，商务印书馆，2015 年版，第 45 页。

② 陈燕谷：《Hegemony（霸权/领导权）》，载《读书》1995 年第 2 期，第 116 页。

控制和统治，同时也包括使用非暴力手段强迫、诱导和吸引他者的支持与同意，但是仍然具有强制性、扩张性。所以本文认为文化霸权与文化领导权应严格区分开。

文化霸权指一种强制性的文化控制手段（包括各个层面的文化内容），需要通过他者被动认可和同意来实现，而文化领导权是没有主观扩张意愿，基于自愿平等原则获得他者文化上的认可和天然的影响力。文化帝国主义是文化霸权的一种理论形态，最常见的用法就是指帝国主义在政治、经济、军事的殖民统治之外，还有文化的殖民、侵略与霸权。在当今一个国家控制另一政治社会的主权与领土的殖民主义形式不复存在的情况下，帝国主义，以一种普遍性的文化领域，或是特定的政治、意识形态、经济和社会惯例存在，其本质就是文化霸权。文化霸权的目的不是征服国土，也不是控制经济生活，而是征服和控制人心，以此手段改变两国强权关系。① 文化博弈的优势方凭借其强大的文化实力，推行文化扩张战略和强权政治，进行价值观和文化产品输出，极易形成全球范围的文化霸权。文化霸权的建立不仅需要价值观的引导，更要有强大的扩张性的文化输出体系和具有垄断性的话语塑造能力。而美国作为当前唯一的文化霸权主体，具有成熟有效的手段实现其文化霸权统治，体现在以下几个方面。

第一，宣扬具有"普世性"的文化价值观念。宣称自身是普世价值观的代表，是文化霸权建立的前提，也是文化霸权取得合法性的基础。提出文化软实力概念的约瑟夫·奈曾指出，软实力也要通过价值观来产生影响，要创造能够在全世界进行传播的词汇和理念。进步、民主、自由、平等、人权等价值观成为一些国家用来改造和重塑他国政治文化，推行文化霸权的

---

① ［美］汉斯·摩根索:《国际纵横策论》，林勇军等译，上海译文出版社，1995年版，第90页。

工具。美国往往以政治、经济、军事等物质实力的强大为支撑，始终以平等、自由、民主的典范自居，认为自身在文化上也具有先进性和优越感，对内秉承"天定命运"，对外宣传"美国例外论"，导致对内多样、对外普世的悖论。能广泛传播的价值固然具有普世性的成分存在，但是宣称自己代表普世价值，将地区性价值观赋予世界性，将暂时的先进性包装成永恒的神话，本质上是一种实现文化霸权的手段。

第二，推行本土化与全球化双向运行的文化输出策略。"本土化"聚焦于地方特色，"全球化"放眼国际市场，这种本土化与全球化相结合的策略为美国自身文化的发展注入了源源不断的活力。在文化产业的运作模式上，美国著名的文化品牌都设立了全球化的发展战略，推行多边方针，寻求全球战略伙伴，拓展文化营销的渠道；而美国本土则提供创意支持，成为内容制造与开发的大本营。在输出的文化内容上，针对市场加入当地的文化特色，比如皮克斯的动画师为不同的国家制作了不同的特供片段，动画电影《疯狂动物城》里电视新闻的主播，在加拿大是麋鹿，在中国是熊猫，在日本是狸猫，在巴西是美洲豹，在澳大利亚和新西兰是考拉。而且美国文化产品中国际化的元素更是十分常见，已经很难看到一部好莱坞电影是完全用美国演员。正是本土化与全球化相结合的文化策略使美国文化表现出一种难以被复制的复杂性，使每个受众都可以从不同的层面获得共鸣，从而增强了对美国文化的认同感。

第三，保持对内文化多元性与对外文化同一化的文化例外。美国是世界上最为多元的国家之一，首先作为一个移民国家，美国社会由各个不同的族裔构成；其次体现在 20 世纪 70 年代由黑人问题引起的文化民主化浪潮后，美国将文化多元性确立为自身文化的核心概念。此后美国文化体制迎来大转折：白人精英的文化垄断权终结，各州的文化事务处开始维护"民间艺术"和少数族裔文化。但是从世界其他国家的角度看，美国文化产业的商业进取导向，对技术和渠道的垄断，对外输出同一化的大众文化和商品，完全与文化多元性无关，而且这种文化霸权意味着其他国家民族文化的消亡。美国不仅仅因为拥有一种单一的帝国主义文化而称霸全球，同样因为拥有众多的少数族裔文化而变成一个微型版世界。① 美国的文化多元性大大增加了少数族裔在美国主流文化中的地位和影响力，为文化的创新与繁荣提供了强大的推动力，同时美国又不断吸收世界各地（欧洲、亚洲、非洲、拉丁美洲）的文化，避免创作灵感的枯竭，并在此基础上进行再次创作，最后以美国文化产品的形式销往世界各地。例如，美国利用中国的功夫和熊猫两种文化因素，创造出具有"美国精神"的电影《功夫熊猫》，并在中国市场大获成功。

（三）文化安全的维护方式

受文化特征的影响，文化安全是一个涉及众多层面、内涵丰富的概念。国家文化安全语境中的文化是指具有鲜明民族、国家和制度特色的个性文化，因此从文化的内涵理解，文化安全包括：最外层器物层面的文化产品与文化产业独立发展，不被外来势力所支配和操纵；制度层面的政治道路、制度与传统免受他国文化的侵蚀，坚定而统一；最核心的本国人的精神价值、信仰与道德具有稳定性和传承性，无法被外来文化所撼动和损害。从安全的内涵来理解，文化安全是指主权国家的文化领域不存在危机，并具备实现文化发展的能力。它主要包含两个方面的内容：客观上是指主权国家文化的现状不受内外威胁，即文化保持独立性；主观上是指国民的文化心态、心理不存在恐惧、害怕、担心等，不存在自身的文化认同危机或者文化信

---

① [法]弗雷德里克·马特尔：《论美国的文化》，周莽译，商务印书馆，2013年版，第446页。

仰缺失。文化安全具有内在普遍性，是一国安全体系的重要组成部分；同时文化安全也具有外在的相对性，每个国家的文化实力和影响力不尽相同，自身文化的安全程度也有高低之分。

　　文化安全是参与文化博弈的各方都十分重视的基本利益诉求，只有在保障文化安全的基础上才能追求文化的对外影响力，赢得文化博弈的优势地位。而文化博弈中处于相对弱势地位的一方往往因为民族内部文化认同脆弱、国际文化话语权缺失、文化产业竞争力不足或者外部文化霸权的扩张和侵蚀面临文化安全的威胁。俄罗斯经历了苏联后期严重的文化安全危机，为社会主义国家文化建设提供了惨痛教训。

　　文化在苏联语境中始终关乎教育、培训、鼓舞和动员。[①]高度集权化的社会管理方式使苏联在革命建设的过程中忽视了传统道德观念的现实价值，僵化的思想观念和严格的文化管制使民族自豪感和凝聚力迅速瓦解。以美国为首的西方国家在苏联进行广播的 12 个固定栏目中有 7 个专门针对青年听众。美国的生活方式、流行音乐、电视节目逐渐取代普希金、列夫·托尔斯泰在青年人精神生活中的位置，在西方价值观的渗透与侵蚀下，年轻一代首先抛弃了革命文化和理想，引发了日后导致苏联解体的信仰危机。这种大众文化宣传的缺失与错位和苏共放弃舆论阵地的重大失误，使其国际文化安全和意识形态安全严重受损。但苏联解体后，俄罗斯政府采取了一系列措施，在维护国家文化安全与发展方面积累了许多可借鉴的经验，主要有以下几个方面。

　　第一，注重文化传统，重塑民族认同。面对苏联解体后的严重文化危机，俄罗斯著名的文化史学家利哈乔夫提出，"走出危机的唯一出路在于文化复兴，在于发展自己民族的文化——

① Kristin Roth-Ey, *Moscow Prime Time: How the Soviet Union Built the Media Empire That Lost the Cultural Cold War*, New York: Cornell university, 2011, p.13.

俄罗斯文化。"① 知识分子呼吁开展"文化保卫战"的建议得到了领导人的认同，普京上台后推出了一系列文化政策重振俄罗斯的大国形象。政府首先在 2001 年制定了《俄罗斯文化五年发展纲要》，加大资金投入大力发展民族文化产业，通过扶植民族文化逐渐收回被西方占据的文化市场。在去西方化的同时培植民族认同，将俄语、民族文学、国家历史作为国家教育发展的基础内容，进行多种途径的爱国主义教育，加强民众对历史文化的了解，培养民族自豪感，延续爱国的精神和传统。发挥家庭在培育文化价值和规范中的基础性作用，维护传统家庭模式，树立俄罗斯传统的家庭价值观和道德观。俄罗斯政府还完善了文化遗产的相关法律，设立文化遗产保护区，提高文化资源的开发利用率，支持民间手工艺品的传承。2016 年 2 月，俄罗斯颁布了《2030 年前俄罗斯联邦国家文化政策战略》，该文件指出，俄罗斯文化政策的首要目标是形成明确而统一的国家文化政策价值导向，保障国家文化安全。并且将保障和维护全俄罗斯的文化统一性作为国家战略实施的优先领域和战略重点之一，促进俄罗斯公民身份的认同，保障俄罗斯联邦多民族统一团结，积极促进并推动传统俄罗斯社会的道德观、价值观建设。②

第二，整治媒体寡头，限制境外资本。20 世纪 90 年代，俄罗斯的私有化导致媒体寡头出现，他们依托西方雄厚的资本，在巨额利益驱使下，垄断信息，干预政治。政府相继采取强制手段对媒体寡头进行清算，根除了媒体与寡头资本之间的不正常联系，俄罗斯的广播传媒的管理形式转型为国有公共服务体系，国家掌握了大部分的媒体，目前 70% 的电子传媒、20% 的全国报刊和 80% 的地方报刊传媒归国家所有，媒体寡头引导大

---

① [俄]德·谢·利哈乔夫:《解读俄罗斯》，吴晓都等译，北京大学出版社，2003
年版，第 467 页。

② 李琳:《俄罗斯联邦国家文化战略解析》，载《红旗文稿》2016 年第 8 期，第
35—36 页。

众文化干预国家政治的历史就此结束。西方媒体和资本在俄罗斯的急剧扩张和渗透严重削弱了政府对舆论的控制力，成为威胁文化安全的又一因素。俄罗斯政府于 2002 年开始限制境外资本对俄媒体的干预，首先废除外国电台在俄享有的超国民特权，如自由使用俄境内传播服务设备等权利。同时对境外资金资助的非政府组织进行管制，根据俄情报组织的数据，俄境内有"欧亚基金会"等数百个国外非政府组织，活动资金高达几亿美元，传播西方价值观促进文化"民主"，政府对其中危害国家文化安全的组织机构予以取缔。[①]

第三，调整外宣策略，改善国家形象。为了改善苏联解体带来的负面国际影响，重塑俄罗斯大国形象，增强文化吸引力，俄罗斯政府 2000 年批准实施积极的对外文化策略，进行"文化反击"，加大人力物力投入，改善国家政治形象，增加对外尤其是对独联体国家的吸引力。制定了一系列包装政府形象、树立正面典范、消除偏见与误解的计划。2002 年，俄罗斯"环球"俄语节目开播，面向欧美、澳洲的俄罗斯公民和侨民进行广播。2003 年，"俄罗斯之声"获得在德国进行广播的许可，开始用德语、俄语、英语进行每天 18 小时的广播。2005 年，俄总统办公厅开始组建"今日俄罗斯"英语频道，面向英语国家介绍俄罗斯的现代社会生活和在国际事务中的立场，加强克里姆林宫的政策宣传，重新树立俄国在国际上的良好形象。同时积极推广俄语在全球传播领域的应用，利用深厚的民族文化资源开展跨国和跨区域的文化合作，促进俄罗斯文学、古典音乐、芭蕾舞剧在国外的传播，提升俄罗斯在国际文化艺术舞台的影响力，推广俄罗斯既具有丰富的文化传统又充满现代活力的良好国家形象。

[①] 涂成林、史啸虎等:《国家软实力与文化安全研究》，中央编译出版社，2011 年版，第 210 页。

（四）维护国家文化安全，提升中国文化领导力

党的二十大报告强调，要推进文化自信自强，铸就社会主义文化新辉煌。全面建设社会主义现代化国家，必须坚持中国特色社会主义文化发展道路，增强文化自信，围绕举旗帜、聚民心、育新人、兴文化、展形象建设社会主义文化强国，发展面向现代化、面向世界、面向未来的民族的科学的大众的社会主义文化，激发全民族文化创新创造活力，增强实现中华民族伟大复兴的精神力量。

意识形态工作是为国家立心、为民族立魂的工作。要坚持马克思主义在意识形态领域指导地位的根本制度，坚持为人民服务、为社会主义服务，坚持百花齐放、百家争鸣，坚持创造性转化、创新性发展，以社会主义核心价值观为引领，发展社会主义先进文化，弘扬革命文化，传承中华优秀传统文化，满足人民日益增长的精神文化需求，巩固全党全国各族人民团结奋斗的共同思想基础，不断提升国家文化软实力和中华文化影响力。

我们要建设具有强大凝聚力和引领力的社会主义意识形态，牢牢掌握党对意识形态工作领导权，全面落实意识形态工作责任制，巩固壮大奋进新时代的主流思想舆论，加强全媒体传播体系建设，推动形成良好网络生态。广泛践行社会主义核心价值观，弘扬以伟大建党精神为源头的中国共产党人精神谱系，深入开展社会主义核心价值观宣传教育，深化爱国主义、集体主义、社会主义教育，着力培养担当民族复兴大任的时代新人。提高全社会文明程度，实施公民道德建设工程，弘扬中华传统美德，加强家庭家教家风建设，推动明大德、守公德、严私德，提高人民道德水准和文明素养，在全社会弘扬劳动精神、奋斗精神、奉献精神、创造精神、勤俭节约精神。繁荣发展文化事业和文化产业，坚持以人民为中心的创作导向，推出更多增强

人民精神力量的优秀作品，健全现代公共文化服务体系，实施重大文化产业项目带动战略。促进群众体育和竞技体育全面发展，加快建设体育强国。增强中华文明传播力影响力，坚守中华文化立场，讲好中国故事、传播好中国声音，展现可信、可爱、可敬的中国形象，推动中华文化更好走向世界。

中国参与文化博弈的最终目的不是谋求文化霸权，而是在维护自身文化安全的基础上不断提升文化领导力。文化领导力提升是维护文化安全的最终目的，文化安全是获得文化领导力的前提，两者相辅相成，相互促进。正如前文所述，文化领导力是与文化霸权完全不同的概念。文化霸权是霸权主义的产物，基于权力和扩张，标榜自身文化的普世性，表现出强烈的排他性和强制性，同时以文化为手段达到谋求政治经济利益的目的。而文化领导力依靠自身的文化吸引力和文化影响力，基于自愿和认同，不使用权力威逼利诱以获得文化上的独断，而是给予其他文化平等发展和自愿选择的权利，努力维护文化的多样性。而且文化领导力是在文化安全和文化实力的基础上自然生成的，是文化发展强大的自然结果，具有文化霸权所缺乏的道义性、普惠性和包容性。道义性体现在被其他文化自愿接受和认同，普惠性是指为世界发展贡献自身的文化力量与智慧，包容性则是尊重和维护世界文化多样性。①

从中国参与文化博弈、维护文化安全的历史来看，中国曾占据着文化博弈的优势地位。中华文化的先进、包容和开放使其成为世界文明的中心，具有了地区性的文化领导力，吸引了众多国家主动前来学习。以唐朝时期的日本和朝鲜最为典型，他们派遣了大量的留学生、学问僧、遣唐使学习中国先进的政治管理体制、律法和礼仪传统。日本更是"以华为师"，推行全

---

① 柏学翥：《文化领导力与文化自信探析》，载《领导科学》2016 年第 10 期，第 42—43 页。

面"唐化"的策略，进行"大化改新"。[①]但中国也经历了近代的文化殖民，丧失文化主权，成为落后的弱势文化代表，文化安全面临着重重威胁。中华人民共和国成立后逐渐恢复了对外的文化交流和对内的文化发展自主权，改革开放和全球化的深入发展也使中国越来越多地参与到当前的国际文化博弈之中。近年来，中国的文化建设虽然取得一系列进步，但在不平等的国际文化博弈格局下，整体文化实力与世界文化强国相比仍存在一定差距。

联合国教科文组织将文化服务分为核心文化服务和相关文化服务两类。其中，核心文化服务包括影视等作品版权许可、新闻通讯等信息服务、广告服务、建筑等设计服务、文化和娱乐服务等；相关文化服务主要指传播文化的辅助载体贸易，包括计算机技术服务、计算机软件知识产权许可等。我国文化服务贸易总体呈现顺差。2009 年至 2012 年，我国文化服务贸易顺差增长较快，从 28 亿美元增至 110 亿美元，年均增长 58%；2013 年至 2020 年，顺差规模保持在年均 69 亿美元的水平；2021 年顺差进一步扩大，较 2020 年增长 1.1 倍至 139 亿美元。

但是，总体看中国缺乏具有国际竞争力的文化品牌。不仅外部面临着文化霸权国和文化强国形式多样的文化渗透，内部也存在文化认同减弱、文化资源保护不力、传播能力不足等问题，文化安全形势不容乐观。因此要采取有效措施维护国家文化安全，提升中国文化领导力。

第一，构建保障国家文化安全的制度体系。西方文化强国早已出台相关政策和法律抵抗文化霸权入侵，维护民族文化的安全和独立。法国和欧盟在 20 世纪 90 年代就提出"文化例外"和"文化豁免"政策对抗美国的"电视无国界"。中国的"十三五"时期文化发展改革规划虽然也提出了维护文化安全的

---

① 何芳川：《中外文化交流史（上卷）》，国际文化出版公司，2016 年版，第 155 页。

相关命题，但关注度显然不够，具体的实施方案也有所欠缺。因此，一是要进一步完善涉外文化法律法规体系，在遵守国际贸易规则的前提下，结合中国对外文化交流的现状和特点，对外来文化产品和服务进入中国市场设立合理的限制，坚持配额管理和内容审查相结合，既要控制质量又要把握数量，借鉴西方文化强国的文化保护经验，建立更加全面、细致、等级分明的内容审查机制。二是建立文化安全预警系统和指标体系，利用大数据等科学分析方法对当前中国文化接受外来产品与服务的发展趋势进行全面评估，定期发布文化安全评估报告，对潜在威胁及时提出警告，根据市场准入原则和评价指标划定安全等级，并制定相应的整改方案和应急机制。三是运用法律、行政、市场、经济、网络等多样化手段，调动政府部门、文化机构、专家学者、普通大众等多主体参与，构建全方位的文化安全管理系统。

第二，巩固维护国家文化安全的价值认同。一要振兴文化传统，培育文化自觉。充分发挥学校、家庭和社会的教育示范作用，利用传统节日进一步推动民族传统文化的生活化，增强民众对中华文化的渊源、特色、影响的认知，促进社会树立文化资源全民保护的理念。充分发掘民族文化的内在精神与价值，建立文化自信。打造有价值的文化和有文化的价值，全面理解文化与价值的相互关系。文化要以文化人、润物无声，应当以生动鲜活为发力点，而价值要打动吸引人心，应当以深刻与共鸣为发力点，二者的有机结合才能使民族文化更具吸引力。[1]既要传承传统"和合文化"中的崇尚和谐、天人合一的核心价值，又要传播当代中国优秀的价值理念，实现历史与现代的融通，走出中西价值观念的二元对立。二要加强意识形态建设，树立

---

[1]　赵磊:《文化经济学中的"一带一路"》，大连理工大学出版社 2016 年版，第 49—53 页。

道路自信。保证党对意识形态工作的领导权，同时深化理论研究，在实践中推动理论创新，适当改革旧式的公式化、说教型的传播方式，充分发挥各级媒体的舆论影响力，贴近群众，切实增强主流意识形态的吸引力和感召力。进一步推动社会主义核心价值体系建设，使其融入社会发展的方方面面，内化为民众的情感认同和共同习惯。打造"可分享的价值"为国际社会发展提供中国方案，贡献中国智慧。

第三，增强塑造中国文化领导力的产业实力。一要从文化产业的供给侧入手，紧跟文化消费热点和潮流，从消费者的切实需求出发，加强质量提升与管理。政府要继续扩大文化的普惠性，丰富文化产品和服务的种类，提供更多公共文化服务，将文化的社会效益放在首位，实现社会效益与经济效益、文化产业与文化事业的融合，推动文化产业回归市场。文化企业要树立工匠精神和品牌意识，在自己的产品和服务上精耕细作，提高自身的文化创新和加工能力，以内在精神与价值打动人心，这既是文化企业塑造品牌、做大做强的关键，也是文化企业的人文情怀和社会责任所在，更是推动中华文化走向国际的必由之路。同时借鉴西方文化产业发展的经验，在文化必需品上发力，进一步调整文化产品内容和服务，使其真正贴近海外民众衣食住行的日常生活。二要利用"互联网+"促进数字创意产业的发展，激发内容产业的创造力，引领文化产业变革，催生文化新业态。互联网的应用给文化发展带来巨大机遇，使文化产业从产品呈现到运营生态都发生了巨大变化。同时也要求我们注重保护文化原创性，支持和规范网络文学、动漫游戏、网络自媒体等新兴文化产业的发展。三要进一步推动科技创新，为中华文化的传播提供技术保障。演出和电影等文化活动，可以利用互联网平台，加强宣传，积累热度，提高传播度和知名度；传统出版业也要借鉴互联网的运营理念和模式，实现线上线下的有机结合，发展电子图书产业；推动传统文化资源的数字化，激发文化文物单位的创新活力，探索文化资源保护和继承的新模式，让文化成为全民共享的共同精神资产而不仅仅是陈列在博物馆的稀缺文物。

第四，打造提升中国文化领导力的话语体系。一要整合对外传播资源，推动对外媒体的产业化、集团化、规模化、品牌化，构建中国国际传播的强大信息平台。进一步推动新华社、中新社、《中国日报》等实力较强的对外传播媒体巩固和拓展海外业务，通过开设专栏、访问交流加强与国外主流媒体的业务交流与合作，提高国内传播内容在国际媒体的曝光率和新闻落地率。媒体在议题设置和内容选择上要考虑国外受众的文化背景，更要针对不同群体有所差别，尤其要注重各国的青年群体，关注青年的文化群体特点和兴趣点，进行精准传播。二要构建全方位的国际传播体系，充分发挥主流媒体、社交平台、跨国公司、民间力量的协同效应。主流媒体要以其内容的专业性和手段的先进性引导议程设置，在重大活动等"全球性媒介事件"发生时，提供优质内容满足海外对中国强烈的了解需求，充分把握国际传播的战略机遇期。面向世界，调动更多国家参与的积极性，使中国议程真正转化为国际议程，搭建破除负面舆论的平台。要培养更多精通外语、了解中外文化的国内媒体从业者，他们是提高国际传播能力的重要资源。社交平台要以其良好的互动性和巨大扩散效应贴近海外民众，随时跟进外国民众的日常关注点、兴趣点，使用文字、图片、视频等多种形式，全方位、多时段地推送涉华信息。国之交在于民相亲，尤其要利用好留学生、海外华人华侨等民间群体的身份优势，同时吸引优秀青年来华学习，增强中华文化在各国年轻人中的影响力和吸引力，增加国际传播的生动性和可信度。利用好这一群体对于中外两种文化的双重感知，在了解差异的基础上，更有针对性地实现文化的"离岸传播"。

增强中华文明传播力影响力是一个系统工程。坚守中华文化立场，提炼展示中华文明的精神标识和文化精髓，加快构建中国话语和中国叙事体系，讲好中国故事、传播好中国声音，展现可信、可爱、可敬的中国形象。加强国际传播能力建设，全面提升国际传播效能，形成同我国综合国力和国际地位相匹配的国际话语权。深化文明交流互鉴，推动中华文化更好走向世界。

三、文化主体性需要提升国际话语权

一个国家、一个民族要走出自己的现代化道路，必须具有文化主体性。文化主体性是文化自信的前提，文化自信是文化主体性的重要体现。习近平总书记指出，"文化自信就来自我们的文化主体性。"

2023 年 12 月 27 日至 28 日，中央外事工作会议在北京举行，会议强调，要"开辟中国外交理论与实践新境界，塑造我国和世界关系新格局，把我国国际影响力、感召力、塑造力提升到新高度"。对中国特色大国外交而言，无论是开辟新境界、塑造新格局，还是提升新高度，都需要将国际话语权建设作为新使命。

在国际关系学界，国际话语权被看作是综合国力特别是文化软实力的关键指标。自 20 世纪 60 年代起，西方国际关系学界开展有关话语同权力关系的探讨，逐渐形成了以米歇尔·福柯的"话语权力"论、爱德华·萨义德的"语言文化"论、安东尼·葛兰西的"意识形态话语霸权"论和斯图亚特·霍尔的"舆论话语权"论等四大话语权理论流派。[①] 此外，国际传播学、语言学、文化学、哲学等学科都对话语权有深度关注。

国际话语权（International Discursive Power），简而言之，

① David Walton, Doing Cultural Theory, London: Sage Publications Ltd.,2012,p.154.

就是国际社会中各行为体发表有影响力的意见的权力。[1]国际话语权以"非暴力、非强制的方式改变他人的思想和行为，并使一国之地方性的理念和主张成为世界性的理念和主张"。[2]国际话语权的构建取决于国家实力、国际道义、国际传播（话语叙述）。国家的综合国力较强，能够遵循国际道义，并且有极强的国际传播效能，将迅速提升国际话语权，反之，往往会削弱自身的国际话语权。现实利益能够促进国际合作，但是遵循道义以及有效的国际传播能够促进国际认同的形成。总之，在全球治理时代，国家物质性力量并非国际话语权的唯一来源，缺乏道义的国家实力如同一把"双刃剑"，国际传播缺乏效能也难以提升一国话语的国际影响力、感召力、塑造力。某种程度而言，国际话语权本身就是国家综合国力的一部分，是标志性的精神力量。

我国高度重视文化软实力以及国际话语权建设。2007年，党的十七大报告指出，"提高国家文化软实力"。这是党的代表大会报告首次提到"文化软实力"一词。党的十八大报告首次提到"话语权"一词，党的十八届五中全会首次提到"制度性话语权"一词，党的二十大报告首次提及"国际话语权"一词。

具体来说，党的十八大报告在总结外交工作取得新成就时指出，"加强同世界各国交流合作，推动全球治理机制变革，积极促进世界和平与发展，在国际事务中的代表性和话语权进一步增强，为改革发展争取了有利国际环境。"党的十八届五中全会从参与全球经济治理的角度强调制度性话语权建设，提出"积极参与全球经济治理和公共产品供给，提高我国在全球经济

① 徐秀军、田旭：《全球治理时代小国构建国际话语权的逻辑——以太平洋岛国为例》，载《当代亚太》2019年第2期，第37页。
② 徐进：《政治操作、理念贡献能力与国际话语权》，载《绿叶》2009年第5期，第71页。

治理中的制度性话语权，构建广泛的利益共同体"。

党的十九大报告主要是从社会主义核心价值体系角度强调话语权建设，"必须坚持马克思主义，牢固树立共产主义远大理想和中国特色社会主义共同理想，培育和践行社会主义核心价值观，不断增强意识形态领域主导权和话语权。"

党的二十大报告是从国际传播能力建设强调话语权工作，"加强国际传播能力建设，全面提升国际传播效能，形成同我国综合国力和国际地位相匹配的国际话语权。"习近平总书记强调，落后就要挨打，贫穷就要挨饿，失语就要挨骂。形象地讲，长期以来，我们党带领人民就是要不断解决"挨打""挨饿""挨骂"这三大问题。经过几代人不懈奋斗，前两个问题基本得到解决，但"挨骂"问题还没有得到根本解决。争取国际话语权是我们必须解决好的一个重大问题。

总体看，从"日益走近世界舞台中央"到真正"走进世界舞台中央"，一个关键变量就是国际话语权的提升。

（一）国际话语权是各国竞争的焦点

习近平总书记在宣传思想文化工作会议上作出重要指示，"宣传思想文化工作事关党的前途命运，事关国家长治久安，事关民族凝聚力和向心力，是一项极端重要的工作。"极端重要意味着关涉国家与民族的生死存亡。马克思说："如果从观念上来考察，那么一定的意识形态的解体足以使整个时代覆灭。"在国际社会，文化看似波澜不惊、和风细雨，但实则是刀光剑影、疾风骤雨，大国竞争的焦点不仅仅在经济、科技，也在宣传思想文化特别是在国际话语权上。

国际话语权是一个国家隐性的、持久的精神力量，军事、经济、科技等要素能够确保一个国家强大，而思想、价值观、话语权等要素则能够确保一个国家伟大。法国哲学家米歇尔·福柯认为，话语是体系化的知识，是基于知识的稳定秩序，是一种结构性权力。那么，国际话语权是基于知识、价值观的权力结构。话语权的核心是成体系的价值观，国际话语权的衡量标准是：一国之价值观是否在国际社会形成价值共振，一国之知识和理念能否成为国际社会的共享知识和理念。

形成国际话语权的条件：1. 综合国力是基础。2. 话语质量是核心。高质量的话语供给能够遵循国际道义，即回答时代之问，顺应时代潮流，引领人类文明进步方向。3. 国际传播是条件。良好的话语叙述是话语权生成的重要条件。在国际社会，"正确传播"同"传播正确"一样重要，要增强话语的触达率。用一个公式来表达，即国际话语权＝（国家实力＋国际道义）×国际传播。

国际话语权不仅是一国在国际社会发声的权力，更是其所提出的倡议和主张得到国际社会积极反馈的影响力。[①] 当然，在国际社会，小国也可以拥有话语权，有的存在于一域，有的贯穿全域，前者如不丹所创立的"国民幸福指数"（Gross National Happiness, GNH），后者如荷兰对全球金融以及海洋法的影响，等等。今天，群体性小国拥有更多的全域话语权，如"全球南方"不仅是地理概念，更是政治话语，是集体身份。再如，"小岛屿国家联盟"成功推动全球气候变暖、海平面上升、温室气体减排等议题成为国际社会共同关注的议题。总体看，小国基于群体数量优势，通过联盟策略，借助国际道义来进行政治动员，集聚立场相近或同情其处境的国家，不断提升国际话语权。

另外，一些关键小国有更敏锐的嗅觉，往往在创设新议题、形成新机制等方面将其"穿针引线""八面玲珑"的作用发挥得淋漓尽致。例如，新加坡积极推动《数字经济伙伴关系协定》（DEPA），是目前全球首份关于数字经济合作的开放性国际协

① 郑华：《国际话语权研究的学科谱系探究》，载《人民论坛·学术前沿》2022年第11期，第81页。

定，展现新加坡的"小国雄心"，有利于保持其竞争优势，积极占领数字经贸规则制高点，进一步提高参与国际经济竞争的话语权。

（二）中国国际话语权建设面临的挑战

新中国成立至今，在不同阶段是有国际话语权的，有些话语的影响延续至今。新中国成立之初，尽管国力要弱得多，但却通过"和平共处五项基本原则""一条线""一大片"和"三个世界"等理念，在世界赢得了广泛尊重，也逐渐打破了外交孤立的局面。① 之后，韬光养晦战略、和平崛起与和平发展道路，到今天的人类命运共同体、"一带一路"倡议、全人类共同价值等，也都是具有全球影响力的外交话语。当前，我国在国际话语权塑造方面所面临的主要问题是：

第一，就结构而言，主流话语范式基本是美西方的，中国在话语塑造上面临结构性压力。在实践中，缺乏自主理论体系常常会"反噬"自主知识体系以及自主价值体系。近代以来，"民族国家"（nation-state）的观念及其处理民族事务的原则随着欧洲国家的殖民化进程扩散到全球，西方国家也因此主导了国际社会有关民族事务的话语权。欧美国家以"一族一国论"作为出发点审视其外的世界，并以此绳准其他国家的民族政策，对广大非西方国家指手画脚、横加干预，无不显示出价值观上的优越感与傲慢。西方的话语权优势一方面对传统多民族国家的民族政策形成了知识上的挑战，对内削弱了民族认同的基础；另一方面也为西方强国干预这些国家的内政留下了隐患。因而，要立足中华民族悠久历史，构建科学完备的中华民族共同体理论体系，切实提升传统多民族国家在民族事务上的国际话语权。

---

① 黄忠、张芯瑜：《中共十九大以来中国国际话语权的发展》，载《现代国际关系》2022年第7期，第37页。

在国际关系领域，民主和平论、文明冲突论、修昔底德陷阱等几乎被视为国际关系的"铁律"，带来了诸多紧张关系和冲突。因此，就理论供给而言，话语权需要知识生产，要体现理论主体性。知识生产要有质量，不仅要有原创性，而且要体现专业性。知识供给要秉持国际社会的需求导向。

没有知识生产能力或知识生产能力不强，就只能是世界历史的"他者"。中国的知识生产要超越欧美研究理路，要摆脱"西方中心主义"范式，在文明互鉴以及共同体意识上发力。2023年12月召开的中央外事工作会议强调，构建人类命运共同体是习近平外交思想的核心理念，是新时代中国特色大国外交追求的崇高目标。概括地讲，构建人类命运共同体，是以建设持久和平、普遍安全、共同繁荣、开放包容、清洁美丽的世界为努力目标，以推动共商共建共享的全球治理为实现路径，以践行全人类共同价值为普遍遵循，以推动构建新型国际关系为基本支撑，以落实全球发展倡议、全球安全倡议、全球文明倡议为战略引领，以高质量共建"一带一路"为实践平台。人类命运共同体理念及其各组成部分已经很系统，下一步要推动这一理念的实践化、共建化。现在的主要问题是，这一理念体系缺乏国际社会的共同研究，目前主要是中国学界在持续跟进。要处理好理论主体性与世界共建性的关系。对关键议题要推动国际智库间的合作研究，联合发布研究报告，要有精准的学术供给，增强中国话语的国际元素。

需要指出的是，理论优势以及技术优势对国际话语权的生成是相辅相成的。今天，人工智能已经成为大国博弈的新场域。人工智能的快速发展依赖于三个核心要素：数据、算法、算力。人工智能生成内容（AIGC）大模型都是利用语料库训练的，但是目前的国际主流大模型，参数数据集以英文为主。有专家指出，全球通用的50亿大模型数据训练集里，中文语料占比仅为1.3%。此外，数据质量低，具体表现为"数据污染"和"数据偏差"等也是我国人工智能发展的痛点。

从趋势看，人工智能是引领这一轮科技革命和产业变革的战略性技术，具有溢出带动性很强的"头雁"效应。在移动互联网、大数据、超级计算、传感网、脑科学等新理论新技术的驱动下，人工智能加速发展，呈现出深度学习、跨界融合、人机协同、群智开放、自主操控等新特征，正在对经济发展、社会进步、国际政治经济格局等方面产生重大而深远的影响。加快发展新一代人工智能是我们赢得全球科技竞争主动权以及赢得国际话语竞争主动权的重要战略抓手。

第二，就认知而言，学界对国际社会的了解依然是碎片化的，因此难以做到精准发力。要向国际社会呈现一个鲜活的中国，首先要认知一个鲜活的国际社会。2022年9月，区域国别学被正式纳入教育部公布的新版研究生教育学科专业目录，成为交叉学科门类下的一级学科。但是，必须指出，我国的区域国别研究还要正视以下问题：第一，学科分布不平衡，对美、英、法、德等大国、发达国家研究较多，对周边国家研究较多，但对小国等研究较少。第二，对区域国别学的理论和研究方法尚未形成共识，很多研究仅是对相关国别的基本情况介绍，描述性研究多，系统性剖析少，缺乏持续且深入的国别调研。第三，各研究主体存在各自为战的问题，没有共享研究成果与信息资源，交叉学科特性体现不充分。

区域国别学是"大国之学""强国之学"，是全球知识生产能力的体现。在中国，域外问题研究最早可追溯到19世纪末20世纪初，当时中国正处在国家危亡之际，了解一些外国的情况是情势所逼。新中国成立，尤其改革开放以后，很多人认为中国根本就没有区域国别研究，只有"涉外研究"。现有研究依然存在两个"未覆盖"：第一未能覆盖世界多数地区和国家，不仅据称是"不重要"的地区和国家未被覆盖，就连"重要"国家（比如欧美国家）也未被覆盖，事实上，所谓"重要"或"不重要"不在于它发达不发达、在不在欧美，而在于它对我们的工作是不是重要，以及它在国际事务中的位置是否重要；第二未能覆盖全部的知识领域，比如气候、环境、地理、资源、水源、技术、人口、宗教、习俗、文化等。[①] 因此，今天的区域国别研究要真正打通己学和彼学，融会贯通、知己知彼是区域国别学人才的基本素养，要充分重视田野调查和实证研究。

第三，就国际传播能力而言，中国面临"三差问题"，即信息流进流出的"逆差"、中国真实形象和西方主观印象的"反差"、软实力和硬实力的"落差"。首先，就传播主体而言，国际传播的主体绝非新闻媒体一家的事情，要有主力军、生力军、国际友军。其次，要重视国际传播平台建设，特别是要善于利用国际组织等多边平台提升国际话语权。

一段时期，美英等国曾批评，中国占据多个国际组织领导职位，在联合国施加"恶性影响"，推动"专制的多边主义"。英国议会外委会发布报告称，中国试图控制国际组织，重新界定普世原则，并将国际组织"武器化"。事实上，作为联合国安理会常任理事国，第二大会费国，国际组织中的中国籍职员数量与中国的财政贡献并不相称。例如，在联合国秘书处中，目前中国籍职员有548人，占总人数的1.5%，仅为美国的22%，英国的70%。D级以上的中高级职员中，中国籍职员仅有19人，是英国的1/3，美国的1/5。[②] 截至2022年底，在联合国系统中，中国籍职员只有1564人，占比1.2%，远远低于美国的4.5%（5642人）以及印度的2.0%（2570人）。

---

① 钱乘旦：《关于区域国别研究的几个问题》，载《学海》2023年第1期，第114—115页。

② 《美英称"中国试图控制国际组织"中方用数字回应污蔑之词》，中国新闻网，2021年7月5日，https://www.chinanews.com/gn/2021/07-05/9513406.shtml。

表1　联合国系统中各国职员数量及占比情况 [①]

国家	职员数量	占联合国系统职员总数的比例
美国	5642	4.5%
法国	4622	3.7%
意大利	3893	3.1%
英国	2616	2.1%
印度	2570	2.0%
加拿大	2001	1.6%
德国	1875	1.5%
中国	1564	1.2%
日本	1191	0.9%
俄罗斯	1133	0.9%
澳大利亚	879	0.7%
瑞典	531	0.4%
丹麦	502	0.4%

　　青年人集聚在哪里，国际传播的平台就要扎根在哪里，青年人关注什么，国际传播就要回应什么。国际传播需要硬件与软件支撑，中国整体实力有待提升。在软件应用方面，美国在操作系统和热门应用领域都占据垄断地位，并以此奠定其网络霸权与国际传播的基础。据 Statcounter 数据显示，截至2022年6月，微软的 windows 系统控制了全球大约85%的桌面操作系统市场，紧随其后的苹果 Mac OS 系统也占据重要市场份额；

---

① 数据来源："Personnel By Nationality"，https://unsceb.org/hr-nationality. 数据截止时间为2022年12月31日。数据中的职员是指有工作人员合同或任用一年或一年以上的工作人员。

在全球移动设备操作系统中，谷歌的 Android 系统市场份额占比高达 72.12%，位居第二名的是苹果公司 iOS 操作系统。硬件和软件不仅涉及技术问题，也涉及生态问题。例如，华为手机实现了"鸿蒙＋麒麟"软硬件一体化路线，但是由于美国制裁，华为手机无法使用谷歌服务，很难从根本上改变消费生态链，海外市场自然流失大量顾客。2022 年，华为在高端智能手机市场的销售额同比大幅下滑了 44%。

在社交媒体平台方面，Facebook 依然是全球活跃用户最多的社交媒体平台。最新数据显示，截至 2022 年 1 月，Facebook 的月活跃用户已达到 29.12 亿，相比排名第二的 YouTube 多出 3.48 亿，大约占全球人口的 36.8%。其他平台则各有特点，其中，YouTube 是用户平均使用时间最长的平台，Instagram 是年轻人最青睐的社交媒体平台，Twitter 是获取新闻的主要渠道。国际话语权建设不仅要着眼于社会精英，也要着眼于青年人，要利用社交媒体平台争取青年人。

（三）中国国际话语权的提升路径

对中华民族伟大复兴而言，无论是践行中国特色大国外交还是担负新时代新的文化使命，都需要聚焦国际话语权建设。对此，需做好以下工作。

第一，加强话语权的原创性研究，提升理论深度。理论深度要基于原创性，要体现时代性、战略性、基础性、前瞻性。优质的话语有冲击力，能够引发共振、共鸣。当然，美西方的话语权生成往往是基于绝对实力，导致很多国家"敢怒不敢言"。意大利思想家葛兰西将其称为"文化霸权"，使得广大发展中国家在心理、意识和观念上顺从西方国家的意愿，进而形成一个广泛的"社会合意"，即一种普遍接受的"本真"或"常识"。

长期以来，"话语权"概念本身就展现西方国家所秉持的权力属性。美国政治学家汉斯·摩根索在其《国家间政治——权力斗争与和平》一书中指出，"国际政治的最终目标不论是什么，但权力总是其最直接的目标。争取权力的斗争在时间和空间上都是普遍存在的，是不可否认的经验事实。"摩根索"权力政治"立论之基在于政治现实主义六原则，其中特别强调"不能把一般的道德原则以抽象的、普遍的形式应用于国家行动"。

在国际关系实践中，西方国家作为话语主体常常塑造一个蒙昧、落后、劣等、需要被拯救的话语客体，"他者"的概念实际上潜含着西方中心的意识形态。著名文学理论家与批评家、后殖民研究学术领域创始人爱德华·萨义德在《东方学：西方对于东方的观念》一书中表达了一个重要观点，所谓"东方"不是真实的东方，而是被西方建构的东方，只是西方眼中的东方，一个为了满足西方建构"他者"愿望和凸显西方优越性的东方。西方掌握着描述"他者"的权威话语，是典型的"文化帝国主义"，从而导致大多数国家对西方国家的依附关系。

与基于权力护持为特征的依附关系不同，人类命运共同体的本质是基于文明互鉴为特征的"共生关系"。推动构建人类命运共同体，不是以一种制度代替另一种制度，不是以一种文明代替另一种文明，而是不同社会制度、不同意识形态、不同历史文化、不同发展水平的国家在国际事务中利益共生、权利共享、责任共担，形成共建美好世界的最大公约数。在中国等具有深厚文明底蕴的国家看来，比权力更重要的是民心，是人心向背。民心是最大的政治，也是最强的国际政治。

理论自信是话语自信的基础，理论自信是各项事业成功与否的"最初一公里"。举一个例子，中国是文明古国，但很长一段时期由于没有文明界定权，因此国际社会只承认中国有3000多年文明史。国际学术界曾依据两河流域文明和古埃及文明的特征，将"文字、冶金术和城市"作为文明起源的标准，被称为"文明三要素"。20世纪80年代，"文明三要素"随着风行一时的英国考古经典著作《最早的文明》影响至中国。但是，如果依据这样的标准，中华文明只能从以殷墟为首都的商代晚期算起，只有3300年的历史。2002年启动的"中华文明探源工程"，通过一系列重大考古发现和多学科综合研究，明确了中华文明起源、形成和早期发展的过程，实证了中华五千多年文明。2019年7月6日，良渚古城遗址列入《世界遗产名录》，以"实证中华五千年文明史的圣地"之名亮相世界级舞台。世界遗产委员会表示，良渚古城遗址展现了一个存在于中国新石器时代晚期，以稻作农业为经济支撑并存在社会分化和统一信仰体系的早期区域性国家形态，印证了长江流域对中国文明起源的杰出贡献。"中华文明探源工程"根据丰富的考古材料，提出了判断文明社会标准的中国方案：一是生产发展，人口增加，出现城市；二是社会分工和社会分化不断加剧，出现阶级；三是权力不断强化，出现王权和国家。[①] 这一判断标准不仅对中国的文化自信有益，对世界的文明互鉴同样有益。

从举办亚洲文明对话大会、中国共产党与世界政党高层对话会、中国共产党与世界政党领导人峰会，到2023年举办良渚论坛等，都充分展现中国不仅是文明古国，更是担负责任的现代文明型国家。

第二，加强区域国别研究，开阔视野广度。区域国别研究是提升国际话语权的基本功。要有"世界叙事"能力，需要真正了解世界。截至2022年下半年，教育部下属的各类国别和区域研究机构总数达到411个，基本实现了覆盖世界所有国家

---

① 《中国考古学会理事长王巍：考古实证中华文明五千年》，载《河南日报》2022年9月4日，第2版。

和地区的战略目标。① 专家学者要跳出研究的舒适区，到"前线""火线"去感知真实的世界。持续推进汉译世界学术名著的引进工作，同时推动中国学术名著走出去，要有充分的知识流动。

区域国别研究不仅要强调应用性，也要强调基础性。专家学者的学术半径如果不是足够的长，往往发现不了问题，更无法解决问题，也无法产出享誉世界的学术精品。一方面，要鼓励专家学者在国内外深入实践、深入基层，有乡土气息（泥土味道）的学者是最接地气的；另一方面，需要以可靠、系统、一手的研究资料作为支撑；最后，要鼓励专家学者到目标国去，有国际视野的学者能够嗅觉敏锐、发现问题并解决问题。目前，总体看，专家学者对美欧大国、对周边国家相对熟悉，对一些小国特别是战略支点国家不够熟悉。

审视美国区域国别研究发展的历史脉络，可以发现其建立和拓展主要源自以下三种动力的驱动："战略驱动""学术驱动""资本驱动"，从而确保美国对全球进行几乎"全方位、无死角"的知识图谱扫描。目前，我国区域国别研究主要是"战略驱动"，即基于服务国家战略和外交决策需要而开展研究，如何真正调研学术力量、企业力量、社会力量等积极参与区域国别研究，从而真正实现"战略＋学术＋企业＋社会"共同驱动。

第三，加强话语权工具箱建设，增强实践力度。话语权提升需要的不是几把工具，而是系统完备的工具箱。首先，要努力实现意识形态工作的"两化"，即"社会科学化"以及"产品产业化"。从 18 世纪 60 年代开始的三次工业革命，分别由英国、德国、美国等国依次引领，相关国家不仅获得了经济、

---

① 杨波、张帆等：《中国区域国别学自主知识体系建设的形势、路径与国际视野》，载《国际观察》2023 年第 1 期，第 128 页。

科技、军事领先地位，也实现了话语权的全球覆盖。直到今天，各国大学教科书里的公式、定理基本都是上述国家的，由此这些国家的意识形态得以"社会科学化"。此外，就"产品产业化"而言，迪士尼、环球影城等西方主题文化乐园几乎全都进入中国，而中国没有一个主题文化乐园出海。这些年，网络文化出海成为亮点。中国网络文学海外营收从10年前的不足亿元增长到2022年的超30亿元，网站订阅和阅读App用户1亿多。目前，中国作协大力推动"网文出海"，打造"Z世代"国际传播工程，推动网络文学成为中华文化走出去的亮丽名片。

国际组织和国际法等可以成为工具箱的"利器"。如果将理念用国际组织、国际制度的方式得以固化，往往就形成国际制度话语权。国际组织是开展国际合作以及形成国际话语权的重要平台。2012年以来，联合国15个专门机构中先后有4位中国人担任负责人，如联合国工业发展组织（UNIDO）总干事李勇（2013年当选）、国际电信联盟（ITU）秘书长赵厚麟（2014年当选）、国际民航组织（ICAO）秘书长柳芳（2015年当选）、联合国粮农组织（FAO）总干事屈冬玉（2019年当选）。

为加快培养一批具有中国情怀、国际视野和国际竞争力的全球治理人才，国家留学基金管理委员会设立并实施国际组织实习项目和国际组织后备人才培养项目。2019年，中国青年志愿者协会与联合国志愿人员组织（UNV）共同组织实施"中国青年志愿者海外服务计划——服务联合国机构"项目，选派中国青年志愿者赴世界各地的联合国机构特别是驻"一带一路"沿线国家相关机构开展国际志愿服务。这些年，在联合国工业发展组织等国际组织中的中国籍职员数量明显增多。

表 2　联合国教科文组织和联合国工业发展组织中各国职员数量及占比情况 [①]

国家	联合国教科文组织		联合国工业发展组织	
	职员数量	占该组织职员总数的比例	职员数量	占该组织职员总数的比例
美国	28	1.20%	2	0.31%
法国	395	16.87%	10	1.54%
意大利	196	8.37%	24	3.70%
英国	59	2.52%	3	0.46%
印度	39	1.67%	20	3.08%
加拿大	41	1.75%	3	0.46%
德国	47	2.01%	34	5.24%
中国	60	2.56%	27	4.16%
日本	49	2.09%	21	3.24%
俄罗斯	31	1.32%	11	1.69%
澳大利亚	18	0.77%	0	0
瑞典	8	0.34%	5	0.77%
丹麦	4	0.17%	3	0.46%
奥地利	9	0.38%	163	25.12%

　　"坚持统筹推进国内法治和涉外法治"是习近平法治思想"十一个坚持"的重要组成部分。2020 年 10 月，党的十九届五中全会通过的《中共中央关于制定国民经济和社会发展第十四

---

① 数据来源："Personnel By Nationality"，https://unsceb.org/hr-nationality；"Personnel By Organization"，https://unsceb.org/hr-organization. 数据截止时间为 2022 年 12 月 31 日。

个五年规划和二〇三五年远景目标的建议》提出，积极参与全球治理体系改革和建设，加强涉外法治体系建设，加强国际法运用，维护以联合国为核心的国际体系和以国际法为基础的国际秩序，共同应对全球性挑战。推动构建人类命运共同体，不仅需要将我国缔结、参加的双边和多边条约、协定通过一定方式在国内实施，而且需要在新兴国际法领域及时推出中国方案、贡献中国智慧。

2023 年 2 月 16 日，国际调解院筹备办公室在香港特区成立。国际调解院是世界上首个专门以调解方式解决国际争端的政府间国际法律组织，是践行《联合国宪章》和平解决国际争端原则的重要实践，也是向国际社会提供的一项全球法治类公共产品，将超越司法和仲裁你输我赢的局限性，为各国和平解决国际争端提供新的选择。可见，中国的"和解外交"不仅理念化，也国际制度化了。

总之，提升国际话语权是一项系统性工程，不可能一蹴而就，这一工作是经济、外交、文化、科技等各领域合力的结果。对任何国家而言，知识生产容易，但是国际话语权生成难，要秉持战略目标与战略能力的统一，秉持中国特性与国际共性的统一，秉持理论通透性与实践有效性的统一，久久为功，为中华民族共同体的伟大复兴提供更充沛的知识动能。

第十章

社会安全是保障

　　维护社会大局稳定，要切实落实保安全、护稳定各项措施，下大气力解决好人民群众切身利益问题，全面做好就业、教育、社会保障、医药卫生、食品安全、安全生产、社会治安、住房市场调控等各方面工作，不断增加人民群众获得感、幸福感、安全感。要坚持保障合法权益和打击违法犯罪两手都要硬、都要快。对涉众型经济案件受损群体，要坚持把防范打击犯罪同化解风险、维护稳定统筹起来，做好控赃控人、资产返还、教育疏导等工作。要继续推进扫黑除恶专项斗争，紧盯涉黑涉恶重大案件、黑恶势力经济基础、背后"关系网""保护伞"不放，在打防并举、标本兼治上下功夫。要创新完善立体化、信息化社会治安防控体系，保持对刑事犯罪的高压震慑态势，增强人民群众安全感。要推进社会治理现代化，坚持和发展"枫桥经验"，健全平安建设社会协同机制，从源头上提升维护社会稳定能力和水平。

　　从理论上讲，衡量社会安全的具体指数，有法制类指标，如盖洛普全球法律与秩序指数、八类严重暴力犯罪案件发生率、破案率；经济类指标，如痛苦指数、基尼系数；精神类指标，如精神病发病率、抑郁症患病率、自杀率、离婚率；等等。

　　全球法律和秩序指数是美国权威民调机构盖洛普根据居民对当地警察的信心、对自身安全的感受以及过去一年中盗窃、人身伤害或抢劫案件发生率得出的综合评分。这一综合得分越高，则表示该国家有安全感的人口比例越高。

　　八类严重暴力犯罪案件（八类重大刑事案件）在《中华人民共和国刑法》第十七条规定中主要包括故意杀人、故意伤害致人重伤或者死亡、强奸、抢劫、贩卖毒品、放火、爆炸、投放危险物质罪。暴力犯罪必须使用暴力手段犯罪，对象可以是特定的也可以是不特定的人又或者是物。主观方面是故意，行为人的行为已经严重危害他人人身安全、财产安全和社会安全。

痛苦指数（Misery Index）是由美国经济学家阿瑟·奥肯（Arthur Okun）提出的，是通过将失业率和通胀率加和而得的一个经济指标，即痛苦指数＝失业率＋通胀率。一般而言，较高的失业率和糟糕的通胀水平都将导致一个国家的经济和社会不稳定。

基尼系数是 20 世纪初意大利经济学家基尼提出的测量收入分配差异程度的统计指标。国际上一般把基尼系数 0.4 作为收入差距的警戒线，基尼系数在 0.4 以上说明收入差距较大，可能引发诸多社会问题；当基尼系数达到 0.5—0.6，说明收入分配高度悬殊，很可能出现严重社会动荡和社会危机。

中国是命案发案率最低、刑事犯罪率最低、枪爆案件最少的国家之一，每 10 万人的命案率是 0.5%，2012—2022 年十年来刑事案件安全事故五项指数大幅下降；2021 年，杀人、强奸等 8 类主要刑事犯罪、毒品犯罪、抢劫抢夺案件、盗窃案件的立案数和一次伤亡三人以上的较大的交通事故，较 2012 年分别下降了 64%、56.8%、96%、62% 和 59.3%，人民群众安全感明显提升。2021 年根据国家统计局调查，中国人民安全感达到 98.6%，较 2012 年提升 11 个百分点，当今中国成为世界上公认的最安全的国家之一。

一、人口结构安全

人口安全是非传统安全谱系中的重要一维，在国家总体安全中占据基础性地位，举足轻重。社会学之父、法国思想家孔德说过：人口即命运。

人口是经济社会发展的根本。2020 年，全国人口出生率为 8.52‰，首次跌破 10‰，而同期人口自然增长率仅为 1.45‰。2021 年，我国人口出生率为 7.52‰，自然增长率为 0.34‰，净增长仅 48 万人，再创历史新低。2022 年，我国人口出生率为 6.77‰，自然增长率为 -0.6‰，比上年末减少 85 万人，为近 61 年以来首次人口负增长。

目前，我国人口呈现"三低一高"特点：第一，人口"含青量"持续走低。2020 年我国 14—35 岁青年人口约 4 亿人、占总人口的 28.4%，比 2000 年减少 9000 多万人、下降 11.1 个百分点。依据"七普"人口数据测算，到 2030 年青年人口还将减少约 5000 万人。第二，总和生育率持续走低。我国育龄妇女总和生育率 1990 年为 2.3，2020 年为 1.3，已远低于 1.5 的国际警戒线。第三，结婚率持续走低、初婚年龄线持续走高。2020 年我国结婚率为 5.8‰，比 2000 年下降 7.6 个千分点；适龄青年平均初婚年龄为 26.8 岁，最近 4 年间增加了 0.7 岁。

（一）我国人口结构变化趋势

我国人口规模即将达峰，人口负增长时代来临。2021 年，我国总人口为 14.1178 亿人，仅比 2020 年增长 48 万人，相对于 10 亿以上的人口体量，相当于接近零增长。按照《世界人口展望 2022》中对中国人口的预测，中国总人口在 2022 年 1 月 1 日为 14.25925 亿人，7 月 1 日为 14.25887 亿人。按照上述数据，2022 年 7 月 1 日的中国总人口比 1 月 1 日减少 3.8 万人。也就是说，2022 年 7 月 1 日中国总人口已经进入负增长。《世界人口展望 2022》预测，2023 年 1 月 1 日中国总人口为 14.25849 亿人，比 2022 年 1 月 1 日时减少 7.6 万人。到 2050 年，中国总人口将下降到 13.17 亿人，到 2100 年中国总人口将下降到 7.71 亿人。

出生人口下降迅速，少子化程度加深。中国年度出生人口，2017 年为 1723 万人，2018 年 1523 万人，2019 年 1465 万人，2020 年 1200 万人，2021 年出生人口下降到只有 1062 万人。2021 年，中国出生人口 1062 万人，死亡人口 1014 万人，总和生育率仅为 1.15，^① 是新中国成立以来的最低值。

老年人口迎来增长加速期，高龄老龄化程度加深。严重少子化和快速老龄化造成人口两极分化，像跷跷板一样，一头沉一头起，都影响社会稳定。

截至 2021 年，我国 60 岁及以上老年人口达 2.67 亿人，占总人口的 18.9%；65 岁及以上老年人口达 2 亿人以上，占总人口的 14.2%，处于轻度老龄化阶段；预计 2025 年 60 岁及以上老年人口将突破 3 亿人，占比将超过 20%，进入中度老龄化阶段；2035 年前后，60 岁及以上老年人口将突破 4 亿人，在总人口中的占比将超过 30%，进入重度老龄化阶段；2050 年左右，60 岁及以上老年人口预计达到峰值 4.87 亿人，占届时全国总人口的 34.8%。

另外，中国 80 岁及以上高龄老人，2020 年为 3570 万人，预计 2035 年翻一番多，为 7960 万人。失能半失能老人规模不断增长。

劳动年龄人口持续缩减，劳动力老化程度持续加深。2020 年 1 月 2 日，人社部网站公布了该部党组在《求是》杂志上发表的署名文章《如何看待我国就业形势》。文章透露，我国 16—59 岁劳动年龄人口从 2012 年开始有所减少，这一趋势还将持续，到 2020 年后减幅将加快。预计到 2035 年劳动年龄人口将保持在 8 亿人左右，这比 2018 年末的近 9 亿劳动年龄人口减少将近 1 亿人。

日本是老龄化拖累科技创新的典型例子。日本在 20 世纪 70 年代之前的增长属于赶超类型，进入 70 年代之后，日本达到了世界技术的前沿，在汽车、电子等制造业方面的创新极有代

---

① 总和生育率，是指平均每对夫妇生育的子女数。国际上通常把 2.1 作为人口世代更替水平，也就是说，考虑到死亡风险后，平均每对夫妇大约需要生育 2.1 个孩子才能使上下两代人之间人数相等。通常把低于 1.5 的生育率称为"很低生育率"。

表性，到 80 年代，它几乎垄断了家用电子产品的所有创新。然而，迈入中度老龄化后，在 90 年代之后，以互联网为核心的信息技术迅速崛起，而美国几乎垄断了这一领域的所有创新，中国大有赶超之势，日本则被远远地甩在了后面。

总人口性别比处于合理区间，出生人口性别比仍然失衡。第七次全国人口普查结果显示，我国男性人口为 72334 万人，占 51.24%；女性人口为 68844 万人，占 48.76%，总人口性别比（以女性为 100，男性对女性的比例）为 105.07，与 2010 年基本持平，略有降低。出生人口性别比为 111.3，较 2010 年下降 6.8，我国人口的性别结构持续改善，这在全球也属于较高行列。

总体而言，人口均衡发展的均衡并不是物理学中两种力相互抵消的均衡，而是相互促动发展的均衡。首先在人口内部需要达到一定的均衡，这种均衡相对比较固定，比如出生人口性别比合理区间就是 103—107，总和生育率 2.1 是人口更替水平，这些均衡点或区间是经过人口学家的大量研究而形成的共识。

（二）高度关注青年人

青年的界定在全世界不同国家和地区中有所不同。联合国教科文组织认定的标准是 16—45 周岁，根据我国《中长期青年发展规划（2016—2025 年）》，青年年龄范围是 14—35 周岁。

1950 年，我国青年人口占全球青年人口比例为 21.93%，1986 年达到峰值 24.85%。从 20 世纪 80 年代中后期开始，我国青年人口占全球青年人口比例开始下降。2020 年，全球 14—35 岁青年人口规模为 26.50 亿人，我国青年人口仅占 16.43% 的比例。2020 年，印度青年人口占全球青年人口比例为 19.81%。预计，2025 年我国青年占比将降至 14.58%，2030 年为 13.58%，2050 年则只有 11.15%。

2000 年后，出生人口的减少使得我国青年人口数量呈现下降趋势，同时极低的死亡率水平下老年人口规模加速增长，我国人口年龄结构不断老化，青年人口占总人口比例开始低于全球平均水平。2020年，我国青年人口占总人口比例降至28.42%，比全球平均水平低1.58%，也低于印度青年占比（38.05%）。

随着全球人口结构发生重大变革，老龄化持续加重、人口红利减退，同时青年作为数字时代的"原住居民"，对全球数字化趋向影响不断加深，正成长为未来世界新经济、新消费、新文化的主导力量，青年在各国发展中的战略性地位凸显，青年人口的绝对数量和在总人口中的占比减少势必影响我国在全球竞争中的力量。

数据显示，我国Z世代群体已达2.6亿，并撑起了4万亿元的消费市场。同时，身处社会剧烈变迁进程中的青年群体，往往又因承担社会重压、在多元社会思潮的影响下，出现各式各样的问题与青年现象，如"蚁族""宅男宅女""佛系青年""空巢青年""小镇做题家"等。其中，"小镇做题家"是2020年6月逐渐在网络上兴起的一个词语，常常与"985废物""社畜"等词共同使用，意指"出身小城镇，埋头苦读，擅长应试，但缺乏一定视野和资源的青年学子"。这些青年出生于乡镇农村，毕业或正就读于知名高校，但自认为"除了埋头苦读之外啥都不会"，见识和能力有限，步入社会后处处碰壁。

2021年8月，民政部发布数据："目前中国90后人群约1.7亿人，男女比例约54∶46（男∶女），而登记注册结婚的90后不超过1000万对（包含了不少与80后、00后结婚的人），已婚者中离婚率近35%。"

根据世界卫生组织调查显示，儿童青少年精神障碍全球发生率在12%—28%，并且呈上升趋势。近年来，国内调查也发现，儿童青少年不同程度的心理健康问题为5%—30%，大约每5个孩子中就有1个有抑郁倾向。2021年3月，中国科学院心理研究所发布的《中国国民心理健康发展报告（2019—2020）》显示，2020年中国青少年的抑郁检出率为24.6%，其中，重度抑郁检出率为 7.4%。在报告中显示，抑郁随着年级的升高而升高，一成多高中生重度抑郁。小学阶段的抑郁检出率为一成左右，其中重度抑郁的检出率为 1.9%—3.3%，初中阶段的抑郁检出率约为 3 成，重度抑郁的检出率为 7.6%—8.6%。高中阶段的抑郁检出率接近 4 成，其中重度抑郁的检出率为 10.9%—12.5%。

2021 年 8 月，中国青少年研究中心发布的《中国青年发展报告》显示，我国 17 岁以下的青少年儿童中，有 3000 万人受到各种情绪、心理行为问题的困扰。我国 2020 年心理健康蓝皮书《中国国民心理健康发展报告（2019—2020）》显示，24.6% 的青少年抑郁，其中重度抑郁的比例为 7.4%。社会转型期青少年儿童自杀问题的严峻形势有复杂的原因，总体上反映出个体、家庭的"进化速度"赶不上经济发展带来的"社会进化"的速度。

2022 年 2 月 25 日，中国互联网络信息中心（CNNIC）发布第 49 次《中国互联网络发展状况统计报告》显示，截至 2021 年 12 月，我国网民规模高达 10.32 亿，互联网普及率达 73.0%。CNNIC 第 49 次报告以专题形式重点关注了我国未成年人互联网使用的相关情况，并发现以下三方面主要特点：一是城乡差异方面，未成年人互联网普及率基本拉平。我国城镇未成年人互联网普及率达到 95.0%，农村为 94.7%，目前已基本一致。但在互联网应用的深度与广度方面，城乡未成年人的应用水平仍存在较大差异。城镇未成年网民使用搜索引擎、社交网站、新闻、购物等社会属性较强的应用比例明显较高，而农村未成年网民则更偏好于使用短视频、动画或漫画等休闲娱乐应用。二是上网设备方面，新型智能终端在未成年人群体中迅速普及。手机作为当前未成年人的首要上网设备，在该群体中的拥有比例已达 65.0%。此外，智能手表作为新型智能终端的代表性产品，其在未成年网民中的拥有比例也已达到 25.3%。随着智能设备、5G 等相关产业日趋成熟，智能手表、智能台灯等新型智能设备在未成年人中迅速普及。三是权益保护方面，相关政策陆续出台提升未成年人网络权益保护水平。

2022 年 4 月 21 日，中国《新时代的中国青年》白皮书发布。数据显示，2020 年底，中国 6 岁至 18 岁未成年人网民已达 1.8 亿，未成年人互联网普及率高达 94.9%。白皮书指出，互联网已经成为当代青少年不可或缺的生活方式、成长空间、"第六感官"，深刻影响着他们的学习、生活和工作方式。

网瘾成为影响青少年心理健康的一个重要因素。青少年的网络使用行为是网络治理和社会安全需要关切的重要议题。一方面网络媒介提供了广泛的人际交往信息和海量的学习资源，有助于开拓青少年的视野。另一方面，网络虚拟空间与社会客观现实间的种种差异充满诱惑，容易吸引青少年沉迷其中乃至产生网络成瘾。

互联网并不总是一个对青年十分友好的环境，许多青年已经暴露在潜在的危害中，在现实生活中是战战兢兢的"社恐症"，在网络空间中是咄咄逼人的"社牛症"。韩国大邱天主教大学医学院精神病学系多位教授进行了一项关于青少年智能手机使用时间和心理健康之间相关性的调查。其研究结果发现，当每天智能手机屏幕时间 ≥ 4 小时，研究对象的压力感知、睡眠不足、抑郁、自杀意念和自杀史方面的风险都有所增加。[1]

2018 年发布的《中国青少年互联网使用及网络安全情况调研报告》显示，三分之一青少年在网络上遇到过色情信息骚扰，遭遇场景包括社交软件、网络社区和短视频等；遇到过网络诈骗信息比例则为 35.76%；而遇到过网络欺凌的青少年比例最高，达 71.11%，其中以网络嘲笑和讽刺、辱骂或者用带有侮辱

---

① Kyung Soo Woo, Su Hyun Bong, Tae Young Choi, Jun Won Kim, "*Mental Health, Smartphone Use Type, and Screen Time Among Adolescents in South Korea*", Psychology Research and Behavior Management, Vol.14, 2021. pp.1419–1428.

性的词汇的形式比例最高，其余表现形式还有恶意图片或者动态图、语言或者文字上的恐吓等，遭遇场景多样化，包括社交软件、网络社区、短视频和新闻评论区域等。

国务院于 2021 年 9 月印发《中国儿童发展纲要（2021—2030 年）》，要求加强未成年人网络保护。此外，国家新闻出版署发布《关于进一步严格管理　切实防止未成年人沉迷网络游戏的通知》，严格限制企业向未成年人提供网络游戏服务的时间。

青年强，则国家强。要把青年工作作为战略性工作来抓，用党的科学理论武装青年，用党的初心使命感召青年，做青年朋友的知心人、青年工作的热心人、青年群众的引路人。

二、人的现代化与跨越"中等收入陷阱"

随着中国特色社会主义进入新时代，人民的需要已经从物质文化需求发展到美好生活需要，中国不仅要跨越各种陷阱，还要引领发展的先进方向，充分展现道路自信、理论自信、制度自信、文化自信，实现从"站起来"、"富起来"到"强起来"的伟大飞跃。

德国哲学家埃德蒙德·胡塞尔（Edmund Husserl）对近代以来基于工业文明的人类社会所取得的成就以及遇到的问题的评价一针见血，他说："在十九世纪后半叶，现代人让自己的整个世界观受实证科学支配，并迷惑于实证科学所造就的'繁荣'。这种独特现象意味着，现代人漫不经心地抹去了那些对于真正的人来说至关重要的问题。只见事实的科学造就了只见事实的人。"[①] 人们沉迷于工具理性，只在事实的范围内崇拜科学主义，而忽视了对人文主义的追问。解决社会问题，要用发展之"道"

---

① ［德］埃德蒙德·胡塞尔：《欧洲科学危机和超验现象学》，张庆熊译，上海译文出版社，1988 年版，第 5 页。

去统率增长之"器",才不会被泛滥的工具理性所左右而迷失方向,才能够使发展更加具有意义和价值。因此,超越"中等收入陷阱"不仅要有工具理性的视角,更要有价值理性的分析。前者意味着发挥生产、技术、标准的最大效用,后者则强调人文、价值、伦理的重要性。社会的进步,离不开先进技术的驱动,更离不开优秀价值的掌舵。

(一)理论框架:工具理性、价值理性

2017 年 7 月 26 日,习近平总书记在省部级主要领导干部专题研讨班上发表重要讲话指出,经过改革开放近 40 年的发展,我国社会生产力水平明显提高;人民生活显著改善,对美好生活的向往更加强烈,人民群众的需要呈现多样化多层次多方面的特点,期盼有更好的教育、更稳定的工作、更满意的收入、更可靠的社会保障、更高水平的医疗卫生服务、更舒适的居住条件、更优美的环境、更丰富的精神文化生活。"八个更"是物质诉求与精神诉求的结合,是工具理性与价值理性的统一。

马克斯·韦伯是德国著名学者,价值理性和工具理性二元范畴,是贯穿韦伯社会学的核心思想,揭露了工具理性吞噬价值理性所产生的现代性问题。韦伯将哲学的"理性"概念改造为社会学的"合理性"概念,并将合理性分为工具理性和价值理性。前者是指行动只追求功利的动机,而漠视人的情感和精神价值;后者强调动机的纯正,选择正确的手段去实现自己的意图,是绝对地遵从某些价值信念而行事的行为。研究人类史,人类进步是由感性向理性不断转型的过程,合理化过程的发展方向基本上就是工具理性的扩张。[①] 因此,法兰克福学派总结了工具理性的四个基本特征:一是形成于技术、理性和逻辑的

---

① 陈振明:《工具理性批判——从韦伯、卢卡奇到法兰克福学派》,载《求是学刊》1996 年第 4 期,第 3—8 页。

基础之上；二是以定量化、形式化等自然科学模式来衡量知识；三是以实用目的出发把世界理解为工具；四是严格区分事实与价值。①

　　推崇工具理性与价值理性的名人大家不止韦伯一人。亚当·斯密的巨大影响来自两部著作，一部是 1759 年问世的《道德情操论》，另一部是 1776 年出版的《国富论》。一个有趣的事实是，无论外界对《国富论》如何推崇，斯密本人似乎更加重视他的《道德情操论》。亚当·斯密指出，"如果一个社会的经济发展成果不能真正分流到大众手中，那么它在道义上将是不得人心的，而且是有风险的"，"正是这种多同情别人和少同情自己的感情，正是这种抑制自私和乐善好施的感情，构成尽善尽美的人性。"② 从某种程度上说，《国富论》的核心思想就是工具理性，关注的是"经济人"；《道德情操论》的核心思想就是价值理性，关注的是"道德人"。正如美国经济学家米尔顿·弗里德曼（Milton Friedman）所言：不读《国富论》不知道应该怎么样叫"利己"，读了《道德情操论》才知道"利他"方为问心无愧的"利己"。③

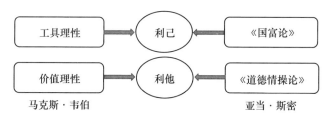

图 1　工具理性与价值理性

---

① 仰海峰：《法兰克福学派工具理性批判的三大主题》，载《南京大学学报（哲学·人文科学·社会科学）》2009 年第 4 期，第 26—34 页。

② [英]亚当·斯密：《道德情操论》，蒋自强等译，商务印书馆，1997 年版，第 24 页。

③ 金辛迪：《人性论研究的新视域与新路径》，载《伦理学研究》2019 年第 1 期，第 123 页。

很多人谈及"中等收入陷阱"就会"望文生义"将其看作是经济发展问题，如个人工资、家庭收入等，但是要真正跨越这一陷阱不仅要有物质考量，也要有精神考量，要有对人的现代化的考量。

（二）概念源头：正本清源

国内相关研究都将世界银行发布的《东亚经济发展报告（2006）》（East Asian Vision: Perspectives on Economic Development）作为"中等收入陷阱"概念的出处。笔者亲自查阅这一报告，原文并没有出现"middle income trap"，报告本身是 18 篇文章的汇集。可见，研究这一重要问题的出处与源头有了"问题"，如何跨越？

正本清源，才能纲举目张。进一步查阅资料发现，这一概念的真正出处来自世界银行 2007 年发布的《东亚复兴：关于经济增长的观点》（An East Asian Renaissance: Ideas For Economic Growth）。但是，这一报告并没有明确的定义，只是探讨如何加快中等收入国家的发展。直到 2015 年 8 月，世界银行发布《中等收入陷阱十周年》（the Middle-Income Trap Turns Ten），才对不同学者的定义作了概括总结，属于"先研究后定义"范畴。

"中等收入陷阱"有理论性定义和经验性 / 量化定义两种，其理论性定义的基本表述是：鲜有中等收入的经济体成功地跻身高收入国家，这些国家往往陷入了经济增长的停滞期，既无法在人力成本方面与低收入国家竞争，又无法在尖端技术研制方面与富裕国家竞争。

经验性 / 量化定义认为中等收入国家是个动态性的概念，在不同时期有不同评价标准。例如，2006 年，世界银行的标准是，人均国民收入在 824 美元以下的国家属于低收入国家；在 825 美元至 3254 美元之间的国家属于中低收入国家；在 3255 美元至 10064 美元之间的国家属于中高收入国家；10065 美元

以上则为高收入国家。2020 年，世界银行按收入水平把国家
划分为低收入、中低收入、中高收入和高收入国家，对应的人
均年收入区间分别为 1036 美元以下、1036 美元至 4045 美元、
4046 美元至 12535 美元、12535 美元以上。总体来看，人均收
入徘徊在 1.2 万美元左右，却很难突破这个水平，这是一些国
家陷入"中等收入陷阱"的典型表现。

表 1　世界银行低、中低、中高、高收入标准

	低收入	中低收入	中高收入	高收入
2006 年	824 美元以下	825 美元—3254 美元	3255 美元—10064 美元	10064 美元以上
2017 年	1005 美元以下	1006 美元—3955 美元	3956 美元—12235 美元	12236 美元以上
2020 年	1036 美元以下	1036 美元—4045 美元	4046 美元—12535 美元	12535 美元以上

进入 21 世纪，中国是先提中等收入者，后提中等收入群
体、中等收入阶层以及"中等收入陷阱"，并将"中等收入群体
比例明显提高"作为跨越"中等收入陷阱"的关键举措，即以
"扩中"来"跨阱"。

2002 年 11 月，党的十六大报告指出，"以共同富裕为目标，
扩大中等收入者比重。"党的十七大报告、党的十八大报告分别
提出，"要基本形成合理有序的收入分配格局，使中等收入者占
多数"，将"中等收入群体持续扩大"作为全面建成小康社会的
重要目标之一。2016 年 1 月 18 日，习近平总书记在省部级主
要领导干部学习贯彻党的十八届五中全会精神专题研讨班上指
出，"要扩大中等收入阶层，逐步形成橄榄型分配格局。"可见，
中等收入者、中等收入群体、中等收入阶层等概念成为我国对
处于社会中间阶层群体的官方称谓。

2014 年 11 月 10 日，习近平主席在北京出席亚太经合组织

领导人同工商咨询理事会代表对话时说道，"对中国而言，'中等收入陷阱'过是肯定要过去的，关键是什么时候迈过去、迈过去以后如何更好向前发展。我们有信心在改革发展稳定之间以及稳增长、调结构、惠民生、促改革之间找到平衡点，使中国经济行稳致远。"由此，超越"中等收入陷阱"成为中华民族实现"强起来"必须要认真回应与努力解决的突出问题。

2016年10月21日，国务院印发《关于激发重点群体活力带动城乡居民增收的实施意见》，专门提出"不断培育和扩大中等收入群体，逐步形成合理有序的收入分配格局"。2017年，党的十九大将"中等收入群体比例明显提高"纳入"两步走"发展战略的具体内容，将"中等收入群体比例明显提高"作为跨越"中等收入陷阱"与2035年基本实现社会主义现代化的关键路径。但是，大家普遍关心，中等收入群体的比例明显提高，那么如何"扩中"？计算中等收入群体的具体指标是什么？如果没有标准，怎么能算出比例？另一方面，我们常常听到这样的描述：中国已经形成世界上规模最大、最具成长性的中等收入群体，但是几乎每一个老百姓都有疑问，自己算不算中等收入群体，是按个人收入算，还是按家庭收入算，要努力工作多赚钱，好让自己不拖后腿。一时间，"扩中"成为热词。

（三）"中等收入陷阱"国家的具体特征

2010年7月，《人民论坛》在征求50位国内知名专家意见的基础上列出了"中等收入陷阱"国家的十个方面特征：经济增长回落或停滞、民主乱象、贫富分化、腐败多发、过度城市化、社会公共服务短缺、就业困难、社会动荡、信仰缺失、金融体系脆弱等。十个特征可以归纳为三个方面：

第一，经济领域：经济增长回落或停滞、就业困难、金融体系脆弱等。

问题来了，西方国家长期增速在 1%—3%，是不是停滞呢？西方国家的失业率，特别是青年失业率很高，算不算陷入"中等收入陷阱"呢？ 2008 年，全球金融危机爆发，从美国的次贷危机到欧洲的国债危机，西方国家的金融体系呈现脆弱性，是不是这些国家陷入"中等收入陷阱"呢？

所以，长期低经济增速不能判断一个国家是否陷入"中等收入陷阱"，要加入人均 GDP 标准。一般来说，发达国家的普遍特征是较高的人类发展指数、人均 GDP、工业化水准和生活品质。中等收入国家的人均 GDP 是较低的。此外，高失业率是"中等收入陷阱"的重要表现，陷入国的失业率基本都在 10%左右。

第二，社会领域：贫富分化、腐败多发、过度城市化、社会动荡等。

一个相关的问题：是发达国家的贫富分化大，还是发展中国家的贫富分化大。法国经济学家托马斯·皮凯蒂（Thomas Piketty）指出，在 21 世纪第一个十年，在多数欧洲国家，尤其是在法国、德国、英国和意大利，最富裕的 10% 人口占有国民财富约 60%，而在美国最富裕的 10% 人口的财富份额竟达 72%。最令人震惊的是，在所有这些国家中，最贫穷的 50% 人口占有的国民财富无例外都低于 10%。[1]

基尼系数通常是用来判断收入分配公平程度的指标，其比例数值在 0 和 1 之间，接近 0 表明收入分配趋于公平，0.4—0.5 视为收入差距较大，达到 0.5 以上时则表明收入悬殊。一般发达国家的基尼系数在 0.24—0.36 之间，而一些落入"中等收入陷阱"的经济体，基尼系数都在 0.5 左右。2013 年，国家统计局首次公布我国 2003 年至 2012 年基尼系数。数据显示，2008 年

---

[1] [法]托马斯·皮凯蒂：《21 世纪资本论》，巴曙松等译，中信出版社，2014 年版，第 261 页。

基尼系数曾高达 0.491，2012 年回落至 0.474。2013 年至 2017 年的基尼系数分别是 0.473、0.469、0.462、0.465、0.467。可见，我国基尼系数长期处于 0.46—0.49 区间，不能算低。当然需要强调的是，基尼系数不是越低越好。在实践中，中国很多省份的基尼系数比发达经济体还低，从正面说是相关省份的贫富差距不大，从负面说是这些省份的经济发展动力不足，是中国发展不平衡、不充分的体现。

透明国际组织自 1995 年每年发布"清廉指数"（Corruption Perceptions Index），该指数按公共部门腐败程度对 180 个国家和地区进行排名，使用 0 到 100 的等级，其中 0 为高度腐败，100 则没有腐败，80—100 之间表示比较清廉，50—80 之间为轻微腐败，25—50 之间为腐败比较严重，0—25 之间则为极度腐败。2021 年指数排名中，西欧及欧盟地区得分最高，平均 66 分；亚太地区平均得分 45 分，撒哈拉以南非洲地区在各大区域中平均得分最低，只有 33 分。一般来说，一国政府的"清廉指数"越高，即腐败问题越少，该国陷入"中等收入陷阱"的可能性就越低。

农业转移人口在城市稳定就业和落户，有助于扩大中等收入群体。城镇化率（urbanization rate）也叫城市化率，一般采用人口统计学指标，即城镇人口占总人口（包括农业和非农业）的比重。2018 年，全国常住人口城镇化率达到 60.6%，户籍人口城镇化率达到 44.4%。2021 年，全国常住人口城镇化率达到 64.72%，户籍人口城镇化率提高到 46.7%。根据世界城镇化发展普遍规律，我国仍处于城镇化率 30%—70% 的快速发展区间。不过，在进入到 60% 之后，城镇化会逐渐进入到相对成熟阶段，未来城镇化增速会略有放缓。按照国际经验，我国 2030 年城镇化率可能会达到 70%，未来 10 年将是城镇化快速发展期，也是各种矛盾的集中爆发期，关键是要处理就业与产业问题，没有产业就没有就业。同时，要加快基本公共服务均等化，构建合理、公正、畅通、有序的社会性流动格局，防止社会阶层固化。

此外，要防止过度城市化，即防止盲目以人口进入城镇为目标。尤其在没有就业支撑的条件下，失业率会居高不下，出现越来越多的无业者，导致城市贫民窟化，城镇的状态越来越差。

第三，文化与思想价值领域：信仰迷茫、精神迷失等。

法国作家雨果指出，"信仰，是人们所必需的。什么也不信的人不会有幸福。"《人民论坛》调查显示，中国目前社会十大问题之首是信仰缺失，其次是看客心态、社会焦虑以及习惯性怀疑等。价值多元化下存在信仰与道德有关的精神危机，以及道德赤字等。一个有趣的现象是，一说信仰，领导干部就想到要首先教育人民群众、要教育引导青年人，但调查情况是，老百姓认为官员是信仰危机最严重的群体。在回答"哪类群体信仰危机最严重"时，57.5%的受访者选择官员群体，其次是知识分子群体（18.3%）、城市白领群体（13.2%）、青少年群体（5.6%）与弱势群体（4.3%）。[①] 在调查"信仰缺失的原因"时，50.8%的受访者认为"制度层面，一些不道德的现象没有受到制度的惩处，反而成为一些人效仿的对象"。

特殊群体出现了集体性的信仰问题，如产业工人等。工人阶级是我国的领导阶级，产业工人是工人阶级的主体力量。产业工人对主人翁地位的认同是考察其集体信仰状况的关键。2019年5月5日至10日，笔者赴唐山调研当前产业工人思想状况，感觉职工普遍存在"关心与冷漠交融，希望与困惑并存，进取与彷徨相伴，认同与失落交错"的心态。近一半的职工认为自己的工作很累，特别是30岁以下的青年职工。而在家庭总

---

① 李向平:《"信仰缺失"，还是"社会缺席"？——兼论社会治理与信仰方式私人化的关系》，载《华东师范大学学报（哲学社会科学版）》2015年第5期，第108页。

体收支状况方面,"收入刚够用"的职工多达五成以上,青年职工的精神压力首先来自"生活成本压力大"。产业工人的集体荣誉感有所减弱,调查问卷显示,59.2%的职工认为产业工人的地位与"其他人一样",仅有9%的职工认为自己的工作令"别人羡慕"。在权益保护方面,57.4%的职工认为"收入低、增长慢",其次是"内部收入差距大"等。

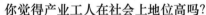
你觉得产业工人在社会上地位高吗?

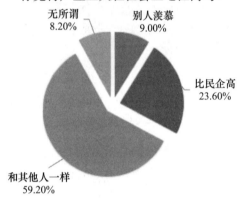

图 2　产业工人的集体荣誉感

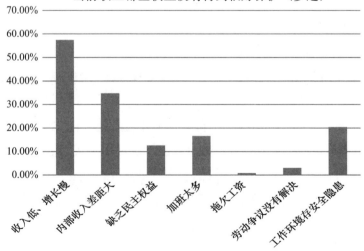

图 3　产业工人对权益保护的认知

信仰迷茫、精神迷失的极端性结果导致绝望及自杀率上升。据世界卫生组织统计，全球 75% 的自杀发生在低收入和中低收入国家。该组织公布 2018 年全球自杀率最高的 10 个国家：立陶宛（31/10 万）、韩国（28.1/10 万）、圭亚那、哈萨克斯坦、斯洛文尼亚、匈牙利、日本、斯里兰卡、拉脱维亚、白俄罗斯，前 10 位国家的自杀率都在 20/10 万之上。2021 年 6 月 17 日，世界卫生组织发布的《2019 年全球自杀状况》报告显示，2019 年，超过 70 万人死于自杀，每 100 人中就有 1 人死于自杀。报告指出，在 15—29 岁的年轻人中，自杀是继道路伤害、肺结核和人际暴力之后的第四大死因。

西方发达国家也存在信仰危机。班农在 2014 年的一次演讲中称，"自苏联解体以来，我们开始偏离正轨。置身于 21 世纪的今天，我深深地感到，这是一个危机四伏的时代，我们面临着教会的危机、信仰的危机、西方的危机以及资本主义的危机。"2018 年 11 月 24 日，英国《经济学人》报道称，自 2000 年以来，美国自杀率上升了 18%，达到了 12.8/10 万。日本给外界以"自杀率世界最高"的印象，日本政府 2018 年数据显示，自杀率为 16.5/10 万。日本的自杀率在 2000—2010 年前后较多，为 25/10 万左右。

自杀是中国第五大死因，中国平均自杀率为 23/10 万，每年自杀死亡人数近 30 万人，每年还有约 250 万的自杀未遂者。中国青少年自杀率居全球第一，自杀是中国 15 岁至 34 岁人群第一位死亡原因。此外，中国农村老人的自杀率是世界平均水平的 4—5 倍。中国高自杀率的原因除物质因素外，也有精神因素，而且两者往往交织在一起，彼此催化、相互影响。解决这一类型的问题，不可能从一个方面入手就实现"破局"。

（四）"中等收入群体"的测算标准

扩大中等收入群体与跨越"中等收入陷阱"是紧密相关的

问题。跨越"中等收入陷阱"需要扩大中等收入群体，那么中等收入群体的科学测算标准是什么？在国内层面，是提高个人收入、家庭收入，努力进入中等收入阶层，还是具有中等收入群体的主观感受？

若以收入为标准，扩大中等收入群体比例可以有个人收入、家庭收入两个维度。

标准一：个人收入

国内对于中等收入群体并没有统一标准，中等收入的具体划分存在诸多争议，世界银行提出的标准比较通用。按照世界银行的统计，中等收入群体的标准为，成年人每天收入 10—100 美元之间，也即年收入 3650—36500 美元。按照美元与人民币 1：7 的汇率计算，世界银行中等收入标准为 2.5 万元—25 万元人民币，换算下来，只要月收入 2083 元，就能算中等收入群体。但这一标准说服力很差，因为：（1）年均收入 2.5 万人民币，月收入 2000 多元，就是中等收入群体，这个标准显然太低了。在城市农民工一个月也不止 3000 元收入。（2）2.5 万元到 25 万，这个落差不小，换句话说这个标准的跨度太大。

标准二：家庭收入

国家统计局的另一个测算标准是家庭收入，按照典型的三口之家来看，家庭年收入 10 万元—50 万元之间，中国中等收入群体已经超过 4 亿人，1.4 亿个家庭。

很多网友评论：上述标准太宽，一个家庭一年收入连 10 万元都不到说明都是低保家庭。

标准三：职业阶层

有专家以受教育程度以及职业特征去概括中等收入群体，如国家公务员、技术科研人员、经营管理人员、市场营销人员、自由职业者、富裕农民等。据此，将中等收入阶层的内涵概括为：大多从事脑力劳动，主要靠工资和薪金谋生，一般受过良好教育，具有专业知识和较强的职业能力；有一定的闲暇，追求生活质量，大多具有良好的公民、公德意识和修养。

标准四：主观感受

按主观感受，日本管理学大师大前研一对中等收入群体提出了三个问题：房贷是否给你的生活带来了很大压力？你是否不敢结婚，或不打算生儿育女？孩子未来的教育费用是否让你忧心忡忡？大前研一认为，如果这三个问题的答案有任何一个为"是"，你就不算中等收入群体。[①]

按照这一标准，在国际社会可能只有两类国家会说 No，第一类是西方高福利国家，第二类是如"阿凡达"般的新兴国家或传统国家，经济发展一般，但相关需求亦不多，幸福指数很高，如尼泊尔等。

标准五：高收入国家、发达国家

在国际层面，有一种普遍认识，即成为高收入国家、发达国家就超越了"中等收入陷阱"，这些国家的广大中间阶层便是中等收入群体。纵观"二战"后 70 年的世界经济史，全球上百个非发达经济体中，只有 12 个经济体实现了"中等收入陷阱"的突破，其中包括 5 个东亚国家和地区，即日本、韩国、中国香港、中国台湾、新加坡；5 个欧洲国家，即西班牙、葡萄牙、希腊、马耳他、塞浦路斯；以及中东的以色列和阿曼。

2015 年 6 月，中国科学院中国现代化研究中心发布《中国现代化报告 2015 年：工业现代化研究》。报告显示，2015 年，美国等 20 个国家为发达国家，[②]俄罗斯等 20 个国家为中等发达国家，中国等 36 个国家为初等发达国家，印度等 55 个国家为欠发达国家。20 个发达国家加上面 12 个国家和经济体（有重叠），即超越"中等收入陷阱"的国家不到 30 个，占全球国家

① 毕诗成：《中等收入的标准不靠谱》，载《中华工商时报》2018 年 1 月 19 日，第3 版。

② 丹麦、美国、瑞士、瑞典、荷兰、新加坡、比利时、爱尔兰、英国、芬兰、挪威、德国、法国、日本、奥地利、澳大利亚、以色列、加拿大、韩国、新西兰。

总数的 13%。

可见，不是所有跨越"中等收入陷阱"的国家都是发达国家。但是所有的发达国家都跨越了"中等收入陷阱"。

（五）反思：跨越"中等收入陷阱"是个系统工程

如前所述，不少评价认为：成为高收入国家或是发达国家，就跨越了"中等收入陷阱"。笔者不赞同这一观点，这是典型的工具理性、物质衡量的观点。跨越"中等收入陷阱"是个系统工程，应加入价值理性、精神力量等要素。而后者也是中国特色社会主义的优势所在，我们有厚重的文化脉络，如何激活这一脉络，需要认真思考。

第一，在术的层面，建立跨越"中等收入陷阱"指标体系。

任何工作要实现科学化，不能似是而非，要有明确的内涵，要有具体的指标。建立指标是为了更精准地对标，用经济增长率、失业率、清偿力等来衡量经济领域的问题与成效，用基尼系数、全球清廉指数、城镇化率、公共服务均等化、国际悲惨指数等来衡量社会领域的问题与成效，用自杀率、幸福感指数等来衡量文化与价值领域的问题与成效。当然，指数或指标设定没有最合理的，只有相对合理的，但毕竟有了一个分析框架就可以在定量与定性相结合的基础上不断完善与进行科学评估。

表 2　超越"中等收入陷阱"的表现、要素、指标

	具体表现	考核要素	具体指标
经济领域	经济增长回落或停滞	经济增长率	GDP、GNP
	就业困难	失业率	低于 10%
	金融体系脆弱	清偿力	国际储备、货币的国际信用

	具体表现	考核要素	具体指标
社会领域	贫富分化	基尼系数	0.4 为警戒线
	腐败多发	全球清廉指数	50—100 分
	过度城市化	城镇化率	高于 70%
	社会公共服务短缺	公共服务均等化	尚无
	社会动荡	国际悲惨指数	失业率＋通胀率
文化与思想价值领域	信仰迷茫	自杀率	低于 10/10 万
	精神迷失	幸福感指数	挂在老百姓脸上的"指数"

第二,在经济领域,要特别重视收入分配公平以及发展平衡充分。

习近平总书记指出,我们不能照搬发达国家现代化模式,因为地球没有足够资源支撑。必须走自己的道路,对人类有所贡献。中国是用社会主义制度实现现代化,与西方现代化国家的共性是"强国的现代化",区别是社会主义现代化是共同富裕的现代化,这是社会主义本质特征决定的。在实现"两个一百年"奋斗目标的征程中,要努力提高发展的质量,特别要注重收入分配公平。未来 15 年是中国能否跨越"中等收入陷阱"的重要窗口期,其中高质量发展是关键,要特别关注平衡与充分发展。

今天的主要矛盾是人民日益增长的美好生活需要和不平衡不充分的发展之间的矛盾。其中,不平衡强调公平问题,不充分聚焦效率问题。实现平衡与充分发展恰恰是跨越"中等收入陷阱"的要害,要兼顾公平与效率。七大战略中,科教兴国战略、人才强国战略、创新驱动发展战略等主要解决充分问题,乡村振兴战略、区域协调发展战略、军民融合发展战略等主要解决平衡问题。充分与平衡解决好了,才有可能实现可持续发展，才有条件真正跨越"中等收入陷阱"。

第三，在社会领域，要特别重视治理体系与治理能力现代化水平。

在调研中，笔者常请教领导干部："治理同管理和统治有什么区别？"不少干部回答："我们理解就是将文件中之前用的管理和统治词汇统统换成治理二字。"治理和管理一字之差，体现的是系统治理、依法治理、源头治理、综合施策。坚持系统治理，从政府包揽向政府负责、社会共同治理转变；坚持依法治理，从管控规制向法治保障转变；坚持综合治理，从单一手段向多种手段综合运用转变；坚持源头治理，从根本上解决矛盾、防微杜渐。管理的权力运行方向是自上而下，治理的权力运行方向则是上下互动，前者的权威来自政策文件，后者的权威来自民众共识。

社会治理既要重视物质的力量，也要重视精神的力量；不仅要满足需求，也要引导需求。迄今国际社会没有形成共识性的指标来衡量社会公共服务能力。但在实践中，国际社会普遍认可：实现高水平的社会治理要完成从"人治模式"到"法治＋德治"的转型，要实现多元主体的合作管理，以实现公共利益最大化。

第四，在文化与价值领域，要特别重视精英意识、中流砥柱意识建设。

精英意识或中流砥柱意识是社会进步的稳定力量、经济发展的驱动力量、文化自信的传承力量。对社会主义中国而言，跨越"中等收入陷阱"的路径与指标要区别于西方国家，除了看收入外，要注重公民素质、精神健康、社会责任意识，注重人民的获得感、幸福感和满意度，特别要注重领导干部的道德水平、思想境界、使命担当意识，要有真正的中流砥柱意识。

信仰的本质是价值，价值是多元的，不是一元的，对核心价值效用的衡量不是有没有，而是能不能实现"日用而不觉察"；加强"不忘初心、牢记使命"主题教育，真正满足人民群众对美好生活的向往，实现共同富裕、社会治理、中流砥柱意识三者的"化学反应"。

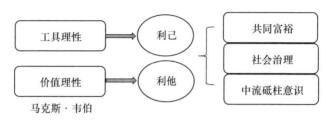

马克斯·韦伯

图 4　跨越"中等收入陷阱"要实现"化学反应"

其实，"中等收入陷阱"是不是伪命题并不重要，重要的是一系列问题与现象背后是否存在一般性规律，这一陷阱的本质是现代化与现代性的关系问题。西方现代化陷阱的关键是工具理性取代了价值理性，基于流水线、标准化的工具理性主义、工业实用主义成为主流，人的机械化和工具化特征使人变成了机器的附属物，中等收入、中低收入国家成为西方发达国家的附属。现代化建设应当是以人为本，而不应当是"以物为本"。[①]社会主义现代化需要改造人们生存的物质条件和精神条件，不仅包括科学技术现代化，也包括生活方式和价值观念的现代化，核心是人的现代化，终极理想是人的自由全面发展。

德国诗人冯·歌德在诗剧《浮士德》中写道："理论是灰色的，而生命之树常青。"不同阶段、不同国家，"中等收入陷阱"可能有不同的表现形式（不是一两个要素的匹配），跨越"中等收入陷阱"不仅是现实问题，也是观念问题，需要理论创新，要用丰富的实践去充实理论的研究工作，也需要用有效的理论去解决实践难题。

---

① 吴忠民：《现代化意味着什么》，载《中共中央党校（国家行政学院）学报》2019年第 3 期，第 20 页。

总体而言，中国深入贯彻以人民为中心的发展思想，在幼有所育、学有所教、劳有所得、病有所医、老有所养、住有所居、弱有所扶上持续用力，建成世界上规模最大的教育体系、社会保障体系、医疗卫生体系，人民群众获得感、幸福感、安全感更加充实、更有保障、更可持续，共同富裕取得新成效，维护国家安全的社会基础更加牢固。

中国式现代化的本质要求是：坚持中国共产党领导，坚持中国特色社会主义，实现高质量发展，发展全过程人民民主，丰富人民精神世界，实现全体人民共同富裕，促进人与自然和谐共生，推动构建人类命运共同体，创造人类文明新形态。党的二十大报告强调，中国式现代化是中国共产党领导的社会主义现代化，既有各国现代化的共同特征，更有基于自己国情的中国特色：中国式现代化是人口规模巨大的现代化。中国式现代化是全体人民共同富裕的现代化。中国式现代化是人与自然和谐共生的现代化。中国式现代化是走和平发展道路的现代化。特别强调，中国式现代化是物质文明和精神文明相协调的现代化。物质富足、精神富有是社会主义现代化的根本要求。物质贫困不是社会主义，精神贫乏也不是社会主义。要不断厚植现代化的物质基础，不断夯实人民幸福生活的物质条件，同时大力发展社会主义先进文化，加强理想信念教育，传承中华文明，促进物的全面丰富和人的全面发展。中国式现代化归根到底是人的现代化，国家安全归根到底是人的安全，实现人的现代化是维护国家安全和社会稳定的更高要求。

三、提高公共安全治理水平

维护国家安全和社会稳定，重心在基层，力量在基层，要切实提高公共安全治理水平。

第一，坚持安全第一、预防为主，建立大安全大应急框架，完善公共安全体系，推动公共安全治理模式向事前预防转型。公共安全一头连着经济社会发展，一头连着千家万户，必须既立足当前、着力解决突出问题，又立足长远、不断完善制度机制，提高公共安全保障能力，切实维护人民群众生命财产安全。要强化事前预防。牢固树立安全发展理念，从最突出的问题防起，从最基础的环节抓起，从最明显的短板补起，加强信息化源头管控、精准化监测预警、动态化风险评估、智能化威慑打击等方面的制度机制建设，织密全方位立体化的公共安全网。

第二，推进安全生产风险专项整治，加强重点行业、重点领域安全监管。完善和落实安全生产责任制，加强重点行业、重点领域安全监管，深入开展安全隐患排查整治，有效遏制重特大安全事故。2020 年 4 月，国务院安委会印发了《全国安全生产专项整治三年行动计划》，明确了 2 个专题实施方案、9 个专项整治实施方案。"三年行动"主要聚焦在风险高隐患多、事故易发多发的煤矿、非煤矿山、危险化学品、消防、道路运输、民航铁路等交通运输、工业园区、城市建设、危险废物等 9 个行业领域。

《中华人民共和国安全生产法》于 2002 年公布施行，2009年和 2014 年进行了两次修正，对预防和减少生产安全事故，保障人民群众生命财产安全发挥了重要作用，但新发展阶段、新发展理念、新发展格局对安全生产提出了更高的要求，需要对安全生产法进行修改完善。《中华人民共和国安全生产法》已由第十三届全国人民代表大会常务委员会第二十九次会议于 2021年 6 月 10 日通过，自 2021 年 9 月 1 日起施行。新修订后的安全生产法新增了平台经济等新兴行业、领域的安全生产问题，总体上进一步加大对生产经营单位及其负责人安全生产违法行为的处罚力度。

第三，提高防灾减灾救灾和重大突发公共事件处置保障能力，加强国家区域应急力量建设。坚持以防为主、防抗救相结合，坚持常态减灾和非常态救灾相统一，建立高效科学的自然灾害防治体系。我国是世界上自然灾害最为严重的国家之一，近年来，极端天气灾害多发频发，在重特大自然灾害防范应对实践中，暴露了我国一些城市在防灾减灾领域存在诸多短板和不足。

中国 70% 以上的城市、50% 以上的人口分布在气象、地震、地质、海洋等灾害的高风险区。21 世纪以来，我国平均每年因自然灾害造成的直接经济损失超过 3000 亿元。因自然灾害每年大约有 3 亿人次受灾。

2018 年 3 月，十三届全国人大一次会议审议通过了国务院机构改革方案，批准了中华人民共和国应急管理部的组建。在此之前，我国的应急管理工作并无统一的常设机构，国务院下属的应急管理协调机构更是有 16 个之多。一旦遭遇突发公共安全事件，往往出现应急管理的政令不一、信息不畅。应急管理部的组建彻底改变了这种局面。新建立的应急管理部整合了职责，形成了核心部门总牵头、各方协调齐配合的应急管理和公共安全治理新局面。

2018 年 10 月，公安消防部队、武警森林部队退出现役，成建制划归中华人民共和国应急管理部，组建国家综合性消防救援队伍。应急管理部设立消防救援局、森林消防局。

2022 年 6 月，应急管理部印发《"十四五"应急救援力量建设规划》，规划进一步明确了"十四五"期间专业应急救援力量、社会应急力量、基层应急救援力量建设思路、发展目标、主要任务、重点工程和保障措施，细化提出了 4 项发展目标、9 个核心指标，以及 5 个方面重点任务和 18 项重点工程。

2023 年 1 月 6 日，由原应急管理部消防救援局和森林消防局整合组建的国家消防救援局正式挂牌亮相，揭开了我国消防事业发展的新篇章。国家消防救援局将聚焦全灾种大应急任务需要，融入大安全大应急框架建设，坚持专业化职业化发展方向，加强履职能力建设，提高实训实战水平，以高水平安全支撑高质量发展，为百姓安康和社会稳定保驾护航。

第四，强化食品药品安全监管，健全生物安全监管预警防控体系。坚持最严谨的标准、最严格的监管、最严厉的处罚、最严实的问责，强化食品药品安全监管，确保人民群众"舌尖上的安全"。2016 年 8 月 8 日，国家食品药品监督管理总局印发了《关于全面加强食品药品监管系统法治建设的实施意见》。2018 年 3 月，根据《中共中央关于深化党和国家机构改革的决定》和《深化党和国家机构改革方案》，组建国家市场监督管理总局，不再保留国家食品药品监督管理总局。国家药品监督管理局是国家市场监督管理总局管理的国家局，为副部级。

食品安全关系中华民族未来。党的十九大报告明确提出实施食品安全战略，让人民吃得放心。但是，我国食品安全工作仍面临不少困难和挑战，形势依然复杂严峻。微生物和重金属污染、农药兽药残留超标、添加剂使用不规范、制假售假等问题时有发生，环境污染对食品安全的影响逐渐显现；违法成本低，维权成本高，法制不够健全，一些生产经营者唯利是图、主体责任意识不强；新业态、新资源潜在风险增多，国际贸易带来的食品安全问题加深；食品安全标准与最严谨标准要求尚有一定差距，风险监测评估预警等基础工作薄弱，基层监管力量和技术手段跟不上；一些地方对食品安全重视不够，责任落实不到位，安全与发展的矛盾仍然突出。这些问题影响到人民群众的获得感、幸福感、安全感，成为全面建设社会主义现代化国家的明显短板。2019 年 5 月，中共中央、国务院印发《关于深化改革加强食品安全工作的意见》。意见是第一个以中共中央、国务院名义出台的食品安全工作纲领性文件，具有里程碑式重要意义，其实施有利于加快建立食品安全领域现代化治理体系，提高从农田到餐桌全过程的监管能力，提升食品全链条质量安全保障水平。

药品安全事关人民群众身体健康和生命安全。党的十八大以来，药品监管改革深入推进，创新、质量、效率持续提升，医药产业快速健康发展，人民群众用药需求得到更好满足。随着改革不断向纵深推进，药品监管体系和监管能力存在的短板问题日益凸显，影响了人民群众对药品监管改革的获得感。为全面加强药品监管能力建设，更好保护和促进人民群众身体健康，2021年5月，国务院办公厅印发《关于全面加强药品监管能力建设的实施意见》，明确6个方面18项重点工作。2013年至2021年，全国法院共审结生产、销售、提供假药罪，生产、销售、提供劣药罪以及妨害药品管理罪一审刑事案件2.7万余件，判决人数3.6万余人，还对大量涉药品安全犯罪以生产、销售伪劣产品罪等相关罪名定罪处罚，有效震慑打击危害药品安全违法犯罪。

健全生物安全监管预警防控体系，全面提高国家生物安全治理能力。2020年10月17日，《中华人民共和国生物安全法》于第十三届全国人民代表大会常务委员会第二十二次会议通过，强调建立生物安全风险防控体制。第十条规定：中央国家安全领导机构负责国家生物安全工作的决策和议事协调，研究制定、指导实施国家生物安全战略和有关重大方针政策，统筹协调国家生物安全的重大事项和重要工作，建立国家生物安全工作协调机制。省、自治区、直辖市建立生物安全工作协调机制，组织协调、督促推进本行政区域内生物安全相关工作。

《中华人民共和国生物安全法》第十一条规定：国家生物安全工作协调机制由国务院卫生健康、农业农村、科学技术、外交等主管部门和有关军事机关组成，分析研判国家生物安全形势，组织协调、督促推进国家生物安全相关工作。

第五，加强个人信息保护。2021年8月20日，《中华人民共和国个人信息保护法》于第十三届全国人民代表大会常务委员会第三十次会议通过。其中，第十条规定：任何组织、个人不得非法收集、使用、加工、传输他人个人信息，不得非法买卖、提供或者公开他人个人信息；不得从事危害国家安全、公共利益的个人信息处理活动。

敏感个人信息是一旦泄露或者非法使用，容易导致自然人的人格尊严受到侵害或者人身、财产安全受到危害的个人信息，包括生物识别、宗教信仰、特定身份、医疗健康、金融账户、行踪轨迹等信息，以及不满十四周岁未成年人的个人信息。据统计，2021年，全国公安机关共破获侵犯公民个人信息案件9800余起，抓获犯罪嫌疑人1.7万名。

四、完善社会治理体系

平安是人民幸福安康的基本要求，是高质量发展的基本前提，要全面提升平安中国建设科学化、社会化、法治化、智能化水平。

第一，健全共建共治共享的社会治理制度，提升社会治理效能。党的十九届四中全会指出，"完善党委领导、政府负责、民主协商、社会协同、公众参与、法治保障、科技支撑的社会治理体系。"提升社会治理效能，要看是否有效防范化解各种风险，是否有效维护群众合法权益，是否有效提高法治保障水平。

第二，在社会基层坚持和发展新时代"枫桥经验"，完善正确处理新形势下人民内部矛盾机制，加强和改进人民信访工作，畅通和规范群众诉求表达、利益协调、权益保障通道，完善网格化管理、精细化服务、信息化支撑的基层治理平台，健全城乡社区治理体系，及时把矛盾纠纷化解在基层、化解在萌芽状态。要加强矛盾风险源头防范化解。党的工作最坚实的力量支撑在基层，必须把抓基层打基础作为长远之计和固本之策。要完善群众参与基层社会治理的制度化渠道，健全党组织领导的自治、法治、德治相结合的城乡基层治理体系，实现政府治理和社会调节、居民自治良性互动。要推动社会治理和服务重心向基层下移，把更多资源下沉到基层。

要坚持和发展新时代"枫桥经验"，争取做到"矛盾不上交、平安不出事、服务不缺位"，完善正确处理新形势下人民内部矛盾机制，加强和改进人民信访工作，畅通和规范群众诉求表达、利益协调、权益保障通道，完善网格化管理、精细化服务、信息化支撑的基层治理平台，健全城乡社区治理体系，及时把矛盾纠纷化解在基层、化解在萌芽状态。

北京率先推进"街乡吹哨、部门报到"基层治理改革，便是社会治理和服务重心向基层下移的有益探索。2018 年 11 月 30 日，《浙江省保障"最多跑一次"改革规定》审议通过，于 2019 年 1 月 1 日起正式实施，这是全国"放管服"改革领域首部综合性地方法规。"最多跑一次"，是指自然人、法人和非法人组织向行政机关申请办理一件事，申请材料齐全、符合法定形式的，从提出申请到收到办理结果全程只需一次上门或者零上门。依法推进"最多跑一次"改革，是为了提高行政效能，优化营商环境，建设人民满意的法治政府和服务型政府，推进治理体系和治理能力现代化。

2024 年是"浦江经验"提出 20 周年。这一经验是习近平总书记在浙江工作期间亲自倡导并带头下访接访群众形成的好经验好做法，开创了"省级领导下访接访"的先河。

网格是社会治理的最小单元，网格员是与群众联系最密切的岗位，网格化管理助力快速解决百姓烦心事。网格员在街道、楼宇间行走，直面居民诉求，能够做到服务零距离。此外，"接诉即办"也是政务新词，指建立群众诉求快速响应机制。街道办事处对市民服务热线、媒体曝光等反映的市民合理合法诉求，应当及时受理，属于其职责范围内的，接诉即办。

第三，加快推进市域社会治理现代化，提高市域社会治理能力。"市域社会治理"是指以城市行政区域为空间范围，统筹政府、社会、市场各方力量，完善市域社会治理的组织架构和组织方式，提高市域社会治理能力，努力把重大风险防范化解在市域。

城市治理是推进国家治理体系和治理能力现代化的重要内容。2019年10月31日，党的十九届四中全会通过的《中共中央关于坚持和完善中国特色社会主义制度 推进国家治理体系和治理能力现代化若干重大问题的决定》明确提出，"加快推进市域社会治理现代化"，这是党的纲领性文件中首次出现"市域社会治理"的概念。党的十九届五中全会进一步提出，"加强和创新市域社会治理，推进市域社会治理现代化。"

中央政法委研究制定了《全国市域社会治理现代化试点工作实施方案》《全国市域社会治理现代化试点工作指引》，既为开展试点工作提供了基本遵循，又为试点城乡评估提供了衡量标准。

2022年8月15日，中央政法委召开第九次市域社会治理现代化试点工作交流会。中央政法委秘书长陈一新强调，要加快完善党委领导、政府负责、群团助推、社会协同、公众参与的市域社会治理体制，为市域社会治理现代化提供有力保障。其中，要健全社会组织协同体制。健全社会组织培育扶持机制，重点扶持治保维稳类、专业调处类、公益慈善类、居民互助类等社会组织。此外，要加强社会组织规范管理，强化自律诚信和守法意识，不断提升服务质效和社会公信力。健全人民群众参与体制。保障群众知情权、参与权、表达权和监督权。创新完善群众工作机制，推动听民声察民情常态化。

确切地说，市域社会治理现代化的本质就是整体性社会的发展过程。[1] 提高市域社会治理能力不仅是实现社会治理现代

---

[1] 陈成文、陈静、陈建平：《市域社会治理现代化：理论建构与实践路径》，载《江苏社会科学》2020年第1期，第45页。

化，也是推进国家安全体系和能力现代化的必然要求。

第四，强化社会治安整体防控，推进扫黑除恶常态化，依法严惩群众反映强烈的各类违法犯罪活动。把完善社会治安整体防控体系作为基础性工程来抓。要坚持打防管控建并举，加快推进立体化信息化社会治安防控体系建设，保护人民群众人身权、财产权、人格权。深入实施反有组织犯罪法，推进扫黑除恶常态化，以"破案攻坚"开路，以"打伞破网"断根，以"打财断血"绝后，以"问题整改"提质，坚决把黑恶势力扫荡干净。在标本兼治上下真功夫，既坚持深挖根治，又谋划长效常治，建立健全行业监管、乱点整治、基层治理等方面的长效机制，净化社会政治生态。紧紧抓住人民群众反映强烈黄赌毒拐骗等违法犯罪特别是网络贩枪、网络传销、电信网络诈骗、网络黑公关等新型网络犯罪，深化打击整治行动，着力治乱点、补短板、消隐患。加强对治安动态的分析预测，推动社会治安重心下移，努力实现"发案少、秩序好、社会稳、群众满意"。

积极推进立体化、信息化社会治安防控体系建设，大力推广社会面"1、3、5分钟"快速响应等机制，有效提升社会面掌控力。具体来说，"135"消防响应机制：1分钟响应启动、3分钟到场扑救、5分钟协同作战。"135"快速反应作战圈机制：在主城区，接报涉恐涉暴袭击和个人极端暴力犯罪等重特大警情时，1分钟快速反应，重点区域3分钟赶到现场处置，人员密集场所5分钟赶到现场处置。

2018年1月，中共中央、国务院发出《关于开展扫黑除恶专项斗争的通知》指出，重点打击十二种黑恶势力。2021年5月，中共中央办公厅、国务院办公厅印发《关于常态化开展扫黑除恶斗争巩固专项斗争成果的意见》，旨在对常态化开展扫黑除恶斗争作出安排部署。2021年12月24日，第十三届全国人民代表大会常务委员会第三十二次会议通过《中华人民共和国反有组织犯罪法》，保障在法治轨道上常态化开展扫黑除恶工作。

第五，发展壮大群防群治力量，营造见义勇为社会氛围，建设人人有责、人人尽责、人人享有的社会治理共同体。坚持群众路线，是我们党从胜利走向胜利所依凭的优良传统。在维护国家安全方面，专门工作与群众路线相结合的路径需要长期坚持。放手发动群众、依靠人民力量，方能筑牢坚如磐石的社会堤坝，使危害国家安全者无处藏身，危害国家安全的行为无以遁形。进一步加强见义勇为工作，扬正气、鼓士气，营造见义勇为社会氛围。完善群众参与平安建设的组织形式和制度化渠道，创新互联网时代群众工作机制，更好地广纳民智、广聚民力。

互联网是一个社会信息大平台，亿万网民在上面获得信息、交流信息，这会对他们的求知途径、思维方式、价值观念产生重要影响。要善于通过互联网等各种渠道问需于民、问计于民，更好倾听民声、尊重民意、顺应民心，把党和国家各项工作做得更好。在不确定难预料因素增多的时期，要使中国共产党始终成为风雨来袭时全体人民最可靠的主心骨。

在今天的中国，很多城市有了新的人民品牌，如在北京，"朝阳群众""西城大妈""海淀网友""丰台劝导队""石景山老街坊"等都是首都基层社会治理的亮丽名片，是群防群治的重要力量。2014 年起，北京市还通过自愿加入，形成了一支"网警志愿者"队伍。志愿者较为年轻，80 后、90 后是绝对的主力军，占志愿者总数的 80%。总之，中国共产党根基在人民群众，血脉在人民群众，力量在人民群众。

五、新时代城市"打工人"调研报告 *

近年来，随着我国经济社会高速发展，涌现出一批新就业形态从业者。这些新就业形态就业容量大、进出门槛低，具有

---

* 执笔人：赵磊、吴昊昙、邓涵、杨慧

极强的灵活性以及经济社会发展必需性，成为吸纳就业的重要渠道。然而，新就业形态存在劳动关系待明晰、社会保障待完善、平台监管有欠缺等短板、弱项，这对维护国家安全以及社会稳定提出新的要求。国家安全需要夯实社会根基，需要关心起到"蚂蚁雄兵"作用却又相对弱势的新时代城市"打工人"。为此，课题组于 2023 年 2 月至 7 月间选取长途货车司机、外卖员、快递小哥和保安群体作为调研对象，采用调研问卷（400份）、一对一访谈、电话访谈，以及加入调研对象微信工作群等方式，深入了解新时代城市"打工人"的生存状况和精神状态，并提出相应对策建议。

（一）长途货车司机生存状况及建议

当前，全国共有长途货车司机超 2100 万人，大多以个体经营为主。货车司机的生存状况，不仅关系到经济社会的正常运行，而且连接着民生福祉和社会稳定。课题组通过问卷、电话访谈等形式对长途货车司机群体进行调查，收到有效问卷 200份，在数据汇总分析基础上，结合深度访谈，剖析相关问题及成因。

1. 调研问卷呈现的问题

第一，工作强度大，但收入水平低、缺乏社会保障。长途货车司机的工作强度大，有 91.5% 的受访司机表示每天平均工作时长超过 8 小时。其中，工作 8—12 小时的占比 47.5%，超过 12 个小时的占比 44%。高达 67.5% 的受访司机表示，他们每周平均工作 7 天。工作 6 天的受访者占比也有 19.5%。但与较强的劳动负荷相比，货车司机单位时间收入水平偏低，导致司机对收入水平总体满意度不高。大部分货车司机的平均月收入为 6000—1 万元，占比高达 75.5%。11% 的受访司机表示，他们的月收入不足 6000 元。同时，有 47.5% 的受访者表示对收入过低感到焦虑。大部分货车司机倾向于储蓄，不敢将更多的收入用于消费。有 35.5% 的货车司机平均每月花费 2001—4000元，花费 4001—6000 元的货车司机占比为 25%。长途货车司机多为个体经营，抗风险能力较弱。尽管大部分货车司机通过挂靠等方式加入某一企业，但仅有 9.5% 的受访者表示企业为其全部缴纳了社保。高达 82.5% 的受访者表示，企业仅为其缴纳了一部分社保。

第二，学历总体偏低，对社会变迁的适应力不足、疏离感强。长途货车司机的文化水平普遍不高。高达 88.5% 的受访者为大学专科以下学历，其中 60% 的货车司机仅有初中学历，17.5% 为高中学历，小学学历占比 7%。92.5% 的长途货车司机是男性，多以农村户籍为主。有高达 16% 的受访者目前处于离异状态。多数受访者表示，自己是"被动单身"，即常年在外，工作流动性大，居无定所，脱离社会。且被认为是从事高危工作，令女性望而生畏，主动回避。货车司机长年累月风吹日晒，有时候还要搬卸货物，在煤炭、泥沙等各种货物中流转，很难"肤白貌美"。有 14% 的货车司机表示，他们自身和家人曾遭遇过电信网络诈骗。值得注意的是，有高达 23% 的受访者坦言，自身和家人存在心理抑郁情况。

第三，"老司机"现象日益突出，货运行业对青年缺乏吸引力。长途货车司机的职业稳定性总体较强，但货车司机"大龄化"问题日益凸显。目前，70 后是长途货车司机的主力，占比高达 60%；其次是 80 后，占比为 30%；90 后仅占 8%。受访司机从业超过 5 年的占比高达 67%，其中从业 10—20 年的占比最高，为 32.5%；其次是从业 20—30 年的，占比 20%。过去货车司机属于高端蓝领，有着"油门一脚，黄金万两"的美誉，但随着国内货运市场逐步发展成熟，近年来货车司机的职业红利正在消失，收入不断降低，社会地位不如以前。有 39% 的货车司机认为，他们感觉自己的工作不被尊重。有超过一半的货车司机将无法照顾父母、无法照顾子女、自己和家人身体康健问题、工作强度太大等列为主要的焦虑来源。其中，无法照顾父母、无法照顾子女是受访司机在生活中最大的焦虑，占比分别为 72% 和 67%。在上述多种因素的共同作用下，愿意从事货车司机的年轻人越来越少，"大龄化"甚至"高龄化"趋势日益明显。

2. 访谈过程中发现的问题

第一，疫情后收入"不增反降"，心理落差较大。疫情期间，广大货车司机冲锋在前、迎难而上，成为抗疫、保供的"主力军"。随着疫情平稳转段，2023 年开年以来，货车司机又投入复工复产的热潮。但是，受三年疫情影响，经济恢复仍需要时间。由于个体司机抗风险能力弱，增加了行业稳定风险。多位受访者表示，疫情期间货运量增加，他们的工作虽然辛苦，需要克服重重困难，但收入可以保持在 1 万元以上。国家优化落实新冠肺炎疫情防控措施后，随着经济的进一步复苏以及货物运输限制的解除，他们原本预期收入会进一步增加。但实际上，受访司机表示，2023 年以来货运需求不足，恢复从业的货车司机却在增多，导致运力供大于求，市场总体运价下行，他们的收入相应出现了较大幅度的下滑，部分货车司机甚至面临无货可拉、被迫歇业的困境，行业环境愈发艰难。

第二，高度依赖网络货运平台，但存在乱象、矛盾加剧。近年来，网络货运平台的出现改变了传统货运行业主要依靠区域聚集、熟人介绍、小广告等方式接单，克服了信息匹配率低，运力容易闲置等不足，将传统的货运交易链条搬到了线上，极大地提高了信息匹配效率，同时大幅降低了货车空驶率。货车司机越来越习惯和依赖网络货运平台的便利，线上揽货日益普遍。但同时多位受访者反映，网络货运平台收取高昂的信息费，存在抢单、压价等乱象，导致其虽提升了工作效率，但收入却没有实质性增加。过去，货车司机之间的竞争主要为区域流量，由于发货双方信息不对称，司机具有较大的议价权，而在货运平台上则是全国订单的争夺，无疑削弱了货车司机的议价权。在行业运力过剩、需求不足的情况下，部分货主通过网络货运平台随意调低运价，但总有司机为了生计愿意接单，从而致使整个行业运价不断降低。大部分货车司机都是个体经营，缺乏维权的自觉与能力。

第三，对国家和自身未来发展有信心，但呈现代际差异，且易受外界负面信息冲击。有高达79.5%的受访者表示对国家未来发展充满信心，有73%的受访者对自身及家庭的未来充满信心，但也分别有20.5%和24.5%的受访司机选择了"看不清"的选项，表明仍有不少的货车司机信心不足。同时，在对"是否对国家未来发展充满信心"的问题上，年龄大的货车司机对国家未来发展的信心更足，年龄小的货车司机对国家未来发展的信心偏低。其中，在回答"是"的司机中，60后占比为100%，70后为81%，80后为78%，90后为69%。总体上，货车司机的文化水平偏低，对自身行业生存环境高度敏感，但辨识能力较弱，仅有11.5%的受访司机有阅读的习惯。同时，该群体接受资讯的渠道有限、质量不高，主要通过看抖音、快手等短视频来打发空闲时间，占比高达51.5%。不同代际的货车司机也呈现鲜明的特点：90后司机通过短视频等方式休闲的占比最高，为41%，80后为28%，70后为26%，60后最低，占比为25%。而90后司机选择读书作为休闲方式的占比最低，仅有4%。此外，货车司机虽多为个体运营，但几乎都被各式各样的货车QQ群、微信群所"结社"覆盖。舆论场一旦出现诸如"货运司机服农药自杀""货车司机割腕"等极端事件时，极容易引发货车司机群体中负面情绪的快速传播，甚至诱发群体性事件。

3. 相关建议

第一，对网络货运平台加强规范引导，限制抢单、竞价等压低运价的行为。宜持续推动落实2021年10月交通运输部等十八个部门出台的《关于加强货车司机权益保障工作的意见》，对网络货运平台加强规范引导，鼓励其在行业不景气时减少面向货车司机的业务抽成，限制少数货车司机因急于开拓业务的恶意竞价、抢单等压低运价的行为。可以通过技术手段，如智能调度系统，合理调节市场供需，优化运力配置，科学引导运力流动，避免因少数司机的恶意竞争行为导致整体运价下跌。引导网络货运平台加强公平运价干预，通过多种措施提示或纠正货主托运人发布过低运价，对于明显低于成本价，存在明显导致超限超载运输的行为予以明确禁止。同时，平台还可设立举报机制，鼓励用户积极举报违规行为，共同维护市场秩序。相关部门宜加强对网络货运平台的监管，制定和完善相关法规。同时，建立健全网络货运平台诚信体系，对违规行为进行记录并在平台上公示，形成有效警示。对于恶意压低运价、扰乱市场秩序、严重损害货车司机权益的货运平台进行约谈和处罚，引导网络货运平台与货车司机群体形成互利共赢的关系。此外，鼓励由政府相关部门牵头，在网络货运平台、货车司机以及货主等相关方建立定期沟通机制，共同探讨如何规范市场秩序，合理调整运价水平，逐渐在市场需求和运力状况、市场调度之间形成良性互动。

第二，引导抖音、快手等短视频平台优化算法，多向货车司机群体推送正能量资讯娱乐产品。宜鼓励抖音、快手等短视频平台加强对内容的审核和管理，特别是对于涉及货车行业资讯娱乐产品的推送，确保内容真实、积极向上，符合社会主义核心价值观。同时，引导短视频平台与行业协会、专业机构等合作，多向货车司机制作和推送高质量的货车行业资讯娱乐产品，如纪录片、音乐、新闻等，以满足长途货车司机群体的精神文化需求。此外，还可鼓励货车司机生产、传播其亲身经历的见闻和内容，以真情实感汇聚和传播正能量，吸引社会各界加强对这一群体的关注、关怀、关心。

第三，有序支持行业技术改造升级，探索货车司机群体技能提升的机制与路径。新能源货运车可以大幅降低运输成本，市场化前景广阔，其替代燃油货车在城市物流领域推广应用已经是大势所趋。对于大部分货车司机来说，需要努力适应新能源货车等技术变迁带来的机遇与挑战，为进入新赛道做好准备。相关部门宜结合货运行业发展现状和需求，制定货运行业技术改造升级的中长期规划，明确技术改造的目标、任务和实施路径，如支持鼓励新能源重卡投入商业化应用，加大充电桩、加氢站、换电站等配套设施建设，鼓励支持新能源车辆替代。同时，探索开展针对货车司机的技能培训，通过组织座谈会、线上交流会等活动，开展货车司机技能提升工程，充分利用社会资源，提升司机安全驾驶、节能驾驶等素质能力，提高货车司机的综合素养。

第四，加强货运行业协会建设，增强货车司机群体的社会归属感和认同感。相关部门宜鼓励加强货运行业协会建设，通过行业组织制定货运行业价格引导，依托行业协会发布运价指数和标准运价表，合理引导市场运价预期。同时，鼓励相关行业协会和社会组织进一步加强对长途货车司机的服务保障，如提供更加便捷的停车服务、心理疏导服务、优化城市道路货车通行政策等，切实让货车司机感受到社会的关心和关爱。宜逐步建立健全覆盖货车司机群体的社会保障体系，为货车司机提供更加完善的社会保险、医疗保障等服务，提高货车司机的生活质量。此外，宜鼓励媒体增加对长途货车司机以及货运行业的相关正面报道，适度引导舆论，提高社会对货车司机群体的关注度和认可度。

（二）外卖员、快递小哥生存状况与建议

当下，外卖、快递行业发展迅猛，创造了大量就业机会，有超过1700万的从事人员。为了维护这一行业从业人员的劳动

保障权益，2021年7月，人力资源和社会保障部、国家发展改革委、全国总工会等部门曾联合出台《关于维护新就业形态劳动者劳动保障权益的指导意见》。然而，现实中外卖、快递行业从业人员的劳动权益保障是否得到切实维护？依然面临哪些问题？这都需要持续走进这一群体，以了解实际情况。为此，课题组于2023年2—6月在北京市随机抽取100位外卖员、快递小哥进行问卷调研，并进行了一对一的深度访谈，报告如下。

1. 调研问卷呈现的问题

第一，劳动强度大，"醒着就在工作"。57%的受访者每天平均工作8—12个小时，每天工作超过12小时的受访者也高达38%；83%的受访者每周工作7天；除了春节回老家过年的短短数天，几乎所有受访者全年无休。多位受访者表示，早上6点半之前开始工作，晚上8点甚至10点之后才下班，中午饭多为随便凑合，基本上是"醒着就在工作"。尤其是"双十一"、节假日往往送单量陡增，有多位受访者表示为了在需求量大时多挣钱，平均每天睡觉不到3小时，顾不上吃一顿完整的饭。20%的受访者表示每天几乎没有任何休闲时间，78%的受访者表示仅有的休闲方式是在等待订单、吃饭时和睡觉前刷抖音、快手等短视频。

第二，收入有限，工资低是最大的焦虑。47%的受访者月均收入为6000—8000元，仅有5%能达到一万元以上；71%的受访者月均花销（包括房租、水电费、置装费、饭费等）为2000—4000元，大多数受访者平均每月到手纯收入为2000—6000元。对于已婚已育的成年男性从业者而言，这一收入是其赡养父母、教育子女和其他家庭支出的最大来源。因此，在被问及"生活中的最大焦虑"时，58%的受访者表示最大的焦虑是工资过低。此外，多位受访者表示，由于该行业入行门槛低，2023年以来，明显感觉到加入外卖、快递行业的人数增多，接单量下降，平台给予每单的收入降低，日均收入显著减少。

第三，社会保障缺乏，对未来缺乏预期。调研中发现，外卖、快递行业中，除了采取直营模式的顺丰、京东等快递员的待遇较好、有五险、有加班费外，所有的外卖平台和快递公司均采用订单外包模式，从业人员没有正式的劳动合同、没有社会保险。外卖员被注册为"个体户"，与平台在法律上是"商业合作"，而非"雇佣"关系。一旦外卖员、快递员在从业过程中出现交通事故、身体健康等问题，平台可以轻易避开履责问题。正是因为社会保障的缺乏，50%的受访者表示"生活中的最大焦虑"是其身体健康问题，仅次于对工资过低的担忧。大多数受访者表示尤其担忧迈入老年之后的身体和生活问题。

2. 访谈过程中发现的问题

第一，缺乏行业认同感，维护劳动者合法权益难度高。在访谈过程中，大多数受访者表示外卖、快递行业不是其最终归宿，这一点在青年从业者中尤为突出。36%的受访者从事外卖、快递行业的时间仅为一年或少于一年，仅有2%的受访者从事该行业5年以上。从年龄结构看，48%的受访者为90后和00后的年轻人，抗压能力不一，很多人是从其他"更难干"的行业（如建筑工）转入外卖、快递行业，一旦有更好的选择就会转出该行业。疫情之后，加入外卖、快递行业的人数快速增多，每单收益下降，加重了外卖员、快递小哥流出该行业的速度。同时，外卖、快递行业属于平台依赖型行业，不适用传统的有固定劳动场所、固定劳动关系的社会保障形式，劳动者维护合法权益难度大。

第二，潜在安全风险隐患高，恶意投诉差评问题突出。外卖、快递行业追求时效，送单量直接关系工资收入，甚至影响后续派单安排量，因此，为了确保准时送单，大多数受访者都表示曾经闯过红灯或逆行，身边也不乏出现严重交通事故的同行。此外，受访者普遍表示恶意差评和投诉是他们最害怕的事情之一。外卖员、快递小哥强调送单迟到很多时候是身不由己，包括小区、学校、商场等不让进，导航出现问题，商家出餐慢等，但一旦客户给予差评和投诉，将可能使外卖员、快递小哥一天的收入归零。

第三，自身幸福感低，对国家期望值高。受访者大多数为已婚已育的成年男性，肩负养家糊口的重任，常年背井离乡，缺乏配偶、父母、子女的陪伴，"一睁眼就是接单，夜里一回到住处就是洗漱睡觉，就过年回家几天能看到家人，有时候挣得不多，过年也不敢回家，活得就像个不停运转的机器"是大多数受访者的生活状态。在深度访谈中进一步发现，80、90后的年轻从业者普遍对自己的生活质量不乐观，而60后、70后从业者的幸福感明显高于这一群体。对于年轻从业者，农村的收入低，城市的生活没有归属感，始终处于"回不去的农村，容不下的城市"的不确定生活状态中。同时，68%的受访者表示对自己及家庭的未来充满信心，而75%的受访者表示对国家的未来充满信心。可见，大多数外卖员、快递小哥对国家的期望值普遍高于对自身的期望。

3. 相关建议

第一，国家层面，完善外卖、快递行业相关法律法规和社会保障制度。督促相关部门、地方政府就落实《关于维护新就业形态劳动者劳动保障权益的指导意见》出台相关法律法规，设立和成立相关监督机制，不定时开展行业保障监察检查。出台外卖平台、快递公司需提供社会保险和商业保险相关制度，鼓励外卖、快递从业者参与保险。

第二，行业层面，设立外卖、快递行业职业规范。明确外卖、快递行业工作职责，对从业人员的福利待遇、行为规范制定"底线"标准。行业管理部门推动平台企业设计更加人性化的算法体系，将商家出餐时间和配送时间分开计算，将外卖员、快递小哥乘坐电梯、爬楼梯、过红绿灯等因素考虑在内，优化算法系统。设立外卖、快递行业相关社会组织，对外卖员、快递小哥进行上岗前技能培训、帮助解决心理咨询等问题。设立对恶意投诉、差评顾客的"黑名单"制度和惩罚措施，维护外卖员、快递小哥的合法权益。

第三，党团组织层面，将辖区内外卖员、快递小哥纳入党团关心关爱对象。建立对口联络机制，在节假日等特殊日子为外卖员、快递小哥送温暖，组织集体活动，提升这一群体人员在城市生活的幸福感。针对外卖员、快递小哥文化水平不高，遇到问题不知如何维护自身合法权益的问题，设立为其提供法律咨询的对口联络帮扶机制，协助解决外卖、快递从业者劳动过程中遇到的法律纠纷问题。

第四，社会层面，通过电视、广播、短视频、街道宣传栏等传播渠道，增强社会对外卖员、快递小哥的包容和理解。对社会层面出现的关心关爱外卖员、快递小哥的良好事迹进行广泛宣扬，对有突出贡献的外卖、快递从业者进行公开表彰和宣传，鼓励商家为他们提供休息座椅、饮用水等，形成关心关爱新就业形态从业人员的良好社会氛围。

（三）保安群体生存状况及建议

保安群体是活跃在基层服务和社会管理一线的重要力量，为维护公共安全和社会稳定做出了重要贡献，从业人员已经超过了640万。为全面了解保安群体的工作生活状况，2023年3月至6月期间，课题组对北京市部分小区、写字楼、商场、事业单位等地的保安展开问卷调研，收到有效问卷100份，在数据汇总分析基础上，结合深度访谈，剖析问题并提出相关建议，报告如下。

1. 调研问卷呈现的问题

第一，保安队伍"三低"现象突出。一是学历低。保安队伍的构成主要以农村剩余劳动力、下岗职工、无业人员、退伍军人为主，49%的受访者文化水平为小学，33%为初中，仅有13%的受访者拥有高中学历，5%拥有大专及以上学历。二是收入低。74%的受访者平均月收入为4000元以下，其中56%在

3500 元以下；18% 的受访者月收入为在 4000—6000 元之间，仅有 8% 的受访者月收入能够超过 6000 元。三是花费低。由于物业公司普遍为保安提供集体宿舍，部分公司能够免费提供三餐盒饭，降低了保安群体的生活成本，90% 的受访者平均每月花费为 1000 元以下，多为日用品消费。

第二，劳动时间长，休闲娱乐方式单一，生活单调乏味。保安岗位多为"看门、巡逻"等劳动密集型的体力工作，77% 的受访者每天工作时长为 12 小时，15% 为 8 小时，8% 为 12 小时以上。极少的保安岗位提供假期，95% 的受访者每周平均工作时长为 7 天。受访者表示，"全年都没有一天假期，只要休息就会扣工资，过年回老家，只能先把工作辞掉，等回来再重新找。"保安群体的资讯获取和休闲娱乐方式单一，100% 受访者打发空闲时间的方式都包含看短视频（抖音、快手等），仅有 13% 的受访者会看新闻（今日头条、新闻联播等），5% 的受访者会选择看电影、读书，另有 7% 的受访者认为自己基本没有空闲时间。

第三，社会保障不完善，养老、看病是最大隐忧。从购买社会保险的情况来看，91% 的受访者所在企业没有为其缴纳任何社保。受收入水平限制，仅有 8% 的受访者以个人名义缴纳社保或购买保险。这直接导致了 82% 的受访者认为"工资过低"是他们生活中的最大焦虑，35% 的受访者担忧"自己和家人身体健康问题"。在访谈中，多位受访者表示，由于目前保安入职的年龄门槛为 55 岁以下，年老失业后的养老问题也是他们生活中最大的焦虑来源之一。

2. 访谈过程中发现的问题

第一，招聘渠道诈骗现象频发，"打工人"权益无法得到有效保护。调研发现，目前保安招聘渠道存在一些骗子中介，在招聘网站或社交媒体发布虚假保安招聘信息，以高薪为"诱饵"将"打工人"骗到工作地点后，再以需要办理保安证为由，扣留"打工人"身份证，并告知 3—6 个月内只能安排实习岗位，实习期间工资只有 1000—2000 元。保安在实习结束后要求转到正常岗位时，"中介"便拉黑联系方式"失联"。受访者表示，由于保安工作岗位的求职者多是外地人，本身文化程度不高，在受骗之后多自认倒霉，无力维护自己的合法权益，导致类似骗局在近几年内时有发生。

第二，人员流失率高，用工结构性矛盾突出。调研发现，目前保安用工存在双重结构性矛盾。一是用工需求量大与人员流失率高的矛盾。由于保安群体收入偏低、社会保障不完善、工作岗位较为单调，导致从业人员流失率极高。在受访者中，从事保安工作不足一年的占比高达 40%。人员流失导致用工需求长期存在"缺口"，只能进一步降低入职门槛，导致用工待遇难以提升的恶性循环。二是社会对保安素质需求提高与保安队伍素质不均衡之间的矛盾。目前一些高级商场、写字楼、高端小区等倾向雇佣年龄小、形象好、文化水平高的保安，也能够提供更高的工资和福利。然而在目前从事保安工作的群体中，以 60 后和 70 后为主，受年龄和文化水平限制他们多被安排在中低端小区、商场和写字楼停车场的室外岗位。90 后、00 后受到保安高端用工市场的欢迎，但他们多为刚刚高中毕业的暑期工，或中专、大专毕业后暂时没有找到合适工作，仅以做保安作为临时过渡。保安队伍年龄结构与市场需求结构的错位，导致用工的结构性失衡问题突出。

第三，青年保安群体对自身、家庭、国家未来的信心明显低于中老年保安群体。总体来看，保安群体对自身、家庭、国家未来的信心较强。在被问及"是否对自身及家庭未来充满信心""是否对国家发展未来充满信心"时，分别有 79% 和 91% 的受访者给予了肯定回答。但是，在对这两个问题回答"否"或"看不清未来"的受访者中，青年保安（80 后、90 后和 00 后）分别占比 67% 和 78%，明显高于中老年保安群体。这与青年保安群体对自身的职业缺乏认同感有关。有受访者认为，自己从事的是技术含量低、社会地位低的职业，每天工作时间长，社交圈狭窄，在婚育问题上也会因为职业身份受歧视，常常对未来感到迷茫。

3. 相关建议

第一，完善法律监管，健全保安中介从业单位准入机制。发挥公安机关监管职能，及时查处扰乱保安服务市场秩序，侵害公民合法权益的违法保安中介服务行为。健全保安中介从业单位准入机制，查处未经许可，擅自从事保安服务和自行招用保安人员，或以劳动派遣、挂靠、承包、加盟等形式变相从事保安服务的非法行为。

第二，加强防骗宣传，增强"打工人"防骗意识和维权能力。利用短视频平台，推出反诈报道，增强保安群体的法律意识与维权意识；编写《"打工人"防诈骗手册》，强化以案说法，加大相关防骗反诈知识普及度；建立"打工人"维权绿色通道，简化维权程序，降低维权成本。

第三，加强保安队伍建设，优化保安队伍年龄结构和文化水平。探索"校企合作"建立职业化保安教育，搭建涵盖中专、大专及以上学历的专业化教育体系。通过开展继续教育项目、提供学历教育机会或职业技能培训，帮助保安队伍提升学历和专业水平，解决市场需求与保安群体结构不适配的问题。

第四，依托实际问题的解决，引导青年保安群体养成积极的社会心态。完善针对保安群体的社会保障政策，引导保安行业建立健全的职业发展通道，构建公平公正的薪酬结构、业绩考核及职务晋升体系；通过表彰优秀保安、组织集体活动、设立奖励制度等，给予青年保安群体正面的反馈，激励他们保持积极的社会心态。

附件一：长途货车司机生存状况问卷调研结果

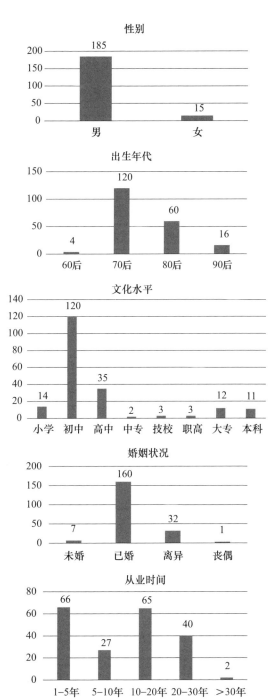

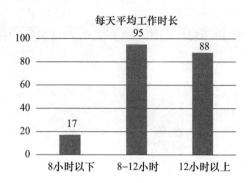

每天平均工作时长

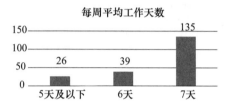

每周平均工作天数

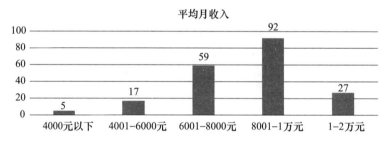

平均月收入

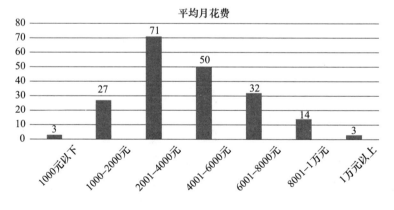

平均月花费

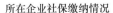

所在企业社保缴纳情况

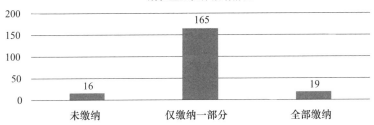

以个人名义缴纳社保情况

打发空闲时间的方式

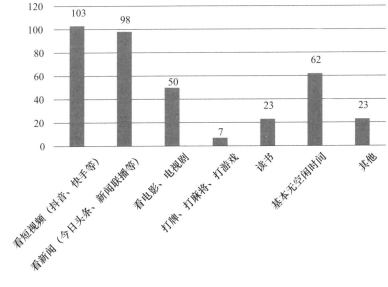

自身和家人是否遭遇过电信诈骗

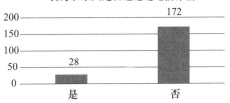

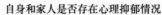

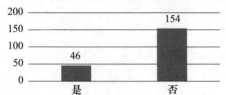

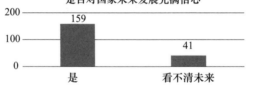

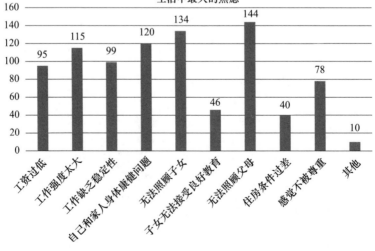

附件二：外卖员、快递小哥生存状况问卷调研结果

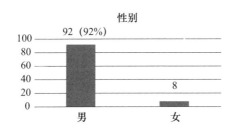

性别

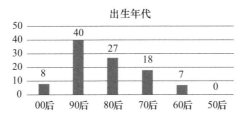

出生年代

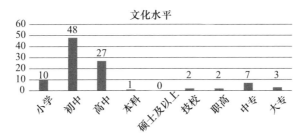

文化水平

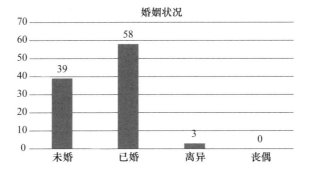

婚姻状况

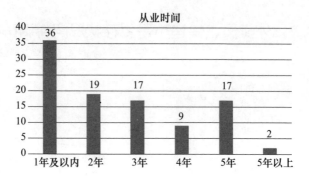

从业时间

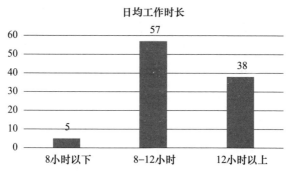

日均工作时长

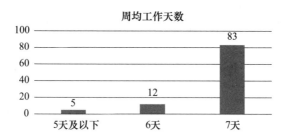

周均工作天数

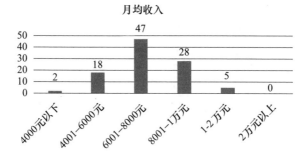

月均收入

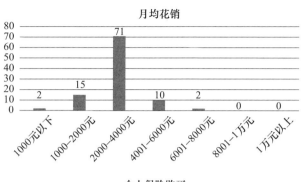

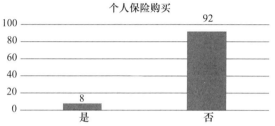

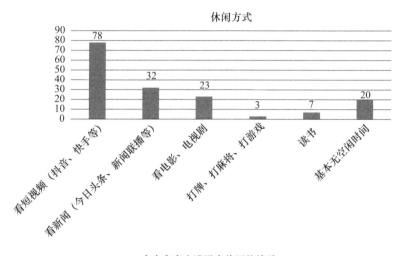

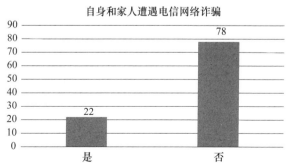

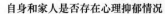

自身和家人是否存在心理抑郁情况

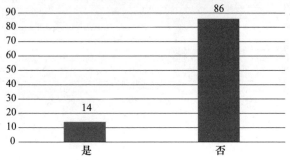

对身边治安状况感觉

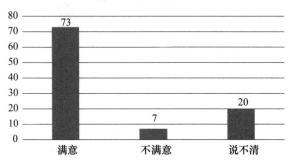

对自身及家庭未来充满信心

对国家发展未来充满信心

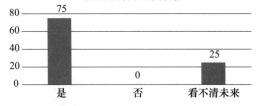

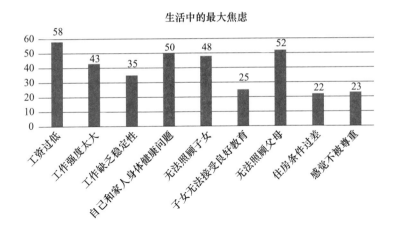

生活中的最大焦虑

附件三：保安群体生存状况问卷调研结果

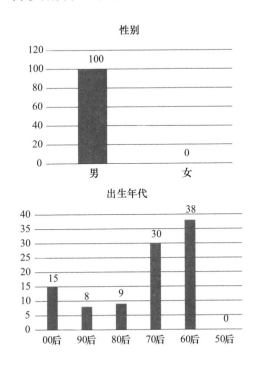

性别

出生年代

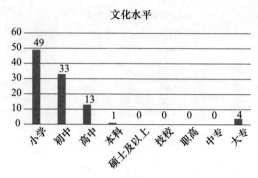

文化水平

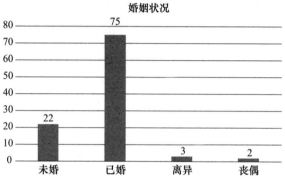

婚姻状况

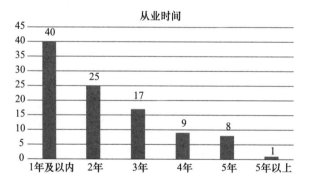

从业时间

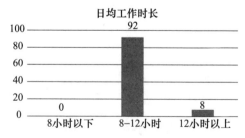

日均工作时长

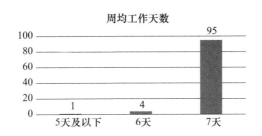

周均工作天数

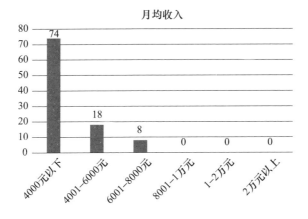

月均收入

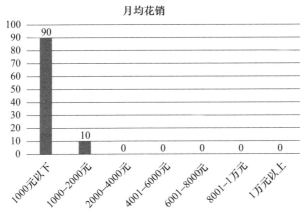

月均花销

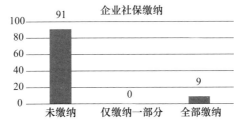

企业社保缴纳

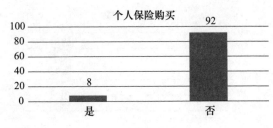

个人保险购买

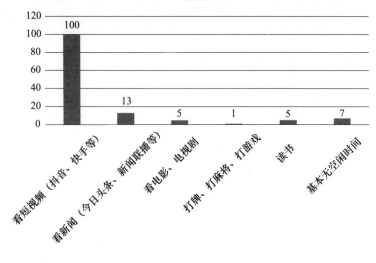

休闲方式

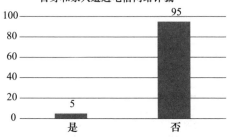

自身和家人遭遇电信网络诈骗

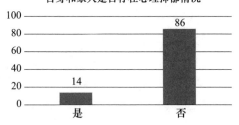

自身和家人是否存在心理抑郁情况

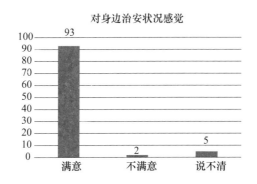

对身边治安状况感觉

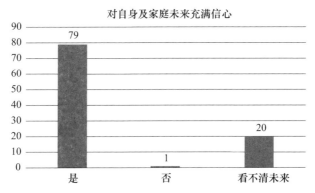

对自身及家庭未来充满信心

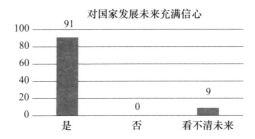

对国家发展未来充满信心

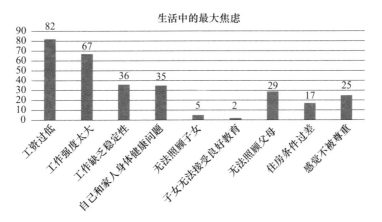

生活中的最大焦虑

第十一章

筑牢国家生物安全屏障

　　全球正处在史上疾病传播速度最快、范围最广的时期。把生物安全纳入国家安全体系具有鲜明的时代意义，生物安全已经成为全世界、全人类面临的重大生存和发展问题，生物安全正在成为大国博弈的重要议题，生物安全将是"健康中国"与"美好世界"的"防火墙"。总体国家安全观不仅强调准确评估安全形势，更强调安全能力建设，要全面提高国家生物安全治理能力。

　　美国历史学家威廉·麦克尼尔（William H. McNeill）在《瘟疫与人》中写道："才智、知识和组织都无法改变人们在面对寄生性生物入侵时的脆弱无助，自从人类出现，传染性疾病便随之出现，什么时候人类还存在，传染病就存在。传染病过去是，而且以后也一定会是影响人类历史的一个最基础的决定因素。"[①] 2020 年 1 月 30 日，世界卫生组织总干事在日内瓦宣布，发生在中国的新型冠状病毒肺炎疫情已经构成"国际关注的突发公共卫生事件"（Public Health Emergency of International Concern，PHEIC）。根据《国际卫生条例》（International Health Regulations，IHR）的定义，国际关注的突发公共卫生事件是指"疾病通过跨国传播对其他国家构成公共卫生风险从而可能需要协调一致的国际应对行动的特别事件"。其中，"公共卫生风险"是指发生不利于人群健康事件，特别是可在国际上播散或构成严重和直接危险事件的可能性。

　　《国际卫生条例》于 2005 年生效以来，世卫组织一共宣布了五次"国际关注的突发公共卫生事件"，分别是：1. 2009 年

---

① William H. McNeill, *Plagues and People*, Garden City, N.Y.: Anchor Press, 1976. 转引自何帆：《传染病的全球化与防治传染病的国际合作》，载《学术月刊》2004年第 3 期，第 34 页。

的甲型 H1N1 流感。2. 2014 年小儿麻痹症疫情。3. 2014 年西非
埃博拉病毒疫情。4. 2016 年寨卡病毒疫情。5. 2018—2020 年刚
果基伍埃博拉病毒疫情。此次新型冠状病毒肺炎疫情传播范围
之广、速度之快、程度之恶劣，必将深刻影响全球经济与国际
政治，这次暴发于公共卫生领域的"黑天鹅"事件不是类似事
件的开始，更不是结束。

纵观人类卫生健康史，就是一部与突发公共卫生事件的抗
争史。无论地域、种族或文化，各国始终面临着传染病暴发带
来的严峻挑战。随着全球化加速发展，传染病的传播速度史无
前例，新病原体出现的速度也超过了过去的任何一个时期。[①] 全
球突发公共卫生事件的频发，必然需要高质量的国际合作。

一、全球公共卫生危机频发

早在 2007 年 8 月，世界卫生组织发布的年度报告警告说，
全球正处在史上疾病传播速度最快、范围最广的时期。自 20 世
纪 70 年代始，新传染病即以空前的、每年新增一种或多种的速
度出现。20 多年来至少出现了 40 种新发传染病，最近五年经
WHO 证实的疫情超过 1100 件。[②] 其中，SARS 的流行使亚洲国
家 2003 年的国内生产总值损失约 200 多亿美元，或按总支出和
商业损失计算则高达 600 多亿美元。

这篇名为"构建安全未来"报告强调：10 年内，世界可能
面临一种新型致命疾病的威胁，其危害程度不亚于艾滋病、非
典型性肺炎、"埃博拉"等疾病。该组织呼吁各国联手应对，以

---

① 李春晓、童贻刚、姜涛等：《塞拉利昂埃博拉病毒病疫情国际合作防控及对我国
参与全球公共卫生行动的启示和借鉴》，载《中华流行病学杂志》2015 年第 9
期，第 1028 页。

② 世界卫生组织：《2007 年世界卫生报告——构建安全未来：21 世纪全球公共卫生
安全》，人民卫生出版社，2007 年版，第 1 页。

便把疾病威胁降至最低。由于新型疾病正逐渐具有更强的抗药性，医学发展赶不上疾病的变化，人类健康面临严峻威胁。报告指出，目前全球乘坐飞机人数已达到每年 21 亿人次（疫情之前的 2019 年全球范围内乘坐飞机出行的旅客数量达 41 亿人次），所以世界上任何一个地方一旦发生疾病暴发或流行，那么仅仅几小时后就会使其他地区大难临头。

20 世纪最后 25 年，霍乱、黄热病和流行性脑膜炎再度出现；急性呼吸道疾病和禽流感仍持续对人类健康构成威胁；"埃博拉"、马尔堡出血热、尼派病毒感染等病毒性疾病威胁全球健康。一次流行性感冒可能感染 15 亿人，即全球人口的四分之一。即使流感本身不是严重疾病，但其流行程度会对全球经济和社会造成巨大影响。此外，以天花病毒等攻击人类健康的"生物恐怖主义"威胁也不容忽视。自从 1979 年全球根除天花之后，发达国家一直担心这样一个问题，就是恐怖组织有可能储存了天花病毒，并将其作为生物恐怖袭击的武器。世卫组织提醒各国政府，积极应对类似"9·11"事件后装有炭疽病毒粉末信件的生物恐怖袭击。

表 1　典型的突发公共卫生事件

病毒	时间	感染人数、死亡人数
传染性非典型肺炎 SARS	2002 年 12 月在广东顺德暴发	截至 2003 年 8 月 7 日，全球 32 个国家和地区累计感染人数 8422 人，死亡人数 919 人，病死率近 11%
马尔堡出血热	2004 年 10 月在安哥拉暴发	截至 2004 年 9 月 19 日，安哥拉全国有病例 374 起，死亡人数 329 人
寨卡病毒 Zika Virus	2015 年 5 月巴西第一例寨卡病毒的感染病例确诊	截至 2016 年 2 月 14 日，已证实在 34 个国家境内有确诊病例，其中 27 个国家在拉丁美洲

续表

病毒	时间	感染人数、死亡人数
埃博拉病毒	2013 年 12 月在几内亚暴发	截至 2015 年 3 月 29 日，全球 9 个国家已有超过 24000 人感染，其中 1 万多人死亡

备注：数据来源于世界卫生组织相关统计结果

世界卫生组织曾经评价，西非埃博拉疫情是一次规模大、持续时间长、致人死亡、令人恐惧的人类悲剧。不过埃博拉并非最坏的情况，因为它的传播条件需要密切身体接触，只有在患者传染性最强时才会导致严重且明显的疾病，并且也不会轻易通过国际航空旅行传播。而此次新型冠状病毒肺炎疫情的严重程度显然超过了西非埃博拉疫情。新冠肺炎疫情对人口流动和广泛的经济活动造成了前所未有的限制，并促使许多国家宣布进入国家紧急状态。所有国家都面临着这场前所未有的严重疾病带来的多领域多维度侵害。为妥善应对与及时止损，全球各国必须达到空前的团结。

（一）应对公共卫生危机需要加强国际合作

全球性问题必然要求全球层次的合作，突发公共卫生事件更是如此。公共卫生安全有三个里程碑意义的进步——隔离检疫、卫生条件改善、接种免疫，但人们逐渐认识到，这些措施只有依靠国际协调与合作，才能最终保障全球公共卫生安全。应对公共卫生危机的国际合作也经历了三个阶段：

第一阶段，"各扫门前雪"的区域性国际合作（1850—1900年）：主要特点是欧洲国家为解决自身问题召开高频次的国际会议，对其他地区的流行性疾病没有关注的兴趣。主要防疫理念是通过在各国边境地区采取隔离措施以阻止疾病的跨国传播。

近代公共卫生是欧美国家工业革命、城市化和海外殖民地统治的产物。跨越国家、民族和自然地理界限的大规模商品、人口、信息流动和城市化直接导致了致命的疾病流行，客观上产生了通过国际合作加强公共卫生的迫切要求。[①] 比如，1830年至1847年间，肆虐欧洲的霍乱迫使欧洲国家意识到，为了保护其领土免遭侵袭，缓解由隔离措施给贸易带来的重负，它们需要开展传染病外交和公共卫生方面的多边合作。由此导致19世纪中期开始，流行疾病控制领域高频次国际会议的召开，这是公共卫生安全领域推动国际合作的起点。1851年至1900年间，共召开了10次国际卫生大会，12个欧洲国家讨论了控制区域内疾病流行的议题。其中，1851年7月23日，第一届国际卫生大会在巴黎召开，讨论在建立防疫区方面的合作，揭开了现代意义上国际公共卫生合作的序幕。

1892年，首部《国际卫生条例》被签署，但这一条例只针对霍乱。1897年，在第十次国际卫生会议上，又签署了一个有关鼠疫的条例。无论是霍乱还是鼠疫，都是欧洲国家最为关注的流行病问题。欧洲人始终将黄热病视为美洲的问题，不愿意将其列入讨论议题。大卫·费德勒（David P. Fidler）认为，19世纪多边公共卫生合作的发展主要是为了保护所谓的"文明"国家，使欧洲国家免受"未开化"国家（特别是东方国家）的沾染。[②] 在此情况下，19世纪80年代，部分南美洲国家签署了首批在美洲范围内生效的国际卫生公共条约，除了应对大量来自欧洲移民所携带的霍乱和鼠疫外，条约终于涵盖了美洲的一些地方病，如黄热病。

---

① 据估计，在哥伦布船队抵达"新大陆"后200年间，美洲地区2000万印第安人原住民中的95%死于欧洲移民带来的天花、麻疹、流感、梅毒等流行性疾病。参见 Jared Diamond, *Guns, Germs, and Steel: the Fates of Human Societies*, W. W. Norton&Company, Inc., 1999, p.211。

② D. P. Fidler, *International Law and Infectious Diseases*, Oxford: Clarendon Press, 1999, p.28.

这一时期的合作以各自建立免疫隔离区为主。"检疫"（quarantine）一词来自意大利语 quarantina，源自拉丁文 quarantum，原意为"40天"的意思，即对来自流行病区疑似被感染的人员进行 40 天隔离。但是，随着铁路和轮船等运输工具的发展，给国家检疫系统带来很大的压力，国家的检疫政策不仅不能保护疾病的传播而且带来商人的不满，这就要求必须通过国际合作的形式予以解决，[①]以处理各国检疫制度同国际经济贸易往来之间的矛盾。

第二阶段，多中心并存的松散型国际合作（1900—1945年）：主要特点是公共卫生的国际合作开始了机制化建设，从国际卫生会议进化到国际卫生组织，但存在多中心并存且相互间协调性差的现象。主要防疫理念是国际间关于传染病防治的合作由单纯的隔离政策转变为加强国际公共健康政策的协调与合作。

1902 年，12 个国家出席了在美国召开的美洲第一届国际卫生大会，成立第一个区域性多边公共卫生机构——"国际卫生局"（the International Sanitary Bureau），1923 年更名为泛美卫生局（现泛美卫生组织，Pan American Health Organization, PAHO）。1907 年 12 月 9 日，第一份《国际卫生条约》在罗马签订，据此于巴黎成立了"国际公共卫生局"（法文缩写 OIHP），这是世界上第一个非区域性的国际卫生组织。

第一次世界大战结束后成立的"国际联盟"，也曾把健康和卫生问题纳入其工作议程。如《国联盟约》第 23 条规定，成员国"将努力采取措施，加强对疾病防治和控制领域的合作"。同时，还成立了卫生问题办公室，应对流行病的防治。[②]1920 年

---

① 郑晓瑛、韩优莉、Ilona Kickbusch 等：《全球健康外交：公共卫生全球化和现代外交发展的结合》，载《人口与发展》2011 年第 5 期，第 49—56 页。

② 张清敏：《外交转型与全球卫生外交》，载《国际政治研究》2015 年第 2 期，第 17 页。

4 月，在国际联盟理事会的要求下，各成员国在伦敦举行了一次国际卫生会议。该会议成立了国际联盟卫生组织（the Health Organization of the League of Nations，HOLN），希望当时所有的国际卫生机制都应该被置于国际联盟的监管之下，其中包括泛美卫生局和国际公共卫生局。然而美国极力反对欧洲大国介入美洲事务，也一直反对将泛美卫生局并入国际联盟卫生组织。美国此举的目的在于确保其在相关国际卫生机制中的主导性和独立性。①

多中心并存特征主要表现在，这一时期的公共卫生合作机制同时存在不同的国际组织，即美国主导的泛美卫生组织、国联体系下的国际联盟卫生组织、欧洲主导的国际公共卫生局，且三者之间的协调性差，各自独立开展工作。

第三阶段，世界卫生组织主导的协调性国际合作（1945 年至今）：主要特点是公共卫生合作走向真正意义上的全球化与协调化，之前成立的专门性或地区性的国际卫生组织都被并入世界卫生组织体系之中。主要防疫理念是需要加强全球协调，强调《国际卫生条例》需要不断修改与完善，必须涵盖更多的疾病范畴，所采取的防控措施必须基于实时的流行病学分析而不是一成不变的预防手段。

两次世界大战的爆发，摧毁了众多公共卫生基础设施，多种传染病开始复苏和流行。1945 年，当各国外交官们举行会议成立联合国时，他们讨论的重点议题之一就是建立一个全球卫生组织。1946 年 6 月，联合国在纽约召开了专门的国际卫生大会，通过了《世界卫生组织组织法》，成立世界卫生组织，成为联合国框架下专门负责卫生问题的专业机构。该组织法序言中所列的原则中强调，"各民族之健康为获致和平与安全之基本，

---

① 晋继勇：《美国卫生外交：一种历史与现实的考察》，载《太平洋学报》2012 年第 5 期，第 29 页。

须赖个人间与国家间之通力合作。任何国家促进及保护健康之成就，全人类实利赖之。"1948年6月，第一次世界卫生组织大会在日内瓦召开，标志着有一个国际性的机构来指导和协调国际卫生领域的合作。此后，1902年成立的国际卫生局就成为世卫组织的美洲分部。①

在世界卫生组织的领导下，国际卫生合作进入了快速发展阶段。WHO充当无可争议的技术咨询者、跨国行动计划的领导者和协调者，以传染病的应对为工作重点，国家为主体，依赖卫生部门的行动开展大量国际合作。②世界卫生组织的成立标志着国际卫生体系的正式形成，协调性的国际合作稳步推进。

冷战时期的公共卫生合作虽然受到美苏争霸的影响，但也取得了一些积极成果，如天花的根除。1967年1月1日，世界卫生组织发动了消除天花计划。当时，美国疾控中心拥有在发展中国家根除天花的技术能力和条件，但是缺乏相关资源，而苏联拥有充足的天花疫苗。在美国和苏联的共同努力下，世界卫生组织于1979年在世界范围内成功根除了天花。

冷战结束后，为了增强多元主体的协调性，1996年世界卫生组织第一次提出了全球疫情警报和反应网络机制（Global Outbreak Alert and Response Network，GOARN），汇集了来自会员国科技机构、医学和监测行动、区域技术网络、实验室网络、联合国各组织（例如，儿童基金会、难民专员办事处）、红十字会（红十字国际委员会、红十字会与红新月会国际联合会）以及国际人道主义非政府组织（例如，无国界医生、国际救援委员会）的技术和业务资源。这些合作机构和网络为传染病的应对处理提供了快速的、多学科的、全球的技术支持。

---

① 晋继勇：《浅析公共卫生外交》，载《外交评论（外交学院学报）》2008年第4期，第86页。

② 苏小游、梁晓晖、毛宗福等：《全球健康的历史演变及中文定义》，载《中华预防医学杂志》2015年第3期，第197页。

今天，尽管预防、控制或治疗传染病的手段越来越高明，但是传染病仍对公共卫生安全构成重大威胁。这主要有三个原因：第一，某些疾病仍在发展中国家肆虐，但是发展中国家发现和应对传染病的能力有限，这很有可能导致疾病在全球的快速传播。第二，人类与动物间物种屏障被打破，微生物从动物宿主迁移到人类宿主，导致的疾病暴发均可能在全球范围内流行。第三，频繁的人口流动使得传统的隔离方式根本无法生效。因此，21 世纪必须采取更高质量的国际合作来防控传染病。

（二）公共卫生危机对国家安全、国际关系的影响

主权与安全、外交、国家形象与国际责任、全球治理等概念是国际关系的核心概念，随着公共卫生危机的频发，国际社会对上述概念的内涵及其相互关系都有了新的认知。

第一，公共卫生危机延伸了国家安全同时弱化了国家主权。公共卫生危机使国家更主动地关心国土范围以外的安全利益，安全延伸到国家边界以外。今天，区分国内健康问题和国际健康问题正在失去其意义，并且常常会产生误导。2000 年，美国国家情报委员会首次发布了题为《全球传染病威胁及其对美国的意义》的报告，报告认为，"全球传染病将会危及海内外美国公民的安全，威胁到美国部署在海外的武装部队，在那些美国拥有重大利益的国家和地区恶化了社会和政治稳定。"[1] 美国国家情报委员会 2008 年再次发布报告指出，"慢性非传染疾病、被忽视的热带病、营养不良、饮用水的匮乏以及基本医疗保障的缺位将对关键国家和地区的经济、政府和军队产生影响，因此也将影响到美国国家利益"。为此，2009 年 5 月 5 日，美

---

[1]　National Intelligence Council, *The Global Infectious Disease Treat and Its Implications for the United States*, Washington. D.C.: National Intelligence Council, 2000, p.5.

国总统奥巴马基于当时甲型 H1N1 病毒的全球暴发形势向国会提出了数额高达 630 亿美元的"全球健康倡议"（Global Health Initiative）。这一倡议的提出表明美国致力于在全球公共卫生合作领域担当领导者的角色。

2014 年，Julio Frenk 等发表了《从主权到团结：适应一个复杂、相互依存时代的全球卫生新概念》的文章，阐释了在全球化造成各国各领域的相互渗透和依赖加深的背景下，以主权国家边界为单位来应对全球疾病和健康问题是无法奏效的，各种传染性和非传染性疾病在发展中国家和发达国家的影响趋同，传统的捐赠国也无法利用主权国家边界独善其身。由此，提出通过不同主体的努力，融合发展援助（Development Aid）、国际合作（International Cooperation）及全球团结（Global Solidarity）建设全球健康格局（见下表）。①

表 2　全球健康格局框架

项目	发展援助	国际合作	全球团结
关系	依赖	独立	相互依存
行动者	援助方和受援方	独立成员国	全球社会的成员
动机	慈善，个人利益	互利	共同责任
主要手段	自由分配	汇集资源	基于普遍权利和义务的资源共享

此外，各国需要为人类公共卫生利益让渡部分国家主权。例如，各国必须愿意为外国应急响应人员颁发签证，允许他们开展调查并不受限制地全面接触数据和记录。各国和航空公司必须同意将患者标本送往在处理和分析危险或不同寻常病原体

① Frenk J, Gómez-Dantés O, Moon S, "From Sovereignty to Solidarity: a Renewed Concept of Global Health for an Era of Complex Interdependence", *Lancet*, 2014, Vol. 383, Issue 9911, 2014, pp.94–97.

方面具有特定专长的世卫组织合作中心。如果各国将国际协作视作干涉本国内政并行使主权权利加以拒绝，那么许多世卫组织开展的疫情应对工作就会拖延或是步履维艰。最后，在相互依存的世界中，非典、中东呼吸综合征、埃博拉等新发传染病接踵而来，以史无前例的速度传播，模糊、淡化了传统的国家边界，甚至削弱了主权国家的能力，很多国家出现了前所未有的"无助感"。

第二，公共卫生危机促进了卫生与外交的深度融合。随着全球公共卫生危机的频发，公共卫生议题日益成为国际关系的一项显性议程，并逐渐进入外交政策领域。[1]卫生议题成为各国卫生部部长以及外交部部长共同关切的事项。美国加州大学全球冲突与合作研究所最早把公共卫生外交定义为一种既能增进本国和他国健康，又能维持和改善国际关系的政治活动。[2]由一些学术界和政策界的专家组成的"全球卫生外交网络"（GHD.Net）把全球卫生外交界定为"国家、跨国组织和非政府行为体，为实现国家的政治、经济和社会等目标，针对健康挑战或利用健康概念和机制制定政策或谈判策略的政策形成过程"。[3]这样的界定包括两方面：一是利用卫生问题来实现对外政策目标；二是利用对外政策来实现卫生目标。[4]

日内瓦国际和发展研究院全球卫生项目主任柯克布什（Ilona Kickbusch）将卫生与对外政策的关系概括为四个阶段：第一阶

---

[1]　晋继勇：《美国卫生外交：一种历史与现实的考察》，载《太平洋学报》2012年第5期，第27页。

[2]　晋继勇：《浅析公共卫生外交》，载《外交评论（外交学院学报）》2008年第4期，第82页。

[3]　Robert Marten, et al., "Power: The Nexus of Global Health Diplomacy?", *Journal of Health Diplomacy*, 18 March 2014, p.1.

[4]　张清敏：《外交转型与全球卫生外交》，载《国际政治研究》2015年第2期，第23页。

段是对外政策忽视甚至阻碍卫生和健康阶段，例如，大国竞争所导致的局部战争曾经造成无数人员伤亡，给人类健康造成重大灾难，政治家考虑的是政治和战略上的得失，而非健康和卫生领域的后果和影响；第二阶段，健康问题成为对外政策的工具，一些国家在对外发展援助中将卫生援助当作重要组成部分；第三阶段，健康问题成为对外政策的重要组成部分，即当前这个阶段；第四阶段则是对外政策服务健康目标的阶段，这是一个理想状态。柯克布什认为，这四个阶段的演进并非呈线性状态，而是一种互相交织的状况。

2006 年，瑞士外交部和内政部联合发布了《瑞士卫生对外政策》，第一次由政府的两个部门协调把卫生问题纳入国家对外政策中，瑞士政府成为这个领域的领跑者。2008 年 9 月，英国也公布了跨部门的全球卫生战略，即《健康是全球的：英联邦政府 2008—2013 年战略》，在国际上开创了将卫生问题提高到国家战略高度的先例。随后，许多国家都开始推动制定自己的国家卫生战略。至今，已经有美国、德国、挪威、瑞士、日本等多个国家先后公布了自己的国家卫生战略。一些中等收入的国家包括巴西、泰国和印度尼西亚等，也都在强调全球卫生在各自国家外交中的重要性。

2008 年 11 月 26 日，第 63 届联大通过第 33 号（A/RES/63/33）决议《全球卫生和对外政策》（Global Health and Foreign Policy），第一次使用了"全球卫生外交"这个概念。该决议着重指出全球卫生也是国家、区域和国际范围内的长期目标，需要不断地注意和作出承诺，并加强国际合作，而不是仅仅限于紧急情况。

第三，公共卫生危机对国家形象与国际责任提出制度性、专业化要求。过去大多数人理解，提升国家形象、履行国际责任需要加强公共卫生援助。1961 年，美国国会通过了《对外援助法案》及其修正案，其中第 104 条主要是规定有关卫生援助的内容，从法律上确立了卫生援助在美国外交中的重要地位。

1963 年，根据周恩来总理的指示，中国政府应邀向阿尔及利亚派遣了第一支援外医疗队，打开了中国参与国际社会医疗健康合作的新局面。这些工作常被援引为提升国家软实力的典型例子。但是就国家形象与国际责任的层次性而言，上述援助主要停留在物质层面，理念及制度层面的发力不强，但是制度层面的塑造力是最深沉、最持久的。

制度塑造力的基础是教育与科研。1882 年德国创建的巴伐利亚卫生部公共卫生学院应该是世界上最早的公共卫生学院。英国拥有在医学和生命科学领域第二多的名牌大学和两大世界顶尖医学杂志，分别是 1826 年创刊的《柳叶刀》（The Lancet）和 1840 年开始出版的《英国医学杂志》（The British Medical Journal, BMJ）。[1] 在美国，1913 年哈佛大学设立公共卫生学院，1915 年耶鲁大学设立公共卫生学系，1916 年约翰·霍普金斯大学成立了公共卫生学院。这些学院无一例外都具有超强的公共卫生基础研究能力，已经成为世界公共卫生教育的典范。

过去，在传统外交活动中，国际影响力在很大程度上取决于国家在国际社会的地位以及国家领导人的魅力。但是，在公共卫生危机应对中，话语权来源于医疗专业知识、技术水平以及对国际社会所提供的公共产品。对疾病原理了解得越清楚，疫苗研制越快速，在博弈中就越能掌握主动权。如果说好莱坞等是美国文化实力的抓手，那么美国疾病控制与预防中心（Centers for Disease Control and Prevention，CDC）就是美国公共卫生合作的品牌。"率先、准确、值得信赖"（Be First. Be Right. Be Credible）是 CDC 在出现公共卫生危机的时候，向公众和新闻媒体发布疫情信息的准则。因此，当全球出现重大公共卫生危机的时候，专家、媒体甚至普通民众已经习惯于看

---

[1]　徐彤武：《全球卫生：国家实力、现实挑战与中国发展战略》，载《国际政治研究》2016 年第 3 期，第 18 页。

CDC 的专业分析与评估，这已经成为美国在卫生健康领域话语权塑造的重要表现。

因此，参与公共卫生外交的领导人需要专业知识，需要专业化组织，需要征询专家的意见和建议，需要科学依据。未来，在全球公共卫生外交领域活跃的国家不是政治或经济影响力最强的国家，而是那些卫生领域的先行者。在公共卫生合作领域，意识形态以及权力政治依然起作用，但在危机时刻，专业化与科学原则应该是至高无上的。

第四，公共卫生危机需要加强全球健康治理。"在过去，一个国家单靠自己就可以自我照顾,当今却无法做到。"[1] 从某种程度上讲，国际社会正经历从全球化时代向全球治理时代的转变，前者关注的是机遇，后者则关注危机与危机治理。"在全球卫生方面的危机并不是疾病的危机,而是一种治理危机",[2] 全球治理的主要对象是诸如国际恐怖主义、生态恶化、跨国传染病等一些与全球化相伴而生的"全球公共劣品"。[3] 其中，公共卫生问题不仅是一个主权国家国内的问题，或者是其对外政策的问题，而是典型的全球性问题。因为一国之健康问题已经不能由该国政府单独来确保。全球健康治理不应该被理解为是发展中国家对发达国家单方面的依赖，而是在卫生领域相互依赖的状况，是健康卫生、对外政策与经济贸易三者之间所形成的相对平衡的状态。

过去有专家认为，当代全球卫生包含三大组成部分，即卫

---

[1] Robert Cooper, *The Breaking of Nations, Order and Chaos in the 21st Century*, New York: Atlantic Monthly Press, 2003, p.109.

[2] Kickbush L, "The Leavell Lecture: the End of Public Health as We know It: Construction Global Public Health in the 21st Century", *Public Health*, 2004, Vol.188, No.7, 2004, pp.463–469.

[3] 晋继勇:《浅析公共卫生外交》, 载《外交评论（外交学院学报）》2008 年第 4 期, 第 85 页。

生发展、卫生安全和卫生外交，[①] 但显然少了一个关键要素，即卫生治理（全球健康治理）。"全球健康治理"（Global Health Governance）是有意识地形成、完善、指导、加强和利用国际和国家间机构和体制的原则、规范和决策制定程序，从而促进和保护全球范围的健康。[②]

外交官和卫生专家的通力协作是提升全球健康治理能力的必要要求。2007 年 3 月 20 日，巴西、法国、印度尼西亚、挪威、塞内加尔、南非和泰国等 7 国外长在奥斯陆召开专门会议，共同发表了《奥斯陆部长宣言》，发起了"对外政策和全球卫生行动"（Foreign Policy and Global Health Initiative，FPGH），力求通过外交合作促进全球健康治理。该宣言主张，"每个国家在考虑主要的对外政策和发展战略的时候，应当把对卫生的影响作为一个关键的因素"，呼吁卫生问题必须成为对外政策决策者和联合国大会议程中的议题。

如果说在 20 世纪，世界权力的中心在欧洲以及北美，区域内国家在产业、金融、教育、传媒、医疗等领域拥有绝对优势，吸引了国际社会的关注。在 21 世纪，国际社会关注的焦点可能会重新回到非洲、拉美等地区，区域内国家的公共卫生和医疗服务薄弱，公共卫生危机爆发的概率极高，流行病会迅速传播到欧洲、北美地区。[③] 例如，2014 年西非国家爆发埃博拉疫情后，世界各国特别是大国都纷纷伸出援助之手，这既是对遭受

---

① 徐彤武：《全球卫生：国家实力、现实挑战与中国发展战略》，载《国际政治研究》2016 年第 3 期，第 9 页。

② 郑晓瑛、韩优莉、Ilona Kickbusch 等：《全球健康外交：公共卫生全球化和现代外交发展的结合》，载《人口与发展》2011 年第 5 期，第 50 页。

③ 每年全球死亡人口中大约有 1/4 是死于传染病。欧洲每年死于传染病的人口仅占总死亡人数的 5%，但是在非洲，60% 以上的死亡人口是由于染上了传染病。相关论述见何帆：《传染病的全球化与防治传染病的国际合作》，载《学术月刊》2004 年第 3 期，第 34—42 页。

埃博拉袭击的国家的帮助，更是对自己国家的保护，因为一旦疾病失控，将会很快扩散到其他国家。[①] 因此，各个国家不管相距多么遥远，在卫生问题上已经成为一个命运共同体。任何一个国家，无论多强大、富有或者技术先进，都无法单独发现和应对所有公共卫生威胁，因此需要进行全球分析作出正确的科学评估，需要高效的国际合作与协调。

进入后疫情时代，有关公共卫生领域的国际合作与博弈也会进入新的周期。近年来，美国公开质疑世界卫生组织的领导力，美国前总统特朗普在推特上称将"强有力地阻止"美国向世界卫生组织提供资金，因为该组织持有"以中国为中心"（very China centric）的立场。与此同时，非盟主席等多个国际组织的负责人则力挺世界卫生组织。在这一周期，一个最主要的特征就是世界大国会高度重视公共卫生合作，但博弈的激烈程度会同时加强。

新中国在公共卫生合作领域的活动与贡献具有很长的历史，但公共卫生外交、全球健康治理等还是新鲜词汇。在 2020 年新冠肺炎疫情刚刚暴发初期，在中国知网进行"公共卫生合作"搜索，只有 66 篇文章，且报刊文章多，学术文章少，最早的一篇是 1982 年发表于《上海第一医学院学报》的文章《中美公共卫生和卫生服务合作研究的展望》。中国正面临国民健康相对恶化、卫生资源供需矛盾尖锐、全球卫生能力与大国地位不相称

---

① 美国、英国、中国、法国、意大利、韩国、加拿大、日本、澳大利亚等国家，以及世界卫生组织、欧盟、非盟、国际货币基金组织、世界银行、无国界医生组织（MSF）、国际儿童基金会（UNICEF）、救助儿童会（Save the Children）、红十字会与红新月会国际联合会（IFRC）等国际组织相继协助非洲国家做好疫情防控，包括援助留观治疗中心、检测实验室等基础设施，派遣专业人员帮助建立防控体系等。相关论述见李春晓、童贻刚、姜涛等：《塞拉利昂埃博拉病毒病疫情国际合作防控及对我国参与全球公共卫生行动的启示和借鉴》，载《中华流行病学杂志》2015 年第 9 期，第 1026—1028 页。

等困境。[①] 在公共卫生外交领域，没有专业知识就没有话语权，没有制度性公共产品供给就没有持久的话语权。过去，在国际疫情防控过程中，我国尚缺少参与顶层设计能力，难以进入国际主流研究体系。在全球公共卫生行动中，现有的体制是由发达国家主导的，如塞拉利昂埃博拉疫情防控总体上就是由该国原宗主国英国主导，同时美国也主导了部分领域，尤其是监测，美国疾病预防控制中心派出的 60 多名专家中，大部分是流行病学专家，专门负责数据的收集和分析。我国此次行动只是物质与技术范畴的援助，缺少顶层设计，无法参与疫情防控决策的制定。[②] 未来，有必要进一步加强我国推动国际公共卫生合作的顶层设计能力，同时需要夯实教育、科研以及人才培养的基础性工作。公共卫生危机反映出百年未有之大变局的重要变化，加强公共卫生外交与国际合作是中华民族实现伟大复兴同时为国际社会贡献力量的应有之举，也是国际社会对中国的强烈期待。

二、应对危机的全球卫生外交

随着综合国力不断增强，积极开展全球卫生外交不仅成为中国捍卫国家安全的重要手段，也成为中国参与全球健康治理以及推动建设人类卫生健康共同体的重要路径。除传统的政治经济领域外，公共卫生等功能领域的外交正日益频繁，成为传统外交的重要补充。

---

① 徐彤武:《全球卫生：国家实力、现实挑战与中国发展战略》，载《国际政治研究》2016 年第 3 期，第 9 页。

② 李春晓、童贻刚、姜涛等:《塞拉利昂埃博拉病毒病疫情国际合作防控及对我国参与全球公共卫生行动的启示和借鉴》，载《中华流行病学杂志》2015 年第 9 期，第 1028 页。

（一）全球卫生外交的定义和内涵

　　研究中国全球卫生外交的历程，首先，有必要剖析全球卫生外交（Global Health Diplomacy）的定义和内涵。国内学者如张清敏、晋继勇等在全球卫生外交领域的研究颇具代表性，做了开创性研究。全球卫生外交是卫生健康同外交工作相结合的产物，跨国性突发卫生事件的频发是全球卫生外交不断发展的前提。可以说，在一定程度上，不是和平时期的岁月静好，而是跨国性卫生危机促进了卫生工作与外交工作不断深度融合。有中国学者将其翻译为"全球健康外交"，将其视为公共卫生全球化趋势和现代外交发展的结合点。^① 但大多数学者在研究中还是使用"全球卫生外交"概念。^② "全球健康"更多同治理挂钩，即全球健康治理，强调全球卫生外交是实现全球健康治理的主要方式。^③ 英文 Health 译成中文，可以翻译成卫生，也可以翻译成健康，本文赞同将卫生同外交挂钩，健康同治理挂钩，因为健康显然比卫生的内涵和外延更加丰富。此外，使用"全球卫生外交"而不用"公共卫生外交"的原因是，狭义的公共卫生主要指主权国家内部通过有组织的社区努力来预防疾病、促进健康。而全球卫生则侧重于主权国家等国际关系行为主体之间的合作，特别是同中低收入国家之间的合作，包括疫病的预防及可持续发展目标的实现。

　　1851 年 7 月，第一届国际卫生大会在法国巴黎召开，协调

---

①　郑晓瑛、韩优莉等：《全球健康外交：公共卫生全球化和现代外交发展的结合》，载《人口与发展》2011 年第 5 期，第 50 页。

②　在全球卫生外交研究方面，代表性的著作有：[美] Thomas E. Novotny、[美] Ilona Kickbusch、[瑞士]Michacla Told：《21 世纪全球卫生外交》，郭岩译，北京大学医学出版社，2017 年版。

③　有关"全球健康"的定义，参见苏小游、梁晓辉等：《全球健康的历史演变及中文定义》，载《中华预防医学杂志》2015 年第 3 期，第 196—201 页。

各国检疫隔离制度与自由贸易的矛盾，揭开了现代意义上多边防疫行动以及全球卫生外交的序幕。但那时，欧洲国家没有就全球卫生外交作出明确的定义。1978年，美国总统卡特的卫生事务特别顾问皮特·波恩（Peter Bourne）第一次使用了"医疗外交"（Medical Diplomacy）的概念。[①] 全球卫生外交的内涵丰富，并且随着公共卫生危机以及卫生外交的国际合作而不断发展。从内涵上讲，全球卫生外交的定义可分为狭义和广义两种。常见的狭义定义包括美国著名免疫学家福奇（Anthony Stephen Fauci）的定义，他指出，"卫生外交（Health Diplomacy）可以定义为通过输出医疗服务、专业知识和人员来帮助最需要帮助的人，从而赢得受援国的人心。"[②] 可见这一定义将重心放在了外交活动的目标和目的上，即将公共卫生活动作为一种手段，最终实现所有外交活动都期望实现的捍卫和拓展本国利益的目标，关键是赢得人心。

广义的定义是从全球治理和全球公共产品的角度认识全球卫生外交，而不仅局限于对狭隘的本国利益的捍卫，或者至少可以说，在重视本国利益的同时，更加重视国际社会整体利益；在重视本国排他性利益的同时，更加重视与国际社会存在的共同利益。从这个角度讲，与公共卫生外交相近的概念有"国际卫生外交"（International Health Diplomacy）、"全球卫生外交"（Global Health Diplomacy），但总体而言，在国际学术界近十年，"全球卫生外交"有取代"国际卫生外交"的趋势。日内瓦国际和发展研究院全球卫生项目主任柯克布什（Ilona Kickbusch）认为，全球卫生外交是指旨在塑造和管理全球卫生

---

① Peter Bourne, "A Partnership for International Health Care", *Public Health Reports*, Vol.93, No.2, 1978, p.121.

② Anthony S Fauci, "The Expanding Global Health Agenda: a Welcome Development", *Nature Medicine*, Vol. 13, No. 10, 2007, p.1171.

政策环境的多层次、多参与者的谈判过程。① 再如，2009 年世界卫生组织（WHO）和洛克菲勒基金会合作举办的会议界定了全球卫生外交的定义：政府间组织、各个国家和非国家行为体通过外交谈判就应对卫生挑战所采取的对策，或在政策制定过程中和谈判战略中利用卫生概念或机制，以实现其他政治、经济或社会目标的一种政策制定过程。② 这一定义的重点放在了全球卫生外交的谈判和协商功能上。

可见，狭义的卫生外交定义主要强调外交领域的竞争和博弈，广义的卫生外交定义更加强调卫生领域的合作趋势。实际上，全球卫生外交始终是这两方面的结合和融合，只是不同国家和组织机构的侧重点有所不同罢了。

本文认为，全球卫生外交是以应对传染病等公共卫生危机为重点，主要以主权国家为主体，依赖卫生、外交等部门的联合行动，在世界卫生组织等国际组织的领导与协调下，通过国际医疗合作维护本国利益以及促进全球健康治理的外交实践。

（二）新时期全球卫生外交发展的特征

进入 21 世纪，随着国际形势的风云变幻和公共卫生事件的频发，全球卫生外交的鲜明特征不仅使其与其他外交活动区分开来，而且也使其日益受到学术界和外交界的重视。总体而言，全球卫生外交进入到全球健康治理新阶段。

全球健康治理具有几个鲜明的特征：（1）边界模糊性与相

① Ilona Kickbusch and Gaudenz Silberschmidt, et al., "Global Health Diplomacy: the Need for New Perspectives, Strategic Approaches and Skills in Global Health", *Bull World Health Organ*, Vol.85, No.3, 2007, pp.230–232.

② David Fidler, "Navigating the Global Health Terrain: Mapping Global Health Diplomacy", *Asian Journal of WTO & International Health Law and Policy*, Vol.6, No.1, 2011, pp.1–43.

互依存性。疫情模糊了国家与国家之间的界限，模糊了卫生部门与外交部门的界限，模糊了医学与其他学科的界限。与此同时，在全球卫生外交领域的相互依存性凸显，不仅指本国人口与全球人口的健康是相互依存的，而且卫生同经济、贸易、投资、环境、政治、安全等存在相互依存关系，超越了传统公共卫生和国际卫生的相互依存关系。（2）参与主体的层次性和多样性。第一层次是世界卫生组织等国际组织，第二层次是主权国家及其政府，第三层次是非政府组织、社会和私人团体等，三个层次的主体均是全球卫生外交的积极参与者，并在全球层面开展卫生合作。（3）两大目标与两类目标人群。全球健康治理的两大目标是促进健康以及可持续发展。全球卫生外交的两类目标人群是高危人群和全球所有人群。（4）公共产品属性与行动的一致性。全球健康治理强调公共产品属性，要使国际社会的每一个成员受益。公共卫生危机具有频发性、突发性、易变性、危害性等特征，因此需要国际社会采取一致性行动。疫情就如同森林中的起火点，只要局部存有火情，整个森林都是不安全的。

具体来说，新时期全球卫生外交发展的主要特征集中在以下几点。

首先，客体特征上，卫生和外交的融合日益紧密。一国的公共卫生工作与软实力、安全政策、贸易状况以及环境和发展政策都有密切关系。在国际交往日益频繁的当今世界，各国都需要及时处理有可能影响本国安全的跨国界公共卫生挑战，如疾病大流行，以切实保障本国公民的健康。因此，一些国家认识到全球卫生议程的重要性和复杂性，在其外交工作人员中增加了全职卫生专员；还有一些国家在卫生部的国际合作部门增加了受过专业训练的外交官。

此外，随着全球治理和多边外交的发展，外交的外延不断拓展。卫生问题可能与国际移民、毒品、难民、人权等诸多国际社会共同关心的问题交织在一起，可谓牵一发而动全身。因此，积极参与国际卫生合作不仅是处理全球卫生问题的必要途径，也是国际热点问题一揽子解决方案的重要组成部分。例如，2007 年 3 月 20 日，挪威、法国、巴西、印度尼西亚、泰国、塞内加尔、南非等 7 国外交部部长在挪威首都奥斯陆共同发表了《奥斯陆部长宣言——全球卫生：当前紧迫的外交政策问题》，发起了"对外政策和全球卫生行动"（Foreign Policy and Global Health Initiative, FPGH），强调卫生可以作为外交政策的核心内容，旨在通过外交协调来推动全球健康治理，将合作天平更多倾向于全球利益。2008 年 11 月 26 日，第 63 届联合国大会通过第 33 号决议《全球卫生与外交政策》（Global Health and Foreign Policy），第一次使用了"全球卫生外交"这个概念，敦促会员国在制定外交政策时考虑到卫生问题。该决议着重强调全球卫生是国际组织、主权国家的长期目标，需要不断关注和作出承诺，加强国际合作，而不是仅仅限于紧急情况。

其次，主体特征上，开展全球卫生外交的主体在增加。主权国家是开展全球卫生外交的主要行为体，世界卫生组织是全球卫生外交的重要平台。但是，除世界卫生组织外，七国集团、二十国集团、金砖国家机制、亚太经济合作组织等组织或平台都积极推动卫生领域的国际合作。例如，2010 年，欧洲理事会通过有关欧盟在全球卫生中发挥作用的决定。伊斯兰合作组织建立了负责卫生问题的部门。在二十国集团框架下，每年召开卫生部长级会议。2020 年 4 月 19 日，二十国集团卫生部长召开在线会议，协调全球防疫措施，分享最佳实践，为全球抗疫作出了重要贡献。此外，跨国公司、非政府组织、基金会、学术研究机构等也成为活跃的全球健康治理主体，其中很多非政府组织、基金会在项目中发挥的作用甚至远远超过政府间国际组织。如盖茨基金会每年在公共卫生方面的资金投入已经超过了世界卫生组织的年度预算和许多国家的双边出资。[①]另外，在广义卫生外交的框架下，参与的平台和主体则更多。与卫生问题不直接构成关系的贸易组织、食品和农产品跨国公司等也是参与主体。

当然，如此众多的参与方对全球卫生外交也提出了新的挑战，例如，参与主体的复杂性必然导致利益诉求的多样性，那么在有限资源的配置过程中会引起利益冲突。[②]各国只有建立有效的协调机制，方能消减彼此竞争带来的负面影响。未来，各国卫生部门需要发挥双重作用，既促进本国卫生事业，保护本国民众的健康利益，又要推进国际卫生合作，维护全球共同利益，甚至需要对本国参与全球卫生外交行为体的行动进行有效协调。

再次，方式特征上，公共卫生领域的合作性与竞争性并存，且竞争性有加剧趋势。由于国际社会各国利益存在共同性和矛盾性并存的特点，决定了外交工作的双重职能。全球卫生外交领域也不例外，同样存在合作和竞争并存的局面。该领域国际合作最典型的例子是冷战时期，在世界卫生组织的支持下，美苏携手合作消除天花的过程。[③]在本次新冠肺炎疫情肆虐之时，国际社会高度关注疫苗的生产与公平分配问题，为此"新冠肺炎疫苗实施计划"（COVAX）得以建立。这一计划由世界卫生组织、全球疫苗免疫联盟（GAVI）、流行病预防创新联盟（CEPI）于2020年4月份创建，旨在加快疫苗研制速度，并确保各国公平获得疫苗，包括向无疫苗研发能力或低收入国家提供安全有效的疫苗。截至2020年10月19日，已有184个国家

---

① Clement Paule, "PAC 14 – Public Health at the Hour of Philanthropic Capitalism", Chaos International, February 11, 2010, http://www.chaos-international.org/public-health-at-the-hour-of-philanthropic-capitalism/?lang=en.

② 孟莛:《卫生外交不仅仅是人道援助——访卫生部国际合作司司长任明辉》，载《中国卫生人才》2012年第9期，第20页。

③ Erez Manela, "A Pox on Your Narrative: Writing Disease Control into Cold War History", *Diplomatic History,* Vol.34, No.2, 2010, p.300.

和地区加入了这项计划，这是对卫生领域国际合作的最佳诠释。

不过，值得注意的是，卫生合作虽然是主旋律，但竞争也并不鲜见。发达国家和发展中国家之间历来就在药品供求方面存在博弈。大部分制药企业位于发达国家，而对于其药品的主要需求者却是发展中国家。双方在定价、知识产权等方面的博弈一直没有停止过。2006 年，印度尼西亚暂停向世界卫生组织分享 H5N1 禽流感的病毒样本，理由是分享病毒样本使私人制药公司能够生产疫苗，但红利却不能够公平分配。这一事件甚至导致在国际合作中出现了是否存在"病毒主权"的争论。[①]

除了卫生健康领域的博弈外，卫生外交也可以成为某些发达国家谋求经济利益的一种手段。发达国家常常利用自身在卫生标准制定方面的优势，对发展中国家的药品、农产品和食品出口构成障碍。当卫生问题与贸易问题相结合时，外交工作的复杂性进一步提升。一段时间以来，世界贸易组织框架下的贸易协定被指责有利于发达国家向发展中国家输出不健康食品。发达国家和集团利用自身在卫生标准（食品和检疫标准等）制定方面的优势，阻碍发展中国家的农产品和食品输入，为自身农产品和食品出口开拓市场。有学者指出，"尽管现代公共卫生经常被定性为一种人道主义行为，但是在美国及其他西方发达国家的实践中却长期将其与国际贸易和国家安全的需要联系起来。"[②] 甚至在《柳叶刀》杂志 2009 年刊登的《贸易与健康》系列文章批评世界贸易组织的贸易协定助长不健康饮食，对全球健康有害。[③] 其中一个主要原因是，发达国家以保护自由贸易为

---

① Steven Hoffman, "The Evolution, Etiology and Eventualities of the Global Health Security Regime", *Health Policy and Planning*, Vol.25, No.6, 2010, pp.514—516.

② Nicholas B. King, "Security, Disease, Commerce: Ideologies of Post Colonial Global Health", *Social Studies of Science*, Vol.32, No.5, 2002, p.763.

③ Rhona MacDonald and Richard Horton, "Trade and Health: Time for The Health Sector to Get Involved", *Lancet*, Vol.373, No.9660, 2009, pp.273–274.

名，助长或者默许本国某些食品企业（例如可口可乐和百事可乐）向新近开放国门的国家拓展市场。

此次中国全力抗击新冠肺炎疫情之时，美国丝毫没有放弃对中国的打压。2020 年 4 月 7 日，特朗普表示，世界卫生组织"基本由美国出资，却以中国为中心"，美方考虑将暂停向世卫组织缴纳会费。可以预计，美国同中国在全球卫生外交领域的竞争会日益加强。

最后，模式特征上，各国利用自身优势开展各具特色的全球卫生外交。尽管各国都在有意无意地开展卫生外交，但是发达国家和发展中国家所采用的方式存在诸多差异。

发达国家往往倾向于"理念式"的卫生外交，注重预防性和前瞻性的理念设计，强调制度规范、话语权影响。例如，日本善于利用峰会外交，多次通过八国集团首脑峰会方式提出卫生健康相关议题，促成了 2002 年在瑞士日内瓦建立了抗击艾滋病、结核病和疟疾全球基金（The Global Fund to Fight AIDS, Tuberculosis and Malaria）。[1] 德国借助本国在双边和多边援助方面所积累的声誉，在卫生外交中强调帮助对象国构建"俾斯麦模式"的社会医疗保障制度。这是普鲁士首相俾斯麦创立的一种社会医疗保障制度，该系统通常由雇主和雇员共同出资，强调必须覆盖所有人，而且不以营利为目的。[2] 德国也非常重视多边层次的全球卫生外交，曾推动世界卫生组织与国际劳工组织就社会保障与健康问题开展部门间合作。[3]

---

[1]　Keizo Takemi, "Japan's Global Health Strategy: Connecting Development and Security", *Asia-Pacific Review*, Vol.23, No. 1, 2016, p.22.

[2]　Reinhard Busse and Miriam Blümel, et al., "Statutory Health Insurance in Germany: A Health System Shaped by 135 Years of Solidarity, Self-Governance, and Competition", *Lancet,* Vol.390, No.10097, 2017, pp.882–897.

[3]　Ilona Kickbusch and Christian Franz, et al., "Germany's Expanding Role in Global Health", *Lancet*, Vol.390, No.10097, 2017, p.903.

相比之下，发展中国家的全球卫生外交模式往往以"行动式"为主，注重项目层面的实际合作，投入有限，秉持尽力而为、量力而行原则，但也能起到"四两拨千斤"的效果。例如，巴西成功地利用其与艾滋病作斗争的经验，加强了南南卫生合作方面的领导地位；印度利用自身研发与生产仿制药的优势，开展卫生外交。[①]古巴通过派出经验丰富的医疗队，提升其国际影响。例如，古巴将最大的卫生外交项目放在委内瑞拉，作为提供医疗服务的回报，古巴以低廉的价格从委内瑞拉进口石油。[②]古巴的卫生外交不仅为本国经济发展赢得宝贵的能源资源，同时树立了自身吃苦耐劳、坚强不屈的良好形象。自新冠肺炎疫情暴发以来，古巴向拉美和加勒比地区、非洲、欧洲的23个国家派出了25支亨利·里夫国际医疗队，2000多名医护人员参与其中。亨利·里夫国际医疗队成为古巴突破封锁制裁、展现国际存在、提升国家形象的重要方式。

表3 发达国家、发展中国家开展全球卫生外交的特征

类型	特征	具体表现	评价
发达国家	"理念式"	注重预防性和前瞻性的理念设计，强调制度规范、话语权影响	塑造能力强
发展中国家	"行动式"	注重项目层面的实际合作，投入有限，尽力而为、量力而行	塑造能力弱

可以说，21世纪是全球卫生外交大发展的时代。各国政府、

① Veda Vaidyanathan, "Indian Health Diplomacy in East Africa: Exploring the Potential in Pharmaceutical Manufacturing", *South African Journal of International Affairs*, Vol.26, No.1, 2019, p.113.

② Julie M. Feinsilver, "Oil-for-Doctors: Cuban Medical Diplomacy Gets a Little Help from a Venezuelan Friend", *Nueva Sociedad*, No.216, 2008, p.109.

企业、民间社会和国际组织纷纷发挥各自优势，在不同层次上开展着错综复杂的竞争与合作。卫生外交越来越成为外交活动当中不可小觑的重要组成部分。

（三）中国卫生外交的历史演进

在健康风险不断增加、公共卫生危机频发的今天，中国是全球健康治理领域重要的参与者和推动力。中国的全球卫生外交经历了从无到有、从小到大、逐渐发展成熟的过程，集中体现了中国倡导的国际主义、人道主义以及人类命运共同体精神。中国的全球卫生外交实践有几个关键时间节点。

第一，1963 年派遣援外医疗队是中国卫生外交事业的起点。有专家提出，1949—1962 年是中国卫生外交的第一阶段，特点是在"一边倒"外交政策指导下，中国卫生外交的对象主要是社会主义兄弟国家。[①] 但中国卫生外交的真正起点可以追溯到 1963 年向阿尔及利亚派出援外医疗队开始，这之后的几十年，卫生外交概念往往与第三世界的"人道主义援助"画上了约等号。

1962 年 7 月，非洲国家阿尔及利亚摆脱法国殖民统治，实现了民族独立，但是外籍医务人员和医疗设备几乎全部撤走，阿政府紧急向国际社会发出医疗援助呼吁。那时，中国刚刚摆脱三年困难时期，自身条件也很困难，但根据周恩来总理的指示，迅速组织一支以湖北省为主，北京、上海、天津、江苏、辽宁、吉林、湖南等地 24 名优秀医疗专家组成的第一支中国援外医疗队。1963 年 4 月 6 日，第一批 13 人奔赴阿尔及利亚。1963 年 12 月，周恩来总理在访阿期间专门会见了医疗队员。周恩来总理指示，"你们是中国有史以来派出国外工作的第一批

---

① 罗艳华：《试论"全球卫生外交"对中国的影响和挑战》，载《国际政治研究》2011 年第 2 期，第 48—49 页。

医疗队，既光荣，任务又十分艰巨，而且，面临的许多困难基本上要靠你们自己来克服"，"要学习发扬白求恩精神"，"把阿尔及利亚人民的健康当作中国人民的健康一样对待"。

有外国专家评价，中国派遣到非洲的"赤脚医生"特别能适应当地条件，搭建临时手术室，发明新手术技法，并能迅速熟悉非洲当地疾病。[①] 但其实，当时中国派出的并非"赤脚医生"，而是能深入基层开展医疗服务的全科医生。当时在阿尔及利亚工作的 25 个外国医疗队中，中国医疗队受到的好评不断。20 世纪 60 年代至 70 年代初，中国先后向多国派遣了援外医疗队，这些国家包括桑给巴尔、北也门、刚果、马里、坦桑尼亚、毛里塔尼亚、几内亚、南也门、苏丹等。援助医疗队是我国和发展中国家之间开展时间最长、涉及国家最多、成效最为显著的卫生外交项目，但主要以中国单边的医疗援助为特点。

第一阶段是起点，存在的主要问题是双边援助多，多边机制性援助少；政府与外交部门是开展全球卫生外交的唯一主体；援助区域主要集中在第三世界国家；外交方式主要以援助，即人道主义援助特别是医疗卫生援助为主。

第二，1971 年恢复联合国合法席位后，中国开始在世界卫生组织框架下开展全球卫生外交。1971 年 10 月 25 日，在第 26 届联合国大会上，阿尔及利亚和阿尔巴尼亚等 23 国提出了要求恢复中华人民共和国在联合国一切合法权利的提案。23 个提案国中有 11 个是中国派有援外医疗队的国家。[②]1972 年 5 月 10 日，第 25 届世界卫生大会通过决议，恢复了中国在该组织的合法席位，此后中国开始在多边框架下从事公共卫生领域的国际合作。1978 年 10 月，中国卫生部部长江一真和世界卫生组织

---

① Alan Hutchison, *China's African Revolution,* Boulder: Westview Press, 1975, p.221.

② 李安山：《中国援外医疗队的历史、规模及其影响》，载《外交评论》2009 年第 1 期，第 38 页。

总干事哈夫丹·马勒（Halfdan T. Mahler）在北京签署了《卫生技术合作谅解备忘录》，这是中国多边卫生外交的里程碑。根据该谅解备忘录，双方成立联合协调委员会，加强技术合作、医学和科学研究合作、情报交换等。1981 年，世界卫生组织在北京设立驻华办事处。1991 年，中国卫生部部长陈敏章被世界卫生组织授予最高荣誉奖——"人人享有卫生健康"金质奖章，成为世界上第一位荣获此奖的卫生部长。[①]中国积极参加世界卫生组织的活动，为《国际卫生条例》的通过作出重要贡献。

2003 年之后，中国不仅在国内开展医疗卫生体制改革，而且还加强了与世界卫生组织之间的合作关系，积极落实《国际卫生条例》，定期参加世界卫生组织的会议，积极为该组织缴费和捐款。中国在以世界卫生组织为核心的框架下开展卫生外交，不仅推广了中国的医疗卫生经验，维护了发展中国家的利益，履行了中国的国际义务，树立了良好的国家形象，同时还有助于中国从国际组织当中获取专业知识和经验，从而改善医疗体系的不足和短板。

这一阶段，中国开始利用多边机制推动全球卫生外交，但主要是熟悉国际规则的阶段，是同西方国家打交道的"磨合期"，也是扩大全球参与度、影响力的阶段。通过参与全球健康治理，中国不仅在帮助别人，也使自身受益。例如，中国在脱贫攻坚工作中的不少做法，如学生营养餐等，就得益于世界卫生组织和联合国儿童基金会的指导。

第三，2003 年抗击"非典"倒逼中国开展全方位国际卫生合作。2003 年"非典"疫情（SARS）迅速蔓延，病死率近11%，"非典"在全球 32 个国家和地区造成 8422 人感染，919人死亡。该年 3 月 12 日，世界卫生组织发布了关于"非典"的

---

① 罗艳华：《试论"全球卫生外交"对中国的影响和挑战》，载《国际政治研究》2011 年第 2 期，第 50 页。

全球警告。3月31日，中国疾病预防中心公布了《非典型肺炎防治技术方案》，承诺与世界卫生组织进行全面合作。4月上旬，中国向世界卫生组织报告了3月所有新增病例。5月9日，国务院公布施行《突发公共卫生事件应急条例》，5月21日北京市内最后一名确诊患者出院，5月23日北京地区全部密切接触者解除隔离。6月24日，世界卫生组织将中国大陆从疫区中除名。

2003年12月18日，世界卫生组织发表年度报告指出，全球同非典进行斗争并取得胜利，是近年来公共卫生领域国际合作的成功范例。抗击非典也使中国意识到在全球化背景下，开展全方位国际合作是应对公共卫生危机的唯一正确方式。通过合作抗击非典的斗争，世界卫生组织得出如下经验：迅速和公开报告任何可能在全球传播的传染性疾病案例；加强全球卫生监测系统；及时发出全球警报或旅行警告，防止传染病全球蔓延；汇集全球医学专家，共同寻找防治措施；各国政府进行有效干预并及时向公众通报疾病传播的准确信息。

这一阶段，中国除完善自身能力外，也积极推动国际议程，提供中国参与全球健康治理的制度性公共产品。2003年10月27日，第58届联合国大会通过了中国提交的"加强全球公共卫生能力建设"的决议草案。该草案主要内容包括：注意到全球各种重大传染性疾病给人类带来严重危害，尤其给发展中国家带来沉重负担；强调有必要加强国际和区域合作，以应对公共卫生领域所面临的新挑战；敦促各国进一步将公共卫生事业纳入国家经济和社会发展战略，不断完善公共卫生体系；吁请各国和国际社会通过教育和大众传媒，努力提高人们对公共卫生问题的重视等。

2006年1月31日，中国倡议国际社会成立"国家级公共卫生机构国际联盟"（IANPHI）。[①] 该联盟是由各国国家级公共卫

---

① 郑晓瑛、韩优莉等：《全球健康外交：公共卫生全球化和现代外交发展的结合》，载《人口与发展》2011年第5期，第55页。

生机构负责人自发组织参加的国际非政府组织，致力于通过政策倡导、技术合作、专家资源共享等活动，促进各国公共卫生机构间的交流与共同发展。2006 年 11 月 9 日，香港前卫生署署长陈冯富珍成功当选为世界卫生组织总干事，这是中国多边卫生外交话语权提升的标志性事件。

此外，双边及区域性公共卫生合作机制建设也有积极进展。例如，中国和东盟于 2003 年 10 月启动了"10+1"卫生部长会议机制，2007 年成立了中日韩卫生部长年度会晤机制。2004 年，中美建立了两国双年度卫生部长会晤机制。中法于 2004 年签署了《关于预防和控制新发传染病的合作协议》，在该合作协议的框架内，中法建立了上海巴斯德研究所，并于 2005 年 7 月投入运行。中法两国还在武汉建立了一个高级别生物安全实验室，于 2015 年 1 月建成，这是中国第一个，也是目前唯一的 P4 级别的生物安全实验室。2007 年，中英签署了在卫生领域开展合作的谅解备忘录。中德于 2006 年签署了有关开展医药经济和生物技术合作的框架协议，2012 年发布了关于公共卫生应急与灾害医学合作的联合声明。德国对中国的卫生援助在 2010 年之后快速增长，并在 2013 年达到创纪录的 2.18 亿美元。

第四，2014 年援非抗埃是中国成建制参与的全球卫生外交行动。非洲首次发现埃博拉病毒是 1976 年，之后曾大大小小暴发过 24 次，虽病死率很高（平均病死率约为 50%），但均呈现规模小、时间短等特征，特别是从未传播到非洲之外的国家和地区。不过，2014 年 3 月，在几内亚暴发了埃博拉出血热疫情 (Ebola)，迅速传播至利比里亚、塞拉利昂等非洲其他国家，与此同时，疫情也出现了向欧洲和北美蔓延的趋势，英国、西班牙、美国等相继出现病例。2014 年 8 月 8 日，世界卫生组织宣布该疫情为国际关注的突发公共卫生事件，呼吁抗击埃博拉需要世界性联合行动。8 月 10 日，中国派往西非三国（几内亚、利比里亚、塞拉利昂）的公共卫生专家组陆续启程。9 月 19 日，联合国启动历史上首次针对公共卫生事件的应急响应，并成立联合国埃博拉应对特派团，直接参与埃博拉出血热防控的指挥协调，这是联合国首次建立一支紧急医疗特派团。与此同时，中国政府成建制地派出临床和公共卫生专家 1200 多人次援非，开展病毒检测、病人留观和治疗、公共卫生防疫培训等工作，这在我国卫生外交援外史上是派出人数最多、持续时间最长、工作覆盖最广的一次。

中国的援外医疗队展现了中国速度、担当和务实的作风。中国援助队在 2014 年 9 月 17 日抵达塞拉利昂后，三天内就将中塞（拉利昂）友谊医院的实验室改造升级为符合标准的检测实验室，使用了中国自主开发的四种测试试剂。实验室检测团队在第一个测试日就分析了来自塞拉利昂的 24 个样品，超过了预定目标 20 个样品，从 2014 年 10 月 31 日开始，每天测试的样品数量超过 100 个。从第一个测试日到 2014 年 11 月 2 日，中国援助队共分析了 1205 个样品，约占塞拉利昂的 23.5%。同时，中国医疗队利用 2003 年抗击非典期间在北京小汤山医院积累的抗疫经验，将塞拉利昂的综合医院改造为可以在短时间内接收埃博拉患者的传染病医院。[①]

这一阶段，通过成建制、深度参与，也发现了我国卫生外交所面临的形势和一些具体问题。如非洲埃博拉疫情防控总体上就是由原宗主国英、法等欧洲国家主导，同时美国也主导了部分领域，尤其是监测、数据收集与分析。我国此次卫生外交实践基本只是物质与技术范畴的援助，在决策、协调以及疫苗研制等关键领域的影响力不足。2019 年 12 月 23 日，美国食品药品监督管理局正式宣布：批准默沙东用于预防埃博拉病毒的疫苗 Ervebo 上市，这是全球首款预防埃博拉的疫苗。与欧美国

---

① BiKe Zhang and George Fu Gao, "A New Chapter For China's Public Health Security— Aids Offered to Africa to Combat Ebola", *Science China Life sciences*, Vol.58, No.1, 2015, pp.114–116.

家在同一事件、同一区域既合作又竞争的关系倒逼中国相关工作的深层次改革，开始高度重视国际疫情数据收集与分析以及疫苗研制与生产工作。

第五，2020 年抗击新冠肺炎疫情使中国卫生外交进入全球健康治理新阶段。新冠肺炎疫情的严重性使各国认识到，公共卫生问题不仅是一个主权国家国内的安全问题，或者是其外交政策的问题，而是典型的全球健康治理问题。

与 2002—2003 年"非典"肺炎疫情的应对方式相比，中国在此次新冠肺炎疫情的应对措施和公共卫生外交实践取得了显著进步。2020 年 1 月 3 日，中国开始定期向世界卫生组织和美国等国家和地区通报信息。1 月 7 日，中国疾病控制中心等科研机构成功分离出新型冠状病毒。1 月 9 日，将病原学鉴定结果通报世界卫生组织。1 月 12 日，中国将新型病毒基因组序列信息在全球流感共享数据库登记报告。2020 年 6 月 7 日，国务院新闻办公室发布了《抗击新冠肺炎疫情的中国行动》白皮书。

全球健康治理的突出特点是重视多边主义。2020 年 3 月 26 日，国家主席习近平出席二十国集团领导人应对新冠肺炎特别峰会并发表题为《携手抗疫 共克时艰》的重要讲话。5 月 18 日，习近平主席在第 73 届世界卫生大会视频会议上发表题为《团结合作战胜疫情 共同构建人类卫生健康共同体》的致辞，宣布中国新冠疫苗研发完成并投入使用后，将作为全球公共产品，为实现疫苗在发展中国家的可及性和可担负性作出中国贡献。9 月 22 日，国家主席习近平在第 75 届联合国大会一般性辩论上发表重要讲话，指出面对新冠肺炎疫情，要践行人民至上、生命至上理念，要加强团结、同舟共济，秉持科学精神，充分发挥世界卫生组织关键领导作用，推进国际联防联控，反对政治化、污名化。

这一阶段，中国在全球健康治理领域的塑造力全面提升，特别是中国企业、非政府组织、基金会、全球华人华侨等成为重要的参与主体，[①] 但是依然面临抗击疫情的努力被高度政治化的问题；另一方面，国际社会也对中国产生了过高和一些不切实际的期望。可见，中国卫生外交发展的张力越大，面临的压力和阻力自然也会越大。故此，营造良好的国内外舆论与发展环境，完善顶层设计，提升话语权，形成公平可持续的全球健康治理规则等工作需要尽快提上日程。

　　总体而言，尽管个别西方国家就疫情问题对中国无端指责，但中国抗疫行动的成功是不争的事实，西方国家有不少有识之士对中国抗疫经验表示高度肯定。例如，高盛前首席经济学家、英国皇家国际事务研究所（Chatham House）主席吉姆·奥尼尔（Jim O'Neill）指出，与其采用双重标准（指对 2008 年美国次贷危机引起全球衰退，世界各国普遍未对美国加以指责），不如思考中国可以教给我们什么，使我们会做得更好。具体来说，我们应该集中精力更好地了解中国采用了哪些技术和诊断方法，使本国死亡人数远远低于其他个别国家，并在疫情暴发后的几周内恢复部分经济。[②]

---

① 2020 年 6 月 9 日，美联社发表题为《中国企业为全球抗疫提供援助》的文章，指出在这场疫情大流行中，中国的商界代表与美国、欧洲和日本的企业家们，一起为全球抗疫提供了人道主义援助。阿里巴巴、抖音、腾讯、华为、京东、联想、比亚迪、海尔等多家中国企业在这场疫情中为全球数十个国家捐赠数亿美元的医疗用品、食品和现金。马云公益基金会还向非洲、拉丁美洲和亚洲提供了呼吸机、口罩和其他防护用品。对此，哈佛大学肯尼迪政府学院艾什民主治理与创新中心（Ash Center for Democratic Governance and Innovation）研究中国慈善事业的爱德华·坎宁安（Edward Cunningham）表示，这一波中国的捐赠浪潮以捐助范围之广而著称。Joe McDonald, "China's Companies Emerge as Global Donors in Virus Pandemic", *The Associated Press*, June 9, 2020, https://apnews.com/article/79d868269d9ebc180a8299759d698626.

② Jim O'Neill, "Blaming China is a Dangerous Distraction", April 15, 2020, https://www.chathamhouse.org/expert/comment/blaming-china-dangerous-distraction?gclid=EAIaIQobChMIl7Ojo8nU6gIVGKqWCh3EcQOzEAMYASAAEgJK0PD_BwE#.

总之，经过几十年的努力，中国的全球卫生外交实践已经日趋成熟和稳健，成为中国特色大国外交以及积极参加全球健康治理的重要一环。

与美国、日本及其他西方发达国家相比，中国的全球卫生外交起步较晚。但是，中国卫生外交在实践中不断发展、丰富、成熟，形成了具有中国特色的卫生外交理念和气质。

第一，中国卫生外交服务于国家利益，也重视国际社会的共同利益。就公共卫生突发事件而言，在西非暴发埃博拉疫情期间，美、日、欧等发达国家的援助人员纷纷撤离，中国却增派医疗队进入受影响国家。[1] 新冠肺炎疫情期间，中国迅速与国际社会分享新冠病毒的菌株，为疫苗开发奠定基础。此外，中国第一时间向多国派出多批医疗队并赠送防疫物资。

在常态化的医疗援助中，中国卫生外交注重平等互利，让受援国感到被尊重。有学者指出，和美国对非卫生援助相比，中国让非洲国家在确定合作项目方面拥有更多的决定权，[2] 更多地尊重当地政府和人民的选择。作为全球卫生外交鲜明特色，中国的卫生援助特别强调服务所在国利益。从 20 世纪 60—70 年代的中国医生走出国门，到援非抗埃中国挺身而出，再到新冠肺炎疫情期间中国的慷慨解囊和无私分享，可以说，不管是初级医疗保健，还是突发公共卫生事件响应，全世界哪里有需要，哪里就有中国卫生外交的身影。

中国卫生外交的重点关注医疗卫生领域本身，重视人类的健康福祉，不附带任何政治、经济条件。虽然有外国学者污蔑中国卫生外交的主要动力是经济利益，但是有研究表明，绝大部分国家的卫生外交都是由包括经济因素在内的多重因素共同

---

[1]　Ian Taylor, "China's Response to the Ebola Virus Disease in West Africa", *The Round Table*, Vol.104, No.1, 2015, p.50.

[2]　Olivia J. Killeen and Alissa Davis, et al., "Chinese Global Health Diplomacy in Africa: Opportunities and Challenges", *Global Health Governance,* Vol.12, No.2, 2018, p.29.

推动，且有数据发现中国对非洲的医疗援助与中国的经济利益（例如石油进口）之间没有因果关系。[①] 甚至，分析 1970—2007 年的援非协议发现，中国的官方援助没有优先提供给资源丰富的国家，赠款和免息贷款在非洲国家之间平均分配，而优惠贷款则基于受援国的支付能力。[②]

第二，中国卫生外交强调统筹协调，形式多样，注重实效。中国卫生外交坚持尽力而为、量力而行的原则。在卫生援助方面，和美国以垂直方式，即聚焦某一健康问题的援助模式相比，中国更多采用水平方式，即重视基础设施和医疗体系建设，注重全民初级卫生保健和加强人员培训。[③] 中国授人以渔、自主发展的思想在全球卫生外交领域表现得淋漓尽致，高度注重能力建设，善始善终，注重项目的可持续性。有专家表示，中国对非医疗合作不仅体现在危急时刻的物资援助，平时润物细无声的医疗培训合作也从不中断。

注重实效，贵在持之以恒。截至 2019 年底，中国累计向 72 个国家和地区派遣长期医疗队，共 1069 批次 27484 名医疗队员，涵盖内外妇儿、中医、麻醉、护理、病理、检验、公共卫生等医疗医学全领域。目前有近千名医疗队员在非洲、亚洲、大洋洲、美洲、欧洲 55 个国家的 111 个医疗点开展对外医疗援助工作。[④]

[①] Peilong Liu and Yan Guo, et al., "China's Distinctive Engagement in Global Health", *Lancet*, Vol.384, No.9945, 2014, p.797.

[②] Deborah Bräutigam, "Chinese Development Aid in Africa: What, Where, Why, and How Much?", *SSRN Electronic Journal*, February 2, 2012, p.208, https://papers.ssrn.com/sol3/papers.cfm?abstract_id=2013609.

[③] Olivia J. Killeen and Alissa Davis, et al., "Chinese Global Health Diplomacy in Africa: Opportunities and Challenges", *Global Health Governance*, Vol.12, No.2, 2018, pp.9, 15, 17.

[④] 国务院新闻办公室：《新时代的中国国际发展合作》白皮书，新华网 2021 年 1 月 10 日，http://www.xinhuanet.com/2021-01/10/c_1126965418.htm.

　　注重实效的另一个典型案例是中国持续派遣联合国维和医疗队。2003 年 4 月，为推动刚果（金）问题的和平解决，沈阳军区 202 医院奉命派出医护人员组成医疗队。这支由 43 人组成的医疗队是中国自 1989 年开始参加联合国维和行动以来派出的首支维和医疗队。医疗保障任务在联合国任务区是典型的苦活、累活、脏活，但是中国维和医疗队表现出高超的医疗水平，在联合国系统、各国维和官兵以及当地百姓中赢得了极高评价。

　　第三，中国卫生外交以先进理念为指导，符合国际法准则，符合联合国宪章的宗旨与原则。1964 年 2 月 18 日，周恩来总理访问亚非 14 国期间提出了对外援助八原则，特别强调中国所派出的专家，同受援国自己的专家享受同样的物质待遇，不容许有任何特殊要求和享受。作为对外援助的一部分，中国卫生外交不同于西方援助往往附加政治条件的做法，在不干涉内政原则的基础上以务实的态度处理国际关系。[①]

　　今天，与美国动辄毁约、退群、制裁不同，中国是联合国、世界卫生组织等多边国际秩序的捍卫者。中国除了积极支持世界卫生组织在全球开展活动，还在华设立了 60 个世界卫生组织合作中心，并与联合国儿童基金会、联合国艾滋病规划署、世界银行等多边机构开展卫生合作。[②]中国高度重视发挥多边卫生合作项目的优势。例如，有专家指出，中国的"一带一路"倡议有望为中国对非医疗援助创造多边主义的新途径。[③]非洲是公共卫生治理的短板，中国的对非卫生援助采取双边和多边并重，越来越注重多边的方式进行。而美国在这方面虽然也支持

---

① Drew Thompson, "China's Soft Power in Africa: From the 'Beijing Consensus' to Health Diplomacy", *China Brief,* Vol.5, No.21, 2005, p.2.

② Ilona Kickbusch and Graham Lister, et al. (eds), *Global Health Diplomacy: Concepts, Issues, Actors, Instruments, Fora and Cases,* New York: Springer, 2013, pp.297–298.

③ Olivia J. Killeen and Alissa Davis, et al., "Chinese Global Health Diplomacy in Africa: Opportunities and Challenges", *Global Health Governance,* Vol.12, No.2, 2018, p.16.

多边的倡议，但是更加强调双边。今天，在全球卫生外交日益朝着"南南合作"转向的过程中，中国正发挥积极作用。[1]进入新时期，人类命运共同体的理念进一步指引中国的全球卫生外交实践。在"一带一路"建设中，健康丝绸之路、绿色丝绸之路、数字丝绸之路正通过互联互通伙伴关系建设，致力于打通全球化以及全球治理的痛点和瓶颈，正所谓"通则不痛，痛则不通"。

第四，中国卫生外交彰显了中华民族深厚的文化力量。文化力量包括在5000多年文明发展中孕育的中华优秀传统文化，如天下大同理念，包括党和人民伟大斗争中孕育的革命文化，如国际主义情怀，以及社会主义先进文化，如坚守和平、发展、公平、正义、民主、自由的全人类共同价值等。即便美国特朗普政府和某些美国政客污蔑中国，甚至一度将新冠病毒称为"中国病毒"，以钟南山为代表的中国抗疫专家仍与美国同行分享宝贵的抗疫经验和数据资源。

除文化理念外，中华民族还有很多优秀的文化资源，如针灸、推拿、青蒿素、连花清瘟等。目前，中医的国际化好于中药的国际化。据世界卫生组织统计，目前该组织有113个成员认可使用针灸，其中29个设立了相关法律法规，20个将针灸纳入医疗保险体系。[2]在中药方面，青蒿素是中药国际化的成功事例。在世界卫生组织看来，从中药材青蒿中提取的青蒿素被认为是"世界上唯一有效的疟疾治疗药物"。由广东新南方青蒿

[1] Paulo Marchiori Buss and Miriam Faid, "Power Shifts in Global Health Diplomacy and New Models of Development: South-South Cooperation", in Ilona Kickbusch and Graham Lister, et al. (eds), *Global Health Diplomacy: Concepts, Issues, Actors, Instruments, Fora and Cases*, New York: Springer, 2013, pp.305–322.

[2] "WHO Global Report On Traditional And Complementary Medicine 2019", World Health Organization, 2019, https://apps.who.int/iris/bitstream/handle/10665/312342/9789241515436-eng.pdf?sequence=1&isAllowed=y.

药业股份有限公司组成的抗疟团队远赴非洲科摩罗，推行"复方青蒿素快速清除疟疾项目"，挽救了非洲数百万生命，使当地实现疟疾零死亡、疟疾发病人数下降98%。这样的中国企业在非洲不止一家。

早在2015年12月22日，习近平总书记在致中国中医科学院成立60周年的贺信中指出，"中医药学是中国古代科学的瑰宝，也是打开中华文明宝库的钥匙"，要"切实把中医药这一祖先留给我们的宝贵财富继承好、发展好、利用好"。在新冠肺炎疫情的斗争中，中医药发挥了积极作用：中国根据国外需求，支持有关机构向10余个国家和地区捐赠中医药产品；提供医疗指导，选派中医师加入对外医疗专家组，帮助当地政府防控疫情，等等。在此过程中，国际社会对中医药以及中国文化有了新的认识，中医药国际化正迎来前所未有的历史机遇。

（四）全面提升全球卫生外交能力的几点建议

尽管中国卫生外交经过几十年的发展已经取得了巨大进步，但是相比西方发达国家，我国在制度设计、人才培养、话语权塑造、产业创新等方面还有很大的提升空间。同时，在新冠肺炎疫情期间，部分西方国家恶意诋毁中国，对疫情的起源、中国的人员管控、疫苗试验与开发指手画脚。为了戳穿谎言，维护我国在国际社会的良好形象，公共卫生外交应当肩负起"讲好中国抗疫故事"的崇高使命。总体而言，在传染性疾病威胁日益加剧以及疫情防控常态化的背景下，有必要在中国特色大国外交以及总体国家安全观的指引下，全面加强中国卫生外交能力建设。

第一，需要加强全球卫生外交的顶层设计。制定符合本国国情和发展需要的全球卫生外交战略，保障公共卫生安全，对中国而言实乃当务之急。2006年以来，经济合作与发展组织（OECD）中的瑞士、英国、美国、日本、挪威、法国、德国七国陆续发布了国家全球卫生战略，实现了卫生和外交政策的统一，使卫生、外交等部门能够在全球舞台上共同捍卫国家利益。[1] 有些国家甚至还将卫生健康问题提升到国家安全的高度，据此制定相关战略并开展前瞻性项目，借助卫生等领域的外交活动维护国家安全。例如，为了维护公共卫生安全，美国早在"9·11"事件之后就实施了一系列生物防御国防计划和"生物盾牌工程"，极大地促进了生物制剂（含药品和疫苗）的研发。[2]

此外，全球卫生领域的竞争与博弈日益增多，要求中国尽快制定符合本国国情的全球卫生外交战略。随着全球卫生外交的参与主体，尤其是随着企业、民间社会团体和个人的参与不断增多，部分非国家行为体对解决疾病等问题的作用甚至超过主权国家。因此，无论是在所在国实地开展卫生项目，还是在世界卫生组织框架下磋商，都要求中国制定全球性卫生外交战略，以统筹协调各行为体的行动，从而形成合力，避免资源浪费和造成负面影响。进入后疫情时代，作为全球卫生外交的重要参与者，中国卫生外交的顶层设计要充分体现时代性，要有利于兼顾全球卫生状况改善和服务本国外交这两个相辅相成的目标。

第二，需要加强全球卫生外交的人才培养。全球卫生外交人才不仅需要掌握医学知识和外交技能，而且需要了解卫生外交与贸易、知识产权、科研、安全问题之间复杂的关系。换言之，卫生外交的顺利开展离不开复合型人才的培养，需要大力培养"卫生外交官"。

卫生问题早已超出了单纯的医学技术范畴，延伸至事关外交关系、国家安全、经济增长等诸多领域。2009 年 8 月 10 日，在国家卫生部和瑞士联邦卫生部的支持下，由北京大学全球卫生中心和日内瓦高等研究院联合主办的"全球卫生外交培训班"

---

[1] 王云屏、刘培龙等：《七个经合组织国家全球卫生战略比较研究》，载《中国卫生政策研究》2014 年第 7 期，第 10 页。

[2] 徐振伟：《构建安全之网：美国生物国防计划评析》，载《太平洋学报》2019 年第 8 期，第 11—28 页。

开班。此后，一直到 2018 年，每年均举办一次"全球卫生外交培训班"。

在国际上，哈佛大学、华盛顿大学、杜克大学和卡罗琳斯卡医学院等欧美高校先后成立了全球健康系、所或中心，不仅开设相关专业和课程，也推动各国专业人才的交流与合作，在潜移默化中传递西方国家的卫生外交理念与标准。在国内，教育部已经批准高校建立全球健康专业，武汉大学开设了国内首个全球健康学本科专业和硕士专业，建议在条件成熟的时候尽早在高校开设卫生外交专业，并推动国际交流与合作。

卫生外交要求相关人才既懂外交、经济、政治、安全，又懂卫生。如何从卫生视角考虑外交政策，又如何通过外交方式推进全球卫生，是当前从事卫生和外交工作的官员及学者需要认真回答的问题。

第三，需要提升全球卫生外交领域的话语权。随着全球卫生外交的展开，对中国的恶意抹黑时有发生。例如，中国在援非抗埃期间，西方就有声音指称，中国这么做是"为了本国劳务人员的安全和投资的利益"。在此次抗疫期间，美国在减少对非援助的同时，却批评中国对非卫生外交缺乏透明度。[1] 个别西方媒体和政客避重就轻，不谈自身对全球抗疫的投入少，却无端指责中国的援助带有政治目的，无端指责中国的疫苗研发技术落后，暗示中国疫苗效果不佳或者可能导致副作用。中国承诺推出新冠疫苗后，将率先惠及非洲国家。然而，少数西方政客和媒体指责中国试图借助"疫苗外交"拓展影响力。

可见，围绕抗疫的国际话语斗争日趋激烈。欧盟高级代表约瑟夫·博雷尔（Josep Borrell）在 2020 年 3 月 24 日的声明中

---

[1]　Mark P. Lagon and Rachel Sadoff, "Health Diplomacy in Africa: Competition and Opportunity", *Lawfare*, June 7, 2020, https://www.lawfareblog.com/health-diplomacy-africa-competition-and-opportunity.

强调"全球叙事之战"（global battle of narratives）的存在，指出抗疫是"通过援助争夺政治影响力的斗争"。[①]这说明，公共卫生领域不只有合作，还存在竞争，甚至是斗争。争夺国际话语权是全球卫生外交战线的必然使命。这就给新时期的全球卫生外交提出了新的要求，要有效反驳外界的无端指责和虚假报道，传播中国抗疫和对外医疗合作的正面形象。

提升话语权与塑造力，需要中国通过权威平台传播全球卫生外交的立场与原则，用制度性、专业化的努力回应无端的政治指责。从根本上讲，在全球卫生博弈场域，话语权离不开教学、科研等扎扎实实的基础性工作。例如，《新英格兰医学杂志》《柳叶刀》《美国医学会杂志》《英国医学期刊》被称作是"四大顶级医学期刊"，其中，《柳叶刀》创刊于1823年，提升了英国的软实力。因此，要提升中国在国际医学领域的话语权，需要有中国版的"柳叶刀"，虽然这绝非一日之功。

第四，需要鼓励大胆创新，提高医药全产业链研发和制造能力。此次疫情在检验医疗防疫体系能力的同时，也凸显出了医药行业研发和制造能力的重要性。例如，在高端医疗装备方面，"人工肺"（ECMO）等关键设备短缺折射出我国存在的技术短板，目前我国还缺少能够全产业链布局生产"人工肺"的企业。其次，呼吸机等器械关键部件的制造能力不足。疫情期间，呼吸机一度供不应求，传感器、芯片、涡轮等零部件需要从德国、美国进口。再者，在装备研发方面，存在"懂技术的不懂医学、懂医学的不懂新技术"的问题。高端医疗设备和疫苗研发已经不只是一个卫生问题，也是一个外交问题和安全问题。企业只有具备强大的科研能力、制造能力和总体方案提供

---

① Domenico Valenza, "The Irresistible Rise of Health Diplomacy: Why Narratives Matter in the Time of COVID-19", UNU-CRIS, March 20, 2020, http://cris.unu.edu/health-diplomacy-narratives.

能力，才能有效为全球抗疫和中国的卫生外交提供支撑。①

　　要加快补齐我国高端医疗装备短板，加快关键核心技术攻关，突破这些技术装备瓶颈，实现高端医疗装备自主可控。同时，在医学基础研究和制造能力方面，中国也有提升的空间。中国在加紧研发新冠疫苗，并且要履行推出新冠疫苗后率先惠及非洲国家的承诺。中国的疫苗绝大多数为灭活疫苗，主要原料就是胰蛋白酶。但是，目前大多企业使用动物源性胰蛋白酶主要来自进口，疫苗产业供应链亟须实现国产化。在后疫情时代，需要在公共外交的框架下重新审视中国自身的医药产业能力，这样才能适应中国特色大国外交的时代需求。

　　总之，全球卫生外交的实践由来已久，但是为其提出明确的定义却是近几十年的事。不同国家和机构本着不同的出发点和侧重点定义全球卫生外交。全球卫生外交内涵丰富，有广义和狭义之分，融合卫生和外交的诸多方面。作为既有助于保护本国公共卫生利益又有利于促进全球健康治理的一种实践，全球卫生外交在进入 21 世纪后出现了蓬勃发展的趋势。发达国家和发展中国家纷纷以自己的方式参加到这一进程中，呈现出合作与竞争并存的态势。

　　对中国而言，无论是维护中华民族伟大复兴战略全局，还是应对世界百年未有之大变局，都需要高度重视全球健康治理，并努力提升全球卫生外交水平。未来有必要进一步加强全球健康前沿问题的跟踪与研究，加强全球卫生外交战略、人才、话语权、制度创新、企业创新等多层面能力建设，为人类卫生健康共同体建设夯实基础，在全球健康治理新场域中把握先机、赢得主动。

---

① 盖博铭、屈凌燕等:《构建高端医疗设备战略储备体系》,半月谈网 2020 年 6 月 9 日, http://www.banyuetan.org/xszg/detail/20200609/1000200033137251591667275271538951_1.html.

三、加快建设生物安全保障体系

生物安全，是指国家有效防范和应对危险生物因子及相关因素威胁，生物技术能够稳定健康发展，人民生命健康和生态系统相对处于没有危险和不受威胁的状态，生物领域具备维护国家安全和持续发展的能力。生物安全是国家安全的重要组成部分。维护生物安全应当贯彻总体国家安全观，统筹发展和安全，坚持以人为本、风险预防、分类管理、协调配合的原则。

生物安全涉及的主要内容包括：防控重大新发突发传染病、动植物疫情；生物技术研究、开发与应用；病原微生物实验室生物安全管理；人类遗传资源与生物资源安全管理；防范外来物种入侵与保护生物多样性；应对微生物耐药；防范生物恐怖袭击与防御生物武器威胁；其他与生物安全相关的活动；等等。

2020 年 2 月 14 日，习近平总书记在中央全面深化改革委员会第十二次会议上强调，"要从保护人民健康、保障国家安全、维护国家长治久安的高度，把生物安全纳入国家安全体系，系统规划国家生物安全风险防控和治理体系建设，全面提高国家生物安全治理能力。"把生物安全纳入国家安全体系具有鲜明的时代意义和战略价值。

《中华人民共和国生物安全法》是贯彻总体国家安全观，维护国家生物安全领域的基础性、综合性、系统性、统领性法律。2020 年 10 月 17 日，《中华人民共和国生物安全法》经十三届全国人大常委会第二十二次会议审议通过，于 2021 年 4 月 15 日起施行。

（一）生物安全的基本内涵

目前，关于"生物安全"（Biosafety、Biosecurity）这一概念，国内外学术界尚未达成统一共识。2003 年 9 月，《卡塔赫纳生物安全议定书》签订生效，主要是针对转基因产品跨国转移而采取安全措施，遗憾的是在这一专门的国际性公约中没有提出生物安全的概念。今天，比较有代表性的观点包括："生物安全是指防治由生物技术与微生物危险物质及相关活动引起的生物危害"[1]；或者"狭义上的生物安全是指人类的生命和健康、生物的正常生存以及生态系统的正常结构和功能不受现代生物技术研发应用活动侵害和损害的状态"，"广义上的生物安全是指生态系统的正常状态、生物的正常生存繁衍以及人类的生命健康不受致病有害生物、外来入侵生物以及现代生物技术及其应用侵害的状态"。[2] 与生物安全相关的概念还有"公共卫生安全"，即通过采取预见性和反应性行动，最大程度地确保人群免受突发公共卫生事件的威胁。

生物安全不仅敲响守护人类的警钟，也让每一个国际关系行为主体重新审视人、自然、社会、国家与国际社会的关系。生物安全危害主要包括自然发生的生物威胁、蓄意和意外的生物威胁。

自然发生的生物威胁。传染病威胁没有国界，传染病"旅行"不需要"签证"，可以即时性地跨境传播。自直立行走以来，人类一直在与威胁健康、损害肌体功能并最终导致死亡的疾病进行斗争，而且常常处于劣势。直到现代社会，人类才通过三次具有里程碑性质的实践取得了预防和控制传染病的长足进步：隔离检疫、卫生条件改善和接种疫苗（见图1）。

从历史来看，将传染病患者与监控人群进行隔离是一种古老的防疫手段，最早可以追溯到《圣经》和《古兰经》中对麻风病人的治疗记载。公元 7 世纪的中国已经针对感染鼠疫的船

---

[1]　王子灿:《论生物安全法的基本原则与基本制度》，载《法学评论》2006 年第 2 期，第 147 页。

[2]　于文轩:《生物安全立法研究》，清华大学出版社，2009 年版，第 17 页。

员和国外旅行者制定了完善的留观措施。1796 年，英国医生爱德华·詹纳首次提出疫苗的想法，他用疫苗成功地使一名英国男孩对天花产生了免疫力。1851 年 7 月 23 日，第一届国际卫生大会在巴黎召开，讨论在建立防疫区方面的合作，揭开了现代意义上国际公共卫生合作的序幕。

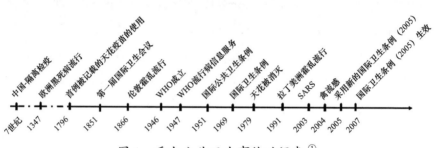

图 1　重大公共卫生事件时间表 [①]

今天，人口增长、迁入以前无人居住的地区，迅速的城市化，过度的农业措施，环境恶化以及滥用抗生素等破坏了微生物世界的平衡。人类与动物间物种屏障被打破，微生物从动物宿主迁移到人类宿主，增加了疫病暴发的风险。全球化使人类出行以及货物运输越来越便捷，这大大增加了传染病在国际社会快速传播的机会。

蓄意和意外的生物威胁。在国际社会，存在人类遗传材料和生物信息数据的跨境非法交易，生物新技术被滥用的潜在风险升级。在世界上一些国家，病原体被存储在缺乏适当生物安全措施的实验室中，存在被恶意行为者转移的可能。一些实验室存在生物安全漏洞，这可能导致病原体被意外释放到环境中，进而很可能会促进生物武器的开发。

世界卫生组织一直非常重视实验室生物安全问题，早在 1983 年就出版了《实验室生物安全手册》，但是美国等发达国家的实

---

① 世界卫生组织：《构建安全未来：21 世纪全球公共卫生安全》，人民卫生出版社，2007 年版，第 7 页。

验室也依然存在安全漏洞。2014年7月11日，美国疾病控制与预防中心发布报告承认，旗下所属实验室在过去10年内曾因操作不当造成5次重大失误，导致包括H5N1禽流感病毒、天花病毒和炭疽病毒在内的多种致命病原体外流，带来了安全隐患。

美国目前共有十多所P4实验室（生物安全四级实验室），"P"是英文Protect。目前世界上将生物实验室分为4个等级，简称P1、P2、P3、P4，按照安全系数分级，数字越大安全系数越高。P4实验室是生物安全最高等级，但里面病毒的危害等级也是最高的，也存在泄漏事故的可能。墨菲定律强调：如果事情有变坏的可能，不管这种可能性有多小，它总会发生。

在生物武器方面，自从1979年全球根除天花之后，美国等西方发达国家一直担心这样一个问题，就是恐怖组织有可能储存了天花病毒，并将其作为生物恐怖袭击的武器。世界卫生组织曾提醒各国政府，积极应对类似"9·11"事件后装有炭疽病毒粉末信件的生物恐怖袭击。

炭疽攻击事件是在美国发生的一起从2001年9月18日开始为期数周的生物恐怖袭击，虽然只有22例患者、5例死亡，但负面影响是极大的。为降低风险，美国邮政系统装备了约16000台高效空气过滤净化机，对送往联邦政府机构的邮件进行常规电子束照射处理。在2003—2004年两个财政年度，一共花费了17亿美元用于加强和改善美国邮政系统工作人员健康防护以及防止病原体和其他有害物质通过邮件传播。尽管人为散布炭疽事件只是针对美国一个国家，但在整个美洲以及西方国家产生了广泛恐慌。

2022年6月，美国国防部承认，过去20年美国政府为乌克兰境内46个实验室、卫生设施和诊断站点提供支持。俄罗斯总统普京曾表示，美国在乌克兰的生物实验室本质上并不是为了向这一地区的民众提供医疗援助，而是在研发生物武器。早在3月11日，世界卫生组织就建议乌克兰销毁存放在该国公共卫生实验室的高危病原体，以防止发生"任何潜在的溢出"事件，从而导致在人群中传播疾病。

（二）把生物安全纳入国家安全体系的时代意义

中华文明有文字记载的历史有 3000 多年，其中记载的疫病有 300 多次。从先秦两汉到唐宋明清，我们的祖先依靠中医药战胜了一次又一次疫病，为中华民族繁衍、维护百姓健康作出了不可磨灭的贡献。20 世纪初，在西医进入中国以后，人民健康有了中医、西医的"双保险"。2020 年初，新冠肺炎疫情席卷全球。尽管各国不断采取隔离、封城、禁航、接种疫苗、临床救治等一系列防控措施，但新冠病毒仍在不断变异，阿尔法、贝塔、伽马、德尔塔、奥密克戎等变异株相继出现，不少国家或地区一次次地沦陷。2020 年 2 月，中国提出将生物安全纳入国家安全体系，这进一步丰富了中国国家安全理论与实践，说明了中国总体国家安全观是动态完善、与时俱进的。

第一，生物安全已经成为全世界、全人类面临的重大生存和发展问题。当今世界处于百年未有之大变局，面临的不稳定性不确定性日益突出。有专家指出，这是生物技术的时代，也是生物风险与生物安全并存的时代。在这个时代，各国在生物威胁面前，脆弱性和不安全感是普遍存在的。

作为 21 世纪最先出现的新型严重传染病，2003 年严重急性呼吸综合征（SARS，也称"非典"）证实了生物威胁的杀伤力：全球累计"非典"病例共 8422 例，涉及 32 个国家和地区，全球因"非典"死亡人数 919 人，病死率近 11%。此次流行使亚洲国家 2003 年的国内生产总值损失约 200 亿美元，或按总支出和商业损失计算则高达 600 亿美元。[①]

①　世界卫生组织：《构建安全未来：21 世纪全球公共卫生安全》，人民卫生出版社，2007 年版，第 43 页。

　　传染病大流行对健康、经济和社会的影响是全球性的。不管其财富、教育水平、生活水平、卫生保健水平、海关所拥有的先进设备和人员情况如何，没有一个国家能完全防止新发疾病进入其境内以及疾病入境后造成的破坏性后果。与过去疫病往往发生在贫困国家、落后地区不同，无论是"非典"还是新冠肺炎疫情，都发生在繁华的中心城市、国际都市。

　　2020年4月1日，联合国经济与社会事务部发布《世界经济形势与展望》报告预测，由于对紧急医疗服务需求的不断增长，多国医疗体系不堪重负。对人员流动的限制沉重打击了服务业，如零售贸易、休闲和酒店、娱乐和交通服务等。这些行业加起来占欧洲和北美所有就业岗位的四分之一以上，其从业者工资较低，而且往往缺乏劳动保护。随着不少国家封港、封城、封国，失业率可能会大幅上升。如果没有足够的收入来源，许多家庭将陷入贫困，甚至在大多数发达经济体也是如此，这将加剧本已严重的收入不平等。

　　虽然总体生物安全风险处于临界可控状态，但局部领域安全风险剧增，可能出现更多的传染病疫情，生物入侵导致生态环境恶化，生物恐怖和生物犯罪活动增多。[1] 展望未来，国际生物安全形势将发生深刻变化。生物科技与其他技术领域交叉融合，既塑造着未来经济社会的面貌，又潜伏着危机。与全球能源治理、气候治理较为成熟不同，生物安全治理才刚刚提上日程，且存在竞争失序与碎片化情况，潜在安全风险和利益冲突有恶化趋势。

　　第二，生物安全正在成为大国博弈的重要议题。世界范围内频发的严重"生物事件"，使得国防已经突破陆、海、空、天、电的疆界，拓展至"生物疆域"范畴，世界主要国家都在加强"生物国防"建设。美英等国纷纷出台生物安全战略，表

---

[1]　王小理、周冬生：《面向2035年的国际生物安全形势》，载《学习时报》2019年12月20日，第2版。

明西方大国旨在抢占该领域战略制高点的意图，标志着国际生物安全战略博弈进入新阶段。

炭疽事件后，美国开始构建生物预警和事件类别确认系统，并于 2002 年成立了国家生物防御分析和对策中心（The National Biodefense Analysis and Countermeasures Center，NBACC）。2009 年 10 月，美国颁布了全球第一份《国家卫生安全战略》（National Health Security Strategy, NHSS）。2014 年 2 月，美国推动发起"全球卫生安全议程"（Global Health Security Agenda，GHSA），旨在提高各国对传染病的防范、检测和快速反应能力，共同促进全球卫生安全。2018 年 9 月 18 日，美国政府发布《国家生物防御战略》（National Biodefense Strategy），该战略是美国首个旨在全面解决各种生物威胁的系统性战略，强调管理生物事件风险是美国的核心重大利益。该战略提出 5 个具体目标：增强生物防御风险意识、提高生物防御单位防风险能力、做好生物防御准备工作、建立迅速响应机制和促进生物事件后恢复工作。

七国集团推动成立了"全球卫生安全倡议"（Global Health Security Initiative，GHSI）机制。2009 年 9 月 11 日，在欧委会主持下，来自七国集团、墨西哥卫生部长和世界卫生组织的官员举行"全球卫生安全倡议"部长级特别会议。会议集中讨论了有效应对甲型（H1N1）流感病毒的公共卫生措施。

英国政府于 2018 年 7 月 30 日发布了《英国国家生物安全战略》（UK Biological Security Strategy），以提升英国生物安全风险的管理能力。其后，2019 年 7 月，英国国家安全战略联合委员会发起主题为"生物安全和公共卫生：为传染病和生物武器威胁做好准备"的调研活动，以评估政府在生物安全和公共卫生方面的工作情况，协调完善政府处理生物安全风险的方案。

日本政府于 2002 年推出《生物技术战略大纲》。从 2015 年起，日本文部科学省开始拨付特别领域研究补助金，资助开展"全球传染病等生物威胁的新冲突领域研究"项目。2019 年 6 月，日本发布《生物战略2019——面向国际共鸣的生物社区的形成》，展望"到2030年建成世界最先进的生物经济社会"。

西方国家出台的大多是生物安全战略，且重视生物经济，重视在国际层面推动由西方国家主导的全球卫生安全倡议或议程。发展中国家更多侧重于自身的卫生健康事业，甚至在政策安排上经济发展优先于生物安全，很少将生物安全上升到法律或战略层面。

在金砖国家中，生物安全有特点的是巴西和俄罗斯。1995年，巴西制定了第一部生物安全法，主要是规范转基因农产品的种植和销售。2004年2月5日，巴西议会通过了第二部生物安全法，在国家生物安全技术委员会的基础上成立国家生物安全委员会，负责制定和实施国家生物安全政策。2020年1月，俄罗斯国家杜马一审通过了《俄罗斯生物安全法（草案）》，制定了一系列预防生物恐怖、建立和开发生物风险监测系统的措施。

第三，生物安全将是"健康中国"与"美好世界"的防火墙。中国进入"强起来"的新时代，国民健康是基础。推动构建人类命运共同体，卫生健康是条件。把生物安全纳入国家安全体系的重要意义，就是坚持"健康中国"与"美好世界"的统一。

我国生物安全威胁种类增多。我国作为当今世界快速发展的新兴经济体，处于世界复杂格局的中心、大国博弈的漩涡，面临多种生物威胁。一些国家或组织利用病原体实施生物威胁的风险不断增加，成为国家安全面临的重大挑战。重大新发突发传染病疫情、食源性疾病、动物疫病增加等问题，严重危害人民健康。基因组学、合成生物技术应用，以及生物实验室泄漏事故，存在着潜在风险。外来物种入侵造成物种灭绝速度加快、遗传多样性丧失、生态环境破坏趋势不断加剧。[①]目前入

---

① 贺福初、高福锁：《生物安全：国防战略制高点》，载《求是》2014年第1期，第53—54页。

侵我国的外来生物种类很多，已经确认的有 544 种，其中大面积发生、危害严重的达 100 多种。我国是遭受生物入侵最严重的国家之一。近十年新增入侵物种近 50 种，其中 20 余种危险性入侵物种大面积暴发成灾。在国际自然保护联盟公布的全球 100 种最具威胁的外来物种中，入侵中国的就有 50 余种。①

中国是新发传染病高发地区。权威期刊《自然》曾总结出 1940 年至 2000 年间新发传染病的种类，人畜共患病占新发传染病的 60%，而人畜共患病中 71.8% 来自野生动物。2018 年，英国研究机构证实，大约 60% 的人类疾病以及 75% 的新发传染病都是人畜共患病，也就是说，是由动物传染给人的疾病。有专家指出，"新发传染病多发生在北纬 30 度以南接近赤道的地区，中国是高发区，一些新发传染病发生区域扩展到北纬 60 度。"中国、印巴次大陆是人畜共患病高发地区，原因既在于低纬度，也因这些区域阔叶常绿植物覆盖广泛、哺乳类野生动物的多态性最为丰富，人类活动十分活跃。

党的十九大作出了实施健康中国战略的重大决策部署，充分体现了对维护人民健康的坚定决心。加大传染病防治工作力度是维护人民健康的迫切需要，也是实现健康中国的重要举措。2017 年 12 月 1 日，中国共产党与世界政党高层对话会在北京开幕，中共中央总书记、国家主席习近平发表题为《携手建设更加美好的世界》的主旨讲话，强调"人类生存在同一个地球上，一国安全不能建立在别国不安全之上，别国面临的威胁也可能成为本国的挑战"。在新冠肺炎疫情防控期间，中国政府多次发出"打造人类卫生健康共同体"的倡议与主张。无论是"健康中国"、"美好世界"还是"人类卫生健康共同体"，都需要深化生物安全国际合作，全面提高生物安全治理能力。

---

① 蒋建科:《专家：我国几乎所有生态系统均遭入侵》，载《人民日报》2013 年 10 月 25 日，第 9 版。

（三）全面提高国家生物安全治理能力

依照《中华人民共和国生物安全法》，中央国家安全领导机构负责国家生物安全工作的决策和议事协调，研究制定、指导实施国家生物安全战略和有关重大方针政策，统筹协调国家生物安全的重大事项和重要工作，建立国家生物安全工作协调机制。国家生物安全工作协调机制由国务院卫生健康、农业农村、科学技术、外交等主管部门和有关军事机关组成，分析研判国家生物安全形势，组织协调、督促推进国家生物安全相关工作。国家生物安全工作协调机制设立专家委员会，为国家生物安全战略研究、政策制定及实施提供决策咨询。在制度建设方面，系统建立生物安全风险监测预警制度、生物安全风险调查评估制度、生物安全信息共享制度、生物安全信息发布制度、生物安全名录和清单制度、生物安全标准制度、生物安全审查制度、生物安全应急制度等等。

总体而言，要全面提高国家生物安全治理能力，需要做好以下工作。

第一，完善顶层设计，落实生物安全法，适时发布《国家生物安全战略》。2019 年 10 月，生物安全法草案首次提请全国人大常委会会议审议，明确了维护国家生物安全的总体要求，保障人民生命健康的根本目的，以及保护生物资源、促进生物技术健康发展、防范生物威胁等主要任务。中国有关生物安全的法律法规和政策文件共 92 项，但多为行业主管部门制定的行政规章，缺乏规划性、系统性、全面性和协调性。[①]《中华人民共和国生物安全法》已于 2021 年 4 月 15 日起正式施行。这是我国国家安全治理体系和治理能力现代化进程中的一件大事。当前，生物安全

---

① 何蕊、田金强、潘子奇、张连祺:《我国生物安全立法现状与展望》，载《第二军医大学学报》2019 年第 9 期，第 937—944 页。

重要性和紧迫性显著上升，全面贯彻生物安全法，对于筑牢国家生物安全防线具有重要意义。为此，要从法律和战略的高度，制定应对重大突发公共卫生危机的制度化措施。健全权责明确、程序规范、执行有力的疫情防控执法机制，进一步从法律上完善重大新发突发传染病防控措施。我国已成立国家生物安全管理办公室，但实质上是生态环境部的自然生态保护司，是典型的"一个机构、两块牌子"；建议成立国家级的生物安全委员会，以统筹协调中央和地方、政府和部门、行政机关和专业机构的相关职责。要普及公共卫生安全和疫情防控法律法规，强化风险意识，建立分层风险管理方法，以应对国内外生物威胁。

第二，建设生物安全预防控制体系，从源头检测和遏制生物威胁。要大幅度提高生物预警和防御能力，推动生物安全治理模式向事前预防转型，在理顺体制机制、明确功能定位、提升专业能力等方面加大改革力度。充分利用世界卫生组织的全球疫情警报和反应网络（GOARN）资源，增强对国际疫情的快速识别与反应能力。定期开展国家生物安全风险评估，避免意识不足和防范过度两种极端风险。跟踪研究当前和未来可能面临的生物风险，加强信息的广泛收集、共享、评估以及国际合作，提高新发和潜在流行性传染病的早期发现能力。加强公共卫生大数据监测信息平台体系建设，确保及时通报疫情，保障全社会知情并能迅速采取行动。此外，需要强化公共卫生素质教育，提高全民应对意识与行动自觉。设立"国家公共卫生日"，进一步唤起全民公共卫生理念，提高生物安全认知。

第三，动员所有力量共同应对突发公共卫生事件和灾害。迎接生物安全挑战，绝不仅仅是疾病预防控制机构或医院的事情，要动员所有力量共同应对。优化国家生物安全工作协调机制，加强政府同企业、医务工作者、科学家、教育工作者、行业协会、社会组织、国际合作伙伴等不同主体间的协调，采取协作、多部门和跨学科的方法共同开展生物安全工作。加强学术界和产业界合作，发挥企业在生物医疗研究、开发和生产过程中的强有力作用。加强卫生基础设施建设，大力发展远程医疗。建立重要公共卫生资源的国家战略储备制度和应急供应机制，确保供应链的弹性和稳定性。在企业层面，需要进一步加强中国企业在生物经济、医疗产业和食品安全等领域的国际竞争优势，并在生物技术、智慧医疗、人工智能等领域培育新的经济增长点。

第四，加强生物安全领域基础研究，为国家生物安全提供科学与技术支撑。打赢每一次生物安全遭遇战，离不开扎扎实实的基础研究。加强生命科学领域的基础研究和医疗健康关键核心技术突破，有计划地超前部署生物技术前沿尖端技术研究，加强生物技术与其他技术的交叉融合研究。目前，我国重要专利药物市场绝大多数被国外公司占据，高端医疗装备主要依赖进口。数据显示，约80%的CT市场、90%的超声波仪器市场、85%的检验仪器市场、90%的磁共振设备市场、90%的心电图机市场、80%的中高档监视仪市场、90%的高档生理记录仪市场以及60%的睡眠图仪市场，均被外国品牌所占据。据《企业观察报》报道，被简称为"GPS"的通用（GE）、飞利浦（Philips）、西门子（Siemens）三家公司，长期把控着中国70%的高端医疗设备市场。[①] 为此，要加快补齐我国高端医疗装备短板，加快关键核心技术攻关，实现高端医疗装备自主可控。要鼓励运用大数据、人工智能、云计算等数字技术，在疫情监测分析、病毒溯源、防控救治、资源调配等方面更好发挥关键作用。加强我国传统医药和现代医药的创新研发，推动中医药的国际化。

第五，加强生物安全工作人才队伍与专业智库建设。要建设一批高水平公共卫生学院，加强公共卫生教育的国际合作，着力培养能解决病原学鉴定、疫情形势研判和传播规律研究、现场流

---

① 周易:《我国高端医疗设备依赖进口加剧看病贵》，载《中国青年报》2014年10月23日，第7版。

行病学调查、实验室检测等实际问题的人才。人才队伍建设要围绕专业化发力，要为人才的专业化发展提供土壤和养分。美国、英国之所以拥有生命科学和医学研究的优质人才，在于两国都拥有这一领域最多的世界名牌大学以及世界顶级医学杂志。在医学实验室方面，我国独立医学实验室行业诞生于 1994 年，与美欧日相比起步很晚。美欧日独立医学实验室市场渗透率约为 38%、50% 和 67%，而我国的独立医学实验室渗透率只有 5% 左右。未来要通过独立医学实验室的规范发展，补足人才短板，带动生物安全研究与卫生健康产业的有序发展。建立生物安全国家智库，为全面提高国家生物安全治理能力提供扎实的智力支撑。

第六，推动生物安全的全球治理。生物安全风险是全球性的，任何一个国家都无法单独应对，需要通过全球公共卫生治理促进集体缓解。客观地说，生物威胁带来的风险无法降低到零，但可以而且必须通过有效的国际合作以最大限度地降低其对人类社会发展的危害性影响。建议在联合国以及世界卫生组织框架下发起推动公共卫生合作的国际倡议，重点在预防人畜共患传染病、加强实时传染病监测、防御生物恐怖袭击、增强发展中国家公共卫生能力、成立国际公共卫生危机应对平台等领域作出制度性贡献。支持联合国加强全球人道主义应急仓库，同有关国家合作为医务人员或医疗物资的快速部署探讨设立区域机构或物资储备中心。适时成立"一带一路"公共卫生援助基金，在孔子学院、鲁班工坊基础上，发挥企业力量在"一带一路"国家合作建立李时珍药坊、华佗医院等。

总之，生物安全关系到人民福祉、社会稳定、经济发展、国防建设以及国际关系，是国家安全体系的重要组成部分。当前，我国正面临现实而严峻的生物安全挑战，因此把生物安全纳入国家安全体系，是实现中华民族伟大复兴与建设人类命运共同体的必然要求，标志着中国在补足自身生物安全短板的同时愿意为促进世界和平与发展作出更大贡献。

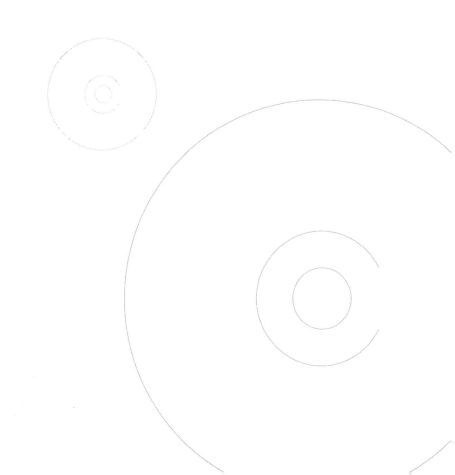

第十二章

民族冲突与管理

秩序和冲突是民族关系的两大特征，犹如天平的两端。但是，冲突似乎总是占据明显的位置。[①] 安东尼·史密斯指出，"一种'狭隘'的、有分裂倾向的民族主义成为当代最大的政治危险源，而族裔（ethnic）与民族认同仍然是各地高度紧张敏感的政治话题。"[②] 因此，如何消除民族间的冲突或者把冲突降至最低是每个国家不可回避的话题，是国家安全的核心议题。

一、民族与民族关系

民族多样性是人类社会最显著的特征之一。当今世界，绝大多数国家都不是单一民族的国家。在国家内部，不同的民族在人口规模、资源占有、居住区域以及历史沿革等方面存在着不同程度的差异性。今天，对于大多数国家来说，民族关系主要是主体民族与少数民族之间的关系，或被称为社会主流群体与次群体（subsidiarity）、"主导文化"群体与"亚文化"群体之间的关系。[③] 对于一个主权国家来说，内部民族关系是否和谐是考察其社会整合程度以及国家安全程度的一项重要指标。

---

① ［美］马丁·N. 麦格：《族群社会学》，祖力亚提·司马义译，华夏出版社，2007年版，第91页。

② ［英］安东尼·史密斯：《全球化时代的民族与民族主义》，龚维斌、良警宇译，中央编译出版社，2002年版，第2页。

③ 关凯：《民族关系的社会整合与民族政策的类型——民族政策国际经验分析（上）》，载《西北民族研究》2003年第2期，第118页。

（一）民族概念辨析

"民族"这一概念本为社会学概念，是对具有特定的语言、地域与文化（宗教）认同的社会群体的概念化，本身就是一种安德森所谓的"想象的共同体"（imagined communities）。但是，当"民族"概念与"自决权"或"国家"联合使用时，其就由一个描述性的社会学概念上升为一个规范性的政治学概念。[①] 有学者以国家角度为出发点，认为"民族"可以被大致划分为三个层次（见下图）：

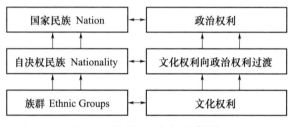

图 1 民族三层次示意图

1. 第一个层面是国家层面上的民族，亦有学者将其称为"享有国家主权的民族"。[②] "国族"（国家民族），对应英文"nation"一词。它既是建立国家的主体（国家民族），又是被国家塑造出来的客体（民族国家）。

2. 第二个层面是"尚未建立国家的民族"，有研究者将其称为"自决权民族"，对应英文"nationality"一词。[③] 他们在属于纯

---

① 田飞龙：《瑞士族群治理模式评说——基于"宪法爱国主义"的公民联邦制》，载《法学》2010 年第 10 期，第 98—99 页。

② 李占荣：《宪法的民族观——兼论"中华民族"入宪》，载《浙江大学学报（人文社会科学版）》2009 年第 3 期，第 36 页。

③ 这种自决权民族只存在于联邦制国家，即国家主权是该联邦内所有自决权民族行使主权的统一形式。相关论述见李占荣：《宪法的民族观——兼论"中华民族"入宪》，载《浙江大学学报（人文社会科学版）》2009 年第 3 期，第 37 页。

粹政治实体的"国家民族"与尚属于纯粹文化实体的"族群"之间游移，也可以被认为是"族群"向"国家民族"的过渡阶段。

3. 第三个层面是"族群"，对应英文"ethnic groups"或"ethnicity"一词。"族群"现今多表现为民族国家建立后，作为国家内构成单位存在某种历史或文化传统认同的群体。[①]

汉语中的"民族"有两个层面的意义：第一个层面是政治学意义上的人类群体，即主权国家层面的"nation"，如"中华民族""美利坚民族"；第二个层面是社会学意义上的人类群体，如56个"民族"（Minzu），与美国等国家内部的"族群"（ethnic group）概念比较相近。

1. 作为国族的"民族"（Nation）

"民族"（nation）在一般意义上通常与政治实体"国家"（state）相匹配，基本指向"国家民族"，强调的是其与国家主权相关的政治性。因此，"Nation"强调具有整体国民特征的民族，如"中华民族""美利坚民族""加拿大民族"等。

关于中文"国族"的提法，最早见于孙中山先生1924年的《民族主义》第一讲，把"nation"表述为"国族"，称"民族主义就是国族主义"。宁骚教授据此提出与国家概念密切相关的"国族"（nation）和作为国族组成部分的"民族"（nationality, ethnic group）两个相互区别的概念，认为"中华民族"因此可以定义为"国族"。

政治属性是民族（nation）的核心属性，即民族与国家的内在联系。在一定意义上，民族和国家是同一社会现象不同的两个侧面，如果说国家（state）是一种政治实体，表现为一定的政府功能，民族（nation）则是表现构成这一实体的语言、文化和社会等民族性的聚合体。也就是说，前者强调的是构成国家

---

① 韩轶：《从"民族认同"到"宪法认同"——立宪主义视角下民族与国家关系之反思与重构》，载《法学评论》2011年第3期，第5—6页。

的机构，即所谓的国家机器，而后者强调的则是构成国家的具有族源和文化等共性的人和人民。[①] 随着近代"民族国家"这一政治模式从西欧向其他地区的不断扩散和传播，各传统国家（如中国、印度）、各原殖民地等都在各自社会结构基础上努力构建符合"国际标准"的民族国家认同，而在这一进程中，民族认同与国家认同之间的张力有扩大之势。所以，必须承认，在西欧的"民族国家"理念中，"国家"（state）与"民族"（nation）两者基本上是重合的，所以把欧洲的概念应用于中国这样历史悠久的统一的多民族国家，很容易引起概念上的混乱和观念上的失序。

2. 作为中华民族各组成部分的民族（Minzu）

作为典型的统一的多民族国家，中国的"民族"概念有一个双层结构：国家层面的"中华民族"，国内族群层面的"56个民族"。由于在两个层面同时使用"民族"这个中文词汇，人们对这个概念的内涵和外延的理解很容易产生歧义。

2008 年 12 月 8 日，中央民族大学发布一则《中央民族大学关于启用新英文校名的通知》。《通知》称，经中央民族大学 2008 年 11 月 20 日校长办公会议研究通过，自 2008 年 11 月 20 日开始，学校启用新英文校名 "Minzu University of China"（之前是 "Central University for Nationalities"）。2012 年 5 月 21 日，贵州民族大学在官网发布消息称，贵州民族大学英文名称的 "Guizhou University for Nationalities" 更改为 "Guizhou Minzu University"。同时，该校发布了更改理由：一是顺应当今中国发展的趋势。由于中国的崛起和强大，很多大学和大企业都在自己的英语名称里加入中国元素。二是用 "Nationality" 概念比较含混。根据牛津高阶英汉双解词典，"Nationality" 意思解

---

① 李红杰：《论民族概念的政治属性——从欧洲委员会的相关文件看"民族"与"族群"》，载《民族研究》2002 年第 4 期，第 19—20 页。

释顺序是：国籍、国家、民族、部落。因此，在日常生活中，University for Nationalities 或 University of Nationalities，更容易被外国人想到：为独立建国的大学或不同国籍学生攻读的大学等。

本文认为将中国的少数民族译成"Minzu"是可行的，这里面涉及的不是翻译准确的问题，而是要凸显中国五千年民族关系演进的独特性，就是要明确告诉国际社会：中国的民族演变历史和互动现实同西方的那套话语体系与经验截然不同。

3. 作为国际话语对接的族群（Ethnic Group）

"ethnic group"层面的"民族"可以定位为"族群"，强调的是国际话语对接的学术性，它是沟通外国民族概念和中国民族概念的学术桥梁。在西方学术界，族群的盛行是西方话语权的内部转换，即由西欧主导的"民族国家"话语转换为美国主导的"族群政治"话语。

就学术定义而言，"ethnic group"是按照某种"族的"（ethnic）特点结成的"群体"（group）。本文认为，使用"族群"（ethnic group）概念，能够将中文的"民族"（Minzu）概念同国外学术界通用的概念进行学术研究的对接。

有学者认为，民族是"政治化"了的族群。[1] 但实际情况是，族群概念本身是学术性的，但其实际运用往往被严重政治化了。族性能够将个体的、分散的力量汇集成群体的、集中的力量，而这恰恰是政治精英所希望得到的"动员法宝"和"廉价成本"。[2] 因此，欧洲委员会在使用"少数族体"（ethnic minorities）概念时非常慎重，强调它的文化性，强调它的非政治性，即不具有与"民族"相同的政治地位。[3]

---

① 熊彦清、马戎：《"文化化"民族关系》，载《中华读书报》2007 年 10 月 24 日。

② 严庆：《族群动员：一个化族裔认同为工具的族际政治理论》，载《广西民族研究》2010 年第 3 期，第 39 页。

③ 李红杰：《论民族概念的政治属性——从欧洲委员会的相关文件看"民族"与"族群"》，载《民族研究》2002 年第 4 期，第 17 页。

在国内，对族群一词的使用问题充满了争议。但是，"族群"本身是不能忽视的话语和现实，也是有用的学术分析工具。

综上所述，本文认为理解和分析中国"民族"问题有三个维度（见表 1）：

表 1　中文"民族"使用界限和范围

国际学术话语层面 Ethnic group	以族群（ethnic group）为平台，进行话语资源整合与学术观点对接，从而确保大家谈论的是同一问题
国内民族冲突管理层面 Minzu	以 56 个民族（Minzu）为对象，进行合理的政策制定和模式选择，确保民族团结、国家统一
国际民族冲突管理层面 Nation	以中华民族（Nation）为前提，有效应对可能的国际干预，同时维护以主权原则为基础的现存国际秩序

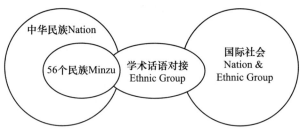

图 2　中文"民族"使用界限和范围示意图

（二）民族关系衡量

从理论上分析民族关系的基本状态，大致可以分为三种类型：一是彼此完全隔绝的状态；二是相互交往、相互影响的状态；三是完全融合、彼此不存在实质性区别的状态。

1. 衡量民族关系的指标

1964 年，美国社会学家戈登（Milton Gordon）出版了《美国人生活中的同化》，在该书中列出了衡量民族关系的 7 个变量，这是在社会学领域中第一次比较系统地提出了衡量民族关系的指标体系。

（1）文化同化（Acculturation），即文化移入或文化融合；

（2）结构同化（Structural assimilation），即实质性的社会交往或社会结构的相互渗入；

（3）婚姻同化（Amalgamation & Intermarriage），即族际通婚；

（4）身份认同同化（Identificational assimilation），即族群意识的认同；

（5）意识中族群偏见的消除（Absence of prejudice）；

（6）族群间歧视行为的消除（Absence of discrimination）；

（7）社会同化（Civic assimilation），即价值及权力冲突的消除（Absence of value and power conflict）。①

1968年，美国学者辛普森（George Eaton Simpson）提出了"把群体的互动结果视为一条连续的直线，完全隔离与完全同化可视为处于这条直线的两端"的观点。按照上述思路，在分析民族关系时，可以抽象地把民族关系可能出现的各种状况看作是分布在一个"连续统"（continuum）上的许多个点。在这个"连续统"的一端是两个民族之间完全的融合，连各自独立的族群意识也完全消失；另一端则是两个民族之间完全的隔绝与对立，不仅相互界限分明，而且彼此的基本利益也处于严重冲突之中。而在这两个端点之间则分布着各种程度不同的民族互动状态。

下图采用直观的方式来显示这些作用，长的虚线就是民族关系"连续统"，也可看作是一个可以双向移动的轨道，左端表示"完全融合"状态，右端表示"完全隔绝"状态。线上中间的圆点表示甲民族和乙民族目前关系的现状，这个点可能会向左移动，也可能会向右移动。坐标轴上面和下面的这些箭头表示各个影响因素的作用方向，箭头的长短表示作用力的强弱，这些因素

---

① 参见马戎主编：《西方民族社会学的理论与方法》，天津人民出版社，1997年版，第14—15页。

又可以大致区分为外部因素和内部因素两大类。在诸多因素共同作用的过程中，有些因素的作用可能会相互抵消，有些因素的作用可能会形成更强的合力；有的因素除了自身的直接作用外，还可以通过对其他因素的作用而间接影响民族关系，如图中的因素 C，既有直接的作用，也通过因素 D 而间接影响民族关系。而象征民族关系状态的圆点最终朝向哪个方向并以什么样的速度移动，完全取决于这些因素共同合力作用的结果。

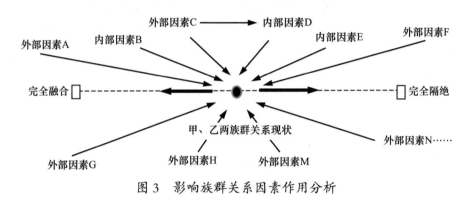

图 3　影响族群关系因素作用分析

　　如果两个民族交往互动的最后结果是"完全融合"，即在"连续统"上移动到左端，那么这样的"完全融合"还可以进一步区分为两种情况：

　　（1）单向同化（unilateral assimilation）：指一个民族完全放弃自己的信仰、文化和行为方式而接受另一个民族的文化，消融在另一个民族之中；

　　（2）相互融合（reciprocal fusion 或 integration）：指两个或更多的民族在它们的文化互动和交融的基础上，最后形成了一个全新的文化和全新的群体。①

　　借用美国社会学家戈登的公式，第一种情况可以表述为A+B=A，第二种情况可以表述为 A+B=C。可以把"完全融合"

---

① Vander Zanden, James, *American Minority Relations: The Sociology of Race and Ethnic Groups*, New York: Ronald Press, 1963, p. 269.

这两种理想的类型用下图来表示。在左图里，A、B两个民族相互接受、相互学习、相互接近，两者之间的距离从d1缩短为d2，最后减少为零；在右图里，B民族并没有向A民族接近，而是保持不变，A民族主动向B民族靠拢，在各方面接受学习B民族，同样两者之间的距离从dl缩短为d2，最后减少为零。

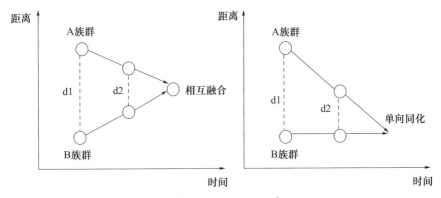

图4　族群的相互融合与单向同化

所谓民族同化，是指一个民族或这个民族的一部分，完全丧失其民族特性，被融合于另一个民族之中的现象。这个变化过程，如果是用暴力或特权等强制手段实现的，叫强制同化。相反，如果这个变化过程是在自然的情况下实现的，叫自然同化。自然同化是发展中的进步现象，而强制同化是建立在被同化民族痛苦的基础上的，是违背被同化民族意愿的，是民族压迫的一种表现。其中，自然同化就是民族融合。

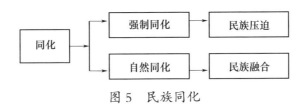

图5　民族同化

现实社会的实际情况远比上述图示要复杂得多。首先，在一个社会里可能不止两个民族；其次，两者相互接近的轨迹也不会是直线，甚至有可能出现反复；再次，在两个民族之间的文化交流往往是相互的，而不是单方面的。理论上，"单向同化"表示一个民族在文化等方面大幅度向另一个民族靠拢，自己原来的文化传统可能最后所剩无几，但在实际交流过程中，主导民族也不可避免地或多或少会吸收一些弱势民族的文化。[①]总之，民族冲突管理的复杂性就在于民族关系难以衡量，所谓的指标体系只具有一定的借鉴作用，但其实际操作性的确较差。

2. 影响民族关系的变量

1986年，针对美国的族群状况，英格尔（J. Milton Yinger）提出了分析族群关系的变量体系，其中包括了影响族群认同程度的14个自变量（见表2）。这个体系直接涉及的因变量是族群成员的身份认同，它随着其他因素的影响而强化或弱化。这14个变量大致归纳为六大类：（1）人口因素（包括了相对规模、移民比例、迁移方式3个变量）；（2）体质差异（种族因素）；（3）文化差异（包括文化、语言、宗教3个变量）；（4）社会总体特征（包括阶级构成、社会流动、教育水平3个变量）；（5）社会的族群关系与政策（包括族群歧视、居住格局）；（6）与母国关系（与母国之间的情感和各种具体联系）。[②]

表2 影响族群成员身份认同的变量

使族群成员身份认同强化	使族群成员身份认同弱化	变量概括
1. 人口规模很大（在总人口中的比重）	1. 人口相对规模很小	人口规模
2. 在地区和基层社区中集中居住	2. 在地区和基层社区中分散居住	居住格局

① 马戎：《族群关系变迁影响因素的分析》，载《西北民族研究》2003年第4期，第9页。

② 马戎：《族群关系变迁影响因素的分析》，载《西北民族研究》2003年第4期，第10页。

使族群成员身份认同强化	使族群成员身份认同弱化	变量概括
3. 居住时间短（新移民比例大）	3. 居住时间长（新移民比例小）	移民比例
4. 回访母国既方便又频繁	4. 回访母国非常困难，因而很少回访	母国关系
5. 与本地其他族群的语言不同	5. 与本地其他族群的语言相同	语言差别
6. 信仰与本地主要族群不同的宗教	6. 信仰与本地主要族群相同的宗教	宗教差异
7. 属于不同的种族（明显体质差异）	7. 属于一个种族（没有明显体质差异）	种族差异
8. 通过外界强力或征服行为进入这一社会	8. 自愿地进入这一社会	迁移方式
9. 来自具有不同文化传统的其他社会	9. 来自具有相似文化传统的其他社会	文化差异
10. 母国的政治与经济发展对其具有吸引力	10. 被母国的政治和经济发展所驱除出来	母国情感
11. 在阶级和职业方面的同质性	11. 在阶级和职业方面的多样性	阶级构成
12. 平均受教育水平比较低	12. 平均受教育水平比较高	教育水平
13. 经历了许多族群歧视	13. 没有经历过什么族群歧视	歧视经历
14. 所生活的社会没有社会流动	14. 所生活的社会阶层是开放的	社会流动

资料来源：J. Milton Yinger, "Intersecting Strands in the Theorisation of Race and Ethnic Relations", in John Rex and David Mason eds. *Theories of Race and Ethnic Relations*, New York: Cambridge University Press, 1986, p. 31. 转引自马戎：《族群关系变迁影响因素的分析》，载《西北民族研究》2003 年第 4 期，第 10 页。

马戎教授认为，影响民族关系的主要因素大致划分为 14 类：（1）体质因素；（2）人口因素；（3）社会制度因素；（4）经济结构因素；（5）社会结构因素；（6）文化因素；（7）宗教因素；（8）心理因素；（9）人文生态因素；（10）历史因素；（11）偶发事件；（12）政策因素；（13）传媒作用因素；（14）外部势力的影响。[①] 本文将上述因素归纳为 3 个层面、13 大因素，即民族层面因素、国家层面因素、国际关系层面因素。

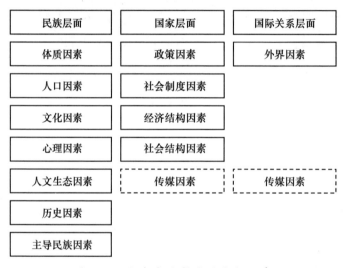

图 6　民族关系的影响层次与因素

在民族层面的因素包括体质因素、人口因素、文化因素、心理因素、人文生态因素、历史因素、主导民族因素：

第一，体质因素，即"种族变量"（Racial variable）。人们之间在体质上的差异很容易辨识。在相互接触中，人们在态度上是否愿意接受对方、在感情上是否与对方认同、在心理上与对方的距离感等，都会受到彼此体征差异程度的影响，他们会十分自然地考虑：对方是不是"异类"？对方和自己在体质差别之外的其他方面（价值观念、行为规范等）是否有可能存在共识？体质差异越大，带来的距离感也就越强；体质差别越小，

[①]　马戎：《族群关系变迁影响因素的分析》，载《西北民族研究》2003 年第 4 期，第 14—24 页。

相互间的异类感也就越低。①

第二，人口因素。在与人口相关的因素中，最重要的一个指标是各族群人口规模之间的比例，也就是人口的"相对规模"。在一个地区各族群人口规模大致接近还是相差悬殊，对于当地主体文化的形成（公共场合使用的语言）和政治权力的分配（无论是通过武力还是通过选举）无疑会起到重要的作用。

第三，文化因素。文化因素主要指各族群在文化、语言、风俗习惯等方面的差异，包括在族群之间是否存在语言不通、生活习俗不同、价值观念不同、行为规范不同等现象。两个族群如果在这些方面存在着重大而且十分显著的差别，对于族群成员之间的交往与融合也就会造成程度不同的障碍。

第四，心理因素。族群之间的体质差异、语言差异、宗教差异、习俗差异以及历史上发生过的冲突都可能会给各族成员带来彼此在心理上的距离感，使人们把其他族群成员看作是"异类"。

第五，人文生态因素。人文生态因素是指各个族群在地理分布和居住格局方面的特点。自然生态有时也会影响人文生态。例如，在大草原上游牧的蒙古族牧民居住非常分散，蒙古包之间一般要相隔几里地，人们之间接触很少、交通不便这样的居住特点，形成了蒙古族好客、爽朗的性格，这使得他们在与其他族群成员交往时也容易结交朋友。居住在城市里的犹太人由于主要从事经常与人打交道的职业（如商业、金融、法律等），所以给人们留下了犹太人言辞谨慎、斤斤计较的印象。②

第六，历史因素。民族之间过去是否长期融洽或争战，历史上各族之间在政治、军事、经济、文化、人员的交往方面是什么情况，对现今的民族关系可能依然有着明显的影响。在具体研究

---

① 马戎:《族群关系变迁影响因素的分析》，载《西北民族研究》2003年第4期，第14页。

② 马戎:《族群关系变迁影响因素的分析》，载《西北民族研究》2003年第4期，第19—20页。

中，要注意区分整个族群的"全局性记忆"与成员内部的"局部性记忆"之间可能存在差别，A 族整体与 B 族整体可能在历史上长期冲突，但 A 族中有一个支系可能一直与 B 族保持良好关系。

第七，主导民族因素。占据主导地位的民族在政策的制定、主流媒体的态度以及"民族分层"发展趋势的导向等方面，通常都占据着主动权。所以，主导民族的民族观和对待其他民族的宽容度，对于现实的民族关系往往有着重要的影响。[①]

在国家层面的变量包括政策因素、社会制度因素、社会结构因素、经济结构因素、传媒因素：

第一，政策因素。由于政策因素所发挥的作用是全国性的和带有强制性的，并有法律和政府为后盾，所以这个因素对于一个国家内部族群关系影响很大，在一定条件下可能成为最重要的因素。

第二，社会制度因素。在不同的社会制度下，各国政府机构的运行、社会集团之间的互动、族群争取自身利益的表述方式与渠道、社会冲突的协调机制等，都存在许多重要的差异。

第三，社会结构因素。社会结构主要指社会的阶级结构或阶层结构，各个族群在社会结构中的位置可能存在制度性或结构性的差别。在一个社会里是否存在界限明显的、悬殊的"族群分层"，对民族关系具有整体性的影响。如果在一个国家内部，社会分层与族群分层高度重合，那么这个国家就极易产生民族冲突。

第四，经济结构因素。这一因素主要指经济活动类型的异同，如汉族的传统经济活动是农业，蒙古族是草原畜牧业，回族善于经商，当他们相遇共处时，这种差异在土地和其他资源的利用等方面无疑是有影响的，并进而影响民族关系。[②] 经济结

---

① 马戎：《社会学的族群关系研究》，载《中南民族大学学报（人文社会科学版）》2004 年第 3 期，第 14 页。

② 马戎：《社会学的族群关系研究》，载《中南民族大学学报（人文社会科学版）》2004 年第 3 期，第 13 页。

构反映出不同族群在生产力发展水平上的差异。

第五，传媒因素。传媒因素既包括本国传媒的民族议题设置，也包括外国传媒的民族议题塑造。本国传媒的作用，能够教育大众，通过大众传播系统以文字、声音、图像等形式向国内民众传播民族政策，潜移默化地影响社会成员。外国传媒的作用则十分复杂。

第六，外界因素（国际关系层面的影响因素）。由于利益以及意识形态之争，一些国家认为削弱可能成为"潜在敌手"的国家的竞争力，符合本国的利益。这样，一些国家就可能动用自己的政治影响、外交压力、宣传机器、财政支持甚至武装干涉来直接或间接、公开或暗中支持其他国家的民族冲突。其结果：一是可以通过族群冲突来破坏他国的社会稳定，干扰其正常的经济发展；二是可以鼓动他国少数族群的"民族自决"运动，破坏其国家统一，用内乱和内战来削弱这些国家；三是可以利用以上的机会使这些国家的政府让步，从而在这些国家获取经济利益（获取资源、出售军火、建立公司、推销商品）和政治利益（扶植政治代理人和组织，扩大本国影响）；等等。[①] 对于任何一个主权国家而言，外部势力如果介入到本国政治、经济和族群关系当中，其结果就可能是非常严重的。

二、民族冲突的类型分析

民族关系的类型会直接影响民族政策的制定、民族交往的程度以及民族冲突的类型。宁骚教授对一国内部民族关系的类型进行了细致的划分，如一元主导型、两极对抗型、多元平等共存型、对立统一型等等。

---

① 马戎：《族群关系变迁影响因素的分析》，载《西北民族研究》2003 年第 4 期，第 24—25 页。

（一）民族冲突的类型分析

民族矛盾根据其激烈或公开程度可以区分为民族隔阂、民族不和、民族纠纷、民族冲突、民族对立、民族战争等。

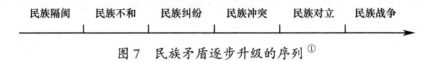

图 7　民族矛盾逐步升级的序列[①]

按照俄罗斯学者 B.A. 季什科夫的说法，"民族冲突是一定程度上的社会抵抗，是有组织的政治行为、社会运动、群众性的骚动、分离主义行动，甚至是内战，其对抗是发生在民族的一致性范围内。"[②] 西方学者对于民族冲突概念的关注主要集中于民族性、群体性、敏感性和暴力性四个方面：

1. 民族性：民族冲突必须发生在民族与民族之间或民族与主权政府之间，民族冲突中至少有一方是民族。[③]

2. 群体性：民族冲突是一种群体冲突或集体暴力，冲突方个体数量必须累加到一定的规模，而且冲突牵扯到相关民族的整体行动，民族成员或是直接参加，或是间接支援。

3. 敏感性：在族际交往中，每个民族的成员都特别在乎或关注自己民族的民族身份、社会地位和各项权利，尤其在乎别的民族如何看待自己民族的语言文字、风俗习惯、宗教信仰等涉及自身民族情感方面的问题。实际生活中，常常因这些问题得不到别的民族成员的尊重而引发矛盾冲突，有的甚至直接上

---

① 唐鸣:《民族矛盾概念分析》，载《高等函授学报（哲学社会科学版）》2000 年第 4 期，第 3 页。

② 张俊杰:《俄罗斯避免民族纠纷与冲突的法律机制》，载《辽宁大学学报（哲学社会科学版）》2008 年第 1 期，第 147 页。

③ Daniel L. Byman, *Keeping the Peace, Lasting Solutions to Ethnic Conflicts*, Baltimore and London: The Johns Hopkins University Press, 2001, p.3.

升为族际间的战争。究其原因，就是因为这些问题对于一个民族来说，过于敏感。

4.暴力性：相关的民族或民族成员往往通过极端甚至恐怖暴力的方式寻求国际关注、寻求相关问题的解决。尽管有学者将民族冲突具体划分为暴力冲突和非暴力冲突，但令人关注的还是民族冲突的极端性，即暴力冲突。

丹尼尔·拜曼（Daniel L. Byman）认为，民族冲突主要有两种类型：民族与民族的冲突、民族与政府的冲突。他还认为，国内冲突，尤其是民族和派系冲突，是世界上暴力的主要形式，比国家之间的战争还血腥。而且民族冲突比国家之间的战争更加难以用谈判的方式解决。[①]

以"是否整体性对抗"为标准，可以把民族冲突的类型分为整体性民族冲突和非整体性民族冲突两大类。所谓整体性民族冲突是指民族多数成员介入民族矛盾关系，斗争对象不是指向对方少数人，而是指向对方全体人员，因此整体性民族冲突不易化解，其中部分民族成员之间的和解是无效的，必须实现整个民族之间的和解才能从根本上化解冲突。以"是否主体民族参与"为标准，可以把当代民族冲突类型划分为主体性民族冲突和非主体性民族冲突两大类。前者的参加者是主体民族，后者则是非主体民族。

表3 民族冲突类型与严重程度

	主体民族冲突	非主体民族冲突
整体性民族冲突	+++	++
非整体性民族冲突	++	+

注："+"号的数量表述冲突的烈度

---

① Daniel L. Byman, *Keeping the Peace, Lasting Solutions to Ethnic Conflicts*, Baltimore and London: The Johns Hopkins University Press, 2001, p.2.

也有学者把民族冲突划分为如下三种类型：主体性民族冲突、分割性（或跨界性）民族冲突、移民性民族冲突。

主体性民族冲突。有两种情形：一种是双方均为主体民族的冲突；另一种情形是，冲突中只有一方是主体民族，其他方则是非主体民族。前一种情况如中东地区巴以冲突、克什米尔地区的印巴冲突等，后一种情况如斯里兰卡的僧泰冲突等。在主体性民族冲突中，由于参加者是双边或一边国家中的主体民族，所以此类民族冲突多数具有整体性对抗的性质。

分割性（或跨界性）民族冲突。分割性民族冲突多数属于非整体性对抗类型，极少数才在一定时期内具有一定程度的整体对抗性。比较典型的分割性或跨界性民族冲突是库尔德人问题，跨界于土耳其、伊拉克、伊朗和叙利亚四国。

移民性民族冲突。民族移民与原居民的关系至少有两种情形：一种是散居移民与原居民的关系，这种类型移民的主要任务是融入所在国的主流社会，所以其民族关系主要表现为如何和睦相处，而不是怎样冲突对立；第二种情形是移民聚居在一起，在所在国形成新的民族集团。第二种情形远比第一种情形容易发生民族摩擦，但不必然导致民族冲突。[①] 移民性民族冲突一般是非整体对抗性的，属于局部性冲突。

民族分离主义是民族冲突的极端类型。民族分离主义旨在"使一个族类或文化集体实现政治团结、通过获得这种团结为这个集体争取到一种合法的主权和自治地位"，[②] 民族分离主义的目标是：从现存的主权国家中分离出一部分领土建立自己独立的国家。

---

① 曹兴：《全球化中最严重族教冲突的根源与出路解析》，载《河北师范大学学报（哲学社会科学版）》2009 年第 1 期，第 39—40 页。

② [西] 胡安·诺格：《民族主义与领土》，徐鹤林、朱伦译，中央民族大学出版社，2009 年版，第 2 页。

表4　民族分离主义的基本内容

具体表现形式	产生原因	危害性
1.通过恐怖主义方式寻求独立或国际关注、国际干预 2.在其主导地区的全民公决后宣布独立 3.主张分离主义的政治力量经过选举执政后宣布独立	1.少数民族感觉受到不同形式和不同程度的歧视，在最极端的情况下甚至有种族灭绝的遭遇 2.对统治民族以国家主体建设为由推行的同化政策有强烈的抵触，或者对保持本民族的文化传统和共同体认同的前景忧虑重重 3.境外因素，如邻国中生活着相同的民族因而追求共同的民族统一，或是得到其他国家出于特别政治目的的鼓动与支持 4.少数民族群众受到具有政治野心的民族主义领导人的煽动	1.直接挑战国家主权与领土完整原则，而这些原则至今仍是国际关系的基本准则 2.分离主义导致的冲突有可能引起外部干涉，特别是人道主义干涉，从而导致国家间战争 3.分离主义挑战的是现存的主权国家，当事国政府一般都视分离要求为非法行为，从而在当事国内部引发多种形式的社会冲突

在当今国际法框架内，分离权利不是绝对的单方面权利，而应该是"共识权利"。分离权利也是一种"补救权利"，是一种"万不得已"的选择。就全球来看，国际社会对待分离主义的态度可以概括为：

1.国际法不支持单方面的分离行为。

2.在绝大多数情况下，外界干涉力量对分离主义的支持一般小于当事国政府对分离主义运动的管理力量。

3.分离成功的历史经验表明，外界干涉几乎是必要条件。主权国家拒绝少数民族分离要求的政府行为，并不构成外界干涉的法理基础。

4.从国际惯例来看，如果必须在分离主义和主权国家的领土完整两者之间选择其一，国际惯例总是选择支持国家主权与领土完整，而且承认当事国政府在代表全体民众利益的条件下拥有反对分离主义的政治合法性。

民族分离主义的主要危害是造成国家分裂以及持续的民族冲突。英国学者赫拉克利德斯（Alexis Heraclides）在对民族冲突进行研究时，认为民族分离主义需要符合三个要件：（1）将自身定位为无法同中央政府融合的民族；（2）本民族感受到在一国内遭受不平等待遇；（3）本民族占据一定面积的领土。[①] 还有一个重要条件是，在群体中已经形成自己的族群精英。假如没有明确政治诉求的族群精英在领导和组织，具有群众基础和真正有影响的族群动员是无法形成的。[②] 因此，对民族分离主义进行冲突管理的要旨是：

1. 培养共同体认同意识。建立对国家的政治认同与忠诚，削弱任何具有独立倾向的民族意识，为此要创造平等的民族交流与族群融合情境。

2. 避免民族领土和人口的边界清晰。避免形成一个民族群体同一个固有地域之间的"一一对应"且具"排他性"的存在关系。

3. 加强对民族精英的管理。同民族精英进行流畅的沟通与交流，以察觉任何潜在或可能的分离意识；充分发挥民族精英促进民族团结的作用。

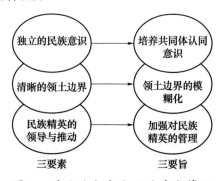

图 8　对民族分离主义的冲突管理

[①] Alexis Heraclides, "Janus or Sisyphus: the Southern Problem of the Sudan", *Journal of Modern African Studies*, Vol.25, June 1987, p.215.

[②] 马戎：《21 世纪的中国是否存在国家分裂的风险？》，载《领导者》2011 年第 2 期，第 88—89 页。

对于一个多民族国家来讲，必须高度重视民族冲突和民族分离活动，一个多民族国家如果允许部分民族独立，其他民族就会纷纷效仿。

（二）民族冲突的原因分析

20 世纪 90 年代以来，随着苏联解体、东欧剧变以及政治全球化、经济一体化、文化多元化的推进，引起了包括中国在内的广大发展中国家内部民族关系的深刻变化：第一，被美苏冷战所掩盖的民族差别、民族分歧变得凸显。第二，国家认同与民族认同的一致性开始削弱。民族主义不断发展，政治机制中少数民族的权利保障机制薄弱以及参政机制的空泛引起的问题开始显现。少数民族政治权利要求提高和合作意识增强呈普遍态势。[①]这种态势暗示了，认为依靠经济、文化发展以及优惠、宽容政策便可以解决民族问题的认识是不全面的。第三，面对激烈变动中的世界，面对传统信念的被质疑和动摇，人们内心的惶惑与精神状态的浮躁是难以避免的。人们相信如果作为一个群体提出自己的要求便会更有力量。因此，现代化、全球化的演进，引发了新一轮的民族认同，并且强化了认同选择的重要性。[②]在经济全球化和政治民主化的进程中，民族性（特别是弱势民族）和宗教性（尤其是在信仰曾被压制或缺失的地区）反而会产生某种增强的态势，以弥补现代性的不足。[③]

民族冲突的原因十分复杂，丹尼尔·拜曼（Daniel L. Byman）

---

① 民族政治权利，一是民族集体对自身政治的自治权；二是民族代表对国家政治的参与权。相关论述见朱伦：《浅议当代资本主义多民族国家的民族政治建设》，载《世界民族》，1996 年第 2 期，第 10 页。

② 何群：《论民族认同性与多民族国家民族政策的成功调整》，载《内蒙古大学学报（人文社会科学版）》2001 年第 1 期，第 80 页。

③ 曹兴：《全球化中最严重族教冲突的根源与出路解析》，载《河北师范大学学报（哲学社会科学版）》2009 年第 1 期，第 38—44 页。

认为，引发民族冲突的原因主要有四个方面：民族安全困境、民族地位忧虑、民族统治愿望和民族精英竞争。[①]

表5　民族冲突的原因

冲突原因	民族安全困境	民族地位忧虑	民族统治愿望	民族精英竞争
具体内容	从民族个体和群体的安全需要出发，民族为了实现自我保护，面对潜在威胁和危险，时刻做好反击（包括武力）的准备	当一个民族阻挠另一个民族要求获得承认或者取得社会合法性时，民族地位问题将引发冲突	某些民族努力将自己的语言定义为官方语言，将自己的宗教确立为全民信奉，将自己的制度推崇为政府和社会规范	民族精英为了攫取和巩固自己的权力和地位，通常会采取弱化国家认同，而强化自己民族认同的策略
适用对象	容易发生在相互戒备、防范和惧怕（历史上发生过节、民族压迫）的民族之间	为了获得群体权利、地位或尊重，捍卫合法性和存在价值的民族	为确保本民族的安全和地位，相关民族极力将其他民族置于从属地位	利用民族集体力量实现自己利益或是整个民族利益的民族精英
应对方法	关注与尊重彼此的安全	关注与尊重彼此的价值	限制野心和抱负（民族群体）	限制野心和抱负（个人）

1. 民族冲突的外部因素

在国际事务和国际关系中，打"民族牌"是常见而有效的手段，民族动员是最为廉价又最为高效的政治动员手段。安东尼·史密斯认为，民族动员是比其他社会团体动员更有力、更

[①] Daniel L. Byman, *Keeping the Peace, Lasting Solutions to Ethnic Conflicts*, Baltimore and London: The Johns Hopkins University Press, 2001, pp.13–44.

有效的手段。民族和种族认同都可以被当作社会动员的工具。①
赛德曼（Stephen M. Saideman）在《关系的鸿沟》一书中指出，
与传统的平衡方法不同，面对威胁自己的国家，通过制造和支
持其内部的民族分裂可以达到削弱对方的目的，这样，也能够
实现相对的力量平衡。他进一步指出，根据势力均衡这一现实
主义原则，为了保持"民族分裂"的长期性，当发生民族冲突
的当事国国家力量为弱势时应当支持国家，当国家力量强大时
又应当支持分离分子。②在上述模式中，民族冲突成为国家之间
进行利益零和博弈的资本。

　　根据势力均衡和安全最大化原则，一个国家将根据另一个
国家对自己的威胁程度决定对其境内民族分裂活动的态度。华
尔兹·肯尼特将国家的威胁因素划分为地理临近性、整体力量、
攻击力量和侵略意图四个方面：

　　（1）地理临近性：现实主义原则决定了一个国家支持邻国
民族分裂活动比支持其他地区分裂活动的可能性大，因为身边
的强者就是对自己最大的威胁；

　　（2）整体力量：一个国家越强大，其他国家支持这个国家
民族分裂活动的可能性就越大，因为通过支持和激化该国的民
族分裂活动，可以改变这个国家的人口、资源等力量格局，从
而达到弱化强国的目的；

　　（3）攻击力量：一个激进的支持别国民族分裂活动的攻击
性国家也会受到同样的威胁，其他的国家会支持这个国家的民
族分裂活动；

　　（4）侵略意图：一个被认为想使用力量破坏其他国家领土
完整的国家会引发其他国家对发生在该国的民族分裂活动的支

① Anthony D. Smith, *National Identity*, London: University of Nevada Press, 1991,
　pp.15–17.

② Stephen M. Saideman, *The Ties That Divide: Ethnic Politics, Foreign Policy, and
　International Conflict*, New York: Columbia University Press, 2001, p.18.

持，因为其他国家认为该国具有较强的侵略意图，对自己是潜在的威胁。①

　　根据势力均衡和安全最大化原则，由于弱国不会对强国构成威胁，强国会支持弱国的民族分裂运动，甚至会故意制造和挑拨民族事端，使自己强者恒强，使弱者恒弱。个案研究的结果显示，世界主要强国几乎都介入到了大的民族冲突之中，而它们的介入往往直接影响到谁胜谁负。赛德曼认为大国介入的原因主要有三方面：

　　（1）殖民地因素：民族冲突发生在前殖民地或殖民地的邻近地区。例如，比利时、英国、法国是刚果危机的主要介入者；英国、法国、葡萄牙影响到尼日利亚内战。

　　（2）民族纽带或历史过结：干预国家与冲突一方或双方，有民族纽带关系或是历史过结。例如，德国在南斯拉夫内战中支持克罗地亚和斯洛文尼亚是因为宗教相同、血统相同；俄罗斯支持塞尔维亚是因为同属斯拉夫人、同信仰东正教。

　　（3）国际影响：大国力量介入是为了获得及扩展国际影响。例如，苏联利用刚果危机是为了挑战联合国和美国在非洲的影响。②

　　从国家之间势力均衡和利益博弈的视角看待民族冲突，能够更深刻地体会到民族团结的重要性，也不难判定有些民族冲突的发生的确是别有用心、蓄意制造的结果。当前，世界上一些主要反华势力支持"藏独""疆独"等分裂活动，制造"中国威胁论"等舆论，就是现实主义原则的具体运用，目的在于阻滞中国全面发展，削弱中国的综合国力。③ 简而言之，国际上的

----

① Stephen Walt, *The Origins of Alliances*, Ithaca, NY: Cornel University Press, 1987, p.22.

② Stephen M. Saideman, *The Ties That Divide: Ethnic Politics, Foreign Policy, and International Conflict*, New York: Columbia University Press, 2001, pp.206–208.

③ 严庆、青觉：《"民族牌"背后的理论透析》，载《广西民族研究》2009 年第 1 期，第 25 页。

反华力量需要以中国的弱化或"碎片化",来换取自身的安全与优势。

2. 民族冲突的个人因素

每场激烈的民族冲突都离不开族群精英以及族群动员的煽动。在民族动员过程中,民族精英、政客等个人因素往往通过事件的歪曲,将民族怨恨掺杂在关键的事件之中,夸大本民族的英雄主义,其他民族则被妖魔化。

以色列社会学家艾森斯塔德(S. N. Eisenstadt)认为,族群精英主要有三类:第一类,政治精英,直接致力于社会上的权力调节。第二类,文化精英,主要创造文化秩序。第三类则调解主要群体之间的团结关系,致力于信任的构建。精英人物和集团在各国民族主义运动中都扮演着重要角色。

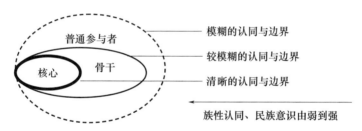

图 9 族体成员构成与族性认同、民族意识强弱关系示意图①

美国学者康纳认为,只有民族问题才能普遍而深刻地搅动世界格局。对于有政治野心的政客来讲,民族问题对其来说是一笔重要的"财富"和"资源",政治精英可以通过激活某一国家或地区的民族问题造成局部动乱,从而坐收渔翁之利,达到自己的政治目的。②族群竞争理论的基本内涵是:

(1)在国内政治中,族群精英主要关心如何获得和维持最

① 严庆:《冲突与整合:民族政治关系模式研究》,社会科学文献出版社,2011 年版,第 32 页。

② 严庆、青觉:《"民族牌"背后的理论透析》,载《广西民族研究》2009 年第 1 期,第 23 页。

大化的利益；

（2）族群精英为了获取和维持最大化的利益，需要别人的支持，其支持者形成了族群精英的选民；

（3）在此背景下，民族纽带或民族认同影响潜在的和现在的选民的偏好；

（4）族群精英和选民均认为民族纽带系统地影响着他们在国家或社会政治、经济结构中的处境和命运。[①]

族群动员理论启示我们：族性既是维系族类群体存续的基础，也可以化身为族群动员的工具；以维护群体利益为目标的族群动员，又会反过来强化和提升群体成员的族性认知，而族性的极端工具化和族群动员的过度功利化都会引发不同程度和范围的民族冲突。

三、民族冲突的国内管理

民族冲突产生的原因有两点：一个是自然因素；另一个是社会因素。[②]也可以认为，民族冲突产生的原因，一个是客观因素，一个是主观因素。但是具备了民族问题产生的原因和一定要产生民族冲突是两回事，关键要看主权国家政府能否对民族问题进行有效的冲突管理。民族冲突的国内管理主要处理"国内民族关系"，即主权政府与国内各民族之间的关系；国内民族之间的关系，包括主体民族（如果存在的话）与少数民族之间的关系以及各少数民族相互间的关系。

民族冲突的国际管理主要包括两点，一是指国际社会对一国内部民族问题的介入或干涉；二是指主权国家在民族问题上

---

① 严庆、青觉：《"民族牌"背后的理论透析》，载《广西民族研究》2009年第1期，第26页。

② 金炳镐：《民族理论通论》，中央民族大学出版社，1994年版，第295页。

对国际社会介入或干涉的有效预见与理性应对。民族问题的国际干预是指国际社会通过政治、经济、司法、军事等各种手段，对某一主权国家的民族问题进行过问或介入。国际干预不仅指军事干预，也指观念、文化的侵入以及国际组织、国际规范的介入。国际干预基本分为两类：第一类是直接干预，如军事入侵、人道主义干预、联合国维和行动、建设和平行动、冲突后的刑事审判等；第二类是间接干预，消极的间接干预如对一国分裂势力的支持以及在国际舞台制造对一国"应该或必然"分裂的舆论等，积极的间接干预如支持国家主权原则，反对制造任何分裂主权国家的舆论等。

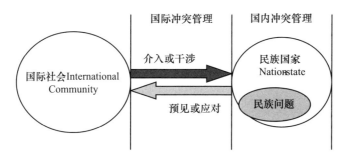

图 10　民族冲突管理框架图

学者普遍认为，构建民族冲突管理的长效机制有上、中、下三策：上策是体系/结构层面的稳定（价值体系的稳定）；中策是体制/政策层面的稳定（利益关系的稳定）；下策是警力/暴力层面的稳定（强力制约的稳定）。在实践中，应取其上策，用其中策，而慎用、勿用下策。有效的认同管理，同目标的确认有很大关系。民族认同管理的目标有三个层次：1.最低层次的和平共处，即不存在可直接感观的战争；2.中级层次的关系和谐，即相安无事，且利益交融；3.高级层次的相互融合，即实现以血缘或价值、情感为基础的"共同体"。在目标确认之后，相关当事方应该就目标的实现进行平等的沟通，在这个过程中"平等"是至关重要的，"压服"往往事与愿违。

（一）民族认同管理

所谓"认同群体"（Identity Group），即一个人可以坚定地"归属"于某种"族类"。而且，认同所系者，一般以族裔、民族或宗教为主。[①] 在民族冲突管理研究中，最核心的问题就是：民族精英和普通民众心目中最核心的身份认同是"国家"（自己最重要的身份是"国民"或"公民"），还是自己所属的"民族"（即具体某个"民族成员"身份）？是否把国家认同的重要性放在自己民族认同之上？还是与之相反？

如果是前者，人们就会以宪法和公民权利为立足点来争取自己个体及相关群体的利益；如果是后者，人们就有可能通过在强化民族认同的基础上，通过政治动员的方式来争取独立建国，以维护自己群体的利益——民族主义运动，通过"民族自决"来分裂现有的政治实体，以成为新的民族国家。

1. 民族认同的原生论与建构论

社会心理学家提出了心理本质论概念，从本体论、原生论的角度来探讨群体认同的发生机制。"原生论"强调民族身份是生来具有的，而"建构论"则认为民族身份是可以被主观建构的。詹姆斯·凯勒斯（James G. Kellas）认为，"（民族是）一群人觉得他们自己是一个被历史、文化和共同祖先所联结起来的共同体。民族有'客观'的特质，这些特质可能包括地域、语言、宗教或共同祖先，也包括'主观'的特质，特别是人们对其民族性（nationality）的认知和感情。"[②]

"原生论"认定民族是自古以来已经存在的自然现象，而非社会建构的产物。原生论不一定只以语言文字或文化作为认定

---

① ［英］艾瑞克·霍布斯鲍姆：《极端的年代》（下），郑明萱译，江苏人民出版社，1999 年版，第 639 页。

② James G. Kellas, *The Politics of Nationalism and Ethnicity*, New York: St. Martin's Press, 1991, p.117.

"民族身份"的方法，还包括（但不限于）：宗教信仰、世系或血统、地域、习俗等等。同时，"原生论"强调，民族、种族、性别和生理残障等是高度本质化的社会类别，而兴趣、政治理念、外表和社会阶层是最低本质化的社会类别。[①]

"建构论"认为，民族认同是"社会建构"的产物，民族只是划分不同群体的一个标签，并不具有本质特征，是可以改变的。各民族不是一种自然现象，而是可塑造、可打碎的。[②]"建构论"强调，民族之间的界限不是固定不变的，民族只是一种地域或文化的"不稳定的联盟"，其内部关系受价值观念与实际利益的影响会产生分裂或重组。

马克斯·韦伯1911年发表的著作《经济与社会》指出，族群是主观上相信他们有共同的祖先，有没有血缘关系并不重要。事实上，有没有共同基因不重要，认知体系认为有，那就有了。[③]"建构论"的高潮期是1983年《想象的共同体——民族主义的起源与散布》一书的发表。作者安德森（Benedict Anderson）指出，不是有了民族才有民族主义，而是反过来的。盖尔纳也提出，"正是民族主义造就了民族。"[④]总之，民族并不是天生不变的社会实体。

"建构论"认为，族性具有高度的适应性和伸缩性。为了适应生存，民族边界可以扩展或缩小，民族成员个体也可以移入或移出认同圈，甚至同时作为多个共同体的成员。一个特定集体认同的范畴、象征和意义可以进化。族性是动态的、建构的，族性是

---

① N. Haslam, L. Rothschild, & D. Ernst, "Essentialist Beliefs about Social Categories", *British Journal of Social Psychology*, Vol.39, No.1, 2000, pp.113–127.

② [西] 胡安·诺格：《民族主义与领土》，徐鹤林、朱伦译，中央民族大学出版社，2009年版，第11页。

③ 关凯：《当代中国社会的民族想象》，载《中国民族报》，2010年7月9日。

④ [英] 厄内斯特·盖尔纳：《民族和民族主义》，韩红译，中央编译出版社，2002年版，第74页。

个人和群体寻找机会、提高安全系数以及获取经济收益的资源。

2. 身份延伸与削弱类别显著性

"身份"标志着一定的社会地位、社会阶层、社会归属。民族身份是身份的一种特殊形式。民族身份延伸能对民族冲突起到一定的缓冲效应。民族身份具有双重特性和双重功能：一方面是要求共同体成员"向内看"，产生一种共同体的自我意识，界定谁是共同体的成员；另一方面"向外看"，识别自己与外部世界的不同，界定谁不属于本民族。

图 11　身份延伸战略

身份延伸启动的目的是，从个体水平、群体水平和社会环境水平的整合视角来协调民族冲突管理的内在机制，进而从个体、群体和社会情境的多水平变量来促进民族关系的发展与融合。[1] 身份延伸的理论基础是"多样认同"的存在。"多样认同"（multiple identities），不只单是平行的现象，而是一种复合存在的多层次结构，彼此并不必然会在认同选择的过程中出现冲突。1998 年的诺贝尔经济学奖获得者阿玛蒂亚·森（Amartya Sen）指出，当代世界冲突或潜在冲突的一个主要来源就是人们认为只能按照宗教或文化对人类进行单一分类，如果他们能够进行多重再分类，冲突将会大大减少。[2]

---

[1]　刘力、杨晓莉：《民族冲突的社会心理机制》，载《心理科学进展》2011 年第 6 期，第 807 页。

[2]　Amartya Sen, *Identity and Violence: The Illusion of Destiny*, New York: W. W. Norton & Company, 2006. 转引自刘力、杨晓莉：《民族冲突的社会心理机制》，载《心理科学进展》2011 年第 6 期，第 804 页。

阿玛蒂亚·森提出了"再分类策略",这一策略正是通过身份延伸来削弱类别显著性。"共同内群体认同模型"(Common Ingroup Identity Model)认为,当个体将原来的两个或多个群体的认知表征改变为一个包摄水平更高的上位群体时(例如,由印度教徒、印度穆斯林教徒和印度锡克教徒的认识表征改变为"印度人"的认知表征),原来内群体的积极评价和对外群体的消极评价就会在更抽象而不是更具体的水平上理解加工,从而有助于减少偏见与冲突。

但当类别对于某群体来说非常重要时,这些群体会因为身份的削弱而知觉到身份威胁。① 因此,这时应该建立双重认同。双重认同模型(Dual Identity Model)认为,把亚群体再分类为"上位群体 + 亚群体"的这种双重认同的表征时(例如,加拿大魁北克人、中国藏族人等),最有可能减少族群间偏见与冲突。② 但是,并不是所有个体或群体都能成功地实现身份延伸。

身份延伸有其现实的合理性和操作性。例如,美国十年一次的人口普查在 2000 年发生了变化,人们第一次可以在调查表中填上其所有种族 / 民族归属,即对多重种族 / 民族归属的认可。这样,美国人口普查局(U.S.Census Bureau)就能够更好地了解美国异族通婚的程度,而且可以就此弱化任何僵化和功利化的族群选择。事实上,早在 1997 年,美国管理与预算办公室(Office of Management and Budget)批准一项指令,即人们可以填上自己所有的种族 / 民族归属。

---

① Samuel L. Gaertner, John F. Dovidio, *Reducing Intergroup Bias: The Common Ingroup Identity Model*, Philadelphia: Psychology Press, 2000; R. Gonzalez, R. Brown, "Dual Identities in Intergroup Contact: Group Status and Size Moderate the Generalization of Positive Attitude Change", *Journal of Experimental Social Psychology*, Vol.42, No.6, 2006, pp.753–767.

② K. Dach-Gruschow, Y. Hong, "The Racial Divide in Response to the Aftermath of Katrina: A Boundary Condition for Common Ingroup Identity Model", *Analyses of Social Issues and Public Policy*, Vol.6, No.1, 2006, pp.125–141.

有学者提出了"类别区分模型"(Model of Category Differentiation)。他们认为,对人的分类会使知觉者夸大社会类别之间的差异性,即"群际加重效应"(Accentuation of Interclass Effect),也会使其夸大类别内的相似性,即"群内加重效应"(Accentuation of Intarclass Effect)。[①] "类别区别模型" 蕴含的一个假设是:在任一维度上的分类都会加强群际差别,分类差别又会导致群际偏见。

图 12 类型区分模型

既然强化类别显著性(salience)可以加强偏见,那么,削弱类别显著性应该也会改善群际关系。两分法的这种逆效应形成了群际关系改善的逻辑基础。对我们的启示是,在民族冲突管理中,不要过度强化类型区分,不要总是习惯性地强调"你我",在话语表述和政策制定上,"我们"比"你我"更能够削弱类型显著性。

(二)威胁情境管理

民族差异是被强化还是被弱化或放弃,取决于群体所追求的目标,以及追求目标、分享利益的情境。

1. 威胁情境产生的原因

虽然民族是高度本质化的社会类别,但是通过对社会情境的管理和控制,会激发对民族差异的不同认知,威胁情境会强

---

① W. Doise, J. C. Deschamps, G. Meyer, "The Accentuation of Intra-category Similarities", in H. Tajfel, ed., *Differentiation between Social Groups: Studies in the Social Psychology of Intergroup Relations*, London: Academic Press, 1978, pp.159–168.

化民族的心理本质论，良好情境则会强化民族的社会建构论。
有学者根据群际威胁的理论来源和内容把威胁归纳为现实威胁、
文化威胁和认同威胁三大类。①

　　具体来说，有效的情境管理，能够创造良好的情境氛围，
发挥建构论对民族认同与国家认同的调节作用，最终导致族群
参与意愿的增强以及合作倾向的维持；无效的情境管理，必然
产生或激化威胁情境，加剧民族认同与国家认同的二元对立，
最终导致族群的报复意愿或分离倾向（见下图）。

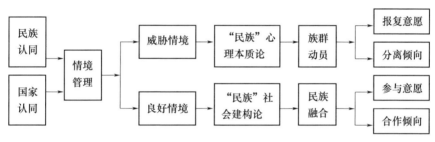

图 13　民族与国家认同的情境管理

　　就生成原因而言，威胁情境的产生可以粗略地分为三类：
（1）"敌意"他者的存在；（2）接触的类型；（3）相对剥夺感的
程度。其结果是导致民族关系的破坏以及情感的疏离等等。

　　首先，"威胁情境"的产生与"敌意"他者的存在密切相
关。"他者"是指"另一个民族，它在领土上邻近或处于民族
共同体内部，威胁或被认为威胁自己的独立以及文化纯洁性"。
前者是"外部他者"（external other），后者属于"内部他者"
（internal other）。②"他者"可能是威胁性的，也可能是对照性
的；可能是实际存在的，也可能是人为构建的。

---

① 张婍、冯江平、王二平：《群际威胁的分类及其对群体偏见的影响》，载《心理科
　　学进展》2009 年第 17 期，第 473 页。

② Anna Triandafyllidou, "National Identity and the 'other'", *Ethnic and Racial Studies*,
　　Vol.21, No.4, July 1998, p.594.

其次，"威胁情境"的产生同接触的类型密切相关。"接触理论"认为，两个民族的成员接触越多，冲突就越少；而相反的观点则指出，在接触与冲突之间存在着某种正相关，更多的接触产生了更多的冲突。显然，这是两种截然对立的观点，问题的关键是接触的类型，即民族群体是在何种情境下进行接触。

最后，"威胁情境"的产生同"相对剥夺感"的程度密切相关。一个民族的相对剥夺感可以从两个角度产生：一是该民族与其他民族横向比较的结果，即本群体及其成员理应享有的物质、文化和政治利益与其他民族之间的差距。二是该民族的期望与现实之间的差距，即群体目前地位和境况与应该达到的、合理的地位和境况之间的差距。

2. 情境管理的两种假设：接触理论、冲突理论

群际接触理论（Intergroup Contact Theory）认为，群际接触可以减少群际偏见（Intergroup Bias）、促进群际关系的改善。这一理论的基本观点是：在对抗的社会群体中（文化认同、语言、信念、肤色、国籍等），个人之间若存在更多的接触，则倾向于削弱他们相互间所具有的消极刻板印象，并减少其相互反感与不相容，从而通过人们相互间的平等交往来改善群体间的关系。简言之，更多的接触意味着更少的民族或文化冲突。[1] 从本质上来说，群际偏见是由于本群体对他群体缺少足够的信息或存在负面的刻板印象而产生的，而群际接触则为增加对外群体的认识和纠正负面的刻板印象提供了机会。

但国际关系的现实残酷地告诉我们，民族接触最为频繁的地区未必就是民族关系和谐的地区，而且有时同上述判断恰恰相反，即高水平接触常常与高水平的偏见、歧视相联系，往往

---

[1] Brewer M B, Gaertner S L, "Toward Reduction of Prejudice: Intergroup Contact and Social Categorization", in A Tesser, N. Schwarz, eds., *Blackwell Hanbook of Social Psychology: Intergroup Processes*, Oxford: Basil Blackwell, 2001. pp.451-472.

是频繁接触导致了高水平的冲突。

　　近年来，接触理论和冲突理论分别从学理的角度对上述现象作出了各自的解说。其中，接触理论的主要观点可以归纳为：

　　（1）群体间的接触对偏见态度、歧视行为等刻板印象有直接的影响作用；

　　（2）敌意性的刻板印象源于社会性隔离以及群体成员之间的陌生和疏离；

　　（3）在正常情境下，接触就会倾向于减少偏见和消除歧视；

　　（4）在威胁情境下，接触对族群关系的改善可能是无效的，甚至具有消极效果，如促进敌意性刻板印象的发展。[①]

　　由此，接触理论就将问题的核心定位于影响"接触效果"的情境类型，即群体成员之间频繁交流是否存在友好的接触情境。"依据其发生的情境，更多民族间的接触可能导致更多的偏见与对抗，或者更多的尊重与接纳。然而，基本问题是在接触过程中导致不信任的情境类型与那些导致信任的情境类型。"[②]

表6　影响接触效果的情境类型[③]

变量	目标管理	地位管理	规范管理
内容	在追求共同目标方面，是合作群体还是竞争群体	在接触过程中，群体间是否拥有平等地位；当地位不平等时，群体接触就容易产生消极印象	是否存在支持群体接触的社会规范；是否存在倡导并支持群体间平等接触的社会规范

①　刘毅：《化解民族冲突的策略——民族接触与相互依存》，载《心理科学进展》2007年第1期，第179—184页。

②　Brewer M B, Gaertner S L, "Toward Reduction of Prejudice: Intergroup Contact and Social Categorization", in A Tesser, N. Schwarz, eds., *Blackwell Hanbook of Social Psychology: Intergroup Processes*, Oxford: Basil Blackwell, 2001, pp.451–472.

③　E. Aronson, T. D. Wilson, R. M. Akert, *Social Psychology*, Fifth Edition, New Jersey: Person Education, 2005, pp.466–467.

　　冲突理论认为，因为在群体间存在着文化差异，所以在相互交往过程中，这种差异会被不断放大，就可能出现因接触而引起冲突的现象。同时，由于接触潜在地成为同化的原因之一，所以它也是冲突的原因之一，因为每个群体都努力使自己的群体成员坚定地抵制同化。同质化过程发生的同时，有助于所有群体产生更多相互间的理解，而这种理解又将部分地依赖于他们是否做出必要的适应——如此增加了"被同化"的概率。简言之，一方面，接触有助于通过同化与交融来减少群体间的差异；另一方面，接触也可以产生对差异的保护，或者增加保持差异的努力。

　　事实上，上述两种理论并不矛盾，接触频率并不能直接影响民族冲突管理的效果，关键要看接触的情境。当接触是一种正常的、良好的接触类型时，就会倾向于减少偏见和歧视。而另一方面，如果接触情境并不友好，接触很可能是无效的，甚至具有消极效果——促进彼此的敌意和刻板印象的发展。[①] 因此，高质量的接触意味着民族之间更少的偏见与冲突。

（三）民族政策定位

　　民族政策是"政治主体为规范国家范围内的民族事务而采取的策略、准则和措施"。[②] 民族政策的目标，有三个层次：（1）以国家为单元的政治整合；（2）以民族为单元的文化多元；（3）政府和主流社会对弱势群体的优惠与扶助。从政策研究的角度出发，以主权国家为行为主体的民族政策，在类型区分上可主要分为排斥、同化、间接统治制度、区域分割、多元文化主义以及民族区域自治等模式。

　　1.排斥政策：种族清洗、种族隔离、强制种族迁徙以及其

---

① 刘毅：《化解民族冲突的策略——民族接触与相互依存》，载《心理科学进展》2007 年第 1 期，第 181—182 页。

② 沈桂萍、石亚洲：《民族政策科学导论：当代中国民族政策理论研究》，中央民族大学出版社，1998 年版，第 20 页。

他由国家垄断暴力介入的排斥性民族政策公开维护了不平等的民族或族群关系，种族优越论则为这种不平等的民族关系提供了理论支持。"地域分割"也是一种排斥性的民族政策，它经由国家外部强制力量的干预得以实施，强行为不同的民族或族群划分地域界限，并通常由此导致灾难性的结果。

2. 同化政策：这一政策支持民族或族群间相互的接受与融合。由国家强制或至少制度化实施的同化政策要求少数民族经过适应成为主体民族中的一员，它仍然反映出一种不平等的民族关系。但人类不同的民族和族群之间，一直存在着自然融合的过程。拉丁美洲国家"温和"的同化政策则将来自不同族群的国民共同视为一个"国族"，淡化其族群身份，从而提升了社会整合程度。

3. 间接统治制度：以"羁縻"政策为代表的间接统治制度体现出中国在民族政策方面与众不同的古典经验。这种经验强调文化的传播与宽容，以"有教无类"的文化中心主义观点看待民族问题，客观上促进了中华民族"多元一体化"格局的形成和发展。

4. 多元文化主义：加拿大是世界上第一个将多元文化主义奉为"国策"的国家，这种政策不仅实现了法律地位上的民族平等，也为各个民族或族群保持自己的文化特殊性铺平了道路，而文化多样性也被描述成"完美"社会所不可或缺的特点。

5. 民族区域自治制度：这一制度将"民族自治"与"区域自治"有机地结合起来，在"国家意志"与"民族诉求"之间以"分权"的方式作出制度安排。由于民族区域自治将"民族"与"地域"直接联系起来，其优势与风险也是一体化的。[①]

---

① 　其中，排斥、同化、间接统治制度、区域分割这四类是民族政策的"传统模式"。因为在这些类型中，民族关系基本上是不平等的，这些政策强调了主导民族的核心地位和利益优先原则。多元文化主义和民族区域自治两种模式被视为"具有现代性"的民族政策，原因在于这两种政策都强调法律基础上的民族平等原则。相关论述见关凯：《民族关系的社会整合与民族政策的类型——民族政策国际经验分析（上）》，载《西北民族研究》2003年第2期，第123—124页。

就领域而言，影响当今国内民族关系的政策性因素主要包括：关于语言地位的政策、关于权力分配的政策、关于资源开发的政策、关于民族发展的政策等等。在实践中，民族政策的目标取向有两种选择：建构性的民族政策、解构性的民族政策。

1.建构性民族政策

建构性民族政策是从普遍公民权意义上的选择，即强调公民意识、国家认同、民族共同体认同，强化国家建构。在进行政治整合时，建构性民族政策要求国内各族民众把国家利益放到本族利益之上，加强对国家的政治认同并使之成为自己心目中的核心认同，使他们在意识理念上从各种传统组织（家族、部落、部族、民族、种姓）的成员转变为"国民"与"公民"。

建构性民族政策的基础是建立宪法认同。宪法认同要求国家成员内心具有两种自觉与敬畏：（1）对公民身份的认可；（2）对国家政治体制的尊重和捍卫。相对于宪政这一公民共有的事业，民族只是文化群体"多重认同"中的一种。

建构性民族政策的目标是要建立"公民国家"。美国学者菲利克斯·格罗斯（Feliks Gross）在1998年出版了《公民与国家——民族、部族和族属身份》。格罗斯提出了两种类型的国家："公民国家"（Civic State）和"部族国家"（Tribal State）。他指出，由于"民族主义部族国家是一个与现代社会基本人权和政治权利持久冲突的政治信念和制度"，[①]因此以公民权为基础的现代公民国家体制必然是世界各国的发展趋势。

"公民国家"建立在政治纽带之上，其核心制度是公民权，"公民权提供了一种将种族/民族上的亲族认同（文化民族）与

---

① [美]菲利克斯·格罗斯：《公民与国家——民族、部族和族属身份》，王建娥、魏强译，新华出版社，2003年版，第37页。

和国家相联系的政治认同（国家民族）分离的方法。"[1]一般认为，美国等西方国家的族群政策是典型的建构性选择。戈登在《美国人生活中的同化》一书中系统地回顾了美国建国两百多年来处理族群关系社会目标的演变阶段和每个阶段的特点：

（1）第一阶段叫"盎格鲁 - 萨克森化"（Anglo-conformity），目标是以早期移民主体盎格鲁 - 萨克森民族的传统文化为核心来同化其他族群：A+B+C+ ... =A；

（2）第二阶段叫"熔炉主义"（Melting-pot），目标是主张族群之间的充分融合：A+B+C+ ... =E；

（3）第三阶段叫"文化多元主义"（Cultural Pluralism），目标是承认并尊重"亚文化群体"的存在及权利：A+B+C+ ... =EA+EB+EC+ ... 。[2]

在"文化多元主义"的影响下，在美国居住的所有合法居民，都是建构"美利坚民族"的平等成员；所有族群的成员都被视作平等的国家公民，对少数族群成员作为国家公民所应当拥有的各项权利，政府从"公民"角度予以保障，尽可能不把他们视为整体性的具有特权的政治群体。[3]这就使与族群相关的各种问题，主要以个体成员和个案的社会问题形式表现出来，而不表现为以整体族群为单位的政治问题。

2.解构性民族政策

解构性民族政策的实质是，强化民族差异性，没有真正实现各民族的融合以及共同体意识的培养。"部族国家"是典型的解构性民族政策的代表。"部族国家"往往把宗教、族群和政治制度混同为一个单一的原则和属性，把政治认同与民族身份联

---

① ［美］菲利克斯·格罗斯：《公民与国家——民族、部族和族属身份》，王建娥、魏强译，新华出版社，2003年版，第26—37页。

② 马戎：《社会学的族群关系研究》，载《中南民族大学学报（人文社会科学版）》2004年第3期，第8页。

③ 马戎：《美国如何处理"民族问题"》，载《南方周末》2009年7月16日。

系在一起，"是一个与现代社会基本人权和政治权利持久冲突的政治信念和制度。"①

解构性民族政策的结果常常是民族关系"政治化"。在现代主权国家内部，任何一个党派都不愿意失去某些选民群体，特别是归属感极强的民族群体，而这一取向也进一步强化了民族群体的政治取向。同时，这种"族类政治化"的现实也使不同政治力量将民族群体作为开展工作的对象，以实现自己的政治目标。苏联解体的教训告诉我们："在一个人口文化成分复杂的国家里，保证国家统一、领土完整和强大，首先要通过建立和宣传国家的象征，强化全体公民珍惜国家政权和对国家政权的忠诚感。"② 总之，在民族冲突管理进程中，努力实现各民族的平等，淡化民族差异，培养对统一国家的公民认同感，是极为重要的。

综上，主权国家在设计民族政策时，大致有两类模式选择：一类是坚持"族裔导向"，即"政治化民族关系"/解构性民族政策，就是强调各个群体的政治地位和政治权利，导致各群体的"民族意识"不断强化。另一类是坚持"国族导向"，即"文化化民族关系"/建构性民族政策，就是有意识地引导民众把群体之间的各种差异（语言、宗教等）视为"文化差异"，把群体边界"模糊化"，努力淡化各群体的"民族意识"，同时积极强化"公民意识"。具体如下：

表7 民族关系的模式选择

	逻辑起点	构成单位	基本思路
文化化民族关系	"国族导向"，文化民族	公民国家（Civic State）	淡化民族差异，所有的国家成员都是公民，强调国家意识、民族共同体意识

① [美]菲利克斯·格罗斯：《公民与国家——民族、部族和族属身份》，王建娥、魏强译，新华出版社，2003年版，第26—37页。

② [俄]B.A.季什科夫：《民族政治学论集》，高永久、韩莉译，民族出版社，2008年版，第22页。

续表

	逻辑起点	构成单位	基本思路
政治化民族关系	"族裔导向",政治民族	民族国家（Nation State）部族国家（Tribal State）	强调民族差异,所有的民族都应成为主权国家

具体来说,两种模式的差异性是显而易见的。"文化化民族关系"的实质是:(1)强调国家认同,淡化民族差异;(2)坚持以个人为单位的平等;(3)精英角色是国家利益的捍卫者;(4)淡化民族边界,强调平等公民权;(5)目标定位是文化多元,但政治一体。"政治化民族关系"的实质是:(1)强调民族差异,淡化国家认同;(2)坚持以族群为单位的平等;(3)精英角色是民族利益的代言人;(4)强化民族边界,强调民族自决权;(5)目标定位是文化多元基础上的政治多元。

表8 模式选择的具体差异

	文化化民族关系	政治化民族关系
认同观念	强调国家认同,淡化民族差异	强调民族差异,淡化国家认同
平等观点	以个人为单位的平等	以族群为单位的平等
精英角色	国家利益的捍卫者	民族利益的代言人
边界意识	淡化民族边界,强调平等公民权	强化民族边界,强调民族自决权
目标定位	文化多元,但政治一体	文化多元基础上的政治多元

（四）减少或削弱民族分层

1975年,哈佛大学出版社出版了由格雷泽（Nathan Glazer）和莫尼汉（Daniel Patrick Moyllihan）等著名社会学家主编的《民族：理论与实践》（Ethnicity: Theory and Experience）一书，书中提出了民族之间"结构性差异"的概念，同时介绍了"民族分层"（Ethnic Stratification）这一重要术语，这是从社会学的重要专题"社会分层"（Social Stratification）转借过来的。[①]"民族分层"研究的是不同民族之间由于其结构性差异所引起的不平等，但民族差异不能等同于民族不平等。

明确而固化的民族分层不利于社会整合与国家安全的实现。分析"民族分层"的主要指标包括：（1）人口的教育水平；（2）劳动力的行业结构；（3）劳动力的职业结构；（4）人口的城市化水平。[②]

进行民族关系的比较时，会出现两类比较：第一类是共同居住在同一个地区的不同民族成员之间的比较。这些民族由于居住在同一个地区，处在同样的自然资源环境和经济发展条件之下，如果出现民族之间的差异，就需要深入分析造成这些差异的原因，是自身的知识技能与生产经验，还是当地在制度和政策上存在差异化民族政策。在如何认识与理解这一差距方面，可以进一步区分为两种情况。

1.这一差距是由于个人素质（如教育水平、努力程度等）造成的：由于某个民族整体上处于劣势，但是并没有制度或政策的歧视，即族群之间在法律上是平等的，这种情况劣势民族比较容易接受，但也有迅速改变这一态势以达到"事实上平等"的迫切愿望。

2.这一差距是由于制度或政策性歧视造成的：如种族的隔

---

① Nathan lit Glazer, Daniel Patrick Moynihan, Corinne Saposs Schelling eds., *Ethnicity: Theory and Experience*, Cambridge, Massachusetts: Harvard University Press, 1975, pp.84–110.

② 马戎：《中国各族群之间的结构性差异》，载《社会科学战线》2003年第4期，第174页。

离制度或就业歧视政策等，存在着以民族为单位的"法律上的不平等"，那么劣势民族必然非常反感，认为不可接受并要求改变这些不平等的制度与政策，民族关系就会十分紧张。

第二类情况是对分别居住在不同地区的不同民族之间进行比较。这类比较中发现的民族差距，也可以被区分为两种情况：

1. 客观条件和历史原因：由于各自所居住的地区在自然资源环境、经济发展基础等方面很不相同，存在一定程度的民族差距。但这些差异实质上反映的是地区差异，但以跨地区的民族差异的形式表现出来。人们仍然会以民族差别或民族间的"事实上的不平等"来看待这一差距。

2. 政府制度或政策原因：政府对于不同地区实行不同的制度与政策，从而导致一些民族在发展中处于不利的地位，存在着以地区为单位的"法律上的不平等"，在这种政策下民族关系必然比较紧张，而且被歧视的民族必然怀着改变这一格局的强烈愿望。

一般认为，经济困境、贫富分化成为各国内部民族团结的"毒药"。对中国而言，要全面贯彻党的民族政策和宗教政策，加强民族团结进步教育，加快民族地区发展，多为各族群众办好事、办实事、解难题，促进各族群众共同富裕，促进各族人民大团结，携手共建美好家园。习近平总书记在党的二十大报告中指出，"以铸牢中华民族共同体意识为主线，坚定不移走中国特色解决民族问题的正确道路，坚持和完善民族区域自治制度，加强和改进党的民族工作，全面推进民族团结进步事业。"

四、民族冲突的国际管理

进入 21 世纪，当人类加速进入全球化时代之后，不论是移民类国家、西欧工业化国家、传统多民族国家还是发展中国家，它们的民族冲突非但没有弱化，而且还有不断升级的趋势，特别是在国外政治、宗教势力的干预下，许多国家的社会稳定、国家统一受到严重威胁。这种社会冲突又经常因为国际干预的介入转化为更为严重的区域和国际冲突。① 此外，为了霸权利益，西方国家总拿民族问题做文章，在多民族国家的不同民族群体之间挑起事端。

（一）作为"外交工具"的民族问题

一般来说，作为东道国深知民族问题对本国领土完整和政治稳定的重大影响，作为其他国家也同样深知民族问题是东道国的"软肋"。因而，每逢民族冲突发生，很多国家都纷纷介入。

1. 脆弱性理论

史蒂芬·赛德曼（Stephen M. Saideman）提出了脆弱性（vulnerability）理论假设，认为存在民族分裂活动，或存在民族分裂危险的国家不会支持其他国家的民族分离活动。② 既然所有国家都感受到来自少数民族的不安，所有的国家都形成了一种共识，那就是保持现有格局。这是"政治互惠原则"在民族问题上的应用。脆弱性理论的基本假设是：

（1）自身存在民族冲突的国家，即对民族冲突和分离运动存在忌讳的国家不大会支持分离运动；

（2）严格遵守不干涉内政国际法准则的国家不大会支持别国的分离运动；

（3）现有的不支持分离运动的国际准则降低了国家支持分离运动的可能性；

---

① 于海洋：《良性治理：维护民族国家体制和化解民族冲突的前提》，载《中国民族报》2012 年 1 月 6 日。

② Stephen M. Saideman, *The Ties That Divide: Ethnic Politics, Foreign Policy, and International Conflict*, New York: Columbia University Press, 2001, p.15.

（4）相关的国际组织限制对分离运动的外部支持会减少此类支持；

（5）与东道国具有合作史的国家不会支持东道国内部的分离运动；

（6）与东道国发生过冲突的国家倾向于支持东道国内的分离运动。[①]

表 9　脆弱性理论的基本假设

国家类型	自身存在民族冲突的国家	遵守不干涉内政国际法准则的国家	存在不支持分离运动的国际准则	限制此类行为的国际组织的成员国	同当事国有良好合作关系的国家	同当事国有直接利益冲突的国家
是否支持民族冲突	×××	××	×	××	×××	√√√

注："×"号的数量表示不支持的强度；"√"号的数量表述支持的强度

　　脆弱性理论的内在逻辑是存在民族冲突或分裂危险的国家，如果支持其他国家的民族分裂运动，就可能遭致其他国家的对等反应，引燃本国的民族问题。而且民族分裂的示范效应也可能会启发本国的民族效仿，寻求民族分裂。脆弱性理论促生了一些地区组织或国际组织的建立，通过在组织内部形成共识，达成要约，来规约成员国对待彼此民族问题的态度以及处置方式。[②] 例如，上海合作组织成员国之间就有互不支持民族分裂活动的承诺。

---

① 严庆、青觉:《"民族牌"背后的理论透析》，载《广西民族研究》2009 年第 1 期，第 24 页。

② 严庆、青觉:《"民族牌"背后的理论透析》，载《广西民族研究》2009 年第 1 期，第 24 页。

2.民族纽带理论

卡门特·赛德曼（David Carment）和帕特里克·詹姆士（Patrick James）发现民族冲突不同于其他冲突，其动员机制以民族纽带为基础，团结、忠诚、献身贯穿其中。[①]因此，民族纽带是影响一个国家对待民族冲突态度的决定因素。

民族纽带理论的内在逻辑是：一个国家的民族分裂活动容易得到海外同民族、同种族、同宗教或同语言群体的支持，干预国会通过民族纽带来确定自身的政策取向。民族纽带理论在国际关系中的具体表现是：

（1）国家似乎更容易支持与重要选民拥有共同民族纽带的行为者；

（2）政府容易反对与重要选民有历史过节的行为者；

（3）当行为者双方都与选民分享民族纽带时，政府容易采取中立态度或是模糊立场；

（4）当事民族希望通过较宽的身份认同界定自我，以便得到国内外更多的支持。[②]

民族纽带影响外交政策的原因可以归结为：第一，民族纽带产生对民族整体的忠诚感、成员利益攸关感。国界并不能使民族成员忽视其同族在其他国家的状况，选民将最为关心同族和与其有历史过节民族的现实情况。第二，是否支持海外同族的态度，是对政客们如何处理本国民族事务的"试金石"，符合民族认同意向的政客才能得到国内特定群体的支持。第三，民族纽带也会因分裂主义者的策略发挥作用。为了得到外部支持，分裂主义者需要通过强化某种纽带关系，让外部相关群体

---

① David Carment, Patrick James, "Internal Constraints and Interstate Ethnic Conflict: Toward a Crisis-Based Assessment of Irredentism", *Journal of Conflict Resolution*, Vol.39, No.1, 1995, pp.82–109.

② Stephen M. Saideman, *The Ties that Divide: Ethnic Politics, Foreign Policy, and International Conflict*, New York: Columbia University Press, 2001, p.15.

认为分裂主义者与其利益相关。分裂主义运动的领袖往往通过身份延伸等方法界定自己，从而影响别人对自己和对手的感知，争取得到更多的外部支持。[①] 由于民族纽带的延伸，民族冲突的影响向更大的范围震荡开来，形成"涟漪"与"共振效应"。

戴维斯（David R. Davis）和摩尔（Will H. Moore）发现，如果在一个国家的优势民族和另一个国家的劣势民族之间存在民族纽带，两国发生冲突的可能性就高。[②] 例如，斯里兰卡民族冲突中的印度因素即为典型事例。

（二）有毒的西方"国际规范"

西方有关民族冲突管理的"国际规范"对民族认同和国家构建等命题的预设，自其肇始便已带着某种错误的胎记降临尘世。"这个错误就是把一块地方视为同一族类、同一文化、同一语言的人们的领地，而不顾其他族类与自己的共生共存。而强调民族与国家的一致性，反过来就会推论国家的同质性，进而推动国家的同质化建构。在这种观念下，排他行为发生了，同化主义产生了，冲突就不可避免了。"[③]

1. "民族国家"规范

不可否认，由于历史的原因，欧美西方国家在民族研究中走在前面。值得注意的是，这些国家对非洲及其他一些落后地区的民族研究首先是从人类学开始，主要是靠探险家、传教士、旅行者以及殖民官员来从事资料收集和整理工作的，他们的观

---

① 严庆、青觉：《"民族牌"背后的理论透析》，载《广西民族研究》2009 年第 1 期，第 26 页。

② David R. Davis, Will H. Moore, "Ethnicity Matters: Transnational Ethnic Alliances and Foreign Behavior", *International Studies Quarterly*, Vol.41, No.1, 1997, pp.171–184.

③ 朱伦、关凯：《政治因素依然是民族问题的首要原因》，载《中国民族报》2007 年 6 月 22 日。

察方法、研究选题往往"都不符合科学中立性的原则"。^①这些研究成果绝大部分带有"欧洲中心论"的痕迹，曾为殖民政府所利用，并在全球的政界、学术界和新闻界留下了极为负面的影响。

西方民族主义古典理论是西方国家实现结构霸权的核心支柱。西方民族主义古典理论的精髓是：从民族结构上维护国际秩序，主张民族国家就是单一民族组成的国家。西方民族主义古典理论的思维逻辑是：语言—文化同质的人民（people）应该在政治上消除封建王国的割据状态而成为统一的民族（nation），作为统一的民族应该摆脱异族统治而建立自己的独立国家（state）。^②"一个人民，一个民族，一个国家"（one people，one nation，one state）的三段论表述即由此而来。这种表述，最终被缩略为"一个民族，一个国家"的两段论。

西方民族主义古典理论没能充分顾及世界范围内民族发展的不平衡性、"民族国家"建构的复杂性和民族利益实现形式的多样性，从而构成了它作为应用性理论的致命缺陷。这种缺陷主要表现在：把"是族体就有权利建立独立国家"的西方经验（国家的边界应与族体的边界相一致）上升为国际通则，如此的绝对性必然导致全球范围的"水土不服"，即此起彼伏的民族冲突。甚至，"民族国家"规范往往成为霸权国家肢解弱小国家的口实。^③

实践证明，"民族国家"并非一种价值标准。如果是价值标

---

① ［德］沃勒斯坦等：《开放社会科学》，刘锋译，生活·读书·新知三联书店，1997年版，第22页。

② 朱伦：《走出西方民族主义古典理论的误区》，载《世界民族》2000年第2期，第7页。

③ 王建华、堃新、胡琦：《试论美利坚民族国家建构的理论特色》，载《黑龙江民族丛刊》2011年第6期，第75页。

准，就无法在多民族国家的框架下处理民族关系了。[①]究其实质，"民族国家"规范的建立是西方国家在全球所推行的同化政策，无益于世界民族问题的解决。

2."民族自决"规范

"民族自决"原则及"民族国家"理念，如同一个硬币的两面，被认为是西方国家影响世界民族关系的最强大的话语权。在欧洲集体出现"民族国家"框架后，"民族自决"同时成为各国民众和知识界普遍接受的政治理念。但是，民族自决原则有被泛化和滥用的趋势，即任何一个群体，如果自认为是一个独立的"民族"，都可以通过"民族自决"获得政治上独立建国的可能性。

在实践中，绝大多数国家和国际法学家对民族自决权的解释是：人民和民族有反对殖民主义以及外国侵略、统治和占领的权利，而并非所有少数民族都有从所属国分离出去的权利。英国剑桥大学教授迈尔可姆·肖（Malcolm N. Shaw）指出，"自决只限于公认的殖民地领土范围之内。任何想扩大这个范围的尝试都从未成功过，而且联合国总是极力反对任何旨在部分地或全面地分裂一个国家的团结和破坏其领土完整的企图。"[②]今天，国际社会就"民族自决"原则的适用条件与适用主体达成了以下基本共识。

（1）"民族自决"原则的适用条件是：反对殖民统治。对于受殖民统治或外国军事侵略和占领下的民族来说，民族自决权就是摆脱殖民统治，建立或恢复独立的主权国家的权利。对于已经建立独立国家的民族整体来说，作为其组成部分的少数民族不存在这种意义上的民族自决权，他们享有的是属于国家主

[①] 朱伦、关凯：《政治因素依然是民族问题的首要原因》，载《中国民族报》2007年6月22日。

[②] Malcolm N. Shaw, *International Law*, Second Edition, Cambridge: Cambridge University Press, 1986, p.161.

权范围内的民族自治权利。

（2）"民族自决"原则的适用主体是：政治意义上的民族（国家民族），而不是人类学意义上的族群。具体来说，民族自决权的主体包括两种：对于单一民族国家来说，民族自决权的主体是指单一的民族；对于多民族国家来说，民族自决权的主体则指一定领土范围内多民族构成的整体。[①] 在多民族国家中，少数民族享有与同一国家内其他民族平等的权利，但不是民族自决权的主体。

由于西方国家所具有的强势地位，其"一族一国"式的"民族自决"原则已经成为国际规范，但是这种主张"文化单位与政治单位一致"的政治原则显然是值得商榷的。

（三）民族冲突管理的国际干预

在主权国家爆发大规模民族冲突的情况下，常常有外力介入进行干预。所谓外力，一是联合国；二是地区性国际组织；三是邻国；四是超级大国及其支配的军事联盟。前两种外力的干预在一些情况下相当有效地制止了民族流血冲突的继续发生。譬如在塞浦路斯，希、土两族分别在希腊、土耳其的支持下，于1963年、1967年两次爆发大规模流血冲突。1964年联合国维和部队进驻，1974年土耳其出兵塞浦路斯，占领了北部37%的国土，从此形成两族南北分治的局面。联合国维和部队虽然对于希、土两族的对立无能为力，但是对于两族免于经常性的流血冲突，还是起到了应有的作用。又如在利比里亚，多伊的独裁统治被推翻以后，爆发了惨绝人寰的部族大仇杀，西非国家派出维和部队，做了大量的工作，最终使这个国家恢复了正常的和平秩序。

---

① 王英津：《论作为自决权主体的"民族"与"人民"》，载《福建论坛（人文社会科学版）》2008年第5期，126页。

表 10　民族冲突国际管理的主要内容

管理性质 管理领域	积极性冲突管理	强制性冲突管理
在政治、外交 方面	联合国秘书长直接介入； 建立冲突情况调查使团； 国际呼吁； 召开特别国际会议等等	外交孤立； 暂停国际组织的成员国 资格； 国际斥责； 限制外交代表权等等
在经济方面	提供新的资助或投资允诺； 给予更加有利的贸易条 件等等	威胁或实施国际贸易制裁； 撤回投资、削减援助； 对特定人员实行旅行和 资产限制等等
在法律方面	提供仲裁或法律援助； 部署监督人权状况的组 织和人员等等	设立处理战争罪的特别 审判庭； 国际刑事法院起诉或审 判等等
在军事方面	预防性部署； 终止军事合作和培训 计划； 在冲突地区进行巡航侦 察等等	航空禁飞； 武器禁运； 威胁使用或实质性使用 武力等等

　　值得国际社会高度警惕的是后两种外力的介入。外部强权所做的这种干预，显然是为了达到利己主义的战略目的，却在国际法上引发很多问题。这是因为，美国及其盟国一则常常把联合国安理会的维和决议，解释成干预有关国家内政的正当理由，甚至在行动中不顾联合国决议而自行其是；再则他们也可能不通过联合国安理会而"自我授权"，公然践踏国际法准则，在"人权"和"民主"的名义下对他们不喜欢的国家采取军事行动。从后果来看，这类干预大多于维和无补，更谈不上有效地制止和解决有关国家的民族冲突。如 20 世纪 90 年代中期美国对索马里内部冲突的干预，就没有起到什么好作用。又如北约对科索沃问题的干预，明显地具有进一步肢解南斯拉夫联盟

这个主权国家的目的。①

　　有关民族问题的国际冲突管理应始终恪守"希波克拉底誓言"——有利但不伤害原则，即冲突管理不应对目标国国内事务造成伤害，不应煽动族群争斗，不应破坏国内秩序的稳定。冲突管理的主要内涵应包括：一是促进社会公正，保障不同民族的利益诉求得到充分尊重。二是将经济建设作为国家各项工作的重心。没有经济的可持续发展，民族融合就将成为一句空话。三是消除民主化对民族冲突的负面影响。任何过早、过急的民主化都可能导致部族主义、族群冲突因政党活动而复活；随即，严重的族群分裂，不仅让国家的民主转型付出高昂的代价，而且也使转型之后的民主政体始终无法正常运行。需要强调的是，民族冲突始终是国际政治博弈的重要场域，对中国等发展中国家而言，不仅要做民族团结的典范，更要发出自己的声音，要在世界民族问题的话语权塑造中占据主动。

---

① 宁骚：《当代世界国内民族关系的类型与成因分析》，载《民族团结》1999 年第 7 期，第 12 页。

第十三章

新安全环境下的国际传播

　　中国人自古以来重视口碑、形象、声誉，强调"名正言顺"，重视"近者悦，远者来""德不孤，必有邻"。"攻心联"是成都武侯祠内的一副对联，深得游人喜爱，名扬遐迩，即"能攻心则反侧自消，从古知兵非好战；不审势即宽严皆误，后来治蜀要深思"。在国际社会，最难的不是通路、通电、通水、通气、通航、通邮等硬联通，最难的是"通心"——人心是最大的政治，也是最强的国际政治。

　　2021 年 5 月 31 日，习近平总书记在主持十九届中央政治局第三十次集体学习时强调，讲好中国故事，传播好中国声音，展示真实、立体、全面的中国，是加强我国国际传播能力建设的重要任务。增强国际传播能力，首先需要明确国际传播的本质特征，即国际传播究竟是"劝服的艺术"，还是"精神交往"。

　　常有朋友问我，中国国际传播工作最大的短板是什么？我的感受是理论研究相对薄弱。如同许多社会科学一样，国际传播学也是舶来品。一说国际传播的理论源头，马上想到了美国，如四个奠基人以及一个集大成者。四个奠基人包括：政治学家哈罗德·拉斯韦尔（Harold Lasswell），代表作《世界大战中的宣传技巧》等；心理学家库尔特·勒温（Kurt Lewin），代表作《群体生活的渠道》等；心理学家卡尔·霍夫兰（Carl Hovland），代表作《传播与劝服：关于态度转变的心理学研究》等；社会心理学家保罗·拉扎斯菲尔德（Paul F.Lazarsfeld），代表作《人民的选择》等。传播学的集大成者是威尔伯·施拉姆（Wilbur Schramm），代表作《大众传播》等。其中，霍夫兰的研究成果在很大程度上赋予国际传播以标志性的符号，即"传播＝劝服（态度变化）"。

总体而言，西方传播理论普遍认为，国际传播是跨国界的信息传播、大众传播，其本质是"劝服的艺术"。这成为国际传播的主流图景，有几方面特征：一是更倾向于单向输出式的传播，期望改变对方思想和态度，甚至不惜使用欺骗方式。比如霍夫兰提出，"传播是一个过程，即个人（传播者）通过传递刺激来改变他人（受众）的行为过程。"二是更加关注国际传播的"信息控制""信息解码"，高度重视媒介作用，强调传播的信息属性。其中最典型的是技术控制论学派，他们认为"媒介即信息"。1922年，李普曼在其经典著作《舆论学》中提出，"新闻媒介影响'我们头脑中的图像'"。更早期的经典论述如马基雅维利，他认为权力组织和政治家们想要得到民众支持主要通过暴力和说服两种方式，因此军队、法律、宗教、舆论必不可少。传播学家施拉姆在《传播是怎样运行的》一文中写道，"当我们从事传播的时候，也就是在试图与其他人共享信息——某个观点或某个态度"，"传播至少有三个要素：信源、讯息和信宿"。信息论是典型的科学主义视角，有强烈的技术主义倾向。

尽管西方传播学理论不乏思想闪光点以及真知灼见，但其局限性也显而易见。首先，西方传播理论关注层面较为狭窄，更多关注信息、媒介、技术；其次，西方传播理论难以掩盖其信息霸权本质，高度强调信息控制与输出，目的在于维护其文化霸权；最后，西方传播理论在一定程度上过度强调"物"，而对"人"有所忽视。总之，西方传播理论的主导观念是"劝服的艺术"，具体表现为一种单向的说教和征服，是效果导向：强调传播作为意识形态机器，其作用在于灌输，要维护西方中心主义的世界秩序。这势必在传播活动中制造出一个强势主体和一个被动客体。

还有一种图景，即"精神交往"。马克思主义的传播观是建立在其独特的"精神交往"理论基础上的。在马克思、恩格斯看来，舆论是自然、普遍存在的一种交往状态，是"不可数的无名的公众的意见"。[1]18 世纪，卢梭在《社会契约论》中首次将"pubic"（公众）和"opinion"（意见）组合起来表示"舆论"，认为理性的个体聚焦在一起形成了公众意见（舆论）。无论是空想社会主义还是马克思主义都高度重视舆论和传播的作用。就职业而言，马克思和恩格斯一生的革命事业是从《莱茵报》的报刊工作开始的，并且自始至终与新闻工作紧密相连。就国际传播的效果而言，《共产党宣言》和《资本论》等经典著作的受欢迎程度是马克思主义国际传播能力的强大注脚，其中，《共产党宣言》在全球范围内已被翻译成 200 多种文字，出版了 300 多种版本，出版过 1000 次以上，成为全球公认的"使用最广的社会政治文献"；《资本论》被译成 70 余种文字，全球累计销售 20 亿册，被誉为"工人阶级的圣经"。

　　马克思、恩格斯十分注重对舆论与传播的研究，在他们的著作中，"舆论"的概念出现达 300 多次。[2]在实践中，占领舆论阵地是马克思和恩格斯的主要观点。马克思主义者注重利用报刊来宣传主张，将报刊作为无产阶级进行舆论宣传的工具。"报纸是作为社会舆论的纸币流通的"，[3]报刊的使命除了信息传递、社会沟通之外，主要的职责就是反映社会舆论和引导社会舆论。马克思将"社会舆论比作袋子，把报刊比作驮袋子的驴，也就是说，报刊是驮袋子——'驮'社会舆论——的'驴子'，即报刊是表达、反映、体现、复述社会舆论的一种载体。社会舆论和报刊的关系——'袋子'和'驴子'的关系"。[4]报刊有

---

① 《马克思恩格斯全集》第 7 卷，人民出版社，1959 年版，第 523 页。

② 陈力丹：《精神交往论——马克思恩格斯的传播观》，中国人民大学出版社，2016 年版，第 135 页。

③ 《马克思恩格斯选集》第 1 卷，人民出版社，1995 年版，第 473 页。

④ 童兵：《舆论和舆论载体——报刊》，载《新闻与写作》1991 年第 7 期，第 13 页。

"好""坏"之分，好的报刊能够得到人民的信任，"人民的信任是报刊赖以生存的条件，没有这种条件，报刊就会完全萎靡不振"。①

舆论与传播具有阶级性。虽然舆论的形成具有自发性和普遍性，但还具有一定的阶级性，尤其是在阶级社会中，"是经济地位和社会地位相同或相近的人们对一件事情的一致态度。"②马克思既有丰富的新闻实践，又有对新闻工作深刻的理论思考，由马克思和恩格斯共同创立了马克思主义新闻观。2016 年 2 月 19 日，习近平总书记在党的新闻舆论工作座谈会上的讲话中指出，"新闻观是新闻舆论工作的灵魂"，并提出了要"深入开展马克思主义新闻观教育"和"牢牢坚持马克思主义新闻观"的要求。

马克思主义的传播观是建立在其独特的精神交往理论基础之上的。马克思、恩格斯对于"交往"概念的系统阐述，主要集中于《德意志意识形态》中，一共 170 次提到"交往"及其相关概念，由此确立了马克思主义的传播观。他们所说的"交往"包括"物质交往"和"精神交往"两个层面。交往（Verkehr）是马克思主义哲学研究的一项重要内容，马克思主义传播理论的主导观念是"精神交往"，传播是在主体自由意志支配下通过协商对话完成，传播过程不存在任何强制性，强调包容他者，实现"两个和解"（人类同自然的和解、人类本身的和解）。据此，传播结果是建立在传播双方独立对等主体基础上的，不以任何一方为中心，这充分体现了人本主义的传播观。

同"精神交往"理论相近的有哈贝马斯的"交往行为"理论。除工具理性、价值理性外，在哈贝马斯的思想体系中，也

---

① 《马克思恩格斯全集》第 1 卷，人民出版社，1956 年版，第 234 页。

② 童兵:《马克思主义新闻观读本》，复旦大学出版社，2016 年版，第 73 页。

强调"交往理性"。"交往理性"就是要让理性由"以主体为中心"转变为"以主体间性为中心",最终实现理性化的交往。

　　无论是"精神交往"还是"交往理性",都强调相互理解、平等沟通是传播行为的核心,传播行为是一种"主体—主体"遵循有效性规范,达到主体间彼此理解的过程。简言之,劝服侧重于灌输、征服以及顺从、依附的关系,而交往聚焦于人与人特别是人类精神层面的理解与尊重。这与中国提出的全人类共同价值以及人类命运共同体的本质内涵是一致的。

　　因此,增强国际传播能力,首先要明确国际传播的本质特征。本文认同马克思主义的"精神交往"理论,这是更高层次、更具格局的国际传播界定。"精神交往"强调国际传播不是单向的输出过程,不仅仅是为了改变对方的态度,而是交流、接触以及倾听、吸纳的双向过程,是为了塑造良好的国际舆论环境与国际交往秩序,是马克思主义人文精神同中华优秀传统文化人本主义的深刻结合。马克思主义人文精神以人作为出发点来研究社会并以人的自由、人的解放与全面发展为其理论归宿。人本主义,或曰精神性人文主义,是中华优秀传统文化的基本精神。张岱年将人文主义同天人合一、刚健自强、以和为贵共同视作中国文化的基本精神。楼宇烈强调,中国文化是智慧型的文化,西方文化是知识型的文化。西方常常把哲学变成一种知识,中国不是,是要你去"体悟",是精神交往。

　　按照"劝服"的逻辑,单纯强调物质决定精神,人成为媒介等物质和技术的奴隶,国际传播成为维护西方霸权的工具。按照"精神交往"的逻辑,国际传播是实现主体间精神交往以及国际关系民主化的重要路径。据此,国际传播是跨越国界并基于文明互鉴的传播。国际传播强调传播的国际性,即跨越国界的传播。跨越国界必然会遇到不同文明之间的摩擦与冲突,但是产生冲突的不是不同文明之间的差异性,而是人们看待差异的态度。应对共同挑战、迈向美好未来，既需要经济科技力量，也需要文化文明力量。"精神交往"理论超越了西方"文明冲突"等宿命论，努力构建相互欣赏、相互理解、相互尊重的人文格局与国际传播格局，形成平等交往、命运与共的新秩序，实现"我们的交往""文明的交往"。

在美国等西方国家高呼"本国优先"以及"拉帮结派"的时候，中国倡导的人类命运共同体理念则在思考"如何让世界更美好"。美国等西方国家强调范式性力量，强势输出价值观，组建"国际宗教自由联盟"，召开"民主峰会"等，人为地撕裂世界；中国则秉持文明互鉴精神，召开"一带一路"国际合作高峰论坛、亚洲文明对话大会、中国共产党与世界政党领导人峰会等，提出全人类共同体价值、全球发展倡议，弘扬共商共建共享的全球治理观。可以说，国际传播的愿景与目标不同，国家的具体路径选择必然差异极大。

习近平总书记强调，"我们国家发展成就那么大、发展势头那么好，我们国家在世界上做了那么多好事，这是做好国际舆论引导工作的最大本钱。我们有本事做好中国的事情，还没有本事讲好中国的故事？我们应该有这个信心！"现在，国际上理性客观看待中国的人越来越多，为中国点赞的人也越来越多，但对中国存有疑虑、误解的人也不少，因此要系统性地提高国际传播影响力、中华文化感召力、中国形象亲和力、中国话语说服力、国际舆论引导力。中国走的是正路、行的是大道，提升国际传播能力是实现中华民族伟大复兴的重要指标，也是构建人类命运共同体的必然要求。

一、国际传播的理论体系

传播（communication）又译交流、交往等。传播活动主要是通过符号系统进行的。符号是传播信息的载体，大致可以分为两种：一种是语言符号；另一种是非语言符号。信息交流大致可分为两大类：一类是人与人之间面对面的直接交流，称为人际传播；另一类是借助大众传播媒介进行的间接交流，称为大众传播。国际传播的本质以信息交流、信息共享为主，也是"说服的艺术"。但是，国际传播目前仍没有形成相对统一、成熟的理论体系和研究范式。

从传播学的层级研究来看，通常意义上我们将其具体划分为人际传播、组织传播、大众传播和国际传播四个重要领域。在很长一段时期，对国际传播的研究等同于大众传播学。

（一）国际传播的内涵与实质

有学者认为，与大众传播等其他传播形式相比较，国际传播的突出特点是涉及国家核心利益，带有鲜明的战略目的，追求改变效果，是国家间、地区间综合实力的新的展示方式。[①] 但是，马克思主义精神交往理论，强调传播的作用不是为了影响受众，不是为了说服与劝服，不是为了灌输自己的精神意志，而是为了给公众间的精神联系提供一个纽带。

1. 国际传播的定义

国际传播的定义重在强调传播的国际性，即超越国界的传播。美国传播学者罗伯特·福特纳（Robert S. Fortner）认为，"国际传播是超越各国国界的传播，即在各民族、各国家之间进行的传播"，并概括出国际传播的六大特征——目的性、频道、传输技术、内容形式、政治本质和文化影响。[②] 日本学者鹤木真指出，"国际传播是以国家、社会为基本单位，以大众传播为支

---

① 刘琛：《国际传播理论及其发展的主要阶段与反思》，载《中国人民大学学报》2017 年第 5 期，第 112 页。

② [美] 罗伯特·福特纳：《国际传播："地球都市"的历史、冲突与控制》，刘利群译，华夏出版社，2000 年版，第 5—11 页。

柱的国与国之间的传播。"①

国际传播具有鲜明的政治性。国际传播的突出特点是涉及国家核心利益，带有鲜明的战略目的，大国的国际传播必然导致新的秩序塑造，是国家间综合实力新的展现方式。例如，早在 1947 年 12 月，美国国家安全委员会就制定了 NSC4 号文件，决定在全球范围内对苏联展开以信息宣传为主要形式的心理战。美国政府在 1951 年和 1953 年先后成立了心理战略委员会和行动协调委员会。1951 年 7 月 18 日，前陆军部长、广播和出版传媒专家、北卡罗莱纳大学校长戈登·格雷（Gordon Gray）受邀出任心理战略委员会第一任主席。在给格雷的邀请信函中，杜鲁门写道："毫不夸张地说，避免第三次世界大战爆发的可能性依赖于我们心理战领域努力的程度和心理战行动的有效性。"②

20 世纪 70 年代，德里克·菲舍（Heiz-Dietrich Fischer）和约翰·梅里尔（John C. Merrill）对国际传播进行了定义，认为国际传播不是简单的信息跨国流动，而是政府间的信息交换，因此少数几个大国控制了传播秩序。这个解释强调国际传播的三个特征：第一，国际传播是一种跨国界的传播。第二，国际传播在很大程度上发生在政府之间，而不像大众传播以民众、市场为主体。第三，国际传播是处理国家间关系和国际关系的一个重要因素，重在塑造传播秩序。

国际传播理论关注的基本问题：

（1）态度改变，什么是改变受众态度最有效的方法？

（2）传播效果，即国际传播对国家及国际社会产生了什么

---

① [日]鹤木真:《国际传播论》，转引自郭庆光《传播学教程》，中国人民大学出版社，1999 年版，第 207 页。

② 史澎海、王成军:《从心理战略委员会到行动协调委员会——冷战初期美国心理战领导机构的历史考察》，载《陕西师范大学学报（哲学社会科学版）》2010 年第 5 期，第 92 页。

样的效果，这些效果是如何发生的？

（3）国际传播的平等性，国际传播是单向的还是双向的？有学者认为传播者和受传者实际上处于不平等地位，传播者处于支配地位，受传者处于被动地位，信息流动基本上是单向的。

在实践中，与国际传播一同研究的词汇还有跨文化交流、文化软实力等等。

本文认为，国际传播不是单向的输出过程，而是分享、接触以及倾听、吸纳的双向过程，强调通过有效渠道与合理方式告知、影响或说服特定受众去欣赏、认同国家理念以及国家行为的能力。特别强调的是，国际传播包括倾听和吸纳，即将特定受众的观点纳入政策和行动中并不断完善国家战略的能力。

2. 国际传播的主要特征

第一，国际传播主体的多元化。国际传播的主体不一定是主权国家，还可以是国际组织、跨国公司、非政府组织、智库、公民个人、虚拟主体等等。1975 年，美国学者罗伯特·吉尔平在《跨国公司与美国霸权》一书中写道：美国跨国公司服务于美国战略，跨国公司的行为有利于传播美国的价值观念。吉尔平强调："跨国公司与美元的国际地位、美国的核优势一道，共同构成了第二次世界大战后美国全球霸权的基础。"美国通过跨国公司的国际存在以精准地传播西方的价值观念，导致国际社会被西方化、被美国化。目前，中国企业的国际化能力越来越强。截至 2021 年底，中国 2.86 万家境内投资者在国（境）外共设立对外直接投资企业 4.6 万家，分布在全球 190 个国家（地区），年末境外企业资产总额 8.5 万亿美元。未来，要进一步增强中国企业的国际传播能力，不仅实现"硬联通"，也要努力增强"软联通""心联通"能力。未来，非政府组织的国际传播也是需要关注与研究的重要议题。

传播主体在市场和社会层面的影响需进一步加强。国际传播最有效的方式不是靠嘴、靠文字，而是靠企业、靠产品、靠作品。"一带一路"倡议的实质是全球互联互通，包括民心相通，是"精神交往"的具体载体。古丝绸之路打通的不仅是商脉，也包括文脉。今天，"一带一路"的主体是企业，当中国企业的优质产品与服务走进目标受众的家庭、学校与办公室时，成为他们日常生活、学习与生产的要素时，中国国际传播的主动性和塑造力就会更强、更持久。

第二，国际传播目的的多元化。传播活动是一种合目的性与合规律性的统一活动。没有任何目的的传播活动几乎是不存在的。国际传播兼有政治目的、商业目的以及战略目的，三者相互影响。国际传播的主体不同，其目的自然会有所差异。国际传播是有目的的活动，带有一定的政治性。以主权国家政府为例，通过对国际社会以及所在国政治、经济和文化等的报道活动，竭力传播有利于本国的价值观念与意识形态。国际传播兼有政治目的和商业目的，二者相互影响。

第三，国际传播方式的多样化。印刷媒体、广播媒体、电视媒体和社交媒体的传播方式各有侧重，但都以争夺国际受众"眼球"以及"民心"为重心，聚焦于身份认同、情感共鸣与价值共振。今天，在讨论"元宇宙"的时候，也存在虚拟身份、虚拟认同、虚拟传播的问题。2021年10月28日，Facebook公司CEO扎克伯格宣告，将Facebook公司的名字改为Meta。所谓"元宇宙"，指未来通过设备与终端，人类可以进入计算机模拟的虚拟三维世界，现实世界的所有事物都可以被数字化复制，人们可以通过数字分身在虚拟世界中做任何现实生活中的事情，包括精神交往。未来，国际传播会变得越来越虚拟化、年轻化，出现"数字传播""数字外交"。

第四，国际传播是"双向传播"，不是单向输出。国际传播不是主体（信源）到客体（信宿）线性的、单向的输出过程，而是一个"倾听"不同意见的过程，强调"反馈系统"，是典型的"双向传播"。在传播过程中，传播者和受传者构成一种分享信息、不断产生信息交流的关系，传播双方在对信息进行解释、传递的过程中一直相互影响，角色不断发生变化。在信息反馈过程中，传播者变为受传者，受传者成为传播者，这个时候受传者成为主体，如下图。

传播者（信源）⟶ 媒介 ⟶ 受传者（信宿）
传播者（信宿）⟵ 媒介 ⟵ 反　馈（信源）

图 1　双向传播过程图

第五，国际传播既要研究媒介，也要研究受众。同上述第四点特征紧密关联的是，国际传播不是"主体"对"客体"的二元对抗模式。主体是创造信息的传播者，但客体不是仅仅接受信息的受众者。过去的传播学研究僵化、矮化了受众的地位，被直接物化或对象化，受众缺少自主权和影响力。在国际传播中，要坚持受众在传播过程中的本位意识，他们都是有主体意识的人，不单单是被动接受、被信息制造者单方面影响的客体。

第六，国际传播与国内传播密不可分。国际传播不是孤立存在的，一国的经济发展水平、国家开放程度、国民整体素养、新闻传播能力、技术应用水平以及传播人员素质等，都对国际传播产生直接影响。因此，考察国际传播现象，要对各国国内传播的整体状况有所了解。在全球化加速发展的背景下，国际传播与国内传播的边界越来越模糊。"内宣""外宣"的"二分法"已越来越"不合时宜"，原来"内""外"有别，现在互联网、新媒体几乎将所有的"内宣"都外溢成了"外宣"。此外，外国专家越来越希望通过"原汁原味"的中文素材了解中国，而不是通过外文素材。因此，需要动员各方面一起做国际传播工作，加强统筹协调，整合各类资源，推动内宣外宣一体发展，奏响交响乐、大合唱。

第七，国际传播的基础是信息传播、大众传播。国际传播是信息传播、大众传播国际化的动态发展过程，前者强调工具理性，后者强调价值理性。

信息传播是典型的科学主义传播观，基于 20 世纪 40 年代出现的信息科学，强调传播的信息属性。按照克劳德·香农的理解，信息是对不确定性的减少或消除。施拉姆（Wilbur Schramm）在《传播是怎样运行的》一文中写道：当我们从事传播的时候，也就是在试图与其他人共享信息——某个观点或某个态度。传播至少有三个要素：信源、讯息和信宿。信息论是一种典型的科学主义视角，而学术界在此影响下对传播内涵的界定往往有种技术主义的倾向。[1] 信息论的单一视野，不容易充分展现人类传播活动中精神世界的丰富性。

我国学者关世杰强调，"国际传播有广义和狭义两种界定。广义的国际传播包括跨越国际的大众传播和人际传播，狭义的国际传播仅指跨越国界的大众传播。"[2] 我国 1992 年出版的《宣传舆论学大词典》对"国际传播"这一术语作了界定，"指国家与国家之间的信息交流活动，尤指以其他国家为对象的传播活动。可通过人际传播或大众传播形式进行，但以大众传播为主。"[3] 强调大众传播，即要重视人与人之间关系以及国与国之间关系的复杂微妙互动，要重视丰富的精神世界与文明互鉴。

第八，国际传播受到国内、国际规则的双重制约。国际传播与国家利益密切相关，必然受到国家的管控或限制。因而，各国对国际传播的开放程度不一。可以将国家（政府）的制约和控制具体分为出境信息控制和入境信息控制两部分。而且，信息传播一旦跨越国境，国际组织制定的规范或标准就会发挥

---

[1] 李欣人：《再论精神交往：马克思主义传播观与传播学的重构》，载《现代传播》2016 年第 8 期，第 19 页。

[2] 关世杰：《国际传播学》，北京大学出版社，2004 年版，第 1 页。

[3] 刘建明主编：《宣传舆论学大辞典》，经济日报出版社，1992 年版，第 314 页。

作用，要求各国遵守。

2021 年 9 月 16 日，中国商务部宣布，正式提出申请加入《全面与进步跨太平洋伙伴关系协定》（CPTPP）。CPTPP 有数据跨境条款，即允许数据在成员之间自由流动。这一条款对中国的信息安全构成挑战，但申请加入意味着我国也必然会完善相应的数据跨境管理制度，以接轨高标准的国际经贸规则。

3. 国际传播的价值与目标体系

传播行为的动机可细分为两个层次：一是受众的心理动机，即他们为什么使用传播媒介，企图满足什么欲求；二是传播的社会文化动机，即发明、创造把持先进传播科技的社会团体（如政党、财团等）究竟想用它作何用途。[1] 研究国际传播也需要明确国际传播的价值以及要实现的目标。

新闻传播的价值是新闻被受众重视、满足受众需要的若干因素的总和。判断新闻传播价值的标准，即重要性、有益性、反常性。新闻事实的重要性通常指新闻事实意义重大，能引起全社会的关注和议论。新闻事实对相当多的人有益处，能给人们带来对某种需求的满足。新闻事实的奇特，使新闻产生吸引力，增强可读性。新奇是指事实的异常性、特殊性、显赫性。[2]

需要强调的是，不同主体国际传播的价值和目标体系存在明显的差别性，就主权国家而言，国际传播有三大目标：

第一层次，形象优化，讲好本国故事、提升国家形象。国家形象大多与"国家声誉""国家威望"等概论联系在一起讨论。托马斯·谢林指出，"声誉是国家值得为之而战的为数不多的因素之一。"[3] 国家形象是国家的客观状态在公众舆论中的投影，是外部和内部公众对国家的总体判断和社会评价。汉

---

[1] 李金铨：《大众传播理论——社会·媒介·人》，台北三民书局，1982 年版，第 19 页。

[2] 刘建明主编：《宣传舆论学大辞典》，经济日报出版社 1992 年版，第 189 页。

[3] Thomas Schelling, *Arms and Influence*, New Haven:Yale University Press,1966, p.124.

斯·摩根索强调，"在争夺生存与权力的斗争中，他人对我们的观点、看法同它们的实际情形一样重要。正是我们在他人'心镜'中的形象——哪怕这镜中之像是歪曲的反映，而不是我们原来的样子，决定了我们在社会中的身份和地位。"① 美国进攻性现实主义倡导者米尔斯海默高度关注国家形象的优化问题，认为"构建良好的国家形象"就是"赢得民心"，"是相互依存时代重要的国家利益所在"。②

第二层次：态度转变，增强国际社会对本国的欣赏与认同。传播潜移默化之中必然包含劝导因素和说服因素。国际传播的"劝服理论"强调，传播的目的除了交流和沟通之外，还包括有意识地影响对方的态度，使其按自己的意图行事。古希腊哲学家亚里士多德曾提出劝服所必备的三个条件：传播者的品质、传播的方式方法、传播内容本身。

美国专栏作家大卫·罗斯科夫指出，"美国统治着全球的信息和观念。美国的音乐、电影、电视节目和软件都具有统治地位；而且它们还广受欢迎，很明显，现在它们已经在这个地球上随处可见了。它们塑造着我们的品味和生活。甚至改变着我们对自身民族的一种热爱。"③

第三层次：秩序塑造，塑造良好的国际舆论环境与国际交往秩序。20世纪70年代，一些发展中国家对世界范围内的新闻传播秩序表示强烈不满，认为少数发达国家垄断了新闻传播媒介的生产和使用，垄断了国际新闻报道，造成了传播媒介分

---

① [美]汉斯·摩根索：《国家间政治——为权力与和平而斗争》，杨歧鸣等译，商务印书馆，1993年版，第106页。

② John J. Mearsheimer, "The Future of the American Pacifier", *Foreign Affairs*, Vol.80, No.5, 2001, pp.46–61.

③ David Rothkopf, "In Praise of Cultural Imperialism?", *Foreign Policy*, 1997, pp.38—53. 转引自[英]达雅·屠苏：《国际传播：延续与变革》，董关鹏主译，新华出版社，2004年版，第8页。

布的不平衡和新闻流向的不平衡（由发达国家向发展中国家），有关第三世界国家的新闻报道不真实。自 1976 年 7 月不结盟国家新闻部长会议首次提出建立世界新闻新秩序后，联合国教科文组织等也开始支持和重视这一世界性问题，并推动成立了国际传播问题研究委员会（The International Commission for the Study of Communications Problems）。该委员会的主席是爱尔兰人麦克布莱德。

委员会 1980 年 2 月提交了《多种声音，一个世界》的研究报告，又称《麦克布莱德报告》（The McBride Report），对建立世界新闻新秩序提出了 82 点建议：为缩小国家间传播差距创造良好的政策环境；指导发展中国家采取措施加强自主传播能力；要将传播政策纳入国家发展的战略当中；加强各个社会中的文化认同，防止文化霸权；减少商业化对传播的影响；减少技术信息的壁垒和垄断，促进信息技术的获得；提高国际报道水平，力求全面、客观；等等。

《麦克布莱德报告》特别强调，"个别传播大国对世界信息流通系统的支配是推行文化扩张主义的过程，而发展中国家的牵制和反抗是抵制文化侵略的过程。"时至今日，全球范围的信息结构不平衡如故。因此，国际传播要有助于塑造良好的国际舆论环境与国际交往秩序。

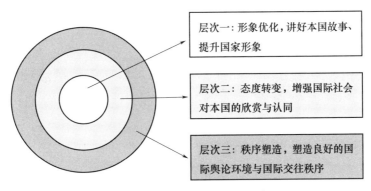

图 2　国际传播的目标体系

（二）西方国际传播理论

如同许多社会科学一样，国际传播学是舶来品。近年来，中国国际传播研究日趋成熟，甚至还催生了学术去西方化的意向。我国传播学在20世纪对美国传播学的介绍和引入中，主要是围绕对美国传播学作出巨大贡献的四个奠基人和一个集大成者展开的。

1.传播学四大奠基人、一个集大成者

传播学是个很年轻的学科，孕育于20世纪10年代至20年代的欧美，诞生于40年代至50年代的美国。20世纪80年代中国大陆才正式开始传播学的研究。在传播学领域，有四大奠基人，或称为"四大先驱"。

政治学家哈罗德·拉斯韦尔（Harold Lasswell）

哈罗德·拉斯韦尔（1902—1978年），政治学家，美国科学院院士，曾任美国政治学协会主席、国际法协会主席、国际政治心理协会名誉主席。代表作有《世界大战中的宣传技巧》。此外，他对传播学的最大贡献是一篇篇幅不长但影响巨大的论文《社会传播的结构与功能》，此文可谓传播学的开山之作或奠基之作。

拉斯韦尔分析了传播过程的五大要素，即5W模式：谁（who）、说什么（what）、对谁说（whom）、通过什么渠道（which channel）、取得什么效果（what effect）。同时，又提出五种与之相对应的传播研究：控制分析、内容分析、媒介分析、受众分析、效果分析。此外，拉斯韦尔概括了传播活动的三大作用：环境监测功能、社会协调功能、文化与社会遗产传承功能。

《世界大战中的宣传技巧》是拉斯韦尔于1927年出版的一本传播学著作，专注于研究如何动员民众对敌人的仇恨，如何维系与盟国以及中立国的友谊，如何瓦解敌方斗志。拉斯韦尔在书中谈到了宣传和民主的关系，当时在美国知识分了中盛行两种理论：民主理想主义与现实主义。以哲学家约翰·杜威为代表的理想主义者认为，人们有能力作出明智的决定，只要他们能接触到充分的信息来源，而专家或精英的任务就是提供这些信息源。以沃尔特·李普曼为代表的现实主义者则认为，人们是非理性的，因此专家们应该广泛传递他们的专业知识，以便影响公众舆论，发挥美国民主制度所扮演的"拯救者"的作用。

拉斯韦尔把宣传视为集中体现现代政治的现代战争中不可分割的组成部分。现代战争必须在三个战线展开：军事战线、经济战线和宣传战线。经济封锁扼制敌人，宣传迷惑敌人，军事力量给予敌人最后一击。①

拉斯韦尔还编著有:《宣传与独裁》(Propaganda and Dictatorship，1936)、《世界革命宣传：芝加哥研究》(World Revolutionary Propaganda: A Chicago Study, 1939)、《宣传、传播与公众舆论》(Propaganda, Communication and Public Opinion，1946)、《世界传播的未来：质量与生活方式》(The Future of World Communication: Quality and Style o Life，1972) 和《世界历史上的宣传与传播》(Propaganda and Communication in World History，3 卷本，1979—1980) 等。

心理学家库尔特·勒温（Kurt Lewin）

库尔特·勒温（1890—1947 年），心理学家，既是完形心理学的代表人物之一，② 也是社会心理学中团体动力学的创始

---

① [美]哈罗德·拉斯韦尔:《世界大战中的宣传技巧》，张洁、田青译，中国人民大学出版社，2003 年版，第 173 页。

② 完形心理学，又叫格式塔心理学（gestalt psychology），是西方现代心理学的主要学派之一，诞生于德国，后来在美国得到进一步发展。主张研究直接经验（即意识）和行为，强调经验和行为的整体性，主张以整体的动力结构观来研究心理现象。

人，率先将类似自然学科的试验方法应用于社会心理学，被誉为"实验社会心理学之父"。他对传播学的最大贡献是提出"团体动力学""把关人"等理论。

勒温认为，在团体和个人之间，起决定性作用的是团体因素。因此，要改变个体的态度，首先须从团体入手，进而由团体影响个体。媒体欲对"个体"施加影响，必须考虑到其身后"群体"的强大制约机能。

勒温在1947年发表的《群体生活的渠道》一文中，首次提出"把关人"（gatekeeper）一词。"把关人"是信息传播过程中的信息控制者，信息能否进入渠道或继续在渠道内流动，往往由"把关人"根据公正无私的规定或个人意见来决定。

心理学家卡尔·霍夫兰（Carl Hovland）

卡尔·霍夫兰（1912—1961年）对于传播学的贡献在于一方面将心理实验的方法引入了传播领域，另一方面揭示了传播效果形成的条件性和复杂性，从而成为否定早期"子弹论"的重要依据。

霍夫兰毕生的研究都集中在"态度"这一问题上，尤其致力于"态度"的形成与转变，形成了传播研究的耶鲁学派。《传播与劝服：关于态度转变的心理学研究》是其代表作，认为"劝服"改变"态度"。此外，霍夫兰提出了诸如可信度、对宣传的免疫力、恐惧诉求（警钟效果）、睡眠者效果（sleeper effect）等传播学的重要概念。

社会心理学家保罗·拉扎斯菲尔德（Paul F.Lazarsfeld）

保罗·拉扎斯菲尔德（1901—1976年）是以实证研究和应用研究著称的社会心理学家。其贡献是提出了著名的"两级传播"理论：第一步是信息先由大众媒介传播到受众的一小部分人，由于这些人在传播中表现活跃，被称为"意见领袖"或"舆论领袖"。第二步再由这一小部分意见领袖，将信息扩散给社会大众。

代表作是 1944 年出版的《人民的选择》。该成果对于传播学学术思想的贡献主要体现在两方面：一是大众传播的有限效果论；二是"两级传播"和"舆论领袖"观点的形成。拉扎斯菲尔德书中的一个基本结论是：大众媒介对选民们的影响非常有限。这个结论同人们的常识大相径庭，并不存在一种随心所欲地控制选民头脑、为所欲为左右选民的传播媒介。

传播学的集大成者——威尔伯·施拉姆（Wilbur Schramm）

威尔伯·施拉姆（1907—1987 年），毕生致力于传播学研究，被誉为"传播学鼻祖""传播学之父"。他建立了第一个大学的传播学研究机构，编撰了第一本传播学教科书，授予了第一个传播学博士学位，也是世界上第一个具有传播学教授头衔的人。

施拉姆创立传播学的标志是 1949 年编撰的第一本权威性的传播学著作——《大众传播》的出版。这本书收录了政治学家、心理学家、社会学家、语言学家以及许多其他学科的专家对传播学的研究成果。

施拉姆提出"功能学说"，即大众传播有政治功能、经济功能以及一般社会功能。政治功能主要包括：监视、协调；社会遗产、法律和习俗的传递。经济功能表现为：关于资源以及买卖机会的信息；解释这种信息；制定经济政策；活跃和管理商场；开创经济行为；等等。一般社会功能包括：关于社会规范、作用等的信息；接受或拒绝它们；协调公众的意愿，行使社会控制；向社会的新成员传递社会规范；等等。

施拉姆在《传播学概论》一书中，将传播功能定为：雷达功能、控制功能、教育功能、娱乐功能，同时又分为外向功能和内向功能。传播是一项必须履行一定功能的社会活动。不论它是自我的内向传播，还是直接的人际交流，还是借助媒介的大众传播甚至跨国传播。

2.传播学三大学派

传播学可以划分为三大基础学派：经验功能学派、技术控制论学派和结构主义批判学派。

经验功能学派。这个学派兴起于 20 世纪四五十年代，也被称为美国实证主义学派。该学派主要是从行为科学的角度出发，采用经验性实证方法研究传播现象。他们注重定量分析，主要采用田野调查、实验室观察等方式进行研究。控制心理实验、抽样调查、文献分析、实地了解等是这个学派主要的研究方法。通过抽样调查，从少数被调查者推论整体，其中设定一系列社会学的分类，诸如性别、年龄、受教育程度、宗教信仰等，通过探讨一个变量与另几个变量之间的因果关系，从而帮助人们认识传播的一般性规律。代表人物：拉斯韦尔、拉扎斯菲尔德、霍夫兰、施拉姆等。

技术控制论学派。此学派主要关注媒介本身及媒介形态变化是如何影响人和社会的发展。信息通讯理论是这个学派的直接理论来源，关键词包括信息论、控制论、系统论等。技术控制论学派的理论基础是技术主义，主要研究传播技术与社会发展之间的关系，注重文献分析与思辨的方法，从宏观上并激进地看待传播媒介对社会的影响。代表人物：克劳德·香农、马歇尔·麦克卢汉等。

作为一位数学家，香农是信息论的创始人，香农提出了信息熵的概念，为数字通信奠定了基础。信息熵这个词是香农从热力学中借用过来的。热力学中的热熵是表示分子状态混乱程度的物理量。香农用信息熵的概念来描述信源的不确定度。

加拿大学者麦克卢汉的代表作有《理解媒介：论人的延伸》（1964 年）以及《媒介即讯息》（1969 年）等。在著作中，他提出了三个著名的观点："媒介即讯息"、"媒介即人的延伸"以及"'热媒介'与'冷媒介'"。"冷媒介"是指它传达的信息量少而模糊，在理解时需要动员多种感官的配合和丰富的想象力。"热媒介"是指传递的信息比较清晰明确，接受者不需要动员更多的感官和联想活动就能够理解，它本身是"热"的，人们在进行信息处理之际不必进行"热身运动"。

结构主义批判学派。该学派强调对传媒进行意识形态批评，其最大特点是运用结构分析法，结构主义的中心课题就是从混乱的社会现象中找出秩序。结构学派的基本方法是通过建立概念化的模式来理解社会结构的全部过程。同时，注重从哲学、社会学质化分析角度探讨传播与社会结构各要素之间的关系，关心为谁传播之类的问题，重视传播与社会结构各要素之间关系的研究，落脚点在传播意义上。结构主义批判学派认为，传播制度本身并不合理，大众传媒本质是少数垄断资产阶级对大多数人实现统治的意识形态的工具，必须坚持批判的观点和方法进行研究。代表人物：西奥多·阿多诺、马克斯·霍克海默、斯图亚特·霍尔、瓦尔特·本雅明、尤尔根·哈贝马斯等。

作为西方马克思主义重要流派，法兰克福学派的"文化工业"批判理论是对现代西方社会出现的文化危机和人的生存困境的理论回应，开创了现代大众文化批判的理论先河。法兰克福学派早期代表人物西奥多·阿多诺最早阐释"文化工业"批判理论，集中体现在他与霍克海默合著的《启蒙辩证法》中。在阿多诺看来，资本主义"文化工业"逐步趋向标准化、模式化、商业化，呈现出压抑性、操纵性、意识形态性特征。"文化工业"本质上是资本主义极权统治的代名词，扮演着"社会水泥"的阶级统治角色。

斯图亚特·霍尔是"英国文化研究学派"的代表人物，在传播学领域，其研究关注文化与意识形态的关系，创立了编码／解码模式。霍尔认为编码与解码之间符码的不对称，根源于信息发送者和接受者的文化关系、社会背景和地位、利益等结构性差异。传播者按照某种意识形态进行编码之后进入流动环节的信息，在面对复杂的、由不同利益群体组成的社会时，信息便摆脱了传播者编码时的真正意图,受众不是被动地接受信息,而是不断变化,对信息积极接受、解码和再生产的过程。霍尔的代表作有《文化、传媒与"意识形态"效果》。

3.传播学的代表性理论

议程设置理论

议程设置(Agenda Setting)的基本思想来自美国新闻工作者和社会评论家沃尔特·李普曼(Walter Lippmann)。1922年,李普曼在其经典著作《舆论学》(Public Opinion)中提出了他的观点:"新闻媒介影响'我们头脑中的图像'",这成为议程设置理论的雏形。1963年,伯纳德·科恩(Bernard Cohen)提出了对"议程设置"最有影响力的表述:"在多数时间,报界在告诉它的读者该怎样想时,可能并不成功;但它在告诉它的读者该想些什么时,却是惊人地成功",这十分清楚地指出了媒介的议程设置功能。

1968年,美国北卡罗莱纳州的两位研究人员马尔科姆·麦肯姆斯(Maxwell McCombs)和唐纳德·肖(Donald Shaw)对李普曼的思想进行了实证性研究,并于1972年在《舆论季刊》上发表了论文——《大众传播的议程设置功能》,作为他们研究的总结。其主要含义是:大众媒介注意某些问题而忽略另一些问题的做法本身就可以影响公众舆论,而人们一般倾向于了解大众媒介注意的那些问题,并采用大众媒介为这些问题所设置的优先次序来确定自己对这些问题的关注程度。该研究的问世标志着一个新的传播效果理论——议程设置理论的诞生。

在《舆论学》一书中,李普曼认为,传媒比较容易操控舆论从而影响现代国家决策。以李普曼的研究为节点,国际传播理论发展进入初始阶段,并取得了一系列重要成果,但具有明显的西方中心主义特征。

李普曼也是"拟态环境"(pseudo-environment)以及"刻板成见"(stereotype)等传播学重要概念的提出者。李普曼认为电报、广播等现代传播技术的普及不仅使国际传播成为可能，而且正在塑造出一种虚拟的现实。这些信息是由媒体构筑的"幻象"，并不是外面世界的原貌。李普曼指出，由于人们直接获取外部世界信息的渠道是有限的，因此需要"媒介"，然后根据所获得的各种"意象"（images）逐渐形成对自己不能亲身观察的外部世界的"先入之见"（preconceptions），甚至是偏见，直到最后被固化成刻板印象，进而形成舆论。因此，媒介有能力塑造国家意愿或社会目标。

"刻板成见"指的是人们对特定的事物所持有的固定化、简单化的观念和印象，它通常伴随着对该事物的价值评价和好恶感情。刻板成见可以为人们认识事物提供简便的参考标准，但也阻碍着对新事物的接受。个人有个人的刻板成见，一个社会也有其社会成员广泛接受的和普遍通行的刻板成见，因而它也起着社会的控制作用。李普曼特别强调大众传播的力量，认为大众传播不仅是"拟态环境"的主要营造者，而且在形成、维护和改变一个社会的刻板成见方面也拥有强大的影响力。

"知沟理论""结构帝国主义理论"

"知沟理论"（Knowledge Gap Theory）是关于大众传播与信息社会中的阶层分化理论。1970年，美国传播学家蒂奇诺（P.J.Tichenor）等人在一系列实证研究的基础上，提出了这样一种理论假说："由于社会经济地位高者通常能比社会经济地位低者更快地获得信息，因此，大众媒介传送的信息越多，这两者之间的知识鸿沟也就越有扩大的趋势。"也就是说，现存的贫富分化的经济结构决定了信息社会中必然存在两种人，一种是信息富有阶层，一种是信息贫困阶层。这一理论也适用于国际社会。

与"知沟理论"相近的有"结构帝国主义理论"（Structural Imperialism）。瑞典"和平学之父"约翰·加尔通（Johan Galtung）认为，就新帝国主义而言，在国际传播的结构化导致了"中心国家"和"边缘国家"的分野，进而形成了最有利于中心国家的国际传播秩序。如果在国际传播中保持"中心国家"与"边缘国家"的分化，那么"中心国家"之间的关系是和谐的，而"中心国家"与"边缘国家"之间的关系是不和谐的，"边缘国家"之间的关系也是不和谐的。因此，这种国际传播格局对于"中心国家"来说是最有利的。

此外，同样源于对资本主义的批判，比较著名的理论有葛兰西的文化霸权理论和席勒的文化帝国主义理论。

文化霸权理论（Theory of cultural hegemony），又称为"媒介霸权理论"，是由意大利的马克思主义者、意大利共产党创始人安东尼奥·葛兰西（Gramsci Antonio）提出的。"文化霸权"被用来描述社会各个阶级之间的支配关系。但这种支配或统治关系并不局限于直接的政治控制，而是试图成为更为普遍性的支配，包括特定的观察、认识国际社会以及国家关系的方式。由此，领导权不仅表达统治阶级的利益，而且渗透进了大众的意识之中，被从属阶级或大众接受为"正常现实"或"常识"。

美国著名传播学者赫伯特·席勒（Herbert Schiller）于1969年出版了《大众传播与美利坚帝国》一书，率先提出了"文化帝国主义"（Cultural Imperialism）概念。席勒提醒人们注意美国出口的电影、音乐和其他媒介产品对发展中国家本土文化的潜在影响。他认为，美国的传媒公司醉心于破坏发展中国家的民族文化。由于美国的传媒产品制作得是如此完美、如此吸引人，以至于其他国家的人们很难抗拒它们。结果是，西方控制的国际大众传媒就会取代民族文化，这种形式就像是抢劫，就像是早期殖民者拼命掠夺殖民地国家自然资源，以使殖民国家发财致富一样。

交往行为理论

《交往行为理论》是德国哲学家和社会学家尤尔根·哈贝马

斯（Jürgen Habermas）的主要作品。在哈贝马斯的交往行为理论中，主体间性与交往理性的观念对当今传播学的影响日益凸显。哈贝马斯认为，符号化了的世界是通过人的"主体际"的交流形成的。哈贝马斯在其著作中多次用"交往"概念，在德文中的写法为 kommunikativen，这个德文词跟英文的"传播"（communication）一词有着共同的词源，有着对等的意义，因而交往行为理论也就是传播行为理论。

交往行为理论在哈贝马斯的思想体系中，处在"表层"部分。与此相关的"深层"部分，首先是"交往理性"。交往理性就是要让理性由"以主体为中心"转变为"以主体间性为中心"，最终实现理性化的交往。①其中，"主体间性"，又译"主体际"、"主体际性"或"交互主体性"。哈贝马斯扬弃了近代认识论的"主体—客体"认识图式，创造性地提出了"主体—主体"认识图式，即主张"以主体间性为中心"。

根据哈贝马斯交往理性的要求，传播沟通乃是一切主体存在的前提，是任何具体主体存在的基本方式；传播沟通是"自我"与"他我"之间的不断转换，传播沟通的过程就是理解的过程，就是意义在"主体之间"生成的过程。有效的传播沟通则必须遵守四项游戏规则：可领会性、真实性、真诚性和正当性。真实性的要求对应于客观世界（各种事态的总和），真诚性的要求对应于自我世界（唯有说话者自己能直接感受的体验的总和），正当性的要求则对应于社会世界（各种规则的总和）。这种有效性认定与各种"中心主义"造成的权势认定有着根本的不同：在"主体间性"的"沟通"中，有效性是靠传播沟通双方或多方共同决定；而在"中心性"的传播模式中其实并没有"沟通"而只有"训话"，有效性是由"中心"方单方面决

---

① 冯炜：《哈贝马斯交往行为理论对传播学的影响》，载《山东大学学报（哲学社会科学版）》2002 年第 6 期，第 41 页。

定的。①

哈贝马斯的交往行为理论源于其公共领域理论，是以 18 世纪欧洲——主要是法国、英国和德国的历史为背景，分析了 18 世纪资产阶级社会中出现的俱乐部、咖啡馆、沙龙、杂志和报纸，是一个公众讨论公共问题、自由交往的公共领域。公共领域最关键的含义，是独立于政治建构之外的公共交往和公众舆论，它们对于政治权力是具有批判性的，同时又是政治合法性的基础。②

哈贝马斯认为，相互理解是交往行动的核心，而语言占据特别重要的地位。交往行为是一种"主体—主体"遵循有效性规范，以语言符号为媒介而发生的交互性行为，其目的是达到主体间的理解和一致，并由此实现社会一体化、有序化和合作化。简言之，劳动偏重的是人与自然的征服与顺从的关系，交往偏重的是人与人的理解和取信的关系。

此外，西方传播学的相关理论还有卡尔·霍夫兰的"劝服理论"，美籍以色列社会学家伊莱休·卡茨（Elihu Katz）的"使用与满足理论"（Uses and Gratifications），等等。

（三）马克思主义国际传播理论

西方普遍强调经验主义、科学实证主义、工具理性，将传播视为信息"传递"（Transmission）的过程，即将传播视为达到特定目的的工具。在传统西方理论当中，常把媒体的作用放大，掩盖了媒体的中介属性，往往强调研究物、技术，而非人、精神。马克思主义国际传播理论基于人本主义对国际传播的内涵与外延作出全新的解释。

---

① 张小元：《大众传播：观念的变迁——哈贝马斯传播思想的贡献与局限》，载《西南民族学院学报（哲学社会科学版）》2003 年第 1 期，第 247 页。

② 王雅慧：《尤尔根·哈贝马斯的传播学思想概述》，载《新闻窗》2011 年第 5 期，第 63 页。

1. 马克思主义国际传播理论的主要观点

批判的武器和武器的批判

"武器的批判"指武装斗争，"批判的武器"一般指理论斗争。二者都是无产阶级革命必不可少的重要手段，而且必须互相结合起来。马克思在《黑格尔法哲学批判导言》一文中说："批判的武器当然不能代替武器的批判，物质力量只能用物质力量来摧毁；但是理论一经掌握群众，也会变成物质力量。"这就是说，革命理论、宣传工作虽然有着巨大的作用，但它不能代替革命实践，不能代替实际的斗争行动。任何错误的东西，以致反动阶级的统治，最终要由革命的物质力量加以摧毁。但是先进的理论、正确的宣传是群众斗争的巨大精神武器，它一旦被群众所掌握，就会变成强大的物质力量。因此，不能小看思想理论的批判作用，它虽然不能代替武器的批判，但它可以发动人民群众，指引人民群众从事正确的武器的批判。可以说，在每一个历史转变关头，没有批判的武器，就不会有大规模的、广泛的武器的批判，理论宣传在任何时代都是不可缺少的。

媒介帝国主义

媒介帝国主义又译信息帝国主义或新闻帝国主义，指以美国为代表的发达资本主义国家在国际新闻与传播领域的垄断地位和扩张政策。这一概念首先是由原芬兰总统吉科宁（Urho Kaleva Kekkonen）提出来的。媒介帝国主义理论集中的焦点，正是大众传播的国际化，同时更多地看到大众媒介与国家发展问题中的负面效应。在信息传播中，发达国家与发展中国家的地位是不平等的，由此造成了发展中国家消极、被动的后果。

媒介帝国主义的特征是：利用强大的、现代化的大众传播媒介和通讯手段垄断国际间的新闻传播，如四大跨国通讯社（美联社、合众国际社、路透社和法新社）就垄断了绝大部分的国际新闻；利用强大的经济基础和先进技术设施生产硬件（技术媒介）和软件（节目或产品）出口、占领世界市场，并推销和宣扬本国的生活方式、价值观念，进而实现其文化渗透和侵略。媒介帝国主义是造成当前世界范围新闻传播不平等、不平衡的重要原因之一。

对此，社会主义国家和发展中国家呼吁建立"世界传播和信息新秩序"（New World Information and Communication Order，NWICO），强调发展中国家对自己的信息资源如同其他自然和经济资源一样，拥有绝对的主权；在国际传播中，对第三世界的新闻应予以"优惠"，在新闻报道中增加有关第三世界新闻的比例，同时应努力促进第三世界之间横向的新闻传播，等等。

宣传心理学

1931 年，美国学者乌·拜德尔的论文中第一次把宣传心理学作为专门学科提了出来。美国著名宣传理论家列·马·杜布编写了第一本宣传心理学教科书。美国学者对宣传心理学的关注焦点是局部的技术性细节。

苏联心理学家注重对社会心理结构的研究，注意对各社会集团进行宣传效果的研究。20 世纪 60 年代，苏联心理学家对宣传问题倍感兴趣，组织了全国规模的讨论研究，之后出了一批学术成果。《宣传心理学》是苏联学者纳奇拉什维里所著。该书根据定势心理学理论指出，宣传活动不能仅以传递信息为限，主要应形成听众对某个问题的正确态度，即宣传工作的目的是要影响人们的意识和行为。纳奇拉什维里提出名片效应、自己人效应、飞去来器效应、宣传内容的有序律等重要概念。

名片效应：指在人与人的交往中，如果能表明自己与对方拥有相同或相似的价值观，就会使对方感觉到两人之间更多的相似性，从而很快地缩小双方的心理距离。

自己人效应：宣传者把宣传对象当作自己人进行说服，诚实坦率地向其说出宣传意图。这样，宣传对象就会确信宣传内容的真理性，感到句句话入耳入脑，心悦诚服，产生一种"同体观"倾向，把宣传者和自己视为一体，从而使宣传达到最佳效果。

飞去来器效应：宣传不得法或不占有真理，引起宣传对象的反感，对宣传者产生离心离德的倾向。"飞去来器"是一种掷向远方仍然飞回抛掷者原位的弯棒形器物。用这一比喻说明引起逆反心理的宣传总是导致自我伤害。传播荒谬的观念，而且方法生硬，进行强行灌输，总会引起受众的反感。本来通过宣传想争夺群众，这种宣传反而吓跑了群众，使宣传者自己被"击中"。①

宣传内容的有序律：在分析各种不同的观点时，报告人面前常常摆着一个问题：应以什么次序分析这些或那些观点——是先讨论他所不同意的观点，再讨论他所同意的观点，这个问题是很复杂的。在分析各种不同观点时，报告人应当把他所主张的、力图劝说听众相信的观点在讲话的开头或结尾部分提出来，因为在这两个部分提出比在中间部分更能为听众所接受，就有较大的定势优势。②

相关研究成果还有《政治宣传心理学》等。《政治宣传心理学》是波兰学者列·沃伊塔西克所著。苏联心理学博士尤·阿·舍尔科文教授认为，这本书"为专门从事宣传问题研究的社会主义各国学者们共同的研究工作作出了一个突出的贡献"。

2. 精神交往理论

马克思主义的传播观是建立在其独特的精神交往理论基础上的。交往（Verkehr）是马克思主义哲学研究的一项重要内容，特别是唯物史观的一个基本范畴。早在 1845 年，马克思和恩格

---

① 刘建明主编:《宣传舆论学大辞典》，经济日报出版社，1993 年版，第 51—52 页。

② [苏]肖·阿·纳奇拉什维里:《宣传心理学》，金初高译，新华出版社，1984 年版，第 35—36 页。

斯就在他们共同合作的《德意志意识形态》中正面考察了人的交往问题。在《德意志意识形态》中指出，"各民族的原始闭关自守状态则由于日益完善的生产方式、交往以及因此自发地发展起来的各民族之间的分工而消灭得愈来愈彻底，历史就在愈来愈大的程度上成为全世界的历史。"在此基础上，马克思和恩格斯形成了精神交往的重要思想。

在马克思和恩格斯那里，交往是建构历史唯物论的基础性、总体性的范畴。物质交往和精神交往之间相互联系、相互作用，物质交往起基础和决定性作用，精神交往是物质交往的直接产物。可以看出，在这样一个思想体系中，"交往"这个概念，无论是内涵还是外延都比"传播"大。从精神交往理论的角度来看，人类的交往传播不仅是一种信息的传递，而且是一种情感的激荡、价值的碰撞和思想的对话交锋过程，是一种知、情、意的精神融通过程。[①]

"中介式媒体观"：从马克思主义精神交往理论来看，语言符号、实物资料、交往工具及其操作的方式方法都是人类交往的媒介，它们是连接主体之间交往的中介客体。实际上，人与媒介的关系是主体与工具的关系，传播的主体是人，媒介被看作是完成人类交往活动的工具和手段。从这样一个视角来看，媒体的作用不是为了影响受众，不是为了说服与劝服，不是为了灌输自己的精神意志，而是为了给公众间的精神联系提供一个纽带。这显然为媒体的发展提出了一个更高的理想要求和价值尺度，树立一种联结人类精神纽带的"中介式媒体观"。

没有价值关系就没有传播结构：传播结构是基于某种价值关系，通过媒体中介和传播情境建立和发生的相互联系。经验

---

① 李欣人：《再论精神交往：马克思主义传播观与传播学的重构》，载《现代传播》2016年第8期，第20页。

学派传播理论建构的一个根本缺陷在于价值关系的缺失。虽然早期传播学将传播活动科学地分解为各个要素，并展示出各个要素之间的有机关联，使人们对传播过程的认识得以深入。但实际上，价值关系是传播结构得以成立和维持的深层原因。传播主体间的相互交流，内在地隐含着主体间需要和被需要、满足与被满足的价值关系。使用与满足理论是对早期单就传播者如何影响受众模式的一种纠正，它对于满足受众需求，发挥受众在传播中的能动作用有着积极的意义，指出了受众的能动性，但这种能动性是非常有限的，不能反映出受众所具有的真正的主体性。

马克思强调，要从主体需要的角度来认识价值。现代传播不断深化的研究结果表明，传播活动是遵循着双向互动的规律进行的。然而这种互动，绝非传播学科学的反馈机制能解释清楚的，因为这样无疑将人降低到"物"的水平上。传播活动发生的更深层原因，应该在于主体交往的内在需要和参与意识。[1] 显然，从口语的发展到文字的产生，乃至媒介机构的独立和发展，以及国际传播的演进都是源于人类精神交往的需要。

传播效果问题是美国早期传播研究最集中的领域之一。效果研究从一开始就体现了强烈的实用特色和工具理性精神。但是，从精神交往理论来看，传播活动的最终归宿在于结果，而不是效果。结果与效果的不同之处在于，效果在传播活动中是以一方为主导，去影响和支配另一方的，所以效果研究经常表现出实用主义的特点。而结果则不以传播活动中的某一方为主导，传播主体双方在对话基础上展开平等互动，这种互动体现出一种真正的主体意识和自由精神。

---

[1] 李欣人:《再论精神交往：马克思主义传播观与传播学的重构》，载《现代传播》2016年第8期，第21页。

西方传播理论的主导观念表现为一种单向的施教和征服，是效果导向：强调传播作为意识形态机器，其作用在于灌输。这势必在传播活动两极制造出一个强势主体和一个被动客体。马克思主义精神交往理论是结果导向，即不管结果如何，都是在主体自由意志支配下通过协商对话完成，传播过程不存在任何强制性，是传播过程自然完成的结果。更重要的是，传播结果是建立在传播双方是独立对等主体基础上的，不以任何一方为中心，这充分体现了人本主义的传播观。[①]

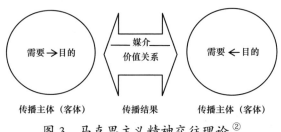

需要→目的　　　　媒介　　　　需要←目的
　　　　　　　价值关系

传播主体（客体）　　　传播结果　　　传播主体（客体）

图 3　马克思主义精神交往理论[②]

马克思主义精神交往理论同西方经典理论的根本差异，在于后者认为传播目的直接体现为传播者的意志，效果在于征服受众，达到劝服受众、改变态度的效果。这种传播观念仅仅站在传播者的角度，是一种强势性权力，与精神交往理论强调主体间的平等性有着本质区别。陈力丹的《精神交往论——马克思恩格斯的传播观》是这一领域的权威著作。

此外，马克思主义政治经济学思想对传播学的影响非常深远。法兰克福学派、传播政治经济学、霸权理论、意识形态国家机器理论、文化研究学派都受到了马克思主义政治经济学的影响。

---

① 李欣人：《再论精神交往：马克思主义传播观与传播学的重构》，载《现代传播》2016 年第 8 期，第 22 页。

② 李欣人：《再论精神交往：马克思主义传播观与传播学的重构》，载《现代传播》，2016 年第 8 期，第 22 页。

二、全面提升国际传播效能

我们党历来高度重视对外传播工作，早在 1938 年 4 月中共中央长江局就成立了国际宣传委员会，并设立办事机构——国际宣传组。1940 年 10 月，中共中央宣传部成立了国际宣传委员会，中央书记处书记兼中宣部部长张闻天多次主持召开座谈会，邀请在华外国人研究中国共产党的对外宣传问题。之后，中共中央决定创办外文对外宣传刊物《中国通讯》，分别用英、法、俄三种文字对外刊发相关报道。1941 年 12 月，从世界反法西斯战争全局出发，中共中央成立了以朱德为主任的海外工作委员会，其工作任务之一便是加强对外宣传，同时培养专业干部。毛泽东曾形象地指出，"我们有两支军队，一支是朱总司令的，一支是'鲁总司令'的，即'手里拿枪的军队'和'文化的军队'"。

延安时期，党的对外传播工作以全方位宣传中国共产党的理念和抗战主张以及让国际社会更多地了解"红色中国"为目标。1949—1978 年，这一时期的国际传播工作以扩大社会主义中国的国际统一战线、获得国际认可以及赢得国际支持为目标。1955 年 12 月，毛泽东在题为《让全世界都听到我们的声音》讲话中谈到新华社派驻外记者时说："应该大发展，尽快做到在世界各地都能派有自己的记者，发出自己的消息，把地球管起来，让全世界都能听到我们的声音。"1978—2011 年，改革开放开启了国际传播工作新阶段，以充分融入国际社会以及营造和平、友好、合作的国际环境为国内经济建设服务为目标。1979 年 1 月 2 日，邓小平会见美国众议员托马斯·路·阿什利时说道，"我们欢迎美国政治家们，同时也欢迎包括不赞成中美建交在内的美国人士都来中国看看，以增进两国人民之间的了解。这对发展我们两国关系是极其重要的。通过访问、接触了解中国，或许有助于他们观点的改变。"2012年至今，国际传播工作进入新时代，以形成同我国综合国力和国际地位相匹配的国际话语权为目标。习近平总书记说，落后就要挨打，贫穷就要挨饿，失语就要挨骂。形象地讲，长期以来，我们党带领人民就是要不断解决"挨打""挨饿""挨骂"这三大问题。经过几代人不懈奋斗，前两个问题基本得到解决，但"挨骂"问题还没有得到根本解决。争取国际话语权是我们必须解决好的一个重大问题。

2013年8月19日，习近平总书记在全国宣传思想工作会议上的重要讲话中强调，"必须自觉承担起举旗帜、聚民心、育新人、兴文化、展形象的使命任务"，其中，"展形象"就是要推进国际传播能力建设，讲好中国故事、传播好中国声音，向世界展现真实、立体、全面的中国，提高国家文化软实力和中华文化影响力。

2016年2月19日，习近平总书记在党的新闻舆论工作座谈会上发表重要讲话强调，党的新闻舆论工作是党的一项重要工作，是治国理政、定国安邦的大事。在新的时代条件下，党的新闻舆论工作的职责和使命是：高举旗帜、引领导向，围绕中心、服务大局，团结人民、鼓舞士气，成风化人、凝心聚力，澄清谬误、明辨是非，联结中外、沟通世界。其中，联结中外、沟通世界是对国际传播工作的具体要求。

2021年5月31日，中共中央政治局就加强我国国际传播能力建设进行第三十次集体学习。习近平总书记再次强调，讲好中国故事，传播好中国声音，展示真实、立体、全面的中国，是加强我国国际传播能力建设的重要任务。必须加强顶层设计和研究布局，构建具有鲜明中国特色的战略传播体系，着力提高国际传播影响力、中华文化感召力、中国形象亲和力、中国话语说服力、国际舆论引导力。

（一）坚持以马克思主义新闻观为指导

"马克思主义新闻观"是指马克思主义对于新闻现象和新闻传播活动的规律性认识。2016 年 2 月 19 日，习近平总书记在党的新闻舆论工作座谈会上的讲话中指出，"新闻观是新闻舆论工作的灵魂"，并提出了要"深入开展马克思主义新闻观教育"和"牢牢坚持马克思主义新闻观"的要求。

在新闻领域，马克思有着独特的经历和贡献。他一生中唯一的正式职业就是办报纸。24 岁那年，即 1842 年，刚大学毕业不久的他便被聘为《莱茵报》主编。6 年后，即 1848 年，也就是发表《共产党宣言》的那一年，作为新当选的共产主义者同盟中央委员会主席，他又和恩格斯一起在自己的家乡科伦创办了被称为"革命无产阶级最好的机关报"（列宁语）的《新莱茵报》，并亲自担任了这家世界上第一个以马克思主义为指导的无产阶级政党机关报的总编辑。马克思在其一生波澜壮阔的革命斗争中，始终把报刊作为重要的政治阵地，他先后创办、主编和参与编辑的报刊有十几家，关心和指导过的工人报刊多达数十家，还先后为欧美国家的近百家报刊撰过稿，可以说报刊成为他宣传革命思想、传播科学理论、组织群众斗争、指导工人运动的有力武器。

马克思既有丰富的新闻实践，又有对新闻工作深刻的理论思考。由他和恩格斯共同创立的马克思主义新闻观，作为一种科学的新闻观，阐释了无产阶级党报工作的基本原理，揭示了无产阶级党报工作的客观规律，成为指导世界无产阶级和社会主义新闻事业的思想旗帜。①

马克思主义新闻观认为，新闻具有阶级性，新闻自由也具

---

① 郑保卫:《马克思主义新闻观中国化的历史进程及其理论贡献》，载《新闻与传播研究》2018 年第 2 期，第 5—19 页。

有阶级性。西方国家标榜的"新闻自由",实质就是资产阶级的新闻自由,是为维护资产阶级利益和资本主义制度服务的。列宁 1921 年 8 月 5 日在一封信中指出,"在全世界上,凡是有资本家的地方,出版自由就是收买报纸、收买作家的自由,就是暗中收买、公开收买和制造有利于资产阶级的'舆论'的自由。"

美国著名新闻学家本·巴格迪坎在 1983 年出版的《传播媒介的垄断》一书中说:"新闻报道的每一个环节都涉及到基于价值观念上的判断。客观环境中有无数事件,到底报道哪个?不报道哪个?记者观察到无数事实,哪些要记录下来?记录下来的事实,哪些被写进稿件?被报道的事实,哪些写进第一段?另外,在发到编辑部里的报道中,哪些安排在头版予以突出处理?哪篇被放在内页或干脆抛掉?这些问题中,不管哪一个,其所作出的决定,都不是真正客观的。"① 他这里所说的"价值观念"就是记者阶级立场的体现,而如何采编新闻,如何编排版面,都体现记者的"价值观念",亦即阶级立场。

毛泽东 1957 年 5 月 18 日说:"根本问题是新闻本来就是有阶级性的。新闻的形式并没有阶级性。但是,问题在于内容,表现什么思想、什么主题、什么倾向,赞成什么、反对什么,这就有阶级性了。报纸同政治关系密切,甚至有些形式,有些编排,就表现记者、编辑的倾向,就有阶级性、党派性了。"社会主义国家正是为了维护人民的根本利益,"对于一切企图改变社会主义制度的违法新闻活动,不但不能给予自由,而且要依法制裁。"总之,马克思主义新闻观的立足点是新闻有阶级性、党派性。

① 文有仁:《马克思主义新闻观的基本内涵》,新华网,2007 年 1 月 6 日,http://www.xinhuanet.com/zgjx/2007-01/06/content_5573246.htm.

（二）坚持党性和人民性的统一

在中国，党性和人民性从来都是一致的、统一的。2016 年
2 月 19 日，习近平总书记在主持召开党的新闻舆论工作座谈会
时强调，"党的新闻舆论工作坚持党性原则，最根本的是坚持党
对新闻舆论工作的领导"，"都要坚持党性和人民性相统一，把
党的理论和路线方针政策变成人民群众的自觉行动，及时把人
民群众创造的经验和面临的实际情况反映出来，丰富人民精神
世界，增强人民精神力量"。

"政治家办报"是坚持党性原则的具体体现。列宁曾在 20
世纪 20 年代提出"革命家办报"的重要论述。1959 年 6 月，
毛泽东同志在中央政治局会议上提出报纸办得好坏，"要看你
是政治家办报还是书生办报。"他明确表示："我是提倡政治家
办报的。"他说有些同志是书生，而书生"最大的缺点是优柔
寡断"。毛泽东表示，他欣赏曹操的多谋善断，强调"办报也
要多谋善断，要一眼看准，立即抓住、抓紧，形势一变，要转
得快"。

早在 1942 年，毛泽东同志在《在延安文艺座谈会上的讲
话》中指出，文艺创作要为广大的人民群众服务。同时强调，
"在现在世界上，一切文化或文学艺术都是属于一定的阶级，属
于一定的政治路线的。为艺术的艺术，超阶级的艺术，和政治
并行或互相独立的艺术，实际上是不存在的。无产阶级的文学
艺术是无产阶级整个革命事业的一部分，如同列宁所说，是整
个革命机器中的'齿轮和螺丝钉'。"

今天，谈到如何检验是不是做到"政治家办报"，习近平总
书记提出主要看五个方面。一是看是不是确立了马克思主义新
闻观，认同党性和人民性的高度一致性，认清西方所谓"新闻
自由"的虚伪性和欺骗性。二是看是不是有坚定的政治意识、
大局意识、核心意识、看齐意识，自觉在思想上政治上行动上

同党中央保持高度一致。三是看是不是忠实宣传党的理论和路线方针政策，让党的主张成为时代最强音，促进筑牢全党全社会团结奋斗的共同思想基础。四是看是不是把纪律挺在前面，严格遵守党的政治纪律、宣传纪律和长期形成的规矩。五是看是不是具有政治定力，在大是大非面前旗帜鲜明，在重大原则问题上敢于发声、敢于斗争。

坚持党性原则，最根本的是坚持党对新闻舆论工作的领导。党和政府主办的媒体是党和政府的宣传阵地，必须姓党。党的根基在人民群众、血脉在人民群众、力量在人民群众。毛泽东要求新闻工作者自觉地深入群众，虚心向群众学习。1942年，毛泽东为《解放日报》写了"深入群众，不尚空谈"的题词。毛泽东强调，"办好报纸，把报纸办得引人入胜，在报纸上正确地宣传党的方针政策，通过报纸加强党和群众的联系。"

党的十六大后，胡锦涛同志提出了"贴近实际、贴近生活、贴近群众"的工作方针，并组织新闻界开展"走基层、转作风、改文风"活动。他要求新闻工作必须坚持以人为本，增强新闻报道的亲和力、吸引力、感染力，要坚持把实现好、维护好、发展好最广大人民的根本利益作为新闻宣传工作的出发点和落脚点。

2016年2月19日，习近平总书记在党的新闻舆论工作座谈会上提出了"三个坚持"，即党的新闻舆论工作要适应国内外形势发展，从党的工作全局出发把握定位，坚持党的领导，坚持正确政治方向，坚持以人民为中心的工作导向。人民群众是我们力量的源泉。军事战场，以"力"服人；舆论战场，以"理"服人。这里的"理"，是指理论和思想。理论和思想从哪里来，从广大人民群众的实践中来。

（三）坚持民族性与世界性的统一

第一，既要讲好中国故事，也要讲好世界故事。在过去500年，主要是西方国家在讲世界故事，其他国家包括中国都是"听众"，处于被影响、被塑造的地位。美国等西方国家为了维护其霸权利益，甚至虚构故事、黑白颠倒、欺骗世界，"听众"厌倦了西方的"滔滔不绝""颐指气使"，希望中国等发展中国家、负责任国家来讲世界的故事，来讲一个客观真实、美好向上的世界，这是"世界叙事"能力提升的表现。从历史来看，大国竞争的胜负不仅取决于谁的军队会赢，而且取决于谁的"世界叙事"会赢。

重义轻利，是中国人民几千年来一直遵守的思想信条，也是中华民族的优秀传统文化。这里的义（道德）更多指社会公义、公利，强调社会责任。邓小平要求宣传思想文化战线的同志要把"最好的精神食粮献给人民"，要考虑作品的"社会影响"，讲求宣传思想文化工作的社会效益，反对把精神产品商品化，批判"一切向钱看"的腐朽思想。宣传思想文化战线要树立正确的义利观，始终把社会效益放在第一位，坚持社会效益与经济效益的统一，当经济效益同社会效益发生矛盾时，要自觉服从社会效益。与之相反，在西方国家，金钱不仅主导政治，也主导舆论。受商业利益驱使的西方媒体，为追求点击率、收视率和广告收入，迎合大众的消费心理，经济效益高于社会效益，陷入无法自拔的恶性循环。

第二，既要讲清楚民族特性，也要讲清楚世界共性。一般而言，充分自信的国家会更多强调共性，而不是自己如何不同的独特性。因此，国际传播要体现出中国作风和中国气派，但也要兼顾世界共性，不能给国际社会留下"中国处处都与人不同"的印象。胡锦涛同志强调新闻传播要统筹国内国际两个方面。他指出，在当代中国同世界的关系发生历史性变化、中国的发展日益紧密地同世界的发展联系在一起的条件下，必须统筹国内国际两个大局，把加强对外宣传作为关系国家发展全局的战略任务抓紧抓好。

笔者常常到海外调研中国形象，发现中国的国家形象十分复杂，很难用简单的好与坏来评价。目前，中国国家形象存在的主要问题是：第一，中国与世界的认识鸿沟。一方面，中国人对自己的看法和世界对中国的看法之间存在巨大的差距。另一方面，中国对世界的看法与别国对世界的看法有很大的差距。第二，国际社会对中国依然比较陌生（unknown），由此导致了对中国的误解（misunderstood）甚至担忧（worry）。有很多外国人用"谜""神秘"（enigmatic）等词汇来描述中国，他们感觉"越试图了解中国，就越不了解中国"，从而放弃了对中国持久学习的兴趣。所以，一些西方国家总是将中国描述为"一个陌生、奇妙的世界"，并用他们的想象来界定中国。

因此，要刷新国家形象、为中国"解密"，要拉近中国与世界的距离。长期以来，我们在国际传播中，过于强调中国的历史久远、博大精深、神秘古老。这会给外国人造成中国"难解之谜"的印象。神秘化就意味着会被边缘化。因此，我们要为中国"解密"。在这方面英国的经验值得我们借鉴。在笔者赴英国调研期间，英国外交部官员告诉我，他们希望将"傲慢"（arrogant）、"呆板"（stuffy）、"过时"（old fashioned）、"冷漠"（cold）的老英国，转变为"开放"（open）、"紧密联系"（connected）、"创造性"（creative）、"充满活力"（dynamic）的新英国。他们认为，如果总是强调英国的传统形象——历史主题公园，那么英国企业就不能从英国形象中获得足够的商业资本。因此，中国也应该将一个开放现代的、朝气蓬勃的、美好向上的国家形象呈现在世人面前。

2013 年，习近平总书记提出"一带一路"倡议，这充分展现了中国独特的历史与现实优势。但与此同时提出人类命运共同体、全人类共同价值等重要理念，就是在探寻人类社会的最大公约数，不断夯实国际社会的共性基础，即和平、发展、公平、正义、民主、自由。

（四）坚持真实性与真诚态度的统一

大道至简，国际传播的核心是"真实"与"真诚"，关键是提升国际公信力。真实性原则，是中国特色国际传播理论的主要支撑。真实性是新闻的生命。要根据事实来描述事实，既准确报道个别事实，又从宏观上把握和反映事件或事物的全貌。我国十分重视新闻的真实性，把这一点提高到新闻工作的无产阶级党性原则来认识。刘少奇提出过这样的要求，"你们的笔，是人民的笔，你们是党和人民的耳目喉舌。你们不能采取轻率的、哗众取宠的'客里空'式的态度，[①]而应当采取负责的、谨慎的、严肃的态度去做工作。"[②]江泽民说："新闻的真实性，就是要在新闻工作中坚持党的一切从实际出发、实事求是的思想路线。我们坦率地指出新闻工作的阶级性和党性原则，因为我们新闻工作的阶级性和党性，同新闻的真实性是一致的。"[③]

延安时期，"红色中国"突破封锁走向世界，成为中国共产党国际传播能力的经典案例。延安交际处处长金城在《延安交际处回忆录》中写道，对外宣传工作，毛泽东曾着重指出，"一定要实事求是地宣传我们党的政策。宣传我党、我军、抗日根据地人民战斗胜利的成绩，解答他们提出的问题，都要采取老实的态度，知之为知之，不知为不知。切不要不懂装懂，自以

---

① "客里空"是苏联话剧《前线》中的一个角色——新闻记者，惯于弄虚作假。

② 《刘少奇选集》上卷，人民出版社1981年版，第404页。

③ 中共中央文献研究室编：《十三大以来重要文献选编（中）》，中央文献出版社2011年版，第203页。

为是。组织他们参观考察时，要尽力让他们对我们有全面的了解……要知道我们工作中的缺点和错误，是革命前进中难以避免的，是可以经过自己的努力克服改正的。只要我们诚恳坦白地说清楚实际情况，是会取得人们的信任和理解的。"

坚持真实性与真诚态度的统一，在延安时期表现在对外传播工作秉持坦诚友好原则，以确凿事实和先进思想赢得人心。例如，西方记者斯坦因初到延安的感受是，"共产党似乎不像我们所想象的那样急于宣传……他们并不故意给我们什么印象，表现着安静的含蓄。他们的态度好像是：用你们自己的眼睛来看吧"，"我完全自由地去做调查，要到哪里去就到哪里，要和谁谈话就和谁谈话。没有不准问的问题，没有被拒绝的答复"。

对于中外人士的来访，延安的方针是敞开大门，让他们自由参观边区机关、工厂、学校和各类单位，不搞浮夸，更不弄虚作假。共产党人的坦诚友好，增强了对外传播的亲和力，也赢得了越来越多的朋友，斯诺、史沫特莱等人都与党的领导人建立了深厚友谊。1944 年 7 月，经过积极斡旋，美军观察组进驻延安考察。毛泽东要求各级干部放手与美军接触。观察组所到之处，当地领导人予以热情接待和通力合作，得到了美方高度赞许。美军观察组成员谢伟思在与中共领导人深入接触后认为，这个领导集体由精力充沛、成熟和讲求实效的人们组成，他们忘我地献身于崇高的原则，具有杰出的才干和坚毅的领导素质。延安经验启示我们，加强国际传播能力建设，要秉持真实性与真诚态度相统一的原则。

在中国看来，新闻要记录"历史的真实"，报道的每件事、每个细节都必须真实，决不允许移花接木、张冠李戴，更不能够无中生有；话可以不说，但说了要负责。不仅要做到所报道的单个事情的真实、准确，尤其要注意和善于从总体上、本质上以及发展趋势上去把握事物的真实性。美国等西方国家媒体则秉持"利益的真实"，常常歪曲事实、颠倒黑白，为维护自身利益不择手段。以伊拉克战争为例，美国媒体杜撰了伊拉克拥有大规模杀伤性武器，以此激起国际社会的恐惧和愤怒情绪，这致使美国入侵伊拉克几乎没有反对声音。但这一行为也严重损害了美国的国际声誉与软实力。

2021 年，不少西方媒体和企业拿新疆存在所谓"强迫劳动""宗教歧视"等问题大做文章，并表示抵制新疆产品。这种无中生有、别有用心的指控，充斥着偏见与敌意，暴露了无知与虚伪。可见，美国所谓的新闻自由只是"神话"，其国际传播的主要任务在于动员大众支持美国政府的利益，但这一维护利益的方式是短视自私的、是竭泽而渔的。

我们一定要在遵循真实性原则的前提下，学会用中国的立场、中国的眼睛、中国的声音、中国的分析，去应对和报道风云变幻的国际社会。同时，真诚是最简单有效的沟通方式，我们一定要坚持讲真话，一定又要善于抓住时机讲真话。

（五）坚持按照国际传播规律办事

1994 年，江泽民在全国宣传思想工作会议上提出，我们的宣传思想工作，必须"以科学的理论武装人，以正确的舆论引导人，以高尚的精神塑造人，以优秀的作品鼓舞人，不断培养和造就一代又一代有理想、有道德、有文化、有纪律的社会主义新人，在建设有中国特色社会主义的伟大事业中发挥有力的思想保证和舆论支持作用。"胡锦涛同志强调要"坚持用时代要求审视新闻宣传工作，按照新闻传播规律办事"。他提出"要尊重舆论宣传的规律，讲究舆论宣传的艺术，不断提高舆论引导的水平和效果"，"要认真研究新闻传播的现状和趋势，深入研究各类受众群体的心理特点和接受习惯，加强舆情分析，主动设置议题"。

习近平总书记强调，价值观念在一定社会的文化中起中轴作用，文化的影响力首先是价值观念的影响力。世界上各种文化之争，本质上是价值观念之争，也是人心之争、意识形态之争。正所谓"一时之强弱在力，千古之胜负在理"。国际传播能力属于全球沟通能力，是软实力的重要组成部分。软实力的核心是文化，文化的核心是价值观。研究文化说到底是研究价值观，传播文化说到底是传播价值观，如果没有实现情感共鸣、价值共振，所有的文化展现都是花拳绣腿。所谓价值共振，就是看能不能激发国际社会分享中国的冲动。

国际传播要重视"事实、道理、情感"三个要素的统一。国际传播虽然要以观点说服人，但没有事实的观点总是脆弱的。事实是观点得以成立的基础，是思想形成的支柱，好的国际传播必须列举大量事实说明论点，做到"以例服人"。这种事实，不是随便捡来的琐碎小事，而是足以反映事物本质的、真实而典型的事实。道理，即推理、论断、驳议，是国际传播内容的核心要素。作为国际传播工作的根本任务，就是以理论形式向人们传输科学真理。情感是信息传播、观点分享的润滑剂，推理、论证和叙述事实如果带有情感，国际传播就会有很强的说服力和感染力。换位思考，动之以情，晓之以理，是国际传播成功的重要条件。优秀的国际传播，必然是这三要素的有机结合。

在国际社会，难的不是通路、通电、通邮、通航等，最难的是通心。"攻心联"是成都武侯祠内的一副对联，"能攻心则反侧自消，从古知兵非好战；不审势即宽严皆误，后来治蜀要深思"，核心思想是"攻心为上，攻城为下；心战为上，兵战为下"。毛泽东精辟指出，"政治就是把支持我们的人搞得多多的，把反对我们的人搞得少少的"。人心是最大的政治，也是最强的国际政治。

国际传播不能一味妥协退让，也不能事事战狼式地硬怼，同样要尊重国际传播规律。国际传播有"靡菲斯特法则"，即向传播对象说几句同情话、知心话。靡菲斯特是德国作家歌德所写剧本《浮士德》中出现的恶魔，他总是和他人附耳低语，拉拢感情，在他人之间挑拨离间。在国际传播中，最好用温和的语言向对象表示同情、理解，然后再逐一展开工作，从而使对方欣然接受所传播的观点。对工作对象表示同情，是取得良好传播效果的有效方法。

简言之，只有充分尊重国际传播规律，才能有效实现国际传播效果。良好的国际传播效果应包括：国际受众认识到与该国具有共同感兴趣的诸多话题以及合作的诸多领域；国际受众认为该国在全球事务中发挥了建设性作用；国际受众将该国视为能够推动人类社会文明进步的一个值得尊敬的伙伴，甚至是值得学习仿效的对象。有效的国际传播是一个双向的过程，传递不同受众的观点和反应，并能够形成情感共鸣与价值共振。很长一段时间，国际社会普遍对有 5000 多年历史的中国充满好奇，对中国物美价廉的产品十分喜欢，但并不能上升到对中国理念、价值观等核心要素的欣赏与认同。因此，国际传播能力的有效性，就是看能不能增强国际社会对中国理念、价值观的欣赏与认同，欣赏中国道路的世界意义，认同中国是全球治理的积极因素与建设性力量。

（六）坚持大众化、专业化、系统化、信息化的统一

国际传播不能为了让对方说好话，就一味"迎合"，国际传播要体现先进性，要有能力引导国际社会构建"增信释疑、凝心聚力"的舆论环境。也就是说，国际传播要以情感的沟通、理性的说服、价值的共鸣达到传播效果的最大化，在对外传播中形成"最大公约数"，为各国发展创造良性互动的外部环境。

国际传播的大众化就是人人都可以参与，而非只是媒体、教育、外交外事或宣传机构的专业人员所专属。中国"从大

到强"的进程，意味着内宣、外宣的边界越来越模糊，国际传播的主体越来越多元，国际传播的门槛越来越低。就方式而言，讲故事是大众化的主要方式，是国际传播的最佳方式。要讲好中国特色社会主义的故事，讲好中国梦的故事，讲好中国人的故事，讲好中华优秀传统文化的故事，讲好中国和平发展的故事，更加充分、更加鲜明地展现中国故事及其背后的思想力量和精神力量。强调大众化，要兼顾内外部的协调一致，避免出现信息的"自相残杀""相互踩脚"现象。强调大众化，要分场合、分情境，避免"铺天盖地""发力过猛"，把握好基调，既开放自信也谦逊谦和，做到"点穴式发力"，该点到为止的时候点到为止，该一击穿透的时候一击穿透。

专业化的前提是尊重国际传播规律，涉及受众分析、目标设定、信息策略、渠道选择和项目评估等，求时效更求成效。要创新对外话语表达方式，研究国外不同受众的习惯和特点，采用融通中外的概念、范畴、表述，把我们想讲的和国外受众想听的结合起来，把"陈情""说理"同"案例"（一系列令人信服的"情节"）结合起来，把"自己讲""别人讲"同"大家一起讲"结合起来。要实现"精心运作的传播"，从本质上讲，"精心运作的传播"就是专业化的传播，实现言语与行动的一致性。国际传播应阐明积极的愿景，聚焦核心理念，并创造积极的条件同外国受众进行接触，不能够只重视输出，要高度重视信息反馈。具体来说，在同国际社会进行交流沟通时，要做好两个"I"的工作，一个是implication，即要讲清楚核心理念的基本内涵是什么；另一个是indicator，即要厘清衡量基本内涵的具体指标是什么。此外，要丰富国际传播的工具箱——要有"盾"，也要有"矛"。在国际社会，"正确传播"和"传播正确"一样重要。

专业化需要专业化人才。1997年，国务院学位委员会将新闻传播学擢升为一级学科。下设广告学、网络与新媒体、新闻学、传播学、广播电视学、编辑出版学、国际新闻、数字出版等专业。未来，建议尽快在高校加设国际传播专业。要特别重视企业的力量，优秀且国际化的企业能够无声地传播中国理念、中国价值。

系统性在于构建具有鲜明中国特色的战略传播体系，着力提高"五力"，即国际传播影响力、中华文化感召力、中国形象亲和力、中国话语说服力、国际舆论引导力。要实现传统媒体与新媒体的深度融合，实现教育、文化、体育、传媒、企业、非政府组织等多主体国际化、全球化的深度融合，上述主体不仅要走出去，更要走进去、走上去。加强"离岸传播"工作，借助外部资源有效讲好中国故事。一是充分利用海外华人华侨资源进行社会层面的传播；二是利用国际化的中国企业及其产品与服务进行近距离传播；三是资助国际知名高校设立"特定教席"，并据此加强对中国议题的研究以进行国际学术传播；四是支持外国青年人来华"知行中国"，回国之后用他们熟悉的传播渠道影响他们的朋友圈以进行青年人的传播。目前，欧盟内部有"伊拉斯谟世界计划"（Erasmus Mundus），旨在推动欧洲国家间大学生的交流工作。中国的国际传播能力建设也应有这样的计划，加强青年人在科技、教育等人文领域的交流合作。经济决定今天，科技决定明天，教育决定后天，国际传播决定今天、明天、后天的和平性、友好度。

最后，要把握国际传播领域移动化、社交化、可视化的趋势，要运用信息革命成果，加快构建融为一体、合而为一的全媒体传播格局。国际电联年度报告《2023 年事实与数据》显示，全球互联网用户已增至 54 亿人。截至 2023 年 6 月，我国网民规模达 10.79 亿人，互联网普及率达 76.4%。只要拥有一台电脑或者一部手机，任何人都可以在不同的时间、不同的地点成为网络社会中的公民，成为国际传播的主体。互联网的广泛运用使人为控制、干预信息传播的可能性变得越来越小，从而将国际传播提升到了一个前所未有的水平。这既是机遇，也是挑战，关键在于把握国际传播规律，增强自身的国际传播能力。

正能量是总要求，管得住是硬道理，现在还要加一条，用得好是真本事。要善于运用互联网技术和信息化手段开展工作，过不了互联网这一关，就过不了长期执政这一关。

中共中央党校国际战略研究所于 2015 年 12 月 27 日正式更名为国际战略研究院，增设国家安全研究室。2018 年 3 月，中共中央党校和国家行政学院合并，组建新的中共中央党校（国家行政学院）。国际战略研究院下设的"研究室"全部更名为"研究所"，国家安全研究室正式更名为国家安全研究所。2021 年 10 月，国务院学位委员会批准中共中央党校（国家行政学院）设立国家安全学一级学科硕士学位授权点，成为首批国家安全学一级学科建设单位。经校（院）领导研究批准，国际战略研究院作为牵头单位，整合全校力量资源，推进学科建设具体工作。

国际战略研究院有多位资深教授长期在中央党校省部班、中青班等主体班次讲授习近平总书记关于总体国家安全观重要论述等课程，深受学员欢迎，多次获得教学评估满分的好成绩。这充分说明党校学员对国家安全学以及总体国家安全观有强烈的学习意愿和知识渴求。党的二十大报告要求全面加强国家安全教育，提高各级领导干部统筹发展和安全能力，增强全民国家安全意识和素养，筑牢国家安全人民防线，均说明国家安全学学科建设具有高度的紧迫性和必要性。

笔者自 2006 年外交学院博士毕业后进入中央党校工作，教学研究的主线一是文化软实力，二是冲突与安全。在国内较早开展了维持和平行动研究。2010 年 1 月至 4 月，获得英国外交部"志奋领"高级奖学金项目，赴英国布拉德福德大学做高级访问学者，参与"维持和平与国际能力建设"课程项目，其间赴比利时北约总部以及科索沃实地调研。在科索沃调研期间，直接感受到缺乏安全的"窒息"。专著《构建和谐世界的重要实践：中国参与联合国维持和平行动》由中共中央党校出版社于 2010 年出版，被列入"中共中央党校理论文库"。

2010 年 11 月至 2011 年 10 月，参加中组部、团中央第十一批博士服务团，在宁夏回族自治区党校挂职校委委员、校长助理，挂职期间多次赴新疆、广西等民族地区调研。迄今，先后调研了全国 34 个省区市中的 33 个，始终从国家战略角度关注民族关系中的细节问题。2013 年，由中国社会科学文献出版社出版了专著《国际视野中的民族冲突与管理》，国家宗教事务局原局长、党组书记叶小文对此书的评价是："基于大量翔实、深入的国内外调研，有助于了解全球民族冲突以及民族冲突管理的前沿问题。"之后，受邀参加 2015 年度马克思主义理论研究和建设工程重大项目"民族问题若干重大基础理论研究"（第一首席专家是十二届全国人大民族委员会副主任委员、国家民委原副主任吴仕民），担任"周边国家的民族关系与我国的民族关系和国家统一"子课题负责人。2017 年，被国家民委聘为决策咨询委员会副秘书长。

这些年来，笔者先后赴加拿大的魁北克、英国的苏格兰、以色列、埃塞俄比亚等国家和地区调研民族冲突问题，赴丹麦、瑞典、瑞士、荷兰、意大利、葡萄牙、奥地利、波兰、捷克、俄罗斯、澳大利亚、日本、韩国、卡塔尔、柬埔寨、越南、古巴、阿根廷、中国台湾等国家和地区调研"一带一路"建设以及文化安全等问题，深刻感受到：冲突不仅是因为资源稀缺，也常常是因为信任稀缺，即文化、价值观念或意识形态所致。

编著《中国梦与世界软实力竞争》由外文出版社 2014 年出版，被中共中央组织部、国家新闻出版广电总局、国家图书馆评选为第二届全国党员教育培训教材之创新教材。编著《强者通心：国际传播能力建设》由国家行政学院出版社 2022 年出版。上述著作从国家安全视角研究文化软实力以及国际传播问题，提出"文化领域看似阳春白雪，但也有刀光剑影""没有价值共振，所有的文化展现都是花拳绣腿"以及"强者通心"等观点。

　　构建新发展格局最本质的特征是实现高水平的自立自强，构建新安全格局的最本质特征是统筹发展与安全，努力实现发展和安全的动态平衡，通过高水平安全助推高质量发展。需要强调的是，无论是"安全化"还是"去安全化"都是维护国家安全的重要手段，从识别存在性威胁到启动安全化，再到威胁解除（去安全化），都是维护国家安全的重要环节。社会主义现代化强国建设不仅要维护国家安全，更要不断增强塑造国家安全态势的能力，塑造是更高层次、更具前瞻性的维护。